计算机类本科教材

计算机导论

（第 3 版）

朱战立　杨谨全　李高和　李湘眷　编著

电子工业出版社

Publishing House of Electronics Industry

北京·BEIJING

内 容 简 介

本书概括性地讨论了计算机学科主要课程的基本内容和重要应用，宏观讨论了这些课程相互之间的内在联系，并对常用软件的使用方法进行了介绍。本书共 12 章，主要内容包括：绪论、数据存储、数据处理、输入和输出、微机的组成和组装、操作系统、算法、程序设计语言、计算机网络及应用、计算机信息安全、文字处理软件 Word、电子表格处理软件 Excel。

本书提供电子课件，请登录华信教育资源网（http://www.hxedu.com.cn），注册后免费下载。

本书不仅适合作为计算机导论课程的教材，对那些希望了解计算机学科基本概念和基本原理，以及常用软件使用方法的读者来说，本书也是一本合适的启蒙书。

未经许可，不得以任何方式复制或抄袭本书之部分或全部内容。
版权所有，侵权必究。

图书在版编目（CIP）数据

计算机导论 / 朱战立等编著. —3 版. —北京：电子工业出版社，2016.8
计算机类本科规划教材
ISBN 978-7-121-29604-8

Ⅰ. ①计… Ⅱ. ①朱… Ⅲ. ①电子计算机-高等学校-教材 Ⅳ. ①TP3

中国版本图书馆 CIP 数据核字（2016）第 179690 号

策划编辑：冉　哲
责任编辑：冉　哲
印　　刷：北京虎彩文化传播有限公司
装　　订：北京虎彩文化传播有限公司
出版发行：电子工业出版社
　　　　　北京市海淀区万寿路 173 信箱　邮编　100036
开　　本：787×1 092　1/16　印张：16.75　字数：428 千字
版　　次：2005 年 8 月第 1 版
　　　　　2016 年 8 月第 3 版
印　　次：2024 年 8 月第 6 次印刷
定　　价：36.00 元

凡所购买电子工业出版社图书有缺损问题，请向购买书店调换。若书店售缺，请与本社发行部联系，联系及邮购电话：（010）88254888，88258888。

质量投诉请发邮件至 zlts@phei.com.cn，盗版侵权举报请发邮件至 dbqq@phei.com.cn。
本书咨询联系方式：ran@phei.com.cn。

第3版前言

计算机导论是一门概括性地讲授计算机学科主要课程的基本内容和重要应用,并宏观讨论这些课程相互之间内在联系的课程。该课程的开设目的是使刚刚步入计算机学科,以及与计算机学科关系密切的其他学科的大学一年级学生,对计算机学科的理论基础、重要应用有一个基本的了解,从而帮助他们更好地完成后续课程的学习。

本书分为 5 大部分,共 12 章。第 1 部分为第 1 章绪论,展开本书后续章节的框架。第 2 部分包括第 2～5 章,主要讨论计算机硬件的基本概念、基本组成和基本工作原理。第 3 部分包括第 6～8 章,主要讨论软件和软件开发的基本问题。第 4 部分包括第 9 章和第 10 章,其中,第 9 章讨论计算机网络的基本概念及 Internet 上的重要应用,第 10 章讨论计算机信息安全问题。第 5 部分包括第 11 章和第 12 章,分别介绍文字处理软件 Word 和电子表格处理软件 Excel 的使用方法。

本教材第 1 版和第 2 版出版后,受到许多高校教师和学生的关注,被许多高校选为教材使用。第 3 版的主要修改内容如下。

(1) 修改了第 5 章,随着计算机硬件的快速发展,微机的结构和组件有了很大的发展和变化,修改的内容对这些发展和变化进行了跟踪。

(2) 以 Windows 7 为基础,重写了第 6 章,并对新的手机操作系统和 Windows 操作系统的发展历史进行了补充讨论。

(3) 按照 Word 2010 和 Excel 2010,重写了第 11 章和第 12 章。

(4) 对第 2 版出版以来新的技术和新的应用做了补充,主要包括:对"数据存储"一章中新的存储设备做了补充;对"操作系统"一章中新的手机操作系统和 Windows 操作系统的发展历史做了补充;对"计算机网络及其应用"一章中新的网络应用做了补充,并增加了"即时通信"一节。

(5) 修改了第 2 版中发现的错误和不准确的地方。

根据作者的教学实践,使用本教材授课需 48～64 学时,其中包括 8～14 学时的上机实践。课时少的教师使用本教材时,可考虑不讲授标有*号的章节,还可以快速略过第 11 章和第 12 章中不经常使用的或较复杂的操作内容。

本书第 1、2、3、4、7、8 章由朱战立编写,第 5、6、10 章由杨谨全编写,第 9 章由李高和编写,第 11、12 章由李湘眷编写。全书由朱战立修改定稿。

尽管作者在写作过程中非常认真和努力,但由于水平有限,错误和不足之处在所难免,敬请读者批评指正。

作　者

目　　录

第 1 章　绪论 ··· 1
　1.1　计算机的发明 ······································· 1
　1.2　计算机的发展 ······································· 2
　　　1.2.1　计算机硬件发展简史 ··············· 2
　　　1.2.2　计算机的分类 ··························· 3
　1.3　计算机系统 ··· 3
　　　1.3.1　计算机系统的组成 ····················· 3
　　　1.3.2　计算机系统的工作过程 ············· 5
　1.4　软件 ··· 6
　　　1.4.1　算法 ··· 6
　　　1.4.2　程序设计语言 ··························· 7
　　　1.4.3　软件的体系结构 ······················· 8
　习题 1 ·· 9
第 2 章　数据存储 ··· 10
　2.1　符号"0"和"1" ································· 10
　2.2　数字的表示和运算 ······························· 10
　　　2.2.1　二进制数 ································· 10
　　　2.2.2　二进制数的计算机内部表示
　　　　　　方法 ··· 12
　　　2.2.3　二进制数的运算 ······················· 14
　2.3　其他形式数据的表示 ··························· 18
　　　2.3.1　字符的表示 ······························· 18
　　　2.3.2　汉字的表示 ······························· 20
　　　2.3.3　图像的表示 ······························· 21
　2.4　逻辑代数的基本概念 ··························· 22
　2.5　触发器 ··· 23
　2.6　内存 ··· 25
　　　2.6.1　内存的概念 ······························· 25
　　　2.6.2　内存的组成 ······························· 26
　　　2.6.3　高速缓冲存储器 ······················· 27
　　　2.6.4　内存的参数 ······························· 27
　2.7　外存 ··· 28
　　　2.7.1　磁盘 ··· 28
　　　2.7.2　磁带 ··· 30
　　　2.7.3　光盘 ··· 31
　　　2.7.4　文件 ··· 32

　2.8　内存和外存的数据交换 ······················· 33
　习题 2 ·· 33
第 3 章　数据处理 ··· 36
　3.1　机器指令 ··· 36
　　　3.1.1　算法中的基本操作 ··················· 36
　　　3.1.2　机器指令 ··································· 38
　　　3.1.3　指令系统 ··································· 41
　3.2　中央处理器 ··· 41
　　　3.2.1　CPU 的基本构成 ······················ 42
　　　3.2.2　CPU 的工作原理 ······················ 43
　　　3.2.3　机器指令的寻址方式 ··············· 44
　3.3　逻辑运算和逻辑指令 ··························· 45
　3.4　计算机的组成 ······································· 46
　　　3.4.1　计算机硬件的基本结构 ············· 46
　　　3.4.2　计算机的特点 ··························· 47
　习题 3 ·· 47
第 4 章　数据的输入和输出 ··························· 49
　4.1　用户界面的发展过程 ··························· 49
　4.2　汉字的输入码 ······································· 50
　　　4.2.1　拼音码 ······································· 50
　　　4.2.2　笔形码 ······································· 52
　　　4.2.3　使用词组的快速汉字输入
　　　　　　方法 ··· 54
　4.3　输入设备 ··· 55
　　　4.3.1　键盘 ··· 56
　　　4.3.2　鼠标 ··· 58
　　　4.3.3　其他输入设备 ··························· 58
　4.4　汉字的输出码 ······································· 59
　4.5　输出设备 ··· 60
　　　4.5.1　显示器 ······································· 60
　　　4.5.2　打印机 ······································· 62
　习题 4 ·· 63
第 5 章　微机的组成和组装 ··························· 64
　5.1　微机的结构 ··· 64
　5.2　主板 ··· 65
　　　5.2.1　主板的结构 ······························· 65

  5.2.2 主板上的部件 ················· 65
 5.3 CPU ······························· 71
 5.4 内存 ······························· 72
 5.5 外存 ······························· 74
 *5.6 微机组装 ·························· 76
 *5.7 BIOS 设置 ························ 78
 *5.8 硬盘分区和格式化 ················ 81
 习题 5 ································· 84

第 6 章　操作系统 ·························· 86
 6.1 操作系统的发展 ·················· 86
  6.1.1 操作系统的发展历史 ········ 86
  6.1.2 Windows 操作系统的发展
     历史 ························· 90
  6.1.3 推动操作系统发展的因素 ······ 92
 6.2 操作系统的功能和启动 ············ 93
  6.2.1 操作系统的功能 ············· 93
  6.2.2 操作系统的启动 ············· 95
 6.3 Windows 操作基础 ················ 96
  6.3.1 Windows 操作系统的特点 ······ 96
  6.3.2 桌面 ······················· 97
  6.3.3 窗口和窗口的操作 ·········· 101
  6.3.4 菜单的使用 ················ 106
 6.4 文件 ······························ 108
  6.4.1 文件和文件夹 ·············· 108
  6.4.2 文件的类型和图标 ·········· 109
  6.4.3 文件命名规则 ·············· 109
  6.4.4 使用资源管理器浏览文件 ···· 109
  6.4.5 以不同的方式显示文件和
     文件夹 ···················· 113
  6.4.6 以不同的方式排列文件和
     文件夹 ···················· 113
  6.4.7 查找文件和文件夹 ·········· 113
 6.5 管理文件和文件夹 ················ 116
  6.5.1 选择文件或文件夹 ·········· 117
  6.5.2 新建文件或文件夹 ·········· 118
  6.5.3 重命名文件或文件夹 ········ 119
  6.5.4 移动、复制文件或文件夹 ···· 119
  6.5.5 删除和还原文件或文件夹 ···· 120
 习题 6 ································ 121

第 7 章　算法 ······························ 123
 7.1 什么叫算法 ······················ 123

 7.2 算法的基本元素 ················· 124
 7.3 算法的表示 ······················ 128
 *7.4 循环和递归 ······················ 131
  7.4.1 包含循环结构的算法 ········ 131
  7.4.2 递归算法 ·················· 132
 7.5 算法的效率 ······················ 135
 *7.6 计算的限制 ······················ 137
  7.6.1 难解的问题 ················ 137
  7.6.2 不可解的问题 ·············· 139
 习题 7 ································ 140

第 8 章　程序设计语言 ······················ 141
 8.1 程序设计语言的发展历史 ········· 141
  8.1.1 程序设计语言的断代划分 ···· 141
  8.1.2 高级程序设计语言的分类 ···· 143
 8.2 高级程序设计语言的基本元素 ····· 144
  8.2.1 变量 ······················ 145
  8.2.2 数据类型 ·················· 145
  8.2.3 赋值语句 ·················· 148
  8.2.4 分支语句 ·················· 148
  8.2.5 循环语句 ·················· 149
  8.2.6 过程 ······················ 150
  8.2.7 注释语句 ·················· 153
 8.3 高级程序设计语言的编译 ········· 154
  8.3.1 编译的基本概念 ············ 154
  8.3.2 编译过程 ·················· 155
  8.3.3 软件的运行 ················ 157
 习题 8 ································ 158

第 9 章　计算机网络及其应用 ··············· 159
 9.1 计算机网络概述 ················· 159
  9.1.1 计算机网络的发展历史 ······ 159
  9.1.2 计算机网络的概念 ·········· 160
  9.1.3 计算机网络协议 ············ 160
 9.2 计算机网络的分类 ··············· 161
 9.3 局域网 ·························· 162
  9.3.1 局域网的组成 ·············· 162
  9.3.2 局域网的连接设备 ·········· 164
  9.3.3 局域网的结构 ·············· 164
 9.4 Internet 的组成 ··················· 165
 9.5 Internet 的应用 ··················· 166
 9.6 IP 地址与域名 ··················· 167
 9.7 Web 的基本概念 ················· 169

9.8 浏览器 170
   9.8.1 浏览网页 170
   9.8.2 下载 172
   9.8.3 搜索与导航 174
9.9 电子邮件 176
9.10 即时通信 179
习题9 181

第10章 计算机信息安全 183
10.1 计算机信息安全概述 183
   10.1.1 计算机信息安全定义 183
   10.1.2 计算机信息安全的需求和威胁手段 184
   10.1.3 威胁计算机信息安全的因素 184
10.2 计算机病毒 185
   10.2.1 计算机病毒的来源 185
   10.2.2 计算机病毒的特点 185
   10.2.3 计算机病毒的破坏行为 186
   10.2.4 计算机病毒的分类 187
   10.2.5 计算机病毒的预防和处理 187
10.3 防火墙技术 188
   10.3.1 基于Internet的信息传送过程 188
   10.3.2 防火墙定义 189
   10.3.3 防火墙的设计目的和功能 189
   10.3.4 防火墙的类型 190
10.4 入侵检测系统 191
10.5 身份认证技术 192
10.6 加密技术 193
10.7 虚拟专用网络 195
10.8 个人计算机信息安全基本策略 195
习题10 196

第11章 文字处理软件Word 198
11.1 Word概述 198
11.2 Word 2010的窗口组成 199
11.3 基本操作 201
11.4 文档的编辑 204
   11.4.1 选定文本 204
   11.4.2 复制、移动和删除文本 205
   11.4.3 查找与替换文本 206
   11.4.4 文本框 208
11.5 格式编辑 208
   11.5.1 字符格式 209
   11.5.2 段落格式 211
   11.5.3 分页、分节和分栏 212
   11.5.4 项目符号和编号 214
   11.5.5 页眉、页脚和页码 215
11.6 文档的视图和显示 217
   11.6.1 文档的视图 217
   11.6.2 文档的显示 218
11.7 表格处理 220
   11.7.1 创建表格 220
   11.7.2 修改表格 221
   11.7.3 在表格中输入和编辑文本 224
   11.7.4 设置表格格式 225
   11.7.5 表格的排序与计算 227
习题11 229

第12章 电子表格处理软件Excel 231
12.1 Excel概述 231
   12.1.1 Excel的功能 231
   12.1.2 Excel 2010的窗口组成 232
   12.1.3 工作簿、工作表和单元格 232
12.2 工作表 233
   12.2.1 输入文字和数值 233
   12.2.2 表格计算 234
   12.2.3 自动填充数据 236
   12.2.4 使用函数 238
12.3 格式设置 239
   12.3.1 设置单元格格式 240
   12.3.2 自动套用格式 243
   12.3.3 调整行高和列宽 244
   12.3.4 格式的复制 244
12.4 工作表的编辑 245
   12.4.1 区域的选择 245
   12.4.2 编辑工作表 245
   12.4.3 移动和复制单元格数据 247
12.5 工作簿管理 248
12.6 数据管理 249
   12.6.1 数据排序 250
   12.6.2 数据筛选 250
   12.6.3 数据透视表 252
12.7 数据的图表化 254
习题12 256

参考文献 259

第1章 绪 论

计算机导论是一门概括性地讲授计算机学科主要课程的基本内容和重要应用,并宏观讨论这些课程相互之间内在联系的课程。本课程的开设目的是,使刚刚步入计算机学科的大学一年级学生,对计算机学科的理论基础、重要应用有一个基本的了解,从而帮助学生更好地完成后续课程的学习。

本章是对本门课程主要内容的概括性讨论。本章概述了计算机的发明和发展过程,讨论了计算机系统的基本组成及软件开发的基本问题,从而展开本书后续章节要讨论内容的基本框架。

1.1 计算机的发明

在计算机的发明过程中,许多人做出了重要贡献。然而,几乎所有研究计算机发明历史的学者基本都同意,以下三件事是计算机发明过程中最重要的事件。

1. 图灵机的提出

1936年,英国剑桥大学著名数学家图灵在研究解决数学的一个基础理论问题时,发表了著名的"理想计算机"的论文。图灵在该文中提出了现代通用数字计算机的数学模型。这种理论机器被称为图灵机。图灵分析和证明了这种图灵机可达到的功能。从理论上讲,图灵机的功能和现代计算机的功能基本类似。在随后的几十年时间里,计算机科学家、数学家、电子工程师研制实际计算机时,图灵机一直是其功能方面要达到的目标。另外,图灵在分析和证明图灵机功能时所使用的形式化证明方法,也奠定了计算机科学坚实的数学基础。

2. 第一台计算机的制造成功

1946年2月,世界上第一台通用电子数字计算机诞生,它是美国宾夕法尼亚大学莫尔学院的约翰·莫克莱博士和他的研究生J·普雷斯泊·埃克特主持制造的,取名为ENIAC(即电子数字积分计数器)。ENIAC是第二次世界大战时应美国军方快速计算导弹弹道的需求研制的。ENIAC主要由电子管和继电器组成,计算速度为5千次/秒,这样的计算速度比当时的其他计算工具有了很大的提高。

更重要的是,在此以前,对新的计算工具研制的主流方向是机械实现方法,ENIAC的出现,使众多科学家和工程师把自己的注意力重点转向了电子实现方法,这为现代电子计算机的问世打下了基础。

3. 冯·诺依曼计算机模式的提出

冯·诺依曼出生于匈牙利,以后移居美国,成为普林斯特大学的数学教授。冯·诺依曼在数学上的成就使他在20岁时就已是世界上知名的数学家了。在J·普雷斯泊·埃克特与冯·诺依曼的一次偶然会面中,他们讨论了ENIAC的工作原理和操作中的问题。冯·诺依曼经过认真思考,提出了一个全新的电子计算机设计方案。这个方案的核心就是存储程序方法。并且,冯·诺依曼和宾夕法尼亚大学莫尔学院合作,于1952年设计完成了按照这种方案设计的取名为 EDVAC（电子离散变量自动计算机）的电子计算机。

冯·诺依曼提出的存储程序方法，就是设计一个包括存储部件和处理部件的机器，程序存储在存储部件中，处理部件按照存储的程序有条不紊地执行。存储程序方法是计算机发展的一个重要里程碑。现代计算机都是采用存储程序方法来实现自动计算的。其中，程序（以及运行程序所需的数据）由 0、1 符号编码组成。计算机科学界把采用 0、1 符号编码方法和存储程序方法设计的计算机称为冯·诺依曼计算机。

现代计算机出现和广泛使用后，有许多科学家希望再发明或提出一种能够突破冯·诺依曼计算机模式的新计算机模式。可是，经过众多科学技术人员的努力，虽然在组成计算机的体系结构及软件设计的方法上取得了非常大的进步，但计算机工作的基本原理至今仍然是冯·诺依曼计算机模式。

1.2 计算机的发展

1.2.1 计算机硬件发展简史

计算机的硬件是计算机作为计算工具的物质基础。计算机硬件的发展受到电子开关器件的极大影响，因此，器件的更新成为计算机技术进步划代的标志。自第一台电子计算机发明以来，计算机的硬件组成有了飞速的发展。以构成计算机硬件的器件为标志，计算机的发展经历了电子管、晶体管、中/小规模集成电路和大规模/超大规模集成电路 4 个发展阶段。

1．电子管时代（20 世纪 40 年代中期到 50 年代后期）

此时的计算机硬件器件主要由电子管组成。一个电子管的体积与成人一根手指的体积近似，而一台计算机需要许多许多的电子管，所以这时的计算机体积非常庞大。与以后的计算机相比，电子管计算机的运算速度很低，存储容量很小，功耗很高，可靠性很低。尽管如此，电子管计算机奠定了计算机的技术基础，对以后计算机的发展具有深远的影响。

2．晶体管时代（20 世纪 50 年代后期到 60 年代中期）

此时的计算机硬件器件主要由晶体管组成。1954 年，美国贝尔实验室制成第一台晶体管计算机。晶体管的体积较电子管的体积小很多，因此，晶体管计算机的体积较电子管计算机的体积小了很多。体积的缩小及相关技术的发展，带来了计算机运算速度的提高，存储容量的增大，功耗的降低，以及可靠性的提高。晶体管是用半导体材料制造的，半导体材料便于控制并且功耗很低，集成度的提高有很大的发展空间，因此，这一时代为未来计算机的迅速发展铺平了道路。

3．小规模、中规模集成电路时代（20 世纪 60 年代中期到 70 年代初期）

集成电路是指把若干个元件集成在一个拇指大小的半导体基片上，并进行封装，具有一定功能的电子电路。开始时，集成电路的集成度比较低，称为小规模集成电路。随后，集成电路的集成度提高了很多，称为中规模集成电路。此时，计算机的运算速度进一步提高，存储容量进一步增大，功耗进一步降低，可靠性进一步提高。

4．大规模、超大规模集成电路时代（20 世纪 70 年代初期至今）

随着集成电路的集成度迅速提高，出现了大规模和超大规模集成电路。单就集成度来说，这一时代和第 3 代相比，除集成度进一步提高外，没有太大的差别。但是，由于大规模、超大规模集成电路技术的发展,可以把整个处理器制造在一个拇指大小的芯片上,因此计算机的体系结构和构成方式有了很大的发展。另外,大规模、超大规模集成电路技术为微型计算机(简称微机)的出现奠定了基础,微机的出现和广泛使用,在计算机的发展历史上占有重要的地位。

1.2.2 计算机的分类

计算机的分类以计算机的性能参数为主要区分标志。早期时,通常把计算机分为大型计算机、中型计算机和小型计算机。从第 4 代计算机以来,计算机又向两个极端方向发展,出现了称为巨型机的超大型计算机和称为微机的超小型计算机。

一般来说,计算机性能从高到低的排列次序是:巨型计算机、大型计算机、中型计算机、小型计算机、微型计算机。但是,随着计算机技术的迅速发展,往往是几年以后推出的小型计算机的性能达到或超过了几年前中型计算机的性能,中型计算机的性能达到或超过了几年前大型计算机的性能。例如,现在任何一台微型计算机的性能都远远超过中/小规模集成电路时代大型计算机的性能。

1.3 计算机系统

我们知道,计算机是目前人类发明的最神奇的工具之一。计算机不仅可以完成许许多多的工作,而且几乎可以应用在人类生产和生活的所有方面。

计算机之所以具有这样神奇和巨大的功能,这与它的组成和工作方式密切相关。完成任何任务的计算机,严格意义上的术语应该称为计算机系统。计算机系统由硬件和软件两大部分组成。若把计算机系统比喻成人,则硬件构成了计算机系统进行通用计算(或称任务处理)的"躯干",软件构成了计算机系统进行通用计算的"大脑"。

当然,计算机系统的"大脑"和人的大脑有许多重要的不同点:人的大脑中的知识是后天不断学习获得的,而计算机系统的"大脑"是由人来支配的,人类可根据要完成任务的不同,为自己的计算机系统安装不同的软件;更重要的是,人的大脑是天生的,而计算机系统的"大脑"(软件)是由人来设计、编写并装入计算机中的。

1.3.1 计算机系统的组成

计算机系统的硬件部分由四大部件组成:输入部件、处理部件、存储部件和输出部件。计算机系统的组成如图 1-1 所示。

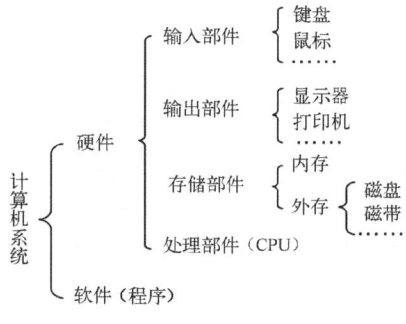

图 1-1 计算机系统的组成

现实世界中的问题要交给计算机系统来处理，需要把现实世界中的问题表示成一组互相之间有某种关联的数据，然后把这些数据交给计算机系统来处理。所以，输入部件、处理部件、存储部件和输出部件操作的对象都是数据。

输入部件用于向计算机输入数据。可输入的数据形式包括数字、字符、汉字、图片、声音等。具体的输入部件一般称为输入设备。常用的输入设备有键盘、鼠标、扫描仪、话筒等。处理具体应用问题的数据可以通过输入设备输入，程序设计人员编写的软件（或称程序）也可以通过输入设备输入。

输入计算机的数据由存储部件存储起来。任何电子装置只有通和断两种明显的状态，两种状态只可以表示两个基本信息。但要输入到计算机中的数据和程序的信息量远不止两个，如何解决这个问题呢？方法是让电子装置的通和断两种状态分别对应符号"0"和"1"。就像英语的26个符号可以组成所有英语单词一样，可以用符号"0"和"1"的编码来表示各种信息。存储部件分为内存和外存两大部分。内存是数据进行处理时的临时存放地方，外存是数据输入后或处理结束后的永久存放地方。内存中存放和取出数据的速度相对较快，外存中存放和取出数据的速度相对较慢。外存设备有磁盘机、磁带机、光盘机等。外存设备的存储介质均可方便地更换，例如，光盘机中的光盘盘片可从光盘机中方便地取出，换为另外一张用户希望插入的光盘盘片。内存的存储容量是有限的。而对于外存来说，由于它的存储介质（如光盘盘片）可方便地更换，因此外存的存储容量在理论上是无限的。

对计算机中的数据进行某种有意义的操作称为处理数据。处理部件用于完成数据的处理。计算机中具体的处理数据的例子有：对数值计算求值、分类单词或数字、修改文档或图片、绘图等。通常所说的计算机的中央处理器（Central Processing Unit，CPU）就是计算机的处理部件。

计算机处理后的数据需要进行输出，输出部件用于完成数据的输出。具体的输出部件通常称为输出设备。输出设备有两种类型，一种类型是把处理的结果通过输出设备立即显示出来，另一种类型是把处理的结果表示成某种形式的数据文件（如文档文件、图片文件等）存放在外存介质中，以做进一步的处理或以后再输出。常用的输出设备有显示屏、打印机、绘图仪等。

在计算机的硬件中，存储部件和处理部件是任何一台计算机都必须具有的。我们把存储部件和处理部件合起来称为计算机的主机。一台计算机的性能主要由计算机主机的性能决定。在计算机中，输入设备和输出设备是外部于计算机主机的部件，我们把输入设备和输出设备合起来称为外部设备。外部设备是独立于主机的、可随意增减的设备。外部设备对主机的独立性，以及外部设备的可随意增减性，构成了计算机硬件组成（主要是外部设备组成）的灵活性和多样性。

计算机的4个基本功能是：数据输入、数据存储、数据处理和数据输出。计算机硬件的四大部件对应了计算机的四大基本功能，即输入部件具有数据输入功能，存储部件具有数据存储功能，处理部件具有数据处理功能，输出部件具有数据输出功能。

硬件是计算机系统的"躯干"。要使一个计算机系统能完成计算任务，还需要有"大脑"（软件）。软件由程序和相关的文档组成。软件的主体是程序，程序是处理特定问题的计算机可识别的处理步骤的集合。计算机完成任何任务时，其所有的处理过程（或称计算过程）都是由软件控制决定的。

1.3.2 计算机系统的工作过程

计算机是帮助人们工作的工具。计算机系统要完成人交给的任何工作，都需要有人的参与。因此，计算机系统的工作过程如图1-2所示。

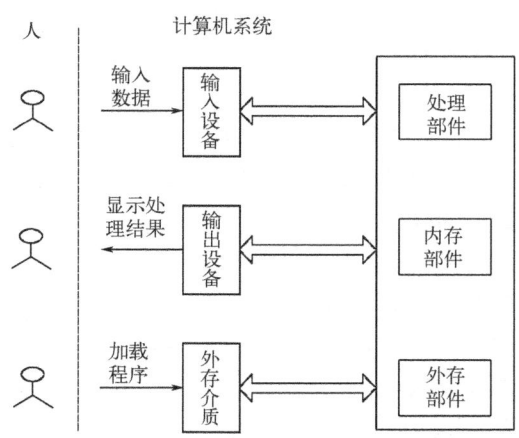

图 1-2 计算机系统的工作过程

归纳起来，计算机系统工作过程的一般步骤如下。

① 人通过操作命令把程序保存到外存介质（如硬盘、软盘、光盘）中，有些软件还需要通过操作命令安装到计算机中。所谓安装，是指不仅要把软件保存到外存介质中，还要把运行这些软件所必需的信息通知操作系统。

② 人通过输入设备输入程序运行所必需的数据。

③ 人通过某个操作命令让计算机运行某个已保存或安装在计算机中的程序。

④ 计算机通过输出设备输出程序运行的结果给人。

计算机系统帮助人完成计算任务或处理任务。当计算机系统运行程序来完成这些任务时，需要人输入必要的数据；当计算机系统得出计算结果时，需要把计算结果输出给人。我们把人和计算机系统的这种信息相互交流过程称为人机交互。对于大部分的处理任务，如果没有人机交互，即如果没有人的参与，通常是无法完成的。

图1-2中，使用计算机系统的人员通常称为用户。用户主要有三类：程序设计人员、系统管理人员和各个领域使用计算机的一般人员。程序设计人员是指开发计算机软件的计算机专业人员，系统管理人员是指管理计算机系统，以及为各种用户提供服务的计算机专业人员，各个领域使用计算机的一般人员是指利用计算机完成某个特定任务的任何人员。

大部分计算机系统中使用的计算机都是通用的。所谓通用计算机，是指组成计算机系统的硬件部分都是相同的或者近似相同的。当需要完成不同的任务时，只要运行不同的软件就可以了。相对于通用计算机来说，还有一种计算机称为专用计算机。所谓专用计算机，是指这些计算机是为完成特定任务而专门设计的。通用计算机中运行的软件一般无法在这些专用计算机中运行，通用计算机一般也无法运行这些专用计算机中运行的软件。由于专用计算机是针对特定问题专门设计的，因此对于这些特定的问题来说，使用专用计算机比使用通用计算机来完成的效率要高。我们使用的大部分计算机都是通用计算机。

1.4 软件

软件是计算机系统的"大脑"。软件是计算机系统能完成各种各样任务的关键。软件的主体是程序,那么,程序是如何设计的?这些程序又是如何让计算机硬件识别的呢?

1.4.1 算法

程序的核心是算法。算法是描述求解问题方法的操作步骤集合。早在计算机发明以前,算法就是数学家的工具。数学家用算法来描述特定问题的解决方法。例如,数学家给出的求解两个整数的最大公约数的算法如下。

① 令 M 为两个整数中的较大者,N 为两个整数中的较小者。

② 用 M 除以 N,令 R 为 M 除以 N 的余数。

③ 若 R 不等于 0,则令 M 等于 N,N 等于 R,返回步骤②继续;若 R 等于 0,则 N 中的数值就是两个整数的最大公约数。

算法给出了对求解特定问题方法的指导,有了算法,即使一个不理解求解方法原理的人,也可以按照算法描述的求解步骤一步一步地得到正确的结果。例如,一个学习并理解了上述求解两个整数的最大公约数算法的人,就可以按照算法的求解步骤,求出 48 和 32 的最大公约数。求解过程如下:

① 令 M=48,N=32;

② 48 除以 32 的余数为 16,R=16;

③ 因为 R 不等于 0,所以 M=32,N=16;

④ 32 除以 16 的余数为 0,R=0;

⑤ 因为 R 等于 0,所以 48 和 32 的最大公约数为 N=16。

从数学家发现求解问题的算法,到学习并掌握了算法的人求解具体问题的过程,我们可以得出结论,算法可以在人类之间传递智能。所有科学技术和工程技术方面新方法、新技术的发明和推广使用过程,都可以概括成利用算法的智能传播过程。既然算法可以在人类之间传递智能,那么,如果把人类求解问题的方法设计成算法,然后把这样的算法传递给机器,并让机器执行这样的算法,就可以把人类的智能传递给机器。人类之间利用算法传递智能的过程,以及人和机器之间利用算法传递智能的过程如图 1-3 所示。

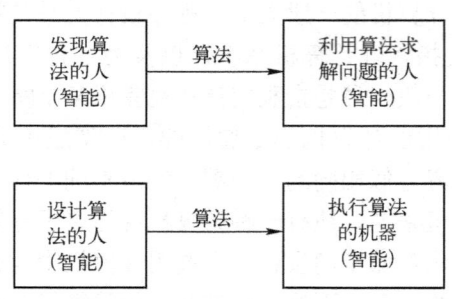

图 1-3 不同主体之间的智能传递过程

要让人利用算法把智能传递给机器,需要做到的是:机器必须能识别并执行算法。

冯·诺依曼体系结构的计算机，就是这样的能识别并执行算法（或者说，能接受智能）的机器。

在冯·诺依曼体系结构的计算机中，程序也可以看成计算机能理解的求解某一特定问题的算法。对于上述求解两个整数的最大公约数问题来说，如果能把这样的算法让计算机硬件理解，计算机硬件就可以像人那样，根据算法和人输入的数据（如 M=48，N=32），一步一步地按照算法的步骤执行，最后得到 48 和 32 的最大公约数为 16 的计算结果。

因此，程序设计的主要内容是寻找求解特定问题的算法。

1.4.2 程序设计语言

算法通常是以人能理解的语言描述的。为了让计算机能理解算法，计算机必须具有自己的语言系统。我们把计算机能理解的语言称为程序设计语言。程序设计语言规定了书写程序可使用的一组记号和一组语法规则。前面讲过，程序是处理特定问题的计算机可识别的操作步骤集合，换一种说法，程序是用程序设计语言表示出来的求解特定问题的算法。

程序设计语言可以分为两大类：高级程序设计语言和低级程序设计语言。高级程序设计语言是一种抽取英语中若干个关键性单词，规定语法规则，计算机不能直接理解，但人容易掌握的程序设计语言。低级程序设计语言有机器语言和汇编语言两种。机器语言是一种用 0、1 编码表示各种操作命令和数据，人不容易掌握，但计算机能直接理解并执行的程序设计语言。汇编语言是一种在机器语言基础上，分别用助记符和标识符来表示操作命令和数据的程序设计语言。

目前，基本上所有的程序都是用高级程序设计语言编写的。虽然计算机不能直接理解高级程序设计语言，但由于构成高级程序设计语言的语句含义明确、无二义性，因此高级程序设计语言的每条语句都可对应为一组机器语言语句。根据这种对应关系，人们编写了一种称为编译程序的特殊程序，用来把高级程序设计语言形式的程序翻译为机器语言形式的程序。

高级程序设计语言程序需要通过编译程序翻译为机器语言程序，就像一个只懂中文的人和一个只懂英文的人交谈需要一个翻译一样。人用易于掌握的高级程序设计语言编写程序，这样的高级程序设计语言程序通过编译程序被翻译为计算机能直接理解并执行的机器语言程序。

和高级程序设计语言程序类似，汇编语言程序最终也要翻译为机器语言形式的程序。

C 语言是一种高级程序设计语言，用 C 语言书写的求解两个整数的最大公约数的程序如下：

```
#include <stdio.h>
void main(void)
{
    int m, n, r, temp;                  //定义程序中使用的变量

    printf("输入整数 m：");
    scanf("%d", &m);                    //输入 m

    printf("输入整数 n：");
    scanf("%d", &n);                    //输入 n
```

```
        if(m < n)                    //若 m < n，则交换两者数值
        {
            temp = m;
            m = n;
            n = temp;
        }

        r = m % n;                   //r 等于 m 除以 n 的余数

        while(r != 0)                //若 r 不等于 0，重复执行
        {
            m = n;
            n = r;
            r = m % n;
        }

        printf("最大公约数为：%d", n);  //输出最大公约数 n
    }
```

程序中，符号"//"表示注释语句，其后的内容为注释内容。注释语句是为方便人理解程序而添加的。可以看出，该程序和前面的算法表示的内容完全相同，只是算法是以人能理解的语言表示的，而程序是以计算机能理解的语言表示的。

令两个整数分别为 28 和 42，在计算机中运行该程序的过程如下：

    输入整数 m：28
    输入整数 n：42
    最大公约数为：14

1.4.3 软件的体系结构

软件是计算机系统的"大脑"。在计算机发明的初期，计算机系统的"大脑"是非常简单的。随着计算机理论的发展，以及计算机硬件技术发展的强力推动，计算机软件技术有了飞速的发展。

软件技术的发展首先体现在软件的结构上。软件一般分成系统软件和应用软件。系统软件用于扩展系统本身的功能。应用软件用来完成用户的特定任务。系统软件又分为两部分，最基础的一部分系统软件是操作系统，另一部分是支撑软件（也称为实用软件）。操作系统是直接作用在计算机硬件上，提供计算机资源管理等基础性服务的软件。支撑软件是直接作用在操作系统上，为应用软件提供各种必要支持的软件。例如，对于程序设计人员来说，如果他编写的程序使用的是高级程序设计语言，那么，计算机要运行这样的程序，就需要支撑软件——编译程序的支撑。

操作系统、支撑软件、应用软件构成了软件的积木式体系结构。与积木结构不同的是，积木结构是下层大上层小，而软件的体系结构是下层小上层大，上层的软件数量远远大于下层的软件数量。

习题 1

1-1 简述计算机发明过程中的三件大事。

1-2 简述计算机硬件的发展简史。

1-3 列出巨型计算机、大型计算机、中型计算机、小型计算机、微型计算机的性能排列次序。

1-4 计算机硬件的四大部件是什么？它们各自能完成什么功能？

1-5 计算机的主机包括哪些部分？计算机的外部设备包括哪些部分？

1-6 什么是软件？什么是程序？

1-7 什么是计算机系统的用户？计算机系统的用户分为几类？

1-8 简述计算机系统的工作过程。

1-9 什么是算法？为什么说算法可以在人类之间传递智能？

1-10 如果要利用算法在人和机器之间传递智能，需要什么样的前提条件？

1-11 写出计算圆周率的算法。

1-12 什么是高级程序设计语言？什么是机器语言？计算机硬件是怎样理解高级程序设计语言程序的？

1-13 软件有几大类？一般用户使用的软件属于哪种类型的软件？

第2章 数据存储

计算机要处理数据,就必须首先把要处理的数据存储起来。数据存储有两个方面的问题:一个是数据表示的方法问题,另一个是数据存储的设备问题。本章首先讨论各种数据的表示方法,然后讨论用于存储数据的内存和外存部件。内存是数据进行处理时的临时存放地方,外存是数据的长期或永久存放地方。存放在外存介质上的一组数据集合称为一个文件。

2.1 符号"0"和"1"

电子装置可以有两种状态,如开关的"开"和"关",电路的"通"和"断"。我们可以用"0"和"1"这两个符号来分别表示这两种状态。所谓符号"0"和"1",只是两个标识符号,如整数里的0或1,或字符的"A"或"B"。符号"0"和"1"绝对不是数字0和数字1。当然,如果用符号"0"和"1"分别表示数字0和数字1,那么它们就是数字0和数字1了。

作为标识符号,单个的符号"0"和符号"1"只能表示两个最基本的符号或状态。但是,就像26个英文字母可以组合出英语的所有文字一样,如果把若干位这样的符号组合起来,也可以表示数字、字符、汉字、图像等各种形式的数据。

2.2 数字的表示和运算

计算机可以存储和处理各种形式的数据,其中,最重要的是数字形式的数据。

数字的计算机表示方法是指用符号"0"和"1"构造二进制计数系统。由于数字存在运算问题,所以在表示数字时要考虑数字的运算问题。因为补码表示方式可以方便地实现二进制数的加法和减法运算,所以在计算机中,二进制数多采用补码方式表示。整数型数据采用的是小数点位置固定的定点表示法,小数型数据采用的是小数点位置浮动的浮点表示法。

2.2.1 二进制数

当符号"0"和"1"分别表示数字0和1时,就可以构造逢二进一的二进制计数系统。

在日常生活中采用的十进制计数是一种权计数法。所谓权,就是不同位置的数字代表不同的含义。例如,十进制数345的含义如图2-1(a)所示。因为十进制数345中数字3位置的权值为100,数字4位置的权值为10,数字5位置的权值为1,所以十进制数345表示3×100+4×10+5×1,或十进制数345表示$3\times10^2+4\times10^1+5\times10^0$。

我们可以用相似的方法表示二进制数,二进制数1001的含义如图2-1(b)所示。因为二进制数1001中各数字从左至右的权值分别为8、4、2、1,所以二进制数1001表示

1×8+0×4+0×2+1×1，或二进制数 1001 表示 1×2³+0×2²+0×2¹+1×2⁰。

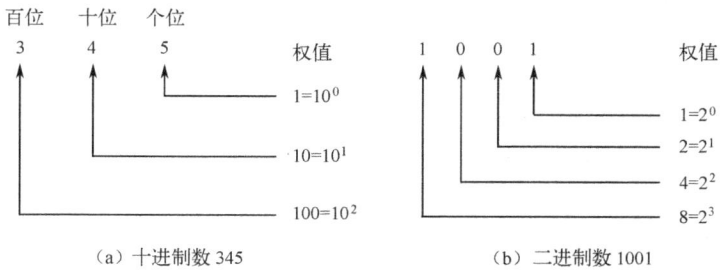

（a）十进制数 345　　　　　　　　（b）二进制数 1001

图 2-1　十进制数和二进制数的含义

表 2-1 给出了十进制数 0~19 的二进制数表示方法。

表 2-1　十进制数和二进制数转换表

十进制数	二进制数	十进制数	二进制数
0	0	10	1010
1	1	11	1011
2	10	12	1100
3	11	13	1101
4	100	14	1110
5	101	15	1111
6	110	16	10000
7	111	17	10001
8	1000	18	10010
9	1001	19	10011

任何一个数字，既可以表示成十进制数形式，也可以表示成二进制数形式。人们习惯于把数字表示成十进制数形式。但是很显然，二进制数形式的数字对计算机来说更合适。这就存在十进制数和二进制数之间的相互转换问题。由于十进制数和二进制数只是数值的两种不同表示方法，并不表示其本质的改变，因此，十进制数和二进制数之间必然可以相互转换。为了区别十进制数和二进制数，在下面的讨论中，在数字后面用下标形式标出其进位制。例如，$(101)_{10}$ 表示该数是十进制数，$(101)_2$ 表示该数是二进制数。

1．二进制数转换为十进制数

二进制数转换为十进制数的方法是：用十进制计数制把二进制数各位置的数按权展开后相加。

【例 2-1】 求 $(1001.101)_2$ 的十进制数值。

解：$(1001.101)_2 = 1×2^3+0×2^2+0×2^1+1×2^0+1×2^{-1}+0×2^{-2}+1×2^{-3}$
　　　　　　　　$= 8+1+0.5+0.125$
　　　　　　　　$= (9.625)_{10}$

2．十进制整数转换为二进制整数

十进制整数转换为二进制整数的方法是：首先不断地对前次得到的商除以 2 并列出其

余数,然后把所得余数按从后向前的次序排列。该方法简称为除2取余法。

【例2-2】 求$(19)_{10}$的二进制数值。

解:

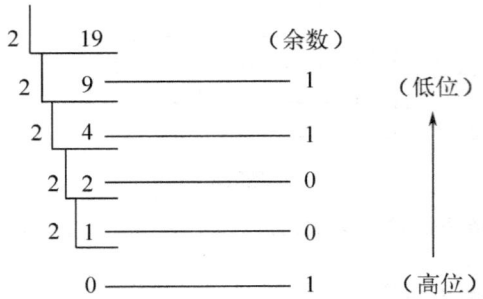

因此,$(19)_{10} = (10011)_2$

3. 十进制小数转换为二进制小数

十进制小数转换为二进制小数的方法是:首先不断地对前次得到的积的小数部分乘2并列出该次得到的整数数值,然后按从前向后的顺序排列。该方法简称为乘2取整法。

【例2-3】 求$(0.6875)_{10}$的二进制数值。

解:

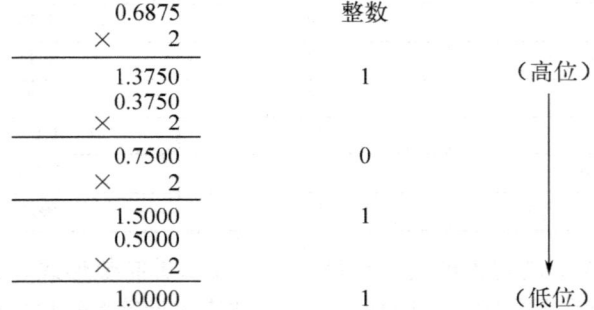

因此,$(0.6875)_{10} = (0.1011)_2$

在十进制小数转换为二进制小数的过程中,有时会出现乘积的小数部分总不等于0的情况,如$(0.4435)_{10}$就不能在10步内使乘积的小数部分等于0;甚至还会出现循环小数的情况,如$(0.6)_{10} = (0.100110011001\cdots)_2$。在上述两种情况下,乘2过程的结束由所要求的转换精度确定。

需要说明的是,十进制整数转换为二进制整数后,该二进制整数要比相应的十进制整数位数长很多,但十进制小数转换为二进制小数后,该二进制小数却并不比相应的十进制小数位数长。这是因为小数是分数的比值结果,无论是十进制小数还是二进制小数,其小数数值都只是自身分数的比值结果。例如:

$(0.5)_{10} = (5/10)_{10} = (1/2)_{10} = (1/10)_2 = (0.1)_2$

2.2.2 二进制数的计算机内部表示方法

实际使用的二进制数可分为二进制整数和二进制实数两种。在计算机内部,分别用定点数和浮点数表示二进制整数和二进制实数。

1．定点数

定点数是指小数点的位置固定不变的数。在计算机中，通常用定点数表示二进制整数，因此定点数的小数点位置通常固定在数值的最后。一个 8 位长度的定点数表示格式如图 2-2 所示。其中，小数点的位置是隐含表示的，在实际表示中不需要专门表示出小数点；符号位为 0 表示该数为正数，符号位为 1 表示该数为负数。

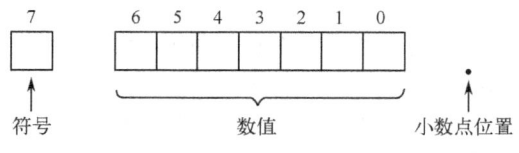

图 2-2 定点数的格式

这样，二进制整数+1001001 的计算机内部定点数形式就是 01001001；二进制整数 -1001001 的计算机内部定点数形式就是 11001001。

当人在纸上表示数值时，因为纸这种资源非常充分，所以在感觉上，人可以表示任意位数的数值。但是在计算机中，一旦确定了定点数的位数（即长度），它所能表示的数值范围就是固定的。例如，图 2-2 所示的 8 位长度的定点数所能表示的绝对值范围为：00000000～11111111，即 $0\sim 2^8-1$。

如果符号位为 0 表示正数，符号位为 1 表示负数，则图 2-2 所示的 8 位长度的定点数所能表示的数值范围为：-1111111～+1111111，即 $-2^7\sim +2^7-1$。

在 8 位长度的定点数表示中，任何超出上述表示范围的数，计算机都认定为出错。这种错误称为溢出出错。

2．浮点数

任何一个十进制实数都可以有以下几种不同的表示形式：

$-34.62=-3462\times 10^{-2}=-0.3462\times 10^2=-3.462\times 10^1$

同样，二进制实数也可以用上述几种不同的表示形式表示，例如：

$-10.01=-1001\times 2^{-10}=-0.1001\times 2^{10}=-1.001\times 2^1$（注意，此式中的指数是二进制数）

上述表示法称为记阶表示法。记阶表示法如图 2-3 所示。在记阶表示法中，一个数由 5 部分组成：尾符、尾数、阶符、阶数和基数。

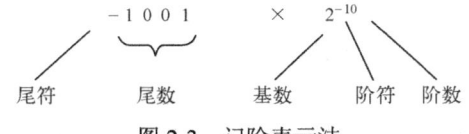

图 2-3 记阶表示法

在图 2-3 中，基数 2 是固定不变的，如果已经确定一个实数是二进制实数，就可以省去该基数。所以，在计算机内部表示二进制实数时，可由尾符、尾数、阶符和阶数 4 部分组成。由于在这样的表示法中，小数点的位置是浮动的，因此这样表示的二进制数称为浮点数。在计算机内部具体表示一个浮点数时，必须指定该浮点数的小数点位置，通常把所有尾数都看成小数。这样，计算机内部浮点数的表示格式如图 2-4 所示。其中，阶符和尾符都是 0 表示正，1 表示负。

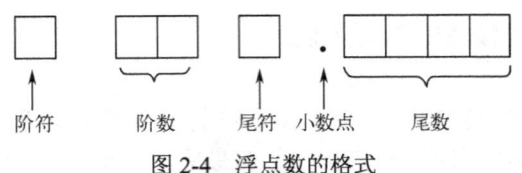

图 2-4 浮点数的格式

按照如图 2-4 所示的浮点数格式,二进制数-0.1001×2^{10}在计算机中的浮点数形式就是 0 10 1 1001。

用记阶表示法表示数时,相同的数可以有许多种不同的表示形式。例如:
$$-0.1001\times2^{10}=-0.01001\times2^{11}=-0.001001\times2^{100}=\cdots$$

而用浮点方法表示上述不同形式的数时,所需要的编码长度是不相同的。例如,用浮点数表示-0.1001×2^{10}时,尾数需要 4 位,阶数需要 2 位;用浮点数表示-0.01001×2^{11}时,尾数需要 5 位,阶数需要 2 位;用浮点数表示-0.001001×2^{100}时,尾数需要 6 位,阶数需要 3 位。但是,存储设备的位数是有限的,当超出其位数范围时,多余的部分将丢失。例如,当用尾数位只有 4 位,阶数位只有 2 位的浮点数格式表示-0.001001×2^{100}时,计算机中存储的数据将是-0.0010×2^{10},从而使数据的精度降低。

为了有效地表示二进制数,通常规定尾数的第一位不能为 0,即小数点后的数值不能为 0。这种形式的浮点数称为规范化的浮点数。例如,-0.1001×2^{10}就可以直接表示成规范化的浮点数,其浮点数形式是:

0 10 1 1001

而-0.01001×2^{11}和-0.001001×2^{100}就不可以直接表示成规范化的浮点数,需要进行适当的转换。

上面举的浮点数例子都是 8 位编码长度的,其表示的数值范围非常有限。目前使用的计算机中表示浮点数的编码长度大都是 64 位的。

我们知道,两个记阶表示法表示的实数可以进行四则运算。其中加法的运算方法是:首先使两个实数的阶码值相同,然后把两个实数的尾数相加。例如:
$$0.0041\times10^1 + 1.14\times10^2 = 0.00041\times10^2 + 1.14\times10^2 = 1.14041\times10^2$$

两个浮点数的相加也是按照同样的方法完成的。

2.2.3 二进制数的运算

1. 二进制数加法和减法

两个一位二进制数进行加法时只可能有 4 种情况,即 0+0=0,0+1=1,1+0=1,1+1=10。两个多位二进制数进行加法时存在进位,对每位来说,相当于 3 个一位二进制数进行加法,这样,可能有 8 种情况,即 0+0+0=0,0+0+1=1,0+1+0=1,1+0+0=1,0+1+1=10,1+0+1=10,1+1+0=10,1+1+1=11。

【例 2-4】 求 10110011+111001=?

解:
```
    10110011
  +   111001
  ----------
    11101100
```

因此,10110011+111001=11101100

两个一位二进制数进行减法时只可能有 4 种情况,即 0-0=0,1-0=1,1-1=0,0-1(不够减,需要向高位借位,借位后有 10-1=1)。

【例2-5】 求 110011-11101=?

解:

```
  110011
-  11101
--------
   10110
```

因此,110011-11101=10110

2. 补码

和十进制数四则运算一样,二进制数四则运算也有加、减、乘、除运算。要在计算机中实现二进制数四则运算,计算机中就应该有加法装置、减法装置、乘法装置和除法装置。我们知道,乘法运算可以用若干次加法运算实现,除法运算可以用若干次减法运算实现。这样,为简化计算机硬件设计的复杂性,硬件中可以不包含乘法装置和除法装置。

是否还可以去掉减法装置呢?回答是肯定的,但要求二进制数采用一种称为补码的表示方法。补码就是把二进制的正数和负数表示成一种统一的去掉符号的纯数值形式。

一个二进制数的补码由两部分组成。一部分是数值部分,取值方法为:当二进制数为正时,其补码的数值部分和该二进制数相同;当二进制数为负时,其补码的数值部分为用高位为 1、低位为 0 的足够大的二进制数减去该数的差。另一部分是符号位,当二进制数为正时,符号位为 0;当二进制数为负时,符号位为 1。

按照上述补码的定义,要得到正数的补码,其方法非常简单。例如,正数 1011 的补码就是 0 1011,前边最高位的 0 表示原二进制数为正数。

但是,要得到负数的补码,其方法要复杂一些。

【例2-6】 求-1011 的补码。

解: 补码的数值部分为:

```
  10000
-  1011
--------
   0101
```

因此,-1011 的补码为 1 0101,前边最高位的 1 为补码的符号位。

实际上,计算机实现时有非常简单的直接把一个二进制数表示为补码的方法。具体方法是:当二进制数为正时,其补码的数值部分和该二进制数相同;当二进制数为负时,其补码的数值部分为,先把该二进制数各位的 0 变为 1,1 变为 0,然后再加 1。当二进制数为正时,符号位为 0;当二进制数为负时,符号位为 1。例如,例 2-6 的-1011 的补码求法如下。

第一步:求反,1011 变为 0100。

第二步:加 1,0100+1=0101。

所以,-1011 的补码为 1 0101,这与例 2-6 求出的结果相同。

表 2-2 给出了长度为 2 的二进制数的补码。表 2-3 给出了长度为 3 的二进制数的补码。

表 2-2　长度为 2 的二进制数的补码

十进制数	二进制数	补码	十进制数	二进制数	补码
3	11	0 11	−1	−01	1 11
2	10	0 10	−2	−10	1 10
1	01	0 01	−3	−11	1 01
0	00	0 00	−4	−100	1 00

表 2-3　长度为 3 的二进制数的补码

十进制数	二进制数	补码	十进制数	二进制数	补码
7	111	0 111	−1	−001	1 111
6	110	0 110	−2	−010	1 110
5	101	0 101	−3	−011	1 101
4	100	0 100	−4	−100	1 100
3	011	0 011	−5	−101	1 011
2	010	0 010	−6	−110	1 010
1	001	0 001	−7	−111	1 001
0	000	0 000	−8	−1000	1 000

注意，十进制数−4 表示成二进制数为−100，表示成补码为 1 00。而十进制数 3 表示成二进制数为 11，表示成补码为 0 11。所以，前面讨论的 8 位长度的定点数所能表示的数值范围为：−1111111～+1111111，即−2^7～+2^7−1。

3．补码的运算

对于补码来说，不仅两个二进制数的加法运算可以用补码的加法来实现，两个二进制数的减法运算也可以用补码的加法来实现。补码运算不仅用加法实现了减法，而且实现了正号和负号的数字化表示。补码运算的基本公式如下：

$$[x+y]_{补}=[x]_{补}+[y]_{补}$$

上式表示，两个二进制数相加后的补码等于这两个二进制数分别求补码后再相加。这个公式的证明并不难，这里不进行证明，有兴趣的读者可以自己证明。

【例 2-7】　用补码求 1001+0011=？

解：

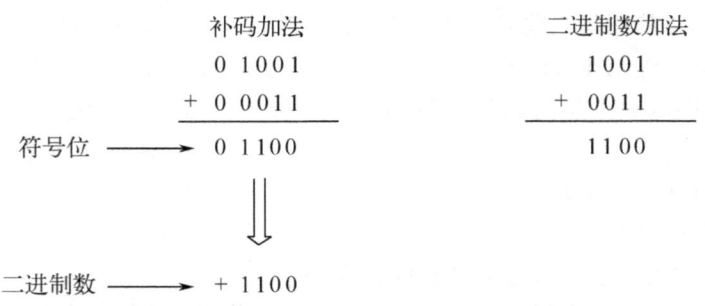

可见，补码加法和二进制数加法得到的结果相同。

【例2-8】 用补码求 1001-1011=?

解：减去一个数等于加上该数的负数，因此可把减数表示为负数。-1011 的补码为 1 0101。

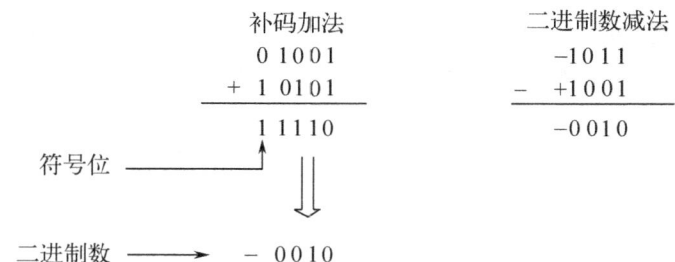

可见，补码加法和二进制数减法得到的结果相同。

【例2-9】 用补码求-1000-0011=?

解：-1000 的补码为 1 1000，-0011 的补码为 1 1101。

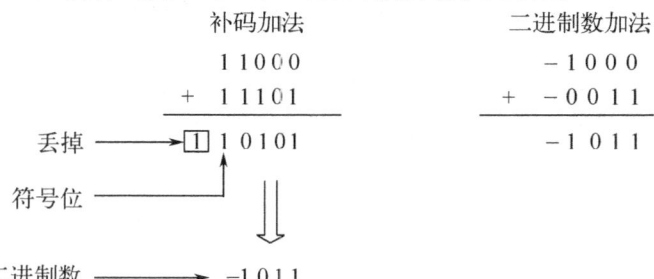

可见，补码加法和两个二进制负数相加得到的结果相同。

从以上例子可见，补码有两个重要特点：① 二进制数的加法运算和减法运算都转换成了补码的加法运算；② 符号位直接参加运算。因此，在计算机中，是用补码加法运算来实现二进制数的加法运算和减法运算的。

当用补码求出运算结果后，把补码再变为二进制数的方法是：当符号位为 0 时，相应的二进制数为正，其数值部分为该补码的数值部分。例如，补码 0 0011 的二进制数为 +0011。当符号位为 1 时，相应的二进制数为负，其数值部分为再次对该补码的数值部分求补码的结果。例如，补码 1 0101 的二进制数为 -1011。

这样，对于数值的四则运算来说，可以用补码编码方法来实现减法，用只包含加法操作的一个算法来实现乘法，用只包含减法操作的一个算法来实现除法。这样，计算机硬件只需设计出可以实现两个二进制数相加的加法器就可以实现算术的四则运算。

包括输入和输出过程的计算机实现加法和减法运算的完整过程如下：

① 把用户输入的十进制数转换为二进制数；
② 把二进制数转换为补码；
③ 实现补码加法；
④ 把补码形式的运算结果转换为二进制数；
⑤ 把二进制数转换为十进制数输出给用户。

在以上各步骤中，除完成补码加法操作的任务由硬件中的加法器实现外，其余任务一般均用软件实现。

2.3 其他形式数据的表示

除数字形式的数据外，数据的其他形式还有字符、汉字、图像等。和数字形式数据不同的是，字符、汉字、图像等形式的数据不存在运算问题。这些形式的数据表示采用的是编码方法。

2.3.1 字符的表示

1. 字符的 0、1 编码

大小写字母、数值符号、标点符号和一些控制符号等称为字符。计算机内部表示字符的原理和人们用 26 个英文字符表示单词的方法类似。人们可以用 26 个英文字符表示出数万个单词，同样，也可以用符号"0"和"1"表示出字符。我们把用若干位"0"、"1"符号表示字符的方法称为字符编码。因为"0"、"1"符号表示的字符是字符的一种代替编码，所以也把字符的编码称为字符的代码。

人们可以构造出很多种字符编码，但要实现不同计算机之间的数据交换，必须规定字符编码的标准。计算机中最常用的字符编码标准是 ASCII 码（美国标准信息交换代码）。ASCII 码是一种用 7 位"0"、"1"符号表示字符的编码方案。ASCII 码已形成事实上的标准，ISO（国际标准化组织）制定的 ISO646 码，即信息处理交换用的 7 位编码字符集，将其定为国际标准。表 2-4 给出了 ASCII 码 128 个字符的编码。

表 2-4 ASCII 码

高3位 低4位	000	001	010	011	100	101	110	111
0000	NUL	DLE	SP	0	@	P	`	p
0001	SOH	DC1	!	1	A	Q	a	q
0010	STX	DC2	"	2	B	R	b	r
0011	ETX	DC3	#	3	C	S	c	s
0100	EOT	DC4	$	4	D	T	d	t
0101	ENQ	NAK	%	5	E	U	e	u
0110	ACK	SYN	&	6	F	V	f	v
0111	BEL	ETB	`	7	G	W	g	w
1000	BS	CAN	(	8	H	X	h	x
1001	HT	EM	)	9	I	Y	i	y
1010	LF	SUB	*	:	J	Z	j	z
1011	VT	ESC	+	;	K	[	k	{
1100	FF	FS	,	<	L	\	l	|
1101	CR	GS	-	=	M	]	m	}
1110	SO	RS	.	>	N	^	n	~
1111	SI	US	/	?	O	_	o	DEL

ASCII 码只有 128 个符号，随着计算机的发展，需要编码的字符增多。扩展 ASCII 码是在 ASCII 码基础上制定的有 256 个符号的编码。扩展 ASCII 码为 8 位，当第 8 位为 0 时，表示的 128 个符号和原先的相同，当第 8 位为 1 时，表示的 128 个符号主要用作控制或通信。

任何字符在计算机中存储和传送时都表示成 0、1 的编码形式。计算机中数据的基本单位是字节。一个字节是 8 位二进制位。因此，ASCII 码表示的 128 个字符编码的最高位为 0。例如，字符 hello 在计算机中的表示形式如图 2-5 所示。

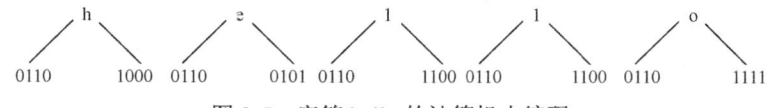

图 2-5　字符 hello 的计算机内编码

数字 0～9 作为字符也有相应的编码。这样，十进制数值 0.6875 就有两种表示格式：一种是 2.2 节中讨论的数字表示方法，即把十进制数值 0.6875 表示为二进制数值 0.1011；另一种是把十进制数值 0.6875 中的每位数（包括小数点）都看作一个字符，则 0.6875 的 ASCII 码为：

　　　　0　　　　.　　　　6　　　　8　　　　7　　　　5
　　00110000 00101110 00110110 00111000 00110111 00110101

前一种格式称为二进制数格式，后一种格式称为 ASCII 码格式。显然，数值的 ASCII 码格式表示的长度，要比相应的二进制数格式表示的长度长很多。

表 2-5　十六进制编码表

二进制码	十六进制码
0000	0
0001	1
0010	2
0011	3
0100	4
0101	5
0110	6
0111	7
1000	8
1001	9
1010	A
1011	B
1100	C
1101	D
1110	E
1111	F

2．字符的十六进制码形式

从图 2-5 可见，字符在计算机内的表示格式比较长。这在计算机内存储数据和传送数据时没有任何问题，但当程序中出现问题，需要把计算机内存储或传送的数据显示在屏幕上或打印到纸上时，这样的表示格式就很不方便。这时就可以把字符的计算机内编码显示成十六进制编码形式。

我们把一位 0、1 符号称为一个二进制码，则字符的十六进制编码就是把 4 位二进制码用一个符号表示。因为 4 位二进制码共有 16 种不同状态，故这种编码称为十六进制编码。十六进制编码表见表 2-5。

显然，字符编码的二进制码形式可以用字符编码的十六进制码形式替代。字符 hello 的十六进制码形式如图 2-6 所示。要说明的是，字符编码的十六进制码形式只是字符编码的二进制码形式的另外一种表示方式，它是为了方便人们阅读而做的表示形式上的一种转换，字符在计算机内还是以二进制码形式存储和传送的。

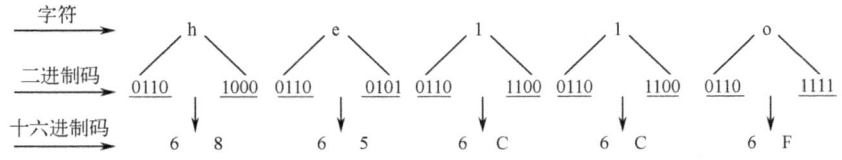

图 2-6　字符 hello 的十六进制码

表 2-6　八进制编码表

二进制码	八进制码
000	0
001	1
010	2
011	3
100	4
101	5
110	6
111	7

3．字符的八进制码形式

也可以把 3 位二进制码用一个符号表示。因为 3 位二进制码共有 8 种不同状态，故这种编码称为八进制编码。八进制编码表见表 2-6。

同样，字符的八进制编码只是字符的二进制编码的另外一种表示形式。

2.3.2　汉字的表示

汉字也可以用与字符相同的方法编码表示。但是，汉字编码需要考虑以下两个问题。

① 汉字通常是与字符混合使用的，因此，汉字编码方案要考虑与字符编码方案的兼容问题。

② 汉字不是拼音文字，不能像英文那样只对 26 个字母编码就可以解决英文单词的编码。汉字是方块文字，并且个数很多，所以用于编码的符号位数要更多一些。

ISO646 码，或者说 ASCII 码，是一种用 7 位二进制码表示字符的编码。计算机的基本存储和传送单位是字节，一个字节是 8 位二进制码，因此，7 位二进制码表示的字符在计算机中存储和传送时，字节的最高位添 0，例如，字符 h 的 ASCII 码为 100 1000，但字符 h 在计算机中存储和传送时表示为 0100 1000。根据字符编码的这一特点，可以规定，字节的最高位为 0 时为字符编码，字节的最高位为 1 时为汉字编码。这样就可以解决汉字编码和字符编码的兼容问题。

由于汉字个数多，采用一个字节的编码方法显然不行，因此可采用两个字节或多于两个字节来表示一个汉字的编码方法。GB2312—80 码（信息交换用汉字编码字符集——基本集）就是根据这样的方法制定的汉字编码的中国政府标准。GB2312—80 码也称为国标码。

分析表 2-4 的 ASCII 码，其中前边 0～31，共计 32 个字符是控制字符，第 2 列的首字符（SP）和第 7 列的末字符（DEL）也可归入控制字符。控制字符在计算机设备之间的数据交换中有特定的含义，因此不能改作他用。除控制字符外的其余 94 个字符可用来编码汉字。汉字个数太多，有数万个之多，但常用的汉字仅 5000 个左右。94×94=8836，因此可用两个字节编码表示一个汉字。GB2312—80 码中编码的常用汉字共计 6763 个，另外还有汉语注音字母、希腊字母、拉丁字母、俄文字母、日文假名等。因为 GB2312—80 码只编码了常用的 6763 个汉字，所以 GB2312—80 码也称为常用汉字编码。在 GB2312—80 码中，汉字"啊"的二进制编码为 10110000 10100001，汉字"啊"的二进制码具体格式如图 2-7 所示。

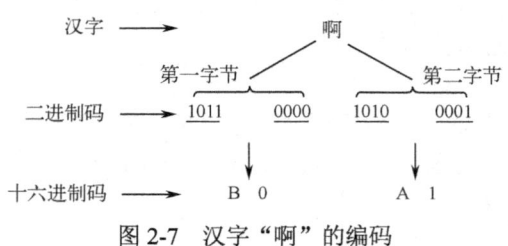

图 2-7　汉字"啊"的编码

如果要设计表示全部汉字的编码,那么,每个汉字的编码长度必须大于 2 字节。目前,国际标准化组织已设计了 4 字节的编码,这种编码可表示世界上所有国家的文字。

这里讨论的汉字编码是指汉字在计算机内存储和处理时的编码,因此也称为汉字的机内码。汉字还有输入码和输出码,汉字的输入码是指用户通过键盘输入汉字时的编码,汉字的输出码是指通过输出设备输出汉字时的编码。汉字的输入码和输出码将在第 4 章中讨论。

2.3.3 图像的表示

1. 表示方法

除数字、字符和汉字外,计算机存储、处理的数据形式还有图像。图像有黑白图像和彩色图像两种。但是,字符和汉字表示方法有统一的国际标准,而图像的表示方法比较杂乱,还未形成统一的国际标准。目前,图像的表示方法主要有两大类:位图和矢量图。

位图是用描绘图像的点的集合来表示图像的,这些点称为像素点。位图表示图像的原理与照片的原理类似。对于黑白图像,像素点值为 0 表示白色,像素点值为 1 表示黑色。这样,一个 1024×1024 像素点的黑白图像,就表示为 1024×1024 个二进制码串。对于彩色图像,其实现方法是在黑白图像方法的基础上,再增加每个像素的色彩编码。但色彩的变化范围很大,当对像素点的色彩用一个字节来编码表示时,其色彩变化范围为 0～255,共计 256 色。当图像的色彩变化比较丰富时,这样编码的彩色图像就会感觉有些失真。目前,最具真实感觉的彩色图像采用 3 个字节对像素点的色彩进行编码,3 个字节分别对应红、绿、蓝 3 种基色,这样每个像素点的色彩就是红、绿、蓝 3 种基色的结合。使用绘图软件绘制图形或图像,绘图软件中的单色位图表示黑白图像,256 色位图表示用一个字节编码表示色彩,24 位位图表示用 3 个字节编码表示色彩。如图 2-8(a)所示为黑白位图图像,如图 2-8(b)所示为 Windows 中的彩色位图图像。

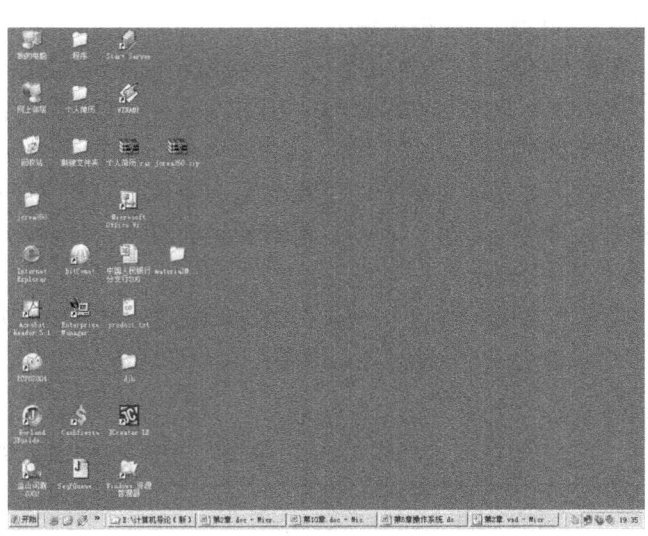

(a)黑白位图　　　　　　　　　　　　(b)彩色位图

图 2-8　位图

位图表示方法的优点是方法简单,其缺点是图像不能任意放大,因为图像放大后会失真。造成图像放大失真的原因是,该方法用像素点的集合表示图像,而当图像放大时,像素点间的空隙也被等比例地放大,从而造成失真。

矢量图用直线和弧线的集合表示图像。当图像放大时,线段也被等比例放大,所以,用矢量图方法表示的图像可以任意放大。用直线和弧线表示图像的矢量图方法较位图的像素点方法要复杂许多。

2. 压缩存储问题

按上面讨论的方法,彩色图像进行编码后的信息量非常大。例如,一个 1024×1024 像素点,用 3 个字节对像素点的色彩进行编码的彩色图像,其二进制码串长度为 $1024 \times 1024 \times 24 = 25165824 \approx 25 \times 10^6$。可见,存储彩色图像需要很大的存储空间。因此,对图像采用压缩存储方法就变得十分必要。

目前,已经提出了许多图像压缩存储方案,其压缩存储效率各不相同。GIF、JPEG、MPEG 等是目前较为流行的图像压缩存储方案。图像文件的不同后缀.gif、.jpeg 或.mpeg 就代表了该图像文件的不同压缩存储格式。

2.4 逻辑代数的基本概念

逻辑代数起源于 19 世纪初。逻辑代数研究逻辑量的运算关系。逻辑量有两个:一个是真,一个是假。基本的逻辑运算包括:逻辑与(AND)、逻辑或(OR)和逻辑非(NOT)运算。

逻辑与的定义:假 AND 假=假;假 AND 真=假;真 AND 假=假;真 AND 真=真。

逻辑或的定义:假 OR 假=假;假 OR 真=真;真 OR 假=真;真 OR 真=真。

逻辑非的定义:NOT 假=真;NOT 真=假。

用计算机实现逻辑运算时,通常用符号"1"表示真,用符号"0"表示假。这样,上述逻辑运算的定义可表示如下。

逻辑与的定义:0 AND 0 = 0;0 AND 1 = 0;1 AND 0 = 0;1 AND 1 = 1。

逻辑或的定义:0 OR 0 = 0;0 OR 1 = 1;1 OR 0 = 1;1 OR 1 = 1。

逻辑非的定义:NOT 0 = 1;NOT 1 = 0。

逻辑代数中的变量称为逻辑变量。和代数中的变量类似,逻辑变量也用字母符号(但通常用大写字母符号)表示。逻辑变量的取值,或者为真(用符号"1"表示),或者为假(用符号"0"表示)。

设 P 和 Q 是两个逻辑变量,则逻辑表达式 P AND Q 有 4 种可能的取值结果,逻辑表达式 P OR Q 也有 4 种可能的取值结果,逻辑表达式 NOT P 有两种可能的取值结果,参见表 2-7。

表 2-7 逻辑表达式的取值

P	Q	P AND Q	P OR Q	NOT P
0	0	0	0	1
0	1	0	1	1
1	0	0	1	0
1	1	1	1	0

逻辑代数是现实世界事物之间逻辑关系的一种抽象描述。逻辑表达式 P AND Q 可以有很多含义，例如，设逻辑变量 P 表示"昨天是晴天"，逻辑变量 Q 表示"昨天的最高温度是30℃"，则逻辑表达式 P AND Q 表示"昨天是晴天并且昨天的最高温度是30℃"。又如，设逻辑变量 P 表示"数值变量 x 的取值大于 0"，逻辑变量 Q 表示"数值变量 x 的取值小于 50"，则逻辑表达式 P AND Q 表示"数值变量 x 的取值大于 0 且小于 50"。

逻辑表达式 P OR Q 也可以表示很多含义，例如，设逻辑变量 P 表示"昨天是晴天"，逻辑变量 Q 表示"昨天是阴天"，则逻辑表达式 P OR Q 表示"昨天是晴天或者是阴天"。又如，设逻辑变量 P 表示"数值变量 x 的取值小于 0"，逻辑变量 Q 表示"数值变量 x 的取值大于 50"，则逻辑表达式 P OR Q 表示"数值变量 x 的取值小于 0 或者大于 50"。

逻辑表达式 NOT P 也可以有很多含义，例如，设逻辑变量 P 表示"昨天是晴天"，则逻辑表达式 NOT P 表示"昨天不是晴天"。又如，设逻辑变量 P 表示"数值变量 x 的取值大于 0"，则逻辑表达式 NOT P 表示"数值变量 x 的取值不大于 0（即小于等于 0）"。

逻辑代数有广泛的现实用途。就计算机科学来说，在硬件设计方面，可以用基本的逻辑元件来实现逻辑代数中的各种基本逻辑操作，而基本的逻辑元件可以构成各种复杂的逻辑部件，从而可以设计出各种按照人们希望的方式工作的硬件设备。下一节要讨论的触发器就是这样的设计结果。另外，逻辑元件还可以组合出各种各样的控制信号，用来控制和协调各个部件的工作过程。

在软件设计方面，可以通过组合若干逻辑操作（称为逻辑表达式）来实现逻辑推理。程序设计中的条件判断、条件组合等都是逻辑表达式的例子。为实现逻辑推理，机器指令系统中也设计有专门的逻辑机器指令。

2.5 触发器

很多电子装置有两种状态，如开关的"开"和"关"，电灯的"亮"和"不亮"，但要存储数据，需要具有稳定状态、体积很小且控制便利的电子装置。触发器就是这样一种最基本的电子装置。

2.4 节讲过，逻辑代数中的各种基本逻辑操作都可以用半导体材料制造的基本逻辑元件来实现，如图 2-9（a）、(b) 和 (c) 所示分别是实现逻辑与、逻辑或和逻辑非操作的逻辑元件符号及相应的功能表。如图 2-9 所示的每个逻辑元件的功能都可以用电路实现，具体逻辑电路设计方法是数字逻辑电路课程讨论的内容，我们这里不做讨论。

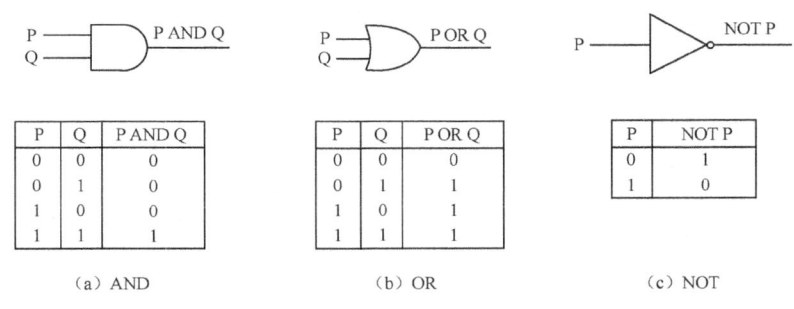

图 2-9 逻辑元件符号和功能表

用基本的逻辑元件可以构造出一种称为触发器的逻辑元件。触发器的功能特点是可以接收并保持所接收的 0 或 1 信号。最基本的触发器的逻辑图如图 2-10（a）所示，该触发器相应的功能表如图 2-10（b）所示。

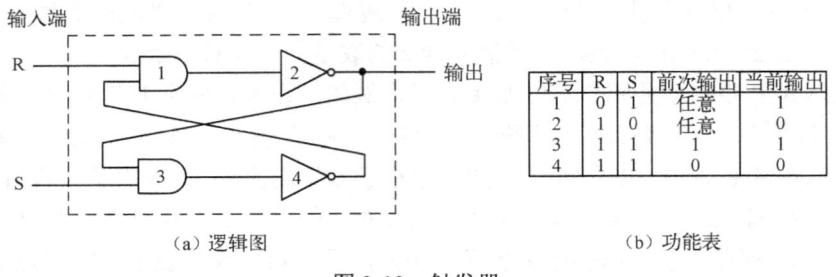

图 2-10 触发器

对于如图 2-10（a）所示的触发器，当输入的 S 端为 1，R 端为 0 时，则元件 1 的输出为 0，元件 2 的输出为 1，元件 3 的输出为 1，元件 4 的输出为 0。这种状态对应图 2-10（b）的第 1 行。输入 S 端为 1，R 端为 0 时的内部逻辑关系图如图 2-11（a）所示。

当输入信号撤销时，因为此时是 R 端的 0 信号使触发器开始工作的，所以输入信号撤销是指 R 端的 0 信号变成了 1 信号。但元件 4 输出的 0 将继续使元件 1 的输出保持为 0，元件 1 输出的 0 使元件 2 的输出保持为 1，从而在输入信号撤销的情况下，触发器保持了输出为 1 的状态。这种状态对应图 2-10（b）的第 3 行。输入 S 端为 1，R 端为 1 且前次输出为 1 时的内部逻辑关系图如图 2-11（b）所示。

对于图 2-10（a）所示的触发器，当输入的 S 端为 0，R 端为 1 时，则元件 3 的输出为 0，元件 4 的输出为 1，元件 1 的输出为 1，元件 2 的输出为 0。这种状态对应图 2-10（b）的第 2 行。输入 S 端为 0，R 端为 1 时的内部逻辑关系图如图 2-11（c）所示。

当输入信号撤销时，因为此时是 S 端的 0 信号使触发器开始工作的，所以输入信号撤销是指 S 端的 0 信号变为了 1 信号。但元件 2 输出的 0 将继续使元件 3 的输出保持为 0，元件 3 输出的 0 使元件 4 的输出保持为 1，从而在输入信号撤销的情况下，触发器保持了输出为 0 的状态。这种状态对应图 2-10（b）的第 4 行。输入 S 端为 1，R 端为 1 且前次输出为 0 时的内部逻辑关系图如图 2-11（d）所示。

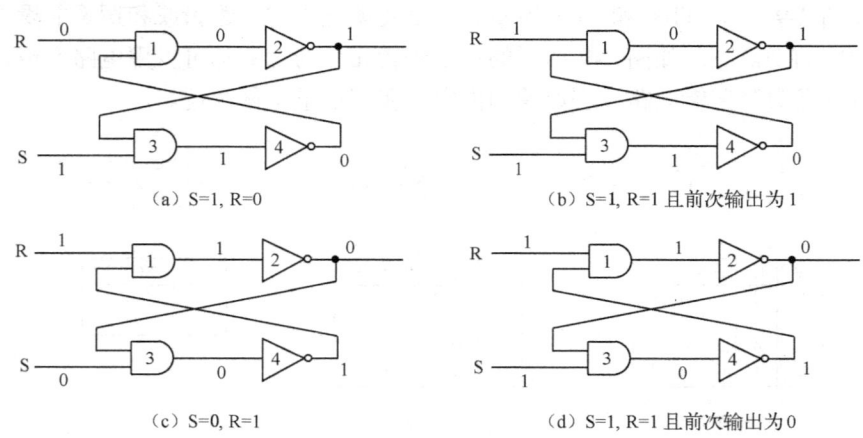

图 2-11 触发器的内部状态逻辑图

从以上分析可见，触发器是一种不仅可以接收输入信号，并且可以保持（即存储）这种信号状态的元件。触发器的这种可保持信号状态的特点使我们可以利用它来存储数据。一个触发器可以存储一个有两种状态的信息，我们分别用符号"0"和"1"来表示这两种信号状态，则多个触发器组合起来就可以存储多个用符号"0"和"1"表示的数据。

上述的触发器是最基本的触发器，这种触发器在实际使用中存在问题。实际使用的触发器是在上述基本触发器逻辑电路的基础上设计实现的。

所有电子存储设备的电路构造可能不同，但其实现的逻辑功能基本类似。计算机硬件中寄存器、内存等的每一位，其逻辑原理都和如图2-10所示触发器的逻辑原理类似。

2.6 内存

2.6.1 内存的概念

从图1-1可知，在冯·诺依曼体系结构的计算机中，需要一个存储数据和程序（程序也是某种形式的二进制码数据）的数据存储部件。数据存储部件分内存和外存两种。内存是数据进行处理时的临时存放地方，外存是数据输入后或处理结束后的永久存放地方。内存也称为主存储器或主存。

与外存相比，内存的特点是：
① 存取数据的速度很快；
② 只能临时存放数据，不能长久保存数据。

内存由许许多多类似触发器的存储电路组成。这样，内存就可以用来存储许许多多的符号"0"和"1"。用于制造存储电路的材料目前主要是半导体材料。

内存类似于计算机运行时的临时数据存储仓库。当这样的仓库（内存）很大时，就要用某种方法标识它，从而可以知道要把物品（数据）存放到仓库（内存）的什么地方，或者知道要从仓库（内存）的什么地方去取物品（数据）。很显然，可以通过为内存编排地址来达到上述目的。

怎样为内存编排地址呢？如果为内存的每位都编排一个地址，则需要的地址编码长度太长。我们已经知道，8位二进制码称为一个字节，每个字符的编码长度是一个字节。因此，一般计算机中以字节为单位进行编码。我们把内存中一个地址编码单位称为内存的一个单元。这样，内存从逻辑概念上就可以看作被划分成许多个单元，每个单元都有地址编码，可存储0、1数据的逻辑部件。

因为内存中要用电路来表示内存的地址编码，而任何电路的基本状态都只有两个，因此，内存地址也用二进制数编码。我们称内存可以容纳的二进制数据量为内存的存储容量。内存地址的二进制数编码长度将决定内存的存储容量。

内存的存储单位是字节，字节用英文Byte表示，简写为B。当内存地址编码长度为10位二进制码时，内存的存储容量即为$2^{10}B=1024B$。我们定义1024B为1KB；定义$2^{20}B=1024KB$为1MB，即1M=1024K；定义$2^{30}B=1024MB$为1GB，即1G=1024M；定义$2^{40}B=1024GB$为1TB，即1T=1024G。目前，微机内存的最大存储容量可达到4GB，即内存地址编码为32位二进制码。

就像使用仓库有存物品和取物品两种操作一样，对内存的操作主要有存数据和取数据两种操作。通常，把内存的存数据过程称为写操作，把内存的取数据过程称为读操作。写操作就是把某个数据写到内存的某个单元中去，读操作就是从内存的某个单元中读出某个数据。

2.6.2 内存的组成

根据前面的讨论，内存应由如图 2-12 所示的内存体、地址电路、数据电路和读/写控制电路 4 部分组成。

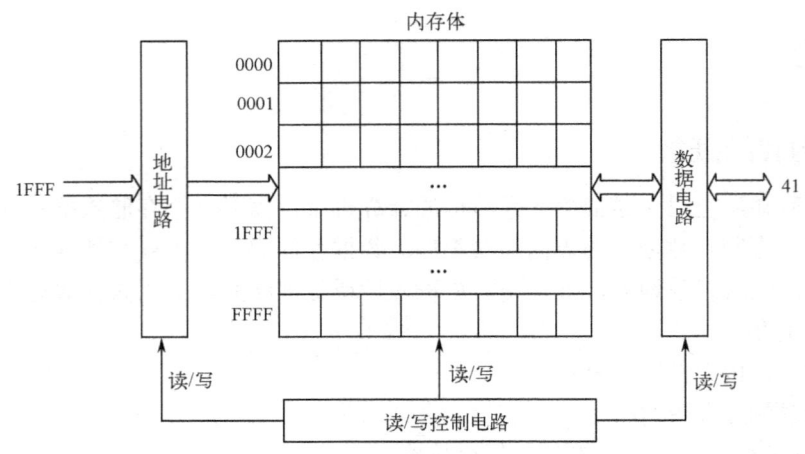

图 2-12　内存的组成

内存体是内存的核心，用于存储二进制数据。地址电路的功能是保存读/写内存时需要的内存地址，以及识别出内存体相应的地址。数据电路的功能是保存读操作时从内存体中读出的数据，或写操作时要写入到内存体中的数据。读/写控制电路的功能是进行读/写操作的控制。

例如，假设内存的存储容量为 $2^{16}B=64KB$，用十六进制数表示内存地址时，地址编码范围为 0000～FFFF。把大写字符"A"（ASCII 编码为十六进制码 41）写入内存单元 1FFF 中的过程是：把内存地址 1FFF 送给地址电路，把数据 41 送给数据电路，读/写控制电路此时的状态为写操作状态，则数据 41 将写入内存单元 1FFF 中。

从内存单元 1FFF 中读出数据的过程是：把内存地址 1FFF 送给地址电路，读/写控制电路此时的状态为读操作状态，则内存地址 1FFF 中原先存储的数据将被读出，并送给数据电路临时存放。因为可对内存任意单元进行读操作或写操作，所以内存是一种随机存取存储器。

内存可以像仓库存放物品一样存放数据，但是，内存和仓库相比有一个很大的不同。仓库中某个货架上存放的物品被取出后该货架上就是空的，但内存中某个单元中的数据被读出后，该单元中仍然保存着该数据。所以，确切地说，内存数据的读应该说成内存数据的复制。

作为内存核心部件的内存体通常由随机存取存储器和只读存储器两部分组成。随机存取存储器是一种可进行读操作和写操作的存储器，缩写为 RAM（Random Access Memory）。只读存储器是一种只可进行读操作的存储器，缩写为 ROM（Read Only Memory）。只读存储器中的数据是制造时固化在里边的。在通用计算机内存中，大部分内存体都由 RAM 组成，只有一小部分内存体由 ROM 组成。

计算机处理任务的核心是程序，程序在执行前需要存储在计算机内存中，但是计算机从关机到开机的最初状态，在由 RAM 组成的内存中没有存放任何程序，此时计算机处于无任何智能的无"大脑"状态。怎样把所需要的基础程序装入计算机内存中呢？方法是，在制造 ROM 时，把称为自举程序的一种特殊程序固化在 ROM 中。计算机开机时，首先自动运行固化在 ROM 中的自举程序，把所需要的基础程序（如操作系统）由外存装入内存，然后执行基础程序，从而使计算机从无任何智能的无"大脑"状态，进入有智能的有"大脑"状态。微机开机时等待的几秒或十几秒时间，就是计算机在自动运行自举程序。

ROM 有三种：除上述的常规 ROM 外，还有 PROM（Programmable ROM）和 EPROM（Erasable Programmable ROM）。PROM 是可编程序只读存储器，PROM 中的信息是设计人员按需要写入的，但只允许写入一次。EPROM 也是一种 PROM，其差别是，对于 EPROM，当写入的信息需要修改时，可以使用特殊的设备把原先写入的信息擦除后重写。

由于内存是用半导体材料制作的，半导体材料在高、低电压的作用下实现数据存储，所以一旦关机，内存（除 ROM 外）中的数据将全部丢失。

2.6.3 高速缓冲存储器

为了提高计算机存取数据的速度，目前大部分计算机的内存都构造成层次结构。也就是在内存的基础上，再增加一层称为高速缓冲存储器（Cache）的存储器。高速缓冲存储器简称高速缓存。高速缓冲存储器是由存取速度较常规内存的存取速度更快的电路组成的小容量的存储单元。在配备有高速缓冲存储器的层次结构内存中，为区别起见，通常把前边讨论的内存称为主存。主存位于层次结构内存的下层，高速缓冲存储器位于层次结构内存的上层。

内存被划分成若干页，每页包括几 KB 至几十 KB。Cache 的容量为若干 KB，Cache 中存放的是内存中计算机当前要使用数据的副本。在层次结构内存的计算机中，每次访问存储器都要先访问高速缓冲存储器。如果要访问的数据在高速缓冲存储器中，则访问到此结束；如果要访问的数据不在高速缓冲存储器中，则再访问主存，并把主存中连续若干页的数据写入高速缓冲存储器中。这样，如果大部分对内存的访问都能通过对高速缓冲存储器的访问实现，则访问内存的速度可接近访问高速缓冲存储器的速度。

由于对内存的存数据操作和取数据操作来说，不论读取程序，还是存取数据，通常都是对连续的内存单元进行的，所以采用高速缓冲存储器构成层次结构的内存，可以大大提高计算机访问内存的速度。

高速缓冲存储器的设置是所有现代计算机系统发挥高性能的重要因素之一。

2.6.4 内存的参数

对使用内存的人来说，内存性能的高或低主要反映在内存的外部特性参数之上。内存的参数主要有以下 4 个。

① 存储容量：内存可以容纳的二进制数据量称为内存的存储容量。存储容量的单位是字节，用大写字母 B 表示。目前，微机内存的最大存储容量可达到 8GB。

② 存取时间：指存取内存某个单元的数据所需要的时间。显然，存取时间越小，内存的性能越好。

③ 可靠性：内存在存取数据时可能会出现错误，内存的可靠性用平均故障间隔时间来描述。显然，平均故障间隔时间越长，内存的性能越好。

④ 高速缓冲存储器的速度和容量：由于高速缓冲存储器的使用可较大地提高计算机的数据处理速度，因此通常也把有无高速缓冲存储器作为衡量内存性能的一个重要参数。

2.7 外存

外存也称为辅助存储器。由于内存只能短暂地保存数据，而在实际使用中，大部分数据都是需要长期、甚至永久保存的，所以，还需要有可长期保存数据的存储部件，并和内存一起构成计算机系统的数据存储部件。实现这种可长期保存数据功能的部件就是外存。

内存是用半导体材料制造的，所以关机后数据即丢失。外存设备主要有磁盘、光盘、磁带等。磁盘和磁带是用表面涂磁的材料制造的，光盘是用表面覆盖有反光物的材料制造的。磁性材料有磁化和非磁化两种状态，反光面也有平和凹两种状态，可分别对应符号"1"和符号"0"。磁化现象和平凹现象可永久存在，所以关机后，外存介质上的数据依然存在。这是内存和外存在功能上及构造上的不同。

读/写外存设备上的数据，通常需要一个称为读/写头的部件做机械运动来完成，所以相对于主存的读/写操作速度来说，外存设备上的读/写操作速度要慢许多。这是内存和外存在性能上的第一个不同点。

内存的存储容量一般比外存的存储容量小许多。另外，磁盘、光盘、磁带、U 盘等外存设备，均可更换数据存储介质，因此可以说，外存具有理论上无限的数据存储容量。这是内存和外存在性能上的第二个不同点。

内存的价格要比同等存储容量的外存贵许多。这是内存和外存在价格上的不同。

目前，在一般计算机的硬件配置中，硬盘和光盘驱动器是必有的，磁带机通常在需要时通过外部接口接入。U 盘的应用目前很普遍。另外，还可以把硬盘制造成通过接口连接的形式，这种硬盘称为外接硬盘（或活动硬盘）。外接硬盘的存储容量要比 U 盘的存储容量大许多。

2.7.1 磁盘

磁盘（即硬盘）是表面涂有磁性材料的圆形盘片，盘面被划分成许多称为磁道的圆圈。磁盘的工作原理如图 2-13 所示。我们把图中除磁盘介质外的部分称为磁盘的驱动器。盘片的上面有一个装在机械支撑臂上的读/写头，读/写头可前后移动以定位不同的磁道。在读/写头的读操作或写操作控制下，磁盘盘片的相应位置上可存放或取出 0、1 形式的数据。为设计方便，磁盘所有磁道上的数据存储量都相同，这就意味着内磁道要比外磁道的存储密度大许多。

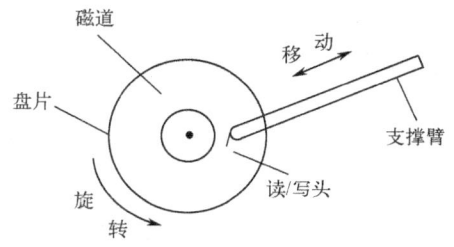

图 2-13 磁盘的工作原理

磁盘的性能主要由读/写头的工作方式决定。读/写头的运动是一种机械运动,要提高机械运动的速度,并使读/写头不磨损,则读/写头和磁盘盘片之间就不能接触,但磁盘工作的原理又要求读/写头和磁盘盘片之间要么接触,要么距离非常小地不接触。存取速度快的磁盘装置,其读/写头和磁盘盘片之间不接触(称为浮空或悬空),这就要求设计非常精密。因为非常小的灰尘都会使读/写头损坏,因此这样的磁盘必须密封在一个容器中。

一个磁盘盘片的单面或双面都可保存数据。还可以把几个盘片固定在一起,组成一个盘组。在盘组的盘片之间留有安放读/写头和支撑臂的足够距离,每个盘片的记录面上都装一个读/写头。盘组的存储容量扩大了很多。例如,一个由 6 个盘片组成的盘组,除最上边的面和最下边的面外,可以有 10 个盘面保存数据。一个盘组的所有盘片是固定在一起的,因此机械轴转动时所有盘片一起旋转。磁盘工作原理图如图 2-14 所示。

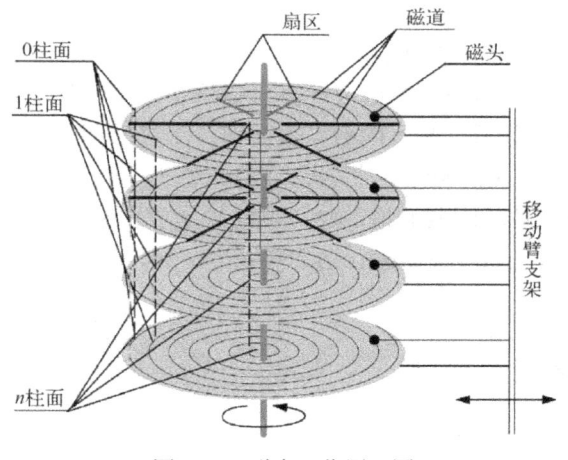

图 2-14 磁盘工作原理图

磁盘上每个磁道被划分成若干个称为扇区的圆弧,每个扇区通常为 512B 或 1024B。磁盘上的数据以数据块为存取单位。一个数据块可以是一个扇区,也可以是若干个扇区。

对磁盘进行读/写操作时,必须给出磁盘的地址。磁盘的地址由 4 部分组成:盘面号、磁道号、扇区号和数据块的长度。

磁盘上每个磁道包含相同的扇区数,每个扇区包含相同的字节数。这样,对于一个可双面存储数据、每个扇区存储 512B 的单盘片磁盘来说,其存储容量为 2×磁道数×扇区数×512B;对于一个有 10 个数据记录面、每个扇区存储 1024B 的盘组结构磁盘来说,其存储容量为 10×磁道数×扇区数×1024B。

磁盘主要有硬盘、软盘和外接硬盘 3 种。硬盘的涂磁基片是用"硬"性材料——铝合金制造的，因此得名。硬盘通常采用盘组形式的密封装置，因此其存储容量较大，读/写速度较快，使用寿命长，但价格也较高。目前，微机使用的硬盘容量可达数百 GB。

软盘的涂磁基片是用"软"性材料——塑料制造的，因此得名。软盘因存储量太小，现在基本已被淘汰。

外接硬盘和硬盘类似，但外接硬盘的读/写速度较硬盘慢一些。其原因主要是，硬盘是通过计算机内部连线连接进行数据交换的，而外接硬盘是通过计算机外部接口连接进行数据交换的，外部接口的传输速率相对较慢，限制了外接硬盘的读/写速度。目前，外接硬盘的存储容量一般为 500GB 以上。

衡量磁盘性能的参数主要有：存储容量、寻址时间和传输速率。

存储容量是磁盘可存储的数据总量，存储容量通常表示为：盘面数×磁道数×扇区数×扇区字节数（B）。

寻址时间是读/写头定位到所要求扇区位置的等待时间。

传输速率是读/写头定位到所要求扇区位置后每秒读出或写入的字节数。

总的来说，磁盘有容量和速率两方面的性能参数。存储容量是磁盘容量方面的性能参数，寻址时间和传输速率是磁盘速度方面的性能参数。

2.7.2 磁带

磁带是一条宽约 1 厘米、长几百米、表面涂有磁性材料的带子，使用中的磁带都是卷在一个圆形的框架上的。磁带早在计算机出现以前就被发明了，早先的磁带主要用于记录声音。20 世纪 50 年代中期，磁带开始用作计算机的外存。磁带的工作原理如图 2-15 所示。与磁盘的工作原理类似，读/写磁带上的数据也要有一个读/写头。但磁带机工作时，不是读/写头移动，而是磁带转动。磁带转动的机械装置包括：一个带转动轴的主动轮，主动轮上放置空着的收带盘；一个不带转动轴的被动轮，被动轮上放置装满磁带的文件盘。磁带转动的原理是，主动轮转动，带动收带盘转动；收带盘转动，带动文件盘转动。

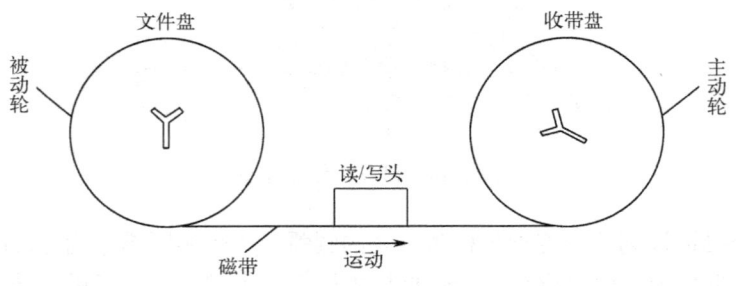

图 2-15 磁带的工作原理

因为磁带介质很窄且很长，必须在两个轮盘之间有条不紊地盘绕才能完成读/写头对数据的读/写操作，这就使磁带只能进行一个方向的转动，即磁带只能进行顺序读/写数据操作，所以磁带也称为顺序存储设备。相比之下，磁盘的面积非常有限，可以把磁头移动到盘面上任意磁道、任意扇区的位置，进行数据的读/写操作，而完全不必从第一个磁道的第一个扇区开始，顺序进行数据的读/写操作，所以磁盘也称为随机存储设备。因为磁带是顺序存储设备，所以存储在磁带上的文件称为顺序文件。因为磁盘是随机存储设备，所以存储在磁盘上的文件称为随机文件。

磁带上数据的存储格式如图 2-16（a）所示，即每行由 8 个 0、1 符号位组成，依次编号为 0~7。通常，符号不是顺序排列的，这样可减小数据之间的传输干扰。编号为 P 的磁道为校验道，校验道上的数据用来帮助发现数据传输中的错误。

由于在磁带上读/写数据时不可能非常精确地启动和停止，因此要在存储的有效数据之间留出一定的空隙，作为磁带机惯性作用的缓冲区。如图 2-16（b）所示为磁带上数据的组织方式。磁带上的数据块和磁盘上的扇区类似，数据块是磁带读/写操作的基本单位，即磁带机每次读/写一个数据块的数据。数据块和数据块之间由一段不存储数据的空白区域间隔，这个数据块之间的间隔称为块间隙。块间隙是磁带机惯性作用的缓冲区。

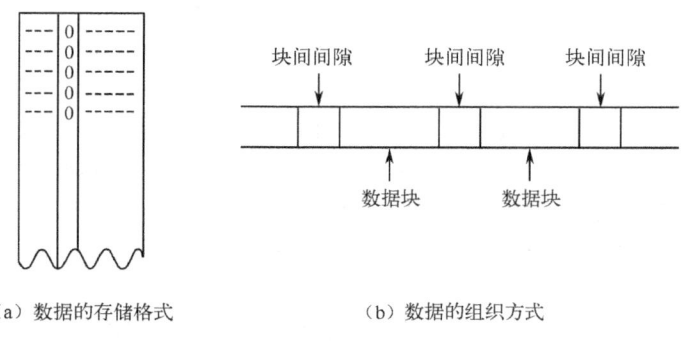

（a）数据的存储格式　　　　（b）数据的组织方式

图 2-16 磁带数据

磁带机的读/写速度较磁盘机的速度低，加上磁带机只能进行顺序读/写操作，因此，曾经有一段时间，磁带机的使用数量逐年减少，有些专家也预言磁带机最终将退出外存市场。但是，随着近年来磁带机性能的不断改进和提高，磁带机又开始被广泛使用。

2.7.3 光盘

光盘是一种存储容量大、制造简单的永久性存储设备。光盘一般为圆形，表面覆盖有一层反光材料。光盘是利用激光技术存取其中的数据的。

在光盘上存储数据的方法是，利用高强度激光束造成光盘相应位置上的反光材料表面为凹坑状态；在光盘上取出数据的方法是，利用激光束照射光盘相应位置并接收反射光。若光盘某存储位置上的反光材料面是平滑的（即未被改变），则接收到的反射光是一种状态，表示符号"0"；若光盘某存储位置上的反光材料面是凹下的，则接收到的反射光是另一种状态，表示符号"1"。接收到的反射光信号再通过光/电转换装置转换为电信号，从而实现了数据的存储。光盘的工作原理如图 2-17 所示，图中除盘片外的部分称为光盘的驱动器。

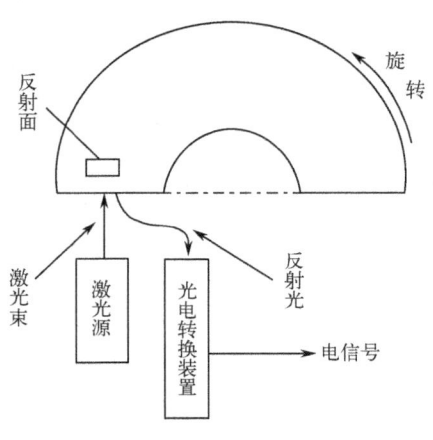

图 2-17 光盘的工作原理

和磁盘类似，光盘也是在称为光道的位置上存储数据的。但和磁盘不同的是，光盘上每个光道的存储密度相同，这也就是说，光盘上靠外圈的光道比靠内圈的光道存储了更多的数据。

光盘有许多不同的标准，在计算机中使用的光盘主要是 DVD（Digital Versatile Disc，即数字通用光盘）。目前常用的 DVD 盘为 5.25 英寸，单面存储，每张可存储 4.7GB。

光盘驱动器中转轴的转速是决定光盘存取速度的一个重要因素，转轴的转速用数字表示，数字越大表示转速越高。

光盘的 DVD 标准可进一步细分为 DVD-R、DVD-RW、DVD-Video 等。

DVD-R 的全称为 DVD-Recordable，是一种只可一次写入式 DVD。

DVD-RW 的全称为 DVD ReWritable，是一种可重写式 DVD。

DVD-Video 是一种存储和读取数字影音资料的 DVD 标准。

2.7.4 文件

把外存介质上的一个数据集合称为一个文件。每个文件要有一个文件名。文件具有一些属性，如只读、隐藏、存档。系统通过文件名和该文件的属性管理文件。文件名由用户给出。用户可通过设置文件的属性达到对所保存数据的某种安全方面的限制。

文件可以存储在硬盘、光盘、U 盘、外接硬盘等存储设备中。为方便用户使用，操作系统用一个字符表示一种存储设备。例如，硬盘用 C 表示，光盘用 D 表示，外接硬盘用 E 表示。硬盘也可以分成若干个分区。若将硬盘分成 3 个分区，则符号分别为：硬盘 1 区用 C 表示，硬盘 2 区用 D 表示，硬盘 3 区用 E 表示，光盘用 F 表示，外接硬盘用 H 表示。

为了区别同一个设备中的不同文件，其文件名必须不同。文件名通常由一个小数点符号分成两部分，小数点前的符号串表示文件的名字，小数点后的符号串表示文件的类型。例如，"MyFile.dat"和"图标.bmp"就是两个类型不同的合法的文件名。

当一个设备中存储的文件太多时，要寻找一个文件就很困难，这时最好把设备中的文件组织成若干个文件夹（或称目录），每个文件夹中的文件又可以组织成若干个子文件夹（或称子目录）。这样，用户的文件就组织成如图 2-18 所示的树状结构。

图 2-18 用户文件的结构

图 2-18 中的文件是用户视图的文件，这样的文件称为逻辑文件。逻辑文件中的数据内容必须具体存储在硬盘、光盘等具体设备上。具体设备上的具体物理存储位置中的 0、1 符号串表示的文件称为物理文件。物理文件必须要有文件的物理地址。物理文件地址一般应包括：设备号、磁道号、扇区号。

2.8　内存和外存的数据交换

文件有两层含义，从用户的使用角度看，文件是一组客观事物的数字化描述。例如，一个高考学生成绩表文件见表 2-8，表中的一行称为一个记录，一个记录是一个事件的数字化描述；从计算机存储的角度看，文件是一组 0、1 编码的集合，一个记录代表文件中 0、1 码串的一个子串。我们把从用户的角度看的文件中的记录称为逻辑记录，把从计算机存储角度看的文件中的记录称为物理记录。

表 2-8　高考学生成绩表文件

姓名	政治	语文	英语	数学	理化
张三	80	67	77	98	78
李四	77	66	89	90	75
王五	65	57	90	86	68
赵六	81	78	94	67	65
…	…	…	…	…	…

建立计算机文件的一般流程是：从键盘输入数据到内存中，数据从内存传送到外存中。

修改计算机文件的一般流程是：从外存读入数据到内存中，数据被修改后，再把数据从内存传送到外存中。

从文件的处理流程可知，内存和外存之间需要频繁地交换数据，这体现为对文件的操作。对文件的操作主要有读文件操作和写文件操作。读文件操作是把外存设备上某文件中的数据读出并传送到内存中，写文件操作是把内存中的数据写入外存设备上的某文件中。

前面说过，内存比外存的存取速度快许多，为了提高内存和外存交换数据的速度，通常，内存和外存交换数据的方法是：在内存中划分出一片称为缓冲区的足够大的区域。缓冲区是内存和外存交换数据时的数据临时存放区域。这样，读文件操作时，数据的传输路径就是：

外存 ——→ 缓冲区 ——→ 内存

写文件操作时，数据的传输路径就是：

内存 ——→ 缓冲区 ——→ 外存

习题 2

2-1　符号 "0"、"1" 和二进制数 0、1 有什么不同？

2-2　用符号 "0" 和 "1" 表示数字、字符、汉字等形式数据的基本方法是什么？

2-3　什么是进位制数的权？参照图 2-1 的格式，写出 R 进制数的含义。

2-4　把以下二进制数转换为十进制数：
　　（1）10000000　　（2）11111111　　（3）0.10000101　　（4）1101.1101

2-5　把以下十进制数转换为二进制数（二进制小数最多取 8 位）：
　　（1）3334　　（2）256　　（3）512　　（4）0.625　　（5）0.4435

2-6　画出一个 16 位长度的类似图 2-2 所示的定点数表示格式，并写出它所能表示的绝对值范围和数值范围。

2-7　画出一个 16 位长度的类似图 2-4 所示的浮点数表示格式，要求阶码的位数为 3 位，并写出它所能表示的数值范围。

2-8　设计算机中浮点数的格式如图 2-4 所示，写出以下用记阶表示法表示实数的规范化浮点数：

（1）0.1010×2^{10} 　　　　　　　　　　（2）-0.0101×2^{10}

2-9　写出下列二进制数加法和减法的运算结果：

（1）100010011+100111 　　　　　　　（2）100010011-100111

2-10　写出下列二进制数的补码运算结果：

（1）1001001+0011010 　　　　　　　（2）1001001-101100

（3）1001001-1111001 　　　　　　　（4）-1001001-100100

*2-11　试证明 $[x+y]_补=[x]_补+[y]_补$。

2-12　补码有什么特点？

2-13　写出大写字母 A 和小写字母 a 的 ASCII 码。

2-14　写出 ASCII 码表示的数据 123 和二进制补码表示的数据 123，说明两种表示方法各有什么特点？

2-15　把下列二进制数转换成十六进制数：

（1）1100 0011 1001 0001 1111 　　　　　（2）1000 1011 1000 1010

2-16　把下列十六进制数转换成二进制数：

（1）5C90A 　　　　　　　　　　　　　（2）291F

2-17　计算机怎样解决汉字编码和字符编码的兼容问题？

2-18　什么是 GB2312—80 码？它的字符集中包括了多少个汉字？

2-19　什么是 ISO646 码？它和 ASCII 码是否相同？

2-20　什么是像素点？位图是怎样表示图像的？矢量图是怎样表示图像的？

2-21　为什么图像数据要进行压缩存储？

2-22　写出逻辑与、逻辑或和逻辑非的定义。

2-23　用逻辑表达式表示如下概念：

（1）$x = 0$ 或者 $x=2$ 或者 $x=4$

（2）$x>-5$ 并且 $x<5$

2-24　设 P 表示 $x>-5$，Q 表示 $x<5$，验证：NOT(P AND Q) = NOT P OR NOT Q。

2-25　画出实现逻辑与、逻辑或和逻辑非操作的逻辑元件符号，写出各逻辑元件的功能表。

2-26　写出触发器的功能表。

2-27　简述内存的功能和特点。

2-28　什么是内存单元？内存是怎样编排地址的？

2-29　内存单元的地址和内存单元中的数据有什么不同？什么是从内存中读数据？什么是向内存中写数据？

2-30　写出 GB、MB、KB 到 B 的换算关系。

2-31　一个存储容量为 4GB 的内存，其内存单元的地址编码至少需要多少位？

2-32　什么是 RAM？什么是 ROM？它们各自有什么特点？

2-33　叙述层次结构内存的实现机理。为什么层次结构内存可以提高存取速度？

2-34　目前主要有几种 ROM？它们各自有什么特点？

2-35　写出内存的主要参数及各参数的定义。

2-36　简述外存的功能和特点。

2-37　为什么内存设备上存储的数据在断电后就不再存在？为什么外存设备上存储的数据在断电后仍然存在？

2-38　磁盘有几种？各有什么特点？

2-39　简述描述磁盘性能的三个参数的定义。

2-40　DVD 表示什么含义？DVD 还有哪些细分规格？

2-41　什么是文件？文件夹有什么作用？

2-42　对文件的操作有几种？什么是读文件操作？什么是写文件操作？

第 3 章 数据处理

程序是计算机的大脑，计算机能完成人交给的各种任务的原因是，计算机能理解并执行人编写的程序。程序是采用程序设计语言形式表示的求解特定问题操作步骤的集合。要让计算机理解人编写的程序，必须让计算机理解程序中的各种操作命令。计算机能直接理解的操作命令称为机器指令。计算机中执行机器指令的部件称为中央处理器。在中央处理器的控制下，计算机不断地执行一条又一条机器指令，从而完成人交给的各种各样的数据处理任务。

3.1 机器指令

程序的核心是算法，算法是描述求解特定问题的操作步骤的集合。但是，计算机只能理解 0、1 编码的符号串，这就意味着必须要把算法表示成计算机可理解的形式。为了要把算法表示成计算机可理解的形式，必须首先归纳出所有算法中可能出现的基本操作，然后分别用各种不同的 0、1 编码来表示这些不同的基本操作。

用 0、1 编码表示的基本操作称为机器指令。当我们把算法用机器指令表示出来后，计算机就可以正确地理解并执行了。

3.1.1 算法中的基本操作

首先看一个最简单的算法，该算法要求计算两个二进制数的和。我们知道，计算机中要处理的数据都存放在内存中，处理后的结果数据也存储在内存中。

设被加数放于内存单元 x 中，加数放于内存单元 y 中，内存单元 sum 为存放和的单元，二进制数求和算法为：把内存单元 x 中的数值加上内存单元 y 中的数值，其和放在内存单元 sum 中。

在第 2 章中讲过，内存单元的地址是用很多位 0、1 符号表示的（通常为 20~32 位不等）。这样，包含 3 个内存单元地址的加法操作的 0、1 编码将会很长。而其他很多操作一般都仅包含一个内存单元地址，这些操作的 0、1 编码将会很短。为了处理方便和提高效率，我们希望所有操作的编码长度基本相同。这样，可以通过增加若干个临时数据存放地来缩短机器指令编码的长度。

一般的处理方法是：规定每次要处理的数据都先存放在这些临时数据存放地中，由于这些临时数据存放地的个数很少（如 4 个），因此，其编码长度就很短（如 2 位）。这些临时数据存放地就是下面要讲的中央处理器中的寄存器。寄存器既可以用来临时存放要处理的数据，也可以用来临时存放内存单元的地址。

这样，二进制数求和问题的算法可以表示为：
① 从内存单元 x 中取出被加数放于寄存器 A 中；
② 寄存器 A 中的数值加上内存单元 y 中的数值，其和存于寄存器 A 中；

③ 把寄存器 A 中的数值存于内存单元 sum 中。

上述二进制数求和算法中包含了 3 种不同的操作：

① 从某个内存单元中取出数值放于某个寄存器中；

② 把某个寄存器中的数值加上某个内存单元中的数值，其和存于寄存器中；

③ 把某个寄存器中的数值存于某个内存单元中。

算法的基本操作是描述算法的基本成分。分析各种典型问题算法，可以归纳整理出算法中的基本操作集合。一般来说，算法中的基本操作包括以下 7 种类型。

（1）数据传送

例如：

● 从某个内存单元中取出数值存于某个寄存器中；

● 把某个寄存器中的数值存于某个内存单元中。

（2）算术运算

例如：

● 把某个寄存器中的数值加上某个内存单元中的数值，其和存于寄存器中；

● 把某个寄存器中的数值减去某个内存单元中的数值，其差存于寄存器中；

● 把某个寄存器中的数值加上另一个寄存器中的数值，其和存于第 3 个寄存器中；

● 把某个寄存器中的数值减去另一个寄存器中的数值，其差存于第 3 个寄存器中。

（3）逻辑运算

例如：

● 两个寄存器中的数值进行逻辑与（AND）运算，结果存于第 3 个寄存器中；

● 两个寄存器中的数值进行逻辑或（OR）运算，结果存于第 3 个寄存器中；

● 把某个寄存器中的数值求反（NOT），运算结果存于另一个寄存器中。

（4）移位

例如：

● 按照某个寄存器中的数值把某个寄存器中的数值左移若干位；

● 按照某个寄存器中的数值把某个寄存器中的数值右移若干位。

（5）转移

例如：

● 转移到某个内存单元地址去执行程序。

（6）输入/输出

例如：

● 从键盘输入数据到某个内存单元中；

● 把某个内存单元中的数据输出显示在屏幕上。

（7）控制

例如：

● 结束程序的运行。

一旦归纳出了算法中的所有基本操作，就可以用这些基本操作来表示算法。这样，算法就表示成了基本操作的集合。

图 3-1 给出了两个二进制数相乘的方法，根据图中的方法，可以编写出用基本操作表示

的处理该问题的算法。

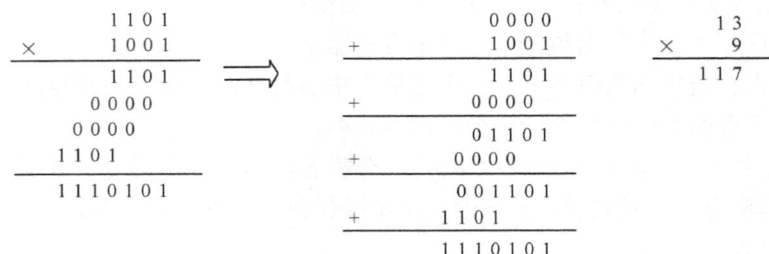

图 3-1 二进制数相乘

设被乘数存于内存单元 x 中，乘数存于内存单元 y 中，内存单元 pro 为存放乘积的单元，分析如图 3-1 所示的二进制数相乘过程可知，用基本操作表示的两个二进制数相乘的算法如下：

① 从内存单元 x 中取出被乘数存于寄存器 A 中；
② 从内存单元 y 中取出乘数存于寄存器 B 中；
③ 把寄存器 C 置为 0；
④ 若寄存器 B 中最低位为 0，则转移到步骤⑥；
⑤ 把寄存器 C 中的数值与寄存器 A 中的数值相加，其和存于寄存器 C 中；
⑥ 把寄存器 A 中的数值左移一位；
⑦ 把寄存器 B 中的数值右移一位；
⑧ 若寄存器 B 中的位数尚未移完，则转移到步骤④；
⑨ 把寄存器 C 中的乘积存于内存单元 pro 中。

可见，利用基本操作可以编写出像两个二进制数相乘这样比较复杂的问题的算法。理论上已经证明：只要基本操作集合包含有比上述 7 类 15 个基本操作还要少的若干个基本操作，所有算法都可以用这些基本操作来表示。

3.1.2 机器指令

如何把描述算法的基本操作表示为计算机可以理解的形式呢？方法就是为这些基本操作编码。人给计算机发出的命令称为指令。把编码表示的计算机可识别和处理的命令称为机器指令。

分析算法中的基本操作可知，所有的基本操作都包含两种信息：
① 该操作的功能信息，即要执行什么样的操作；
② 该操作的数据处理信息，即要对什么数据进行操作。

因此，基本操作的 0、1 编码表示形式——机器指令，也由两部分组成：
① 表示要执行什么样操作的编码部分称为操作码；
② 表示要对什么数据进行操作的部分称为操作数。

归纳起来，不同的操作码表示不同的机器指令，而操作数则表示当前机器指令要处理的数据对象。

为了说明方便，这里设计一组简单的机器指令。假设用两个字节（16 位）来为机器指令编码，前边 4 位作为操作码，后边 12 位作为操作数，则机器指令的格式如图 3-2 所示。

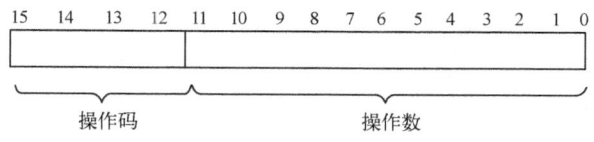

图 3-2 机器指令的格式

4 位操作码共可表示 2^4=16 个不同的机器指令。这里规定了每个机器指令的操作含义,例如,0001 表示把某个内存单元中的数值存放到某个寄存器中(具体哪个内存单元、哪个寄存器要由操作数部分决定),0010 表示把某个寄存器中的数值存放到某个内存单元中,0011 表示把某个寄存器中的数值与某个内存单元中的数值相加后结果存入寄存器中,等等。

操作数的编码稍复杂些。我们说过,要处理的数据存放在内存中,但是,如果每次处理的数据都要从某内存单元取出来,处理后又放回内存单元中,这样的处理不仅效率非常低,而且编码长度将比较长。我们可以为要处理的数据设计一些临时存放地,由于这些数据临时存放地的个数相对于内存来说非常少,因此不但可以用存取速度非常快的电子存储元件制造,而且编码表示的位数非常少。我们把这样的数据临时存放地称为寄存器。

这里假设:计算机中内存单元共有 1024 个,每个内存单元由 8 位组成。寄存器共有 4 个,每个寄存器也由 8 位组成。

由于很多操作一般都涉及两个操作数和一个操作结果,例如,加法指令有两个操作数和一个操作结果,这样,机器指令的操作数部分就需要表示出三个数据的存放地址。按操作数中所含有的内存地址个数来分,操作数的编码方式可分为:单内存地址、双内存地址和三内存地址三种。单内存地址、双内存地址和三内存地址是指操作数部分所允许的内存地址个数分别为一个、两个或三个。

对于三内存地址方式编码来说,操作数部分最多允许有三个内存地址,这样的编码长度就会很长。当然,这种机器指令的功能很强。对于双内存地址方式编码来说,操作数部分最多允许有两个内存地址,这时需要令其中两个操作数的地址相同,例如,加法指令可令被加数和操作结果为一个内存地址,即此时加法指令为:把被加数内存单元的数值和加数内存单元的数值相加,其和存于被加数内存单元中,这样的编码长度相对较短。对于单内存地址方式编码来说,操作数部分最多允许有一个内存地址,这时需要令其中两个操作数的地址为寄存器地址,例如,对加法操作来说,需要先把被加数放在一个寄存器中,然后用加法指令实现把寄存器中的数值和一个内存单元中的数值相加,其和仍存于寄存器中,这样的编码长度会很短。

对于单内存地址方式编码来说,若操作数长度为 12 位,可以用其中的前 2 位编码表示寄存器的编号,用后 10 位编码表示内存单元地址。2 位编码共可表示 2^2=4 个不同的寄存器,10 位编码共可表示最大 2^{10}=1024 个内存单元地址。

这样,就可以把前边讨论的算法中的基本操作编码表示成机器指令。为说明方便,这里假设,寄存器编号为 00 表示寄存器 A,寄存器编号为 01 表示寄存器 B,寄存器编号为 10 表示寄存器 C,寄存器编号为 11 表示寄存器 D。

定义机器指令的操作码为 0001 表示从某个内存单元中取出数值存于某个寄存器中的操作(称为取数操作),则机器指令为:

0001 00 0000100000

表示从内存单元 100000 中取出数值存于寄存器 A 中。

定义机器指令的操作码为 0011，表示把某个寄存器中的数值加上某个内存单元中的数值，其和存于寄存器的操作（称为加法操作），则机器指令为：

0011 00 0000100001

表示把寄存器 A 中的数值加上内存单元 100001 中的数值，其和存于寄存器 A 中。

定义机器指令的操作码为 0010，表示把某个寄存器中的数值存于某个内存单元的操作（称为存数操作），则机器指令为：

0010 00 0000100010

表示把寄存器 A 中的数值存于内存单元 100010 中。

定义机器指令的操作码为 0000，表示结束程序运行的操作（称为结束操作），则机器指令为：

0000 00 0000000000

表示结束程序执行。

其余机器指令不再一一详细说明。

注意，机器指令表示操作数使用的是该操作数在内存单元中的地址（或寄存器的编号）。这样，内存地址就表示操作数在内存单元中的地址，内存单元中的数值就表示某内存地址中的数值（也称为内存地址中的内容）。在上述定义下，表 3-1 给出了 4 条机器指令的二进制码和十六进制码的表示格式和操作定义。因为每个十六进制码表示 4 位二进制码，所以用十六进制码表示机器指令更为简洁。

表 3-1 机器指令举例

二进制码格式	十六进制码格式	操 作 定 义
0001 00 0000100000	10 20	从内存单元 100000 中取数值存于寄存器 A 中
0011 00 0000100001	30 21	寄存器 A 的数值加上内存单元 100001 的数值，其和存于寄存器 A 中
0010 00 0000100010	20 22	把寄存器 A 的数值存于内存单元 100010 中
0000 00 0000000000	00 00	结束程序运行

计算机进行数据处理时，既要有程序，也要有数据。程序（这里为机器指令的形式）给出了数据处理的方法，数据为程序所要具体处理的对象。程序和数据都存储在内存单元中。通常，把内存单元分为程序区和数据区，程序区用于存储程序，数据区用于存储数据。假设内存为 1024B，程序区和数据区的划分如图 3-3 所示。

对于二进制数求和问题，假设内存单元 100000 中已存储了二进制数 101，内存单元 100001 中已存储了二进制数 111，并假设内存单元 100010 为保存和的单元。设程序存放于从内存地址 0000000001 开始的内存单元中，内存以字节为单位编码，即一条机器指令占

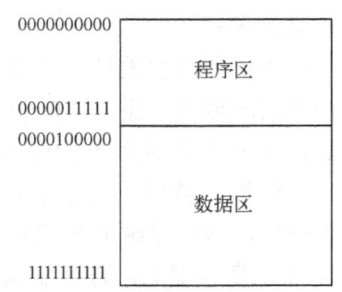

图 3-3 内存的划分

两个内存单元，那么，二进制数求和问题的程序和数据在内存中的表示形式如下：

内存地址	内存单元内容	操作含义
0000000001	0001 00 0000100000	从内存单元 100000 中取数值存于寄存器 A 中
0000000011	0011 00 0000100001	寄存器 A 的数值加上内存单元 100001 的数值，其和存于寄存器 A 中
0000000101	0010 00 0000100010	把寄存器 A 的数值存于内存单元 100010 中
0000000111	0000 00 0000000000	结束程序执行
0000100000	101	数据 x=5
0000100001	111	数据 y=7
0000100010	1100	和 sum 存放的内存单元

当我们让计算机从内存地址 0000000001 开始执行机器指令形式的程序时，计算机将完成 sum=x+y=5+7=12 的数据处理任务，并把计算结果（此例为二进制数 1100）存于内存单元 0000100010 中。

这里给出的机器指令编码格式和编码方法是原理性的示例，实际计算机的机器指令编码格式和编码方法远比这里给出的复杂得多。

3.1.3 指令系统

计算机能够理解并执行的算法——程序，只能是机器指令形式的。一台计算机的机器指令个数越多，类型越丰富，一般来说，编写的程序效率就越高。我们把一台计算机的机器指令集合称为该计算机的指令系统。计算机指令系统的指令个数越多，类型越丰富，其功能就越强。

但是，并不是指令系统的指令个数没有限度地越多越好。理论研究和实验实践都表明，当指令系统的指令个数增加到一定程度时，再增加指令个数不但不会增强系统的功能，反而会降低系统的功能。

可以有各种各样的机器指令编码方法。当两台计算机的机器指令编码方法不同时，对于相同的一组 0、1 编码表示的机器指令形式的程序，两台计算机的理解和相应的处理将不相同。当两台计算机对于相同的一组 0、1 编码表示的机器指令形式的程序理解和相应的处理相同时，称这两台计算机是在机器指令级别兼容的；否则，称它们在机器指令级别是不兼容的。

前面以如图 3-2 所示的 16 位二进制编码的机器指令格式，讨论了计算机的机器指令编码。目前，实际使用的计算机的机器指令都是用 32 位或 64 位二进制编码的。当机器指令的位数越长时，可编码组合的基本操作就越多，可表示的内存地址也越大。我们把机器指令的位数称为计算机的字长。显然，计算机的字长越长，表示计算机的性能越好。

3.2 中央处理器

前面讨论过，要让计算机按照人的愿望完成各种各样的数据处理任务，必须把程序表示成计算机可以理解并执行的机器指令形式。有条不紊地执行机器指令形式的程序是中央处理器的任务。中央处理器的英文名称是 Central Processing Unit，简称为 CPU。

3.2.1 CPU 的基本构成

如图 3-4 所示为 CPU 的基本构成。

从图 3-4 可见，CPU 主要由以下部件构成。

（1）程序计数器。程序计数器由若干位功能类似于触发器的电路组成，用来存放将要执行的机器指令在内存中的地址。CPU 就是根据程序计数器得到每条机器指令在内存中的地址的。

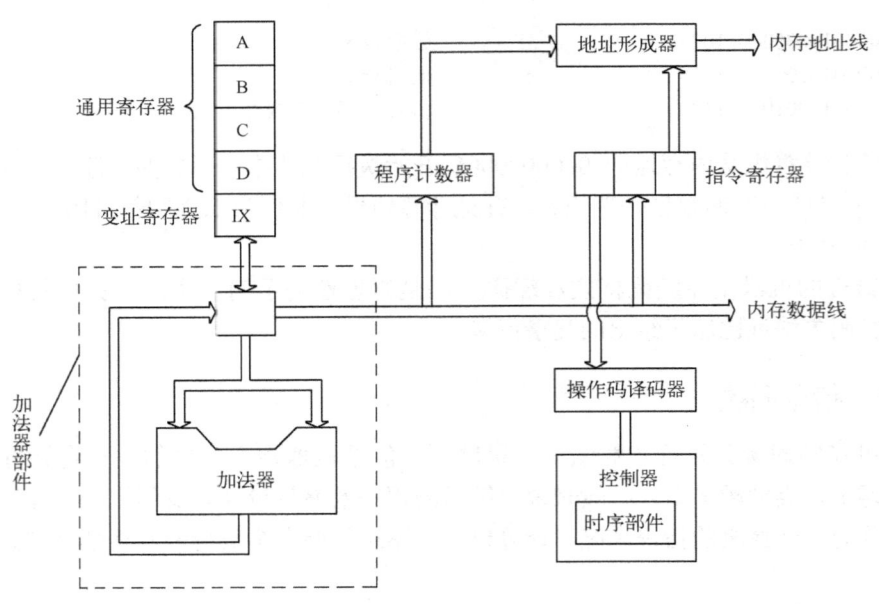

图 3-4 CPU 的基本构成

操作人员首先必须用特殊命令方式给出程序在内存中存放的首地址，这个程序首地址就存放在程序计数器中。在程序顺序执行情况下，通过地址形成器的程序计数器自动加 1 功能，使程序计数器得到下一条指令在内存中的存放地址。有时程序不是按照顺序方式执行的，需要跳转到某一条指令去执行，这可以通过转移指令来实现。转移指令把指令的内存单元地址部分的值作为新的程序地址值赋给程序计数器，从而实现程序执行顺序的转移。

（2）地址形成器。地址形成器由加法器及逻辑电路组成，实现程序计数器的内容自动加 1、转移地址的形成，以及根据指令所提供的寻址方式和形式地址信息形成操作数有效地址等功能。关于指令的寻址方式问题将在 3.2.3 节中讨论。

地址形成器提供的程序计数器内容自动加 1 功能，使程序计数器在每次操作后得到下一条机器指令在内存中的地址，从而使 CPU 可以按顺序从内存中取出一条又一条的机器指令，从而实现了有条不紊地执行程序。

（3）指令寄存器。指令寄存器由若干位功能类似触发器的电路组成，用来存放每次从内存中取出的当前要执行的机器指令。如前所述，机器指令由操作码和操作数两部分组成，操作码规定了该条指令的功能，操作数给出了要操作的数据（通常给出的是要操作数据的地址）。

（4）通用寄存器。通用寄存器通常有若干个，每个通用寄存器由若干位功能类似触发器的电路组成，用来存放当前操作要临时存放的数据。

（5）变址寄存器。变址寄存器由若干位功能类似触发器的电路组成，用来存放变址操作时的变址基址数据。

（6）加法器部件。加法器部件主要由一个加法器和相关控制电路组成。加法器部件从通用寄存器和内存得到输入数据，主要用来实现两个二进制数的加法运算。通过加法器部件还可以实现二进制数的左移和右移操作（只要在传送时左偏移数位或右偏移数位即可），以及 3.3 节要讨论的逻辑操作。

（7）操作码译码器。操作码译码器实现对操作码的译码，从而使 CPU 理解当前正在执行的机器指令操作码部分的编码。

（8）控制器。控制器从操作码译码器得到输入，按照每条指令的功能要求，向 CPU 的上述部件及计算机的其他组成部件（如内存等）发送控制信号，从而使整个计算机按照每条机器指令的功能有条不紊地执行。

控制器的基础信号来源于控制器中时序部件的时序信号。计算机一旦开机，时序部件即开始工作，产生连续不断的时序信号。

如图 3-4 所示的是 CPU 的基本构成，随着计算机硬件技术的快速发展，CPU 的构成方法已经发生了很大的变化，但到目前为止，上述 CPU 的基本构成没有变化。

3.2.2　CPU 的工作原理

从程序执行的角度看，CPU 是保证机器指令形式的程序执行的部件。我们以 3.1.2 节的二进制数求和问题 sum=x+y=5+7 的机器指令程序为例，来讨论 CPU 的工作原理。

当计算机开机后，操作人员通过某种方式告知计算机要执行哪个程序。在计算机中，把这样的告知称为命令。命令的表示方法不同于机器指令。计算机接到命令后，例如，要执行二进制数求和问题程序的命令，将把该程序在内存中存放的首地址值（本例为内存地址 0000000001）赋予 CPU 的程序计数器，然后进入程序执行状态。

在程序执行状态下，CPU 根据程序计数器中的数值（0000000001），从内存单元 0000000001 中取出第一条机器指令（0001 00 0000100000），传送给指令寄存器。操作码译码部件分析指令寄存器的操作码，控制器按照操作码译码部件分析得出的操作要求，控制各个部件协调一致地完成操作：从内存单元 100000 中取出数值（101）存于寄存器 A 中。

第一条指令执行完后，程序计数器自动加 1，形成程序的第二条机器指令在内存中的存放地址（0000000011）。CPU 根据程序计数器中的数值（0000000011），从内存单元 0000000011 中取出第二条机器指令（0011 00 0000100001），传送给指令寄存器。操作码译码部件分析指令寄存器的操作码，控制器按照操作码译码部件分析得出的操作要求，控制各个部件协调一致地完成操作：把寄存器 A 的数值（101）与内存单元 100001 中取出的数值（111）相加，其和存于寄存器 A 中。

第二条指令执行完后，程序计数器自动加 1，形成程序的第三条机器指令在内存中的存放地址（0000000101）。CPU 根据程序计数器中的数值（0000000101），从内存单元 0000000101 中取出第三条机器指令（0010 00 0000100010），传送给指令寄存器。操作码译码部件分析指令寄存器的操作码，控制器按照操作码译码部件分析得出的操作要求，控制各个部件协调一致地完成操作：把寄存器 A 中的数值（1100）存于内存单元 100010 中。

第三条指令执行完后，程序计数器自动加 1，形成程序的第四条机器指令在内存中的存放地址（0000000111）。CPU 根据程序计数器中的数值（0000000111），从内存单元 0000000111 中取出第四条机器指令（0000 00 0000000000），传送给指令寄存器。操作码译码部件分析指令寄存器的操作码，控制器按照操作码译码部件分析得出的操作要求，控制各个部件协调一致地完成操作：结束程序的执行，从而结束 CPU 周而复始的机器指令执行过程。

CPU 的工作过程，就是如图 3-5 所示的周而复始地取指令、分析指令和执行指令的过程。这样的过程是从人给出的运行程序的命令开始的，直到遇到结束程序执行指令为止。

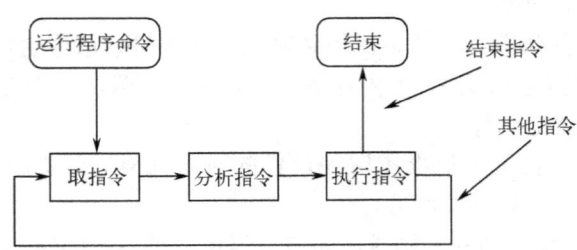

图 3-5　CPU 的工作过程

对于简单的程序，如上述的二进制数求和问题程序，CPU 每次取指令的地址都是在上次程序计数器数值的基础上加 1 条指令的字节个数得到的。我们称程序这样的执行方式为顺序执行方式。但有时程序的执行过程需要转移到某个非顺序的内存单元中，例如，3.1.1 节的二进制数相乘问题算法，此时需要利用转移指令，CPU 处理转移指令的方法是把转移指令的操作数部分的数值赋予程序计数器，从而使 CPU 取到的下一条指令是非顺序的。

3.2.3　机器指令的寻址方式

在 3.1.2 节中讨论机器指令时指出，机器指令由操作符和操作数两部分组成，其中操作数的表示方法是，用操作数部分的数值表示该操作数在内存中的地址。实际上，操作数的地址表示方法还可以有许多种。这个问题称为机器指令的寻址方式。

严格说，机器指令的操作数由寻址方式和形式地址两部分组成。

设寻址方式为 3 位，寻址方式用符号 x 表示，又设形式地址有若干位，形式地址用符号 d 表示，这样，操作数地址的不同表示方法就可以编码为不同的寻址方式数值。为表示方便，用符号 EA 表示操作数的有效地址。机器指令中常见的寻址方式有以下 5 种。

① 设 x=001 表示操作数为直接寻址方式。直接寻址就是形式地址 d 为操作数的有效地址，即

$$EA = d$$

3.1.2 节讨论的操作数地址的表示方法就是直接寻址方式。

② 设 x=010 表示操作数为间接寻址方式。间接寻址就是形式地址 d 为操作数的有效地址的地址，用括号表示一个内存地址中的数值，则间接寻址方式表示为

$$EA=(d)$$

由于此时形式地址 d 是操作数地址的地址，因此称为间接寻址方式。

③ 设 x=011 表示操作数为相对寻址方式。相对寻址就是程序计数器（用符号 PC 表示）的数值加上形式地址 d 的数值为操作数的有效地址，即

$$EA = PC + d$$

由于此时有效地址 EA 实际上是相对于程序计数器 PC 的一个相对值（偏差为形式地址 d），因此称为相对寻址方式。

④ 设 x=100 表示操作数为变址寻址方式。变址寻址就是变址寄存器（用符号 IX 表示）的数值加上形式地址 d 的数值为操作数的有效地址，即

$$EA = IX + d$$

变址寻址方式和相对寻址方式的区别是基础地址不同，相对寻址是在程序计数器 PC 基础上的变化，变址寻址是在变址寄存器 IX 基础上的变化。显然，变址寻址方式的地址变化范围更大。

⑤ 设 x=101 表示操作数为立即寻址方式。立即寻址就是形式地址 d 的数值，即为操作数。由于立即寻址方式中形式地址 d 的数值即为操作数，因此立即寻址方式不用到内存中去读取数据，这既可简化有些问题的程序编写，也可提高程序的运行速度。

3.3 逻辑运算和逻辑指令

在 2.4 节中，我们讨论了逻辑代数的基本概念，介绍了 3 种最基本的逻辑运算：逻辑与（AND）、逻辑或（OR）和逻辑非（NOT）。本节介绍机器指令实现的逻辑运算，我们称这类指令为逻辑运算机器指令，简称逻辑指令。

2.4 节讨论的逻辑运算是一位符号的逻辑运算。我们可以把逻辑运算的概念扩展到多位。多位逻辑运算是一位逻辑运算的叠加，即在多位逻辑运算中，每位都是按照一位逻辑运算的定义进行的。例如，一个多位逻辑与（AND）运算的例子如下：

```
          10101100
   AND    10001011
          10001000
```

一个多位逻辑或（OR）运算的例子如下：

```
          10101100
   OR     10001011
          10101111
```

一个多位逻辑非（NOT）运算的例子如下：

```
   NOT    10001011
          01110100
```

逻辑指令的使用方法和前边所述的加法指令的使用方法类似，把要进行逻辑运算的一个操作数先存放在一个通用寄存器中，然后用该寄存器中的数值和一个内存单元中的数值进行逻辑运算，逻辑运算结果仍存放在通用寄存器中。

逻辑指令通常会在两种情况下用到。一种情况是机器状态的检测。在计算机中，计算机很多部件的各种状态组成一个称为状态字的 0、1 编码。例如，某位编码为 1，表示该位对应的设备状态为正常；编码为 0，表示该位对应的设备状态为故障。要判断某个设备的工作状态，只需取出状态字中该位代码，判断其是 1 还是 0 即可。

另一种情况是程序设计中的组合条件判断。例如，用高级程序设计语言编写的程序中经常有这样的组合条件判断语句：

if (x > 0 && x < 10)

符号"&&"表示逻辑与，该语句表示"假如 x > 0 并且 x < 10"。我们说过，用高级程序设计语言编写的程序最终要转换成机器语言程序的形式，计算机才能理解并执行。该组合条件判断语句最终将转变为包括逻辑与指令在内的一组机器指令。

3.4 计算机的组成

3.4.1 计算机硬件的基本结构

我们在第 1 章中曾概括地讨论了计算机硬件主要由数据存储部件、数据处理部件、输入部件和输出部件四大部分组成。通过第 2 章和第 3 章的讨论，我们对计算机硬件的基本结构有了更深一步的了解，图 3-6 给出了计算机硬件基本结构框图。在具体构成计算机硬件系统时，目前的常规方法是把外存设备（如硬盘、软盘、CD-ROM 等）和外部设备（如显示器、打印机等）都看作计算机主机以外的外部设备，这些外部设备都通过接口接入计算机主机。

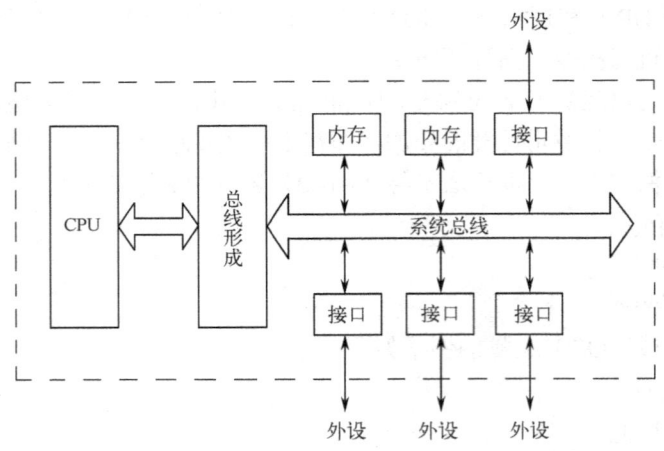

图 3-6　计算机硬件基本结构框图

通过接口把计算机用户需要的设备连接计算机硬件系统的方法，不仅为用户提供了购买计算机设备的灵活性，即用户可以按照自己的需要购买和连接需要的外部设备，而且也为计算机制造商留下了提高计算机硬件性能的空间。早期的外设接口都采用电路板方式实现，每种外设的接口电路板不仅连通了主机和外设进行数据传送的物理通道，而且保证了主机与不同类型外设数据传送格式和控制方式的协调。新的方法是用一个小型计算机来实现接口功能,例如,用所有主机设备都在一个拇指大小的芯片内实现的称为单片机的计算机来实现接口功能。

这里还需要进一步解释总线的概念。我们把各部件之间的数据传送通道称为总线。在计算机中,总线的功能类似于我们生活中交通线的功能。总线有许多种不同的设计方法,例如,可以为不同速度要求的设备间的数据传送设计不同的总线,也可以让所有设备公用一组总线来传送数据。总线又具体分为地址总线、数据总线和控制总线 3 种。地址总线用来传送数据的地址,即数据在内存中的存放地址;数据总线用来传送要处理的数据;控制总线用来传送控制处理过程的控制信号。控制总线的控制信号一般都来自于 CPU 中的控制器。

图 3-4 给出的 CPU 的基本构成中也有数据的传送通道,因为 CPU 是由一个拇指大小的芯片构成的,所以图 3-4 中的 CPU 内的数据传送通道称为片内总线。总线都有传送数据的速度限制。如果把图 3-6 中的总线看作高速公路的话,片内总线就可看作飞机航线。接口和外设(如打印机、硬盘、软盘、光盘等)之间也有其传送数据的速度限制,相对于图 3-6 中总线的高速公路速度,接口和外设间数据传送通道的速度就是乡间小道的速度。

3.4.2 计算机的特点

总结第 2 章和第 3 章讨论的计算机的构成可以发现,计算机与以前人类发明的任何机器都不同。人类以前发明的机器都是由纯粹物理(或称硬件)设备组成的,而计算机是由硬件和软件共同组成的。如果没有存储程序(以及必要的数据)的话,计算机就像一个没有大脑的空躯壳,不能做任何事情。正是由于存储程序的特点,使计算机成为有史以来人类发明的功能最强、用途最多的机器。有专家曾说过,计算机几乎可以应用在任何领域或任何方面。计算机这种领域广泛的可用性实现起来却并不困难,因为计算机的用途主要是由软件决定的,而软件的设计是和硬件的设计基本脱离的。我们可以一方面工业化地大批生产硬件结构相同的计算机,另一方面又工业化地大批研制不同用途的软件。因此我们说,存储程序是构成计算机的一个重要特点。

计算机中广泛采用 0、1 编码。可以看到,整数、小数、负数是用 0、1 符号组成的二进制数(或二进制数的补码)表示的,字符、汉字、图像等是用多位 0、1 符号编码表示的,机器指令是用多位 0、1 符号编码表示的。另外,计算机中对各种设备的控制方法,也是通过把设备的状态表示成由多位 0、1 符号组成的状态字来进行控制和传送的。因此我们说,0、1 编码是构成计算机的另一个重要特点。

目前的计算机基本都属于冯·诺依曼计算机,虽然计算机还有其他一些特点,但学术界把存储程序和 0、1 编码看作冯·诺依曼计算机的本质特点所在。多年来,计算机科学领域的许多研究人员致力于研究和提出新的计算机体系结构和新的工作方式,许多研究成果也得到了高度评价,但突破冯·诺依曼计算机的新的计算机体系结构目前还没有研究成功。

习题 3

3-1 什么是机器指令?为什么要用机器指令表示算法?

3-2 算法中都有哪些基本操作?为什么要分析算法中的基本操作?

3-3　机器指令由哪两部分组成？这两部分的作用各是什么？
3-4　什么是寄存器？寄存器的作用是什么？
3-5　什么是指令系统？
3-6　计算机怎样执行机器指令？计算机怎样执行机器指令程序？
3-7　CPU主要由哪些部件组成？这些部件的主要功能是什么？
3-8　解释CPU的工作原理。
3-9　画出计算机硬件的结构框图。
3-10　什么是接口？接口的基本功能是什么？
3-11　什么是总线？总线的基本功能是什么？
3-12　和以前人类发明的机器相比，计算机有什么特点？
3-13　谈谈你对冯·诺依曼结构计算机本质特点的认识。

第 4 章 数据的输入和输出

要让计算机运行程序，程序和运行程序所需的数据首先要输入计算机中；要让用户能看到程序运行的结果，就需要把运行结果输出。数据的输入是用户通过输入设备来完成的，程序运行的结果是通过输出设备完成的。汉字的输入和输出要考虑编码问题。

4.1 用户界面的发展过程

计算机系统中实现用户和计算机信息交互的硬件和软件称为用户界面，也称为用户接口、人机界面等。

用户界面的硬件部分包括用户向计算机输入数据或命令的输入设备，以及计算机输出给用户观察数据和保存数据的输出设备。目前，常用的输入设备有键盘、鼠标等，常用的输出设备有显示器、打印机等。

用户界面的软件部分包括用户与计算机交互时使用的协议、命令、处理程序等。

用户通过命令操作计算机完成自己的任务。这里需要首先解释命令的概念。计算机中已设计实现的完成特定功能的程序称为命令。命令由命令符和命令参数两部分组成。命令符是不同命令的标识。命令符不同，表示要执行的程序不同。许多命令都要求有命令参数，命令参数用来指出具体的操作细节。用户通过给出不同的命令参数来实现细节内容略有差别的操作。第 3 章讨论的机器指令程序的启动，就是由用户输入命令完成的。

用户界面的发展过程可分为 3 个主要阶段。

① 0、1 符号式用户界面。在计算机发明出来后的最初 10 多年中，用户通过开关、按钮或穿孔纸带向计算机输入程序、数据或命令。计算机通过指示灯、打印机等输出程序的运行结果。这时，输入/输出使用的开关、按钮、穿孔纸带、指示灯、打印机等都是 0、1 符号方式的，因此称为 0、1 符号式用户界面。这种方式的用户界面，用户使用起来非常困难。

② 字符显示式用户界面。从 20 世纪 50 年代中期到 20 世纪 70 年代后期，用户界面以字符显示为主要特征。这时，用户通过键盘输入字符型的程序、数据或命令，计算机把运行结果以字符方式显示在显示器上或打印到打印机上。这种方式用户界面的优点是，用户使用灵活、方便，缺点是输出显示不直观，用户仍需记住许多东西（如命令的拼写、格式等）。如图 4-1（a）所示是一个字符方式用户界面的示例。

③ 图形显示式用户界面。从 20 世纪 80 年代初期至今，用户界面的主流是图形方式的用户界面。图形方式用户界面的主要特征是，计算机显示采用窗口、图符、菜单等图形方式，用户输入设备除键盘外，增加了鼠标这种指点式输入设备。这种方式用户界面的优点是，显示直观、操作简便、学习掌握快。当然，图形方式用户界面对硬件资源和软件资源要求都很高。如图 4-1（b）所示是一个图形方式用户界面的示例。用户可通过鼠标指针选择

菜单中的某一项（如粘贴），来让计算机执行该菜单项对应的操作；用户也可以单击某个图标（如"打开"图标），来让计算机执行该图标对应的操作。在图形方式下，用户是通过选择菜单项或单击图标来输入命令的。虽然在图形方式下，用户使用命令的方法和字符显示方式不一样，但一条命令的计算机内部表示格式是相同的。

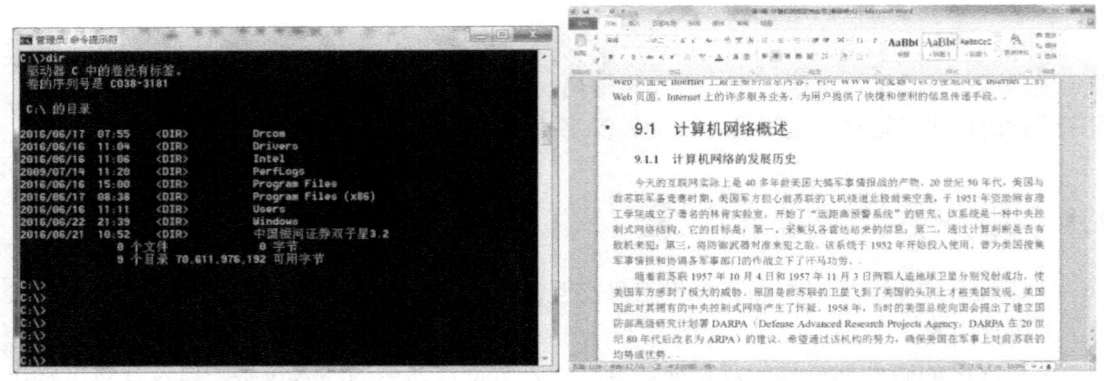

(a) 字符方式用户界面　　　　　　　　　　(b) 图形方式用户界面

图 4-1　用户界面

用户界面是计算机发展最迅速的一个方面。目前，用户界面的发展，以语音输入/输出等多媒体形式，面部和肢体动作识别等多感知渠道，虚拟技术应用等为主要特点。

4.2　汉字的输入码

对于中国人使用计算机来说，汉字的输入问题需要特别考虑。如果用户直接用第 2 章讨论的汉字机内码输入汉字将非常困难。例如，在 GB2312—80 码中，汉字"啊"的二进制编码为 10110000 10100001。所以需要设计专门的汉字输入码。

汉字的输入码是对指定的汉字集合的、以用户使用方便为目标的一种编码。

要把汉字以用户使用方便的形式编码，就要利用汉字的拼音、笔形或其他相关特征信息来编码。可以从不同的角度对汉字输入码进行分类。例如，从编码特征看，有拼音码和笔形码，以及拼音和笔形相结合的音形码和形音码；从键盘的角度看，有使用国际通用键盘和专用键盘两大类；等等。下边简单介绍拼音码和笔形码的编码方法，以及几种目前使用较多的汉字输入软件的使用方法。

4.2.1　拼音码

按汉字拼音规则对汉字进行的编码称为拼音码。

因为凡识字且能正确发音的人基本上都知道汉字读音和拼音的对应关系，所以拼音码有相当的用户使用基础。用户使用基础好是拼音码的优点。

但是，中文不是拼音文字，使用拼音码输入汉字也有许多问题。这主要表现在：汉字的读音都是单音节的，汉语拼音中仅有 24 个声母和 34 个实用的韵母，仅能组成 413 个实用的拼音编码音节。如果把 GB2312—80 码中的 6763 个汉字按 413 个音节平均分配,那么重码率在 5 个以上。如果把全部 6 万多个汉字按 413 个音节平均分配,那么重码问题将严重到无法使用。重码率高是拼音码的缺点。

全拼码和双拼码是两种最有影响的拼音码编码方法。拼音码构造的汉字集都是 GB2312—80 中的 6763 个常用汉字。

1. 全拼码

把给汉字编码的拼音、笔形等基本特征信息元素称为汉字编码的码元。

把汉语拼音的每个符号都取为码元的汉字编码称为全拼码。全拼码的码元共有 25 个,除码元符号"ü"外,其他码元符号和键盘符号是一一对应的。码元符号"ü"的键盘符号是"v"。例如,"率"字的全拼码为 lv。

全拼码的击键次数较多。例如,"想"字的全拼码为 xiang,用户需击键 5 次。另外,当出现重码时还需击键进一步做出选择。所以,使用全拼码时,用户输入每个汉字时击键的次数较多。因此,用全拼码输入汉字速度较慢。

拼音码的重码率较高。例如,"计"字的全拼码为 ji,"机"字的全拼码也为 ji。"计"字和"机"字的全拼码码元相同。

用户输入全拼码的码元 ji 后,可能看到如下 13 屏共 118 个重码:

ji:1 几;2 及;3 急;4 既;5 即;6 机;7 鸡;8 积;9 记;
　　1 级;2 极;3 计;4 挤;5 己;6 季;7 寄;8 纪;9 系;
　　1 基;2 激;3 吉;4 脊;5 际;6 击;7 圾;8 畸;9 箕;
　　1 肌;2 饥;3 迹;4 讥;5 姬;6 绩;7 棘;8 辑;9 籍;
　　1 集;2 疾;3 汲;4 嫉;5 蓟;6 技;7 冀;8 伎;9 剂;
　　1 悸;2 济;3 寂;4 忌;5 妓;6 继;7 丌;8 乩;9 剞;
　　1 佶;2 墼;3 芨;4 芰;5 蒺;6 戢;7 掎;8 叽;9 咭;
　　1 哜;2 唧;3 岌;4 嵴;5 洎;6 屐;7 骥;8 畿;9 玑;
　　1 楫;2 殛;3 戟;4 戢;5 赍;6 觊;7 犄;8 亶;9 矶;
　　1 羁;2 稘;3 稷;4 瘠;5 虮;6 笈;7 笄;8 暨;9 跻;
　　1 踖;2 霁;3 鲚;4 鲫;5 髻;6 麂;7 革;8 给;9 稽;
　　1 缉;2 祭;3 期;4 其;5 奇;6 齐;7 偈;8 诘;9 荠;
　　1 亟

分析全拼码可以发现以下 3 个特点:

① 拼音由声母和韵母组成,在组成拼音时,声母在前,韵母在后;

② 拼音符号到拼音音节的组合不是任意的,拼音符号只能组合出有限个拼音音节,例如,拼音符号 a,n,g 只能组成韵母音节 a,an 和 ang;

③ 音节是拼音的独立使用元素,例如,拼音 fang 由声母音节 f 和韵母音节 ang 组成。

2. 双拼码

双拼码是把声母和韵母中的多个符号用一个键盘符号表示的编码。双拼码共有 57 个码元,使用了 27 个键位(除 26 个字母符号外,增加了一个符号";")。双拼码的 57 个码元分为声母和韵母两大类。键位和声母、韵母的对应关系见表 4-1。

表 4-1 双拼码键位和声母、韵母对应关系表

键 位	声 母	韵 母	键 位	声 母	韵 母
a		a	o		o,uo
b	b	ou	p	p	un
c	c	iao	q	q	iu
d	d	uang, iang	r	r	uan, er
e		e	s	s	ong, iong
f	f	en	t	t	ue
g	g	eng	u	sh	u
h	h	ang	v	zh	ui, ue
i	ch	i	w	w	ia, ua
j	j	an	x	x	ie
k	k	ao	y	y	uai, ü
l	l	ai	z	z	ei
m	m	ian	;		ing
n	n	in			

这样,"想"字的双拼码为 xd,"算"字的双拼码为 sr。显然,双拼码和全拼码相比,用户的击键次数有了较显著的减少。当然,用户使用双拼码时,必须记住表 4-1 中的键位和声母、韵母的对应关系。

4.2.2 笔形码

汉字不是拼音文字,从汉字本身看不出它的读音。拼音码之所以重码多,就是因为拼音码是从汉字的非本质特点出发构造编码的,自然编码效率不会很高。

汉字是由若干笔画组成的方块字,笔形码就是从汉字的笔形出发构造汉字的编码。和拼音码相比,笔形码的优点是可编码的汉字集大,一般可在基本无重码的情况下编码出所有的 6 万多个汉字。但和拼音码相比,笔形码的缺点是用户需要记忆的东西较多。

目前已提出了几百种不同的笔形码。仓颉码和五笔字型码是两种编码方法较科学,且应用较多的笔形码。仓颉码是朱邦复于 1976 年发明的,是发明最早的笔形码之一。但仓颉码在中国台湾、中国香港等地区使用较多,在内地使用较少。五笔字型码是王永民于 1983 年发明的。五笔字型码在内地使用较普遍。下面简单介绍五笔字型码的编码方法。

五笔字型码的编码特点是:把汉字分成 3 个层次、5 种笔画、130 个字根,以字根为编码码元,以 3 种"字型"拆分汉字,每字最多 4 码。

下面概要介绍五笔字型码中的一些概念和编码方法。

(1) 汉字的 3 个层次

汉字由笔画、字根、单字 3 个层次组成。在书写汉字时,不间断地一次连续写成的线条称为笔画。由若干笔画组合形成的相对不变的结构称为字根。由若干字根组成汉字的单字。

(2) 5 种笔画

经过对汉字所有笔画的归类,五笔字型码确定了 5 种基本笔画:横、竖、撇、捺、折。并按照使用频度的高低，分别用数字 1、2、3、4、5 代表这 5 种基本笔画。汉字的 5 种基本笔画见表 4-2。

（3）130 个字根

汉字的字根有很多个，在五笔字型码中，把那些组字能力很强、使用频度很高的字根选为五笔字型码的字根，这样的字根共有 130 个。

表 4-2　汉字的 5 种基本笔画

笔画名称	笔画走向	数字代码
横	左→右	1
竖	上→下	2
撇	右上→左下	3
捺	左上→右下	4
折	带转折	5

要使用标准键盘输入汉字，就需要把 130 个字根对应到键盘的 26 个英文字母键位上。为此，五笔字型码把 130 个字根分成 5 个区，每区 5 个位，每位包括若干个字根，对应标准键盘的一个英文字母键。这样，除英文字母 Z 键不对应任何字根外，其余 25 个英文字母键被分别划分成 5 个区 25 个位。

如图 4-2 所示为五笔字型码的字根和键盘对应关系图。图中英文字母旁边的数字表示该组字根所属的区和位。例如，英文字母 Q 旁边的数字 35 表示该组字根属第 3 区的第 5 位。

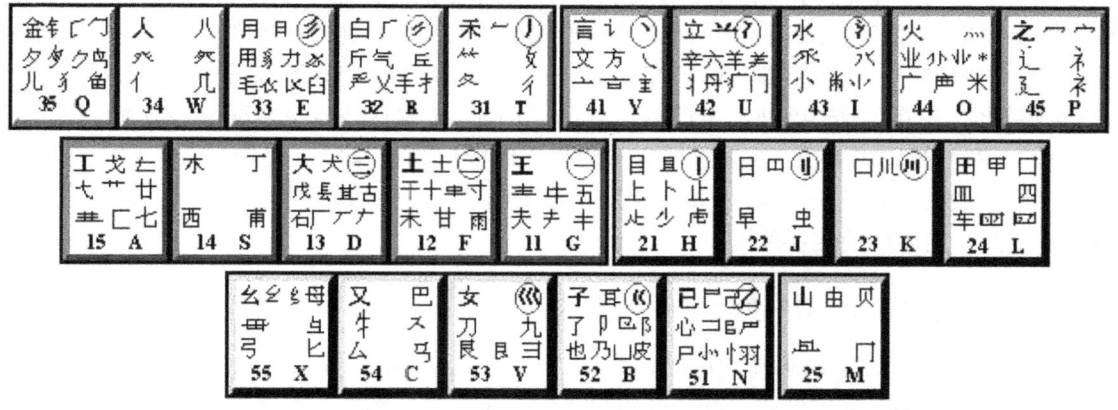

图 4-2　五笔字型码的字根和键盘对应关系图

（4）3 种"字型"

汉字可以由字根构成，但相同字根的不同排列方式将构成不同的汉字。例如，字根"口"和"八"上下排列为"只"字，左右排列则为"叭"字。五笔字型码把汉字分成 3 种"字型"：左右型、上下型和杂合型。凡不能归入左右型和上下型的汉字，均归入杂合型。在组字时，左右型的数字代号为 1，上下型的数字代号为 2，杂合型的数字代号为 3。

（5）编码规则

① 字根是编码的码元。在把汉字拆分成若干个字根时，要拆出尽可能大的字根。例如，"佃"字要拆分成字根"人"和"田"，而不能拆分成字根"人"、"口"、"十"。

② 字根的编码顺序和汉字从左到右、从上到下、从外到内的书写顺序一致。例如，

"明"字的书写顺序是先"日"后"月",字根"日"对应键位 J,字根"月"对应键位 E,所以"明"字编码的前两个码元是 JE。

③ 最多只取 4 码,当字根多于 4 个时,取前 3 个字根和最后一个字根作为编码码元。

④ 末笔与字型交叉,克服重码。例如,在 S 键位上有"丁"、"西"、"木"3 个字根,在它们左边加上"氵"将分别构成汉字"汀"、"洒"、"沐"。"氵"的键位为 I,这样,"汀"、"洒"、"沐"3 个字的编码都是 IS,将出现重码。补充末笔与字型交叉识别的编码规则后,则"汀"字的末笔笔画对应的数值是 2,"洒"字的末笔笔画对应的数值是 1,"沐"字的末笔笔画对应的数值是 4。另外,这 3 个字的字型都是左右型,对应的数值是 1。因此,"汀"字的末笔笔画和字型对应的数值是 21,对应的键位是 H;"洒"字的末笔笔画和字型对应的数值是 11,对应的键位是 G;"沐"字的末笔笔画和字型对应的数值是 41,对应的键位是 Y。这样,"汀"、"洒"、"沐"三个字的编码将分别是 ISH、ISG、ISY,从而消除了重码。

五笔字型码的编码能力分析:因为五笔字型码把字根作为编码码元,把 130 个字根按使用频度基本均分在 25 个键位上,最长为 4 个码元的编码方法,所以五笔字型码最多可编码 25^4 个汉字,即五笔字型码的最大编码能力超过 39 万。考虑到五笔字型码的码元个数通常不足 4 个的情况,以及字根使用频度不均匀的情况,五笔字型码的编码能力也可达到数十万个,因此,五笔字型码可做到无重码。编码能力强、无重码是五笔字型码的最大优点。

从上述讨论可知,用户使用五笔字型码输入汉字时,必须能正确地拆分汉字,必须要记住字根和键盘的对应关系等,因此,用户掌握困难是五笔字型码的最大缺点,这也是该编码推广受到一定阻碍的主要原因。

4.2.3 使用词组的快速汉字输入方法

汉语是以汉字为单词组词使用的,因此,近年来,许多研究快速汉字输入方法的科技人员设计出了各种形式的词库,可帮助用户实现汉字的快速输入。多年前,许多人曾羡慕英语计算机输入的高速和便利,叹息汉语计算机输入的低速和不便,似乎汉字天生不适于计算机输入。但目前的实验表明,在具有个性化的汉字词组库的基础上,计算机输入中文的速度较输入英文的速度高许多。

帮助用户快速输入汉字的词组主要有固定词组和随机词组两种。无论是固定词组还是随机词组,都是以前面讨论的拼音码和笔形码为基础来输入的。在拼音码和笔形码输入方法的基础上,使用固定词组或随机词组可以大大提高用户输入汉字的速度。

1. 固定词组

固定词组是指设计人员在大量调查分析的基础上,归纳整理出的常用汉语词组库,并把这种词组库设计成软件提供给用户使用。用户使用固定词组的方法是:用户输入需输入词组的前面一个或若干个汉字,软件将自动显示出以用户输入的一个或若干个汉字为前缀的固定词组库中的所有词组;用户输入的词组前缀越长,软件自动显示出的词组个数越少(即重码率越低);用户只需进行若干次键盘选择,就可完成一个词组的输入。

例如,使用包括固定词组功能的全拼码输入单词"计算中心"时,如果用户只输入"计"字的码元 ji,并在输入码元 ji 下选择了汉字"计",则软件将分屏自动显示出词组库中所有以"计"字为第一个汉字的词组共 3 屏,分别如下:

1 计策；2 计分；3 计划；4 计划成本；5 计划分配；6 计划供应；7 计划经济；8 计划经济与市场调节；9 计划内；0 计划生育；

1 计划调节；2 计划外；3 计划委员会；4 计划成本；5 计划指标；6 计划供应；7 计经委；8 计量；9 计量单位；0 计量局；

1 计上心来；2 计时；3 计时工资；4 计算；5 计算方法；6 计算机；7 计算器；8 计算中心；9 计委

此时，用户需翻到第 3 屏，然后选择 8，才能完成词组"计算中心"的输入。

如果用户输入前缀"计算"的码元 jisuan，并在输入码元 jisuan 下选择了词组"计算"，则软件将自动显示出词组库中所有以"计算"为前缀的词组如下：

1 计算方法；2 计算机；3 计算器；4 计算中心

此时，用户只需选择 4 即可完成词组"计算中心"的输入。

2．随机词组

软件形式的固定词组可大大提高用户的输入速度，但是，不同的用户使用的词组是不相同的。如果软件包含所有可能的词组，则软件的规模太大，用户使用时要做的选屏太多，反而降低了输入速度。如果软件包含的词组太少，则某些用户在输入时无法找到所要的词组，需要自己输入码元，这样用户的输入速度难以提高。随机词组是指用户在输入的过程中，软件自动构造该用户的常用词组库。随机词组为用户提供了创建个性化的词组库的工具。

智能 ABC 就是一个以全拼码为基础、提供随机词组功能的软件。用智能 ABC 输入中文数据时，用户可利用软件提供的一些常用词组。如果用户需要频繁使用的某个词组没有在词组库中，用户可一次性输入该词组所有汉字的全拼码码元，这样，当用户输入过一次某个词组后，软件将自动构造该词组，并把该词组添加到用户的词组库中。当用户下一次需要输入该词组时，可以用该词组汉字读音的首字母作为输入码元。例如，若用户需要频繁地使用词组"首字母"，而词组"首字母"又没有在词组库中，就可以用如下方法创建和使用随机词组。

① 一次性输入词组"首字母"的全拼码码元 shouzimu，此时屏幕将显示出若干个重码，用户做出选择，完成词组"首字母"的第一次输入。

② 由于词组"首字母"的码元 shouzimu 是一次性输入的，表示用户希望创建该词组，因此软件将自动构造词组"首字母"，并把该词组添加到用户的词组库中。

③ 当用户以后输入词组"首字母"时，可以用该词组汉字读音的首字母作为输入码元，即用户输入 szm 即可输入词组"首字母"。

4.3 输入设备

从输入设备和主机的相对关系看，输入设备可分为三大类：存储式输入设备、近距离输入设备和远距离输入设备。

存储式输入设备主要是指磁盘、磁带、光盘、U 盘、外接磁盘等外存设备。把外存设备中存储的数据输入到计算机主机中的过程也是一种数据输入，因此，外存既是一种可长久保存数据的存储设备，也是一种输入设备。

近距离输入设备主要是指键盘、鼠标、触摸屏、扫描仪等配置在计算机主机旁边的输入设备。

远距离输入设备主要是指通过 Modem、网卡等连接的，远离计算机主机的输入设备。输入设备的分类如图 4-3 所示。

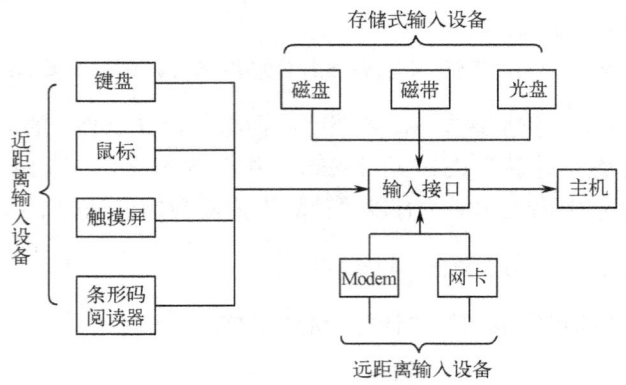

图 4-3　输入设备的分类

存储设备已在第 2 章中做过讨论。远距离输入设备通过网卡或 Modem 连接后，具体的输入设备与近距离输入设备相同。因此，我们这里说的输入设备主要指键盘、鼠标等配置在主机旁边的近距离输入设备。

输入设备是用户输入数据的必需设备。使用输入设备需要先进行安装。输入设备的安装通常包括两个步骤：

① 把输入设备通过计算机机箱外部的接口连接到计算机上，这也称为物理连接；
② 通过操作系统安装相应输入设备的驱动程序。

物理连接实现了输入设备和主机的物理连通。不同输入设备的数据传输格式和控制方式不同，驱动程序负责解读具体输入设备的数据传输格式和控制方式。另外，操作系统是所有计算机资源的管理者，驱动程序的安装过程也是向操作系统的注册登记过程。

4.3.1　键盘

键盘是最基本和使用最多的输入设备。键盘主要由开关矩阵电路和键盘接口电路组成。开关矩阵电路对键盘上的每个键按 ASCII 码编码。键盘接口电路中通常包含一个单片微处理器，负责控制整个键盘的工作过程。当键盘上的某个键被按下时，该键对应的 0、1 编码就在键盘接口电路的控制下被送到了计算机主机中。

目前常用的键盘是 106 键的标准键盘，如图 4-4 所示。

图 4-4　键盘

键盘上的键位可划分成字符键、控制键、编辑键、功能键和小键盘 5 大类。

（1）字符键。包括英文字母键（A～Z）、数字键（0～9）、空格键，以及各种符号键（如加号、减号、逗号、句号等）。

（2）控制键。包括大/小写英文字母转换键、换挡键、跳格键、控制键、更换键等。下面逐一介绍这些键的用途。

大/小写英文字母转换键<Caps Lock>：键盘上只有一组英文字母键，对应的是小写英文字母（a～z）；当要输入大写英文字母时，按下<Caps Lock>键，此时敲击英文字母键输入的是大写英文字母（A～Z）。

换挡键<Shift>：在键盘的很多键上，上下标注了两个符号，用户敲击这些键时输入的是下边标注的符号；当用户希望输入上边标注的符号时，可在按下<Shift>键的同时，按下相应的键。<Shift>键也可用作输入大写英文字母，但必须同时按下<Shift>键和相应的英文字母键。

跳格键<Tab>：按此键可将光标右移到下一个跳格位置。一个跳格位置对应若干个空格位置。跳格和空格位置的对应关系通过用户设置确定，用户未设置时按照系统的默认设置确定。通常，系统默认设置一个跳格对应 4 个字节的空格。

控制键<Ctrl>：用户有时希望对程序的工作方式或执行过程进行干预。<Ctrl>键和其他键的组合，可组合出各种控制命令。用户可通过输入这些控制命令来达到对程序工作方式或执行过程的某种干预。例如，用户在使用 Microsoft Word 软件时，可通过同时按下<Ctrl>键和空格键实现英文输入状态和中文输入状态的转换。不同的软件用<Ctrl>键组合出的控制命令功能不同，用户需要查看相应软件的使用说明书，来了解具体的使用方法。

更换键<Alt>：<Alt>键和<Ctrl>键的作用类似。例如，用户同时按下<Ctrl>键、<Alt>键和<Delete>键可中断当前正在运行的程序。

退格键<←>：删除当前光标左边的字符。

回车换行键<Enter>：表示本行输入内容结束。在操作命令输入时或文档输入时经常使用。

退出键<Esc>：用于软件设置专门的控制命令的键。通常，软件把该键设置为返回到前一个用户界面。

（3）编辑键。指用户对所输入的文档进行某种编辑操作时经常使用的一些键，主要有插入/替换键、删除键和光标移动键等。

插入/替换键<Insert>：输入字符有插入和替换两种方式，按此键可以在这两种方式间转换。插入方式指用户输入的字符插入到当前光标的位置，替换方式指用户输入的字符将替换从当前光标位置开始的字符。小键盘上的<Ins>键和<Insert>键功能相同。

删除键<Delete>：删除当前光标右边的字符。小键盘上的<Del>键和<Delete>键功能相同。

光标移动键<↑>、<↓>、<←>、<→>：控制光标按箭头方向移动 1 个字节的空格。

换页键<PgUp>、<PgDn>：控制光标前移 1 页或后移 1 页。

开始键<Home>和结束键<End>：开始键通常控制光标移动到当前行的第一列。结束键通常控制光标移动到当前行的最后一列。

（4）功能键。功能键包括 12 个标注为 F1～F12 的键。功能键主要用来为软件设置一些操作命令，以方便用户的操作使用。

（5）小键盘。图 4-4 所示最右边的一组键称为小键盘。小键盘上的所有键都是重复设置的。设置小键盘的目的，主要是方便一些专门输入数据的用户（如会计）能快速地完成数据输入。因为小键盘上的很多键位上标注了上下两排符号，所以又增加了一个<Num Lock>键，用来进行上下排符号转换。

键盘上的 3 个指示灯分别表示 3 个相应键位的当前状态。

4.3.2 鼠标

鼠标是一种普遍使用的输入设备。鼠标主要用来实现光标定位和操作命令的选择。常用的鼠标有机械式和光电式两类。机械式鼠标的底座上有一个可以滚动的金属球，当鼠标在一个支撑物上移动时，金属球与支撑物发生摩擦，使金属球转动。金属球的 4 个方向上安装有 4 个电位器。电位器可以测量出金属球在 4 个方向上的相对位移量。控制电路使光标在屏幕上的位移方向和金属球的位移方向一致，光标在屏幕上的位移量和金属球的位移量成比例。光电式鼠标和机械式鼠标的工作原理类似，其差别主要是，光电式鼠标是利用光学原理测量鼠标的位移方向和位移量的，且光电式鼠标的精度更高。

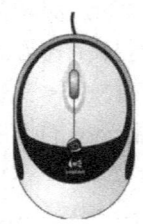

图 4-5 两键式鼠标

鼠标操作命令是由按键完成的。鼠标的按键类型主要分为两键式和三键式两种。两键式鼠标和三键式鼠标的左、右按键功能完全相同。一般很少用到三键鼠标的中间按键，但在某些特殊软件（如绘图软件）中，这个键也会起一些作用。目前常用的是如图 4-5 所示的中间有滚轮的两键式鼠标，使用鼠标中间的滚轮可以方便地在文档或网页中前、后翻页。

两键式鼠标有两个键，其中左键称为拾取键，右键称为菜单键。可以对拾取键进行三种操作：单击、双击和拖动。

单击操作是指用一个手指在拾取键上按一下后松开。单击操作通常用于实现光标定位、菜单命令选择等。

双击操作是指用一个手指在拾取键上连续按两下后松开。双击操作通常用于实现所选择程序的执行。

拖动操作是指用一个手指在拾取键上按下后不松开，同时移动鼠标到目标位置后松开。拖动操作通常用于实现选择，并把选择的内容移动位置等。

单击菜单键可弹出一个适用于当前状态的菜单。对弹出的菜单进行选择的方法是，使用鼠标把光标移动到相应菜单项的位置上，然后单击拾取键。

三键式鼠标是在两键式鼠标的基础上，增加了一个消除键，增加的消除键排放在拾取键和菜单键的中间。当拾取键选择的位置发生错误时，马上按下消除键可消除已做出的选择。

4.3.3 其他输入设备

随着硬件技术的发展，以及人们对数据输入的效率和方便用户使用两个方面问题的重视，各种各样新的输入设备正在不断推出。目前，已经普遍使用的输入设备还有以下 3 种。

1．触摸屏

触摸屏是在普通显示器的基础上，附加了坐标定位装置的一种输入设备。

触摸屏上划分出若干个区域，分别对应菜单的若干个选项，用户可直接用手触摸选择所需的选项。触摸屏的特点是用户使用方便，安全性好，一般使用在公共场所中。

由于人手直接触摸屏幕的精度比较低，所以在触摸屏上，每个区域不能划分得过细。为了克服这个问题，可以用光笔配合触摸屏使用。光笔的外形和钢笔类似，其中一端装有光敏感元件，另一端连接到计算机上。因为光笔的精度远高于人手的精度，所以在这样的输入系统中，触摸屏可划分成非常细小的区域。但配有光笔触摸屏系统的光笔容易丢失，因此这样的输入设备一般不用在公共场所中。

2．扫描仪

扫描仪是一种直接把图像数据扫描进计算机的输入设备。

扫描仪主要由照射部分和接收部分组成。扫描仪的工作原理是，照射部分用低频光源的光线照射图像，图像上的黑色部分吸收光线，白色部分反射光线，介于黑色和白色的中间色（称为灰色）按其灰色程度吸收或反射光线。接收部分用光敏元件矩阵接收经过照射的图像信号，并把接收到的光信号转换成相应的二进制符号串。由于光敏元件是一种对光的强弱非常敏感的元件，这样就把图像按每个像素点的灰色程度转换为相应的二进制符号串。

扫描仪的性能主要由它的分辨率参数和灰度层次参数确定。分辨率是指每英寸多少个像素点，分辨率的单位是 dpi（即 dot per inch），分辨率数值越大表示其性能越好。灰度层次是指每个像素点的灰度变化范围，灰度层次数值越大表示其性能越好。

3．条形码阅读器

条形码阅读器是一种商店、图书馆等单位广泛使用的输入设备。

条形码阅读器的构造及工作原理与扫描仪的非常类似，其差别主要是：

① 条形码阅读器只扫描专门的条形码图像；

② 条形码阅读器把条形码编码转换为相应的字符编码存储；

③ 条形码阅读器对像素点参数和灰度层次参数要求很低。

条形码阅读器必须和条形码配合使用。条形码是由一组规则排列的条、空及其对应字符组成的标记。条和空采用对比度很高的颜色来表示，通常，条用黑色表示，空用白色表示。条形码有许多种编码规则，常见的有 UPC 条码、EAN 条码、二五条码、三九条码、中国标准书号（ISBN 部分）条码等。本书封底页就有一个 ISBN 条形码编码。条形码通常作为商品或图书的编码，印刷或粘贴在商品或图书上。由于条形码阅读器对像素点参数和灰度层次参数的要求很低，所以条形码阅读器的正确识别率非常高。

4.4 汉字的输出码

汉字是一种类似图像的笔画集合，汉字输出时需要考虑其笔画在输出设备上的实现问题，所以汉字在输出时要重新考虑其编码方法。汉字在输出时的编码称为汉字的输出码。

由于汉字在显示和打印时可以看作一个简单的黑白图像，因此汉字输出时可用汉字的输出字形方法输出。所谓输出字形，就是把一个汉字按其笔画进行图形表示形式的构造。这样，汉字输出字形的构造方法就和第 2 章讨论的黑白图像的表示方法类似。

有两种汉字输出字形的构造方法，一种称为汉字点阵，另一种称为矢量汉字。汉字点阵用若干行乘若干列的点的矩阵来表示一个汉字的输出字形，常用的汉字点阵有 16×16（简易型）、24×24（普通型）、32×32（提高型）等几种。16×16 点阵就是用 16 行乘 16 列的点阵来表示一个汉字的笔画。而矢量汉字则用直线或弧线来表示汉字的笔画。汉字"化"的 16×16 点阵如图 4-6（a）所示，矢量汉字"化"如图 4-6（b）所示。

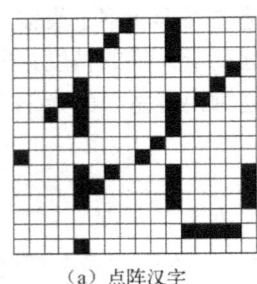
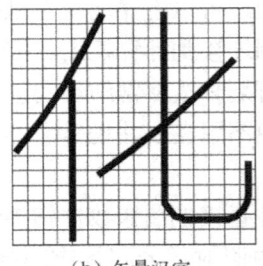

(a) 点阵汉字　　　　　　　　　　(b) 矢量汉字

图 4-6　汉字输出码

点阵汉字和矢量汉字的优缺点与第 2 章讨论的位图表示图像方法和矢量图表示图像方法的优缺点类似，即点阵汉字的表示方法简单，容易实现，但点阵汉字在放大时会失真；矢量汉字能不失真地随意放大，但需要有相应的算法来实现，其实现方法较复杂。

4.5　输出设备

输出设备是把程序的运行结果输出显示给用户的必需设备。和输入设备需要安装一样，输出设备使用前也需要安装。输出设备的安装通常也包括两个步骤：

① 把输出设备通过计算机机箱外部的接口连接到计算机上；
② 通过操作系统安装相应输出设备的驱动程序。
常用的输出设备主要有显示器、打印机等。

4.5.1　显示器

显示器是最基本和最常用的输出设备。早期的显示器只能显示字符，称为字符显示器。目前使用的显示器除可以显示字符外，还可以显示图形，称为图形显示器。

显示器主要由监视器和显示卡（简称显卡）两大部分组成。

监视器的核心部分是一个显示屏幕，监视器的功能是实现数据在监视器屏幕上的显示。显卡的基本功能是实现 CPU 与监视器的接口连接和数据缓存。除此之外，对于图形显示器来说，显卡还具有处理图形数据、加速图形显示等功能。

1．监视器

早期常用的监视器主要为阴极射线管（CRT）类型和液晶（LCD）类型。CRT 类型监视器的构造原理和电视机类似，其差别主要是其中的控制电路不同；LCD 类型监视器的体积较小。目前，监视器主要使用等离子显示板（PDP），其具有体积小、重量轻等优点。

分辨率和灰度是监视器的两个主要技术指标。

屏幕上组成图像的最小单元称为像素点。一个像素点由一个发光材料组成。分辨率是指整个屏幕可显示的像素点的多少。分辨率的数值越大，性能越好。屏幕由像素点的阵列组成。分辨率通常表示为每行的像素点个数×每列的像素点个数。例如，分辨率1024×768，就表示每行的像素点个数为1024，每列的像素点个数为768。一般来说，一个监视器可以支持多种分辨率，所以监视器的分辨率指的是该监视器能达到的最高分辨率。

灰度是指每个像素点的颜色变化范围。最早的监视器灰度只有黑白两色，只需1个符号位就可表示。随后，逐渐有4色（用2位表示）、16色（用4位表示）、256色（用1字节表示）、真彩色（用3字节表示）的监视器问世。显然，监视器的灰度范围越大，性能越好。

2．显卡

监视器需要显卡的配合才能工作。显卡主要由存储器和控制电路组成。

显卡的存储器存储当前要显示的一屏数据，这组存储器通常称为显示内存。控制电路按显示内存中存放的数据的顺序，将其依次显示在监视器上。

一般有两种方法实现数据显示：一种方法是主机把显卡作为一个输入/输出设备看待，主机通过向显卡发送各种命令来完成数据的输出显示；另一种方法是主机在内存中开辟一片内存（通常称为显示器缓冲区），主机把要输出显示的数据发送到这片内存中，显卡则首先控制从这片内存中取出数据并存放到显示内存中，然后再控制把这些数据显示在监视器的屏幕上。由于第二种方法 CPU 对输出过程干预得更少，因此实现效率更高。大多数显示器都是按第二种方法设计的。对于采用第二种方法工作的显示器来说，数据显示的完整过程如图4-7所示。

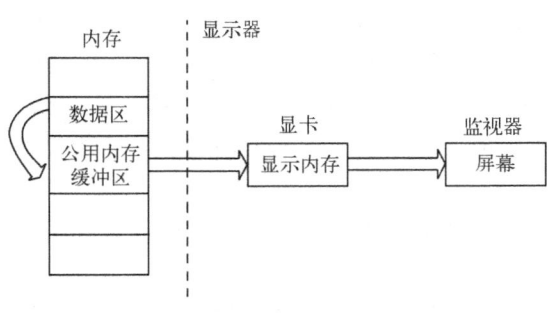

图4-7　数据显示的完整过程

从显示器显示数据的方法可知，显卡上必须具有与监视器的分辨率和灰度参数一致的一组显示内存。例如，设监视器的分辨率为1024×768，颜色为256色，因为256色时，一个像素点需要1B（即8bit）来表示颜色，所以整个屏幕的数据总量就是：1024×768×1B=786 432B≈786KB。显示内存的容量通常设计成2的整数幂次，并和内存一样，按字节编地址，这样，显示内存的容量就需要有1MB。如果监视器的分辨率为1024×768，颜色为真彩色，则一个像素点需要3B（即24bit）来表示颜色，所以整个屏幕的数据总量就是：1024×768×3B=2 359 296B。这样，显示内存的容量就需要4MB。

为了显示字符，显卡上还有一个字符发生器，字符发生器由硬件实现，直接把一个编码表示的字符转换为一个点阵表示的字符，从而实现字符的显示。

由于汉字的集合较字符的集合大许多，因此汉字的显示不能采用和字符显示类似的硬件实现方法，而是采用构造汉字字库的方法实现。字库中的每个汉字如图 4-6（a）所示，显卡上有一个存储汉字字库的 RAM。汉字的编码将转换为该汉字在汉字字库中的存储地址，从而实现汉字的显示。

目前，显卡发展的一个重要趋势是，不断提高图表、图像显示时的速度和实现三维图像显示。对于图形方式的用户界面来说，需要显示大量的图表和图像窗口，使得图形显示的速度亟待提高。显卡中提供了专门的图形处理函数，可以大大加快图表、图像窗口的显示速度。20 世纪 90 年代以前的显卡只能做到二维（2D）图像显示，因此也称为 2D 显卡或 2D 加速卡。20 世纪 90 年代后，三维（3D）图像显示技术成熟起来，3D 显卡（或称为 3D 加速卡）开始问世。实现三维图像显示需要有许多复杂的函数，3D 显卡中包含了许多这样的函数，在程序设计时只需直接调用，就可实现三维图像的显示。

4.5.2 打印机

打印机是一种把计算机中存储的数据或程序的运行结果打印在纸上，以便于修改或长期保存的输出设备。

按打印机的工作原理分，打印机主要有点阵式打印机、喷墨式打印机、激光式打印机、热敏打印机、电子照相打印机等几种类型。

按打印机打印的颜色分，打印机主要有黑白打印机和彩色打印机两种类型。

按打印机是否采用机械方式分，打印机主要有击打式打印机和非击打式打印机两种类型。击打式打印机主要利用机械运动实现打印，点阵式打印机属于击打式打印机。非击打式打印机主要利用物理的（光、电、磁、热）或化学的方法实现印刷，除点阵式打印机外的其他类型的打印机都属于非击打式打印机。实际上，非击打式打印机已经不能称为打印机，因为它根本就没有击或打的机械动作。对于非击打式打印机来说，更科学的名称应当是印刷机或印刷设备。所以喷墨式打印机更科学的名称应当是喷墨式印刷机，激光式打印机更科学的名称应当是激光式印刷机。但是，由于人们的使用习惯，一般仍称为喷墨式打印机或激光式打印机。

无论点阵式打印机，还是其他各种非击打式打印机，数据输出方式主要有两种：一种是字符（包括汉字）方式，另一种是图像方式。

对于图像输出，打印机只需像监视器那样，把每个位置的图像元素打印出来即可。对于字符输出，打印机必须包含每个字符（包括汉字）的输出字形，这称为字库。对于要输出的字符数据，打印机通过从字库中查找出其相应的显示字符（或显示汉字）来实现输出。

计算机主机的速度很快，而打印机的速度相对来说很慢，为了提高主机和打印机的数据交换速度，打印机中通常都包含一个寄存器部件，主机把每次要输出的数据通过接口发送到寄存器中，打印机的控制电路实现按照寄存器中保存的数据输出。

常用的打印机主要有点阵式打印机、喷墨式打印机和激光式打印机，下边分别简单介绍它们的性能和优缺点。

1. 点阵式打印机

点阵式打印机的核心部件是打印头，打印头有 16 针、24 针等几种。打印头在横向走过纸张表面时，在需要有墨（黑白打印机）或有颜色（彩色打印机）的地方，由打印头对应的针留下墨或颜色。

点阵式打印机使用的打印纸有两种：窄行纸和宽行纸。窄行纸宽 28 厘米，每行最多可打印 80 个字符。宽行纸宽 36 厘米，每行最多可打印 132 个字符。

点阵式打印机的优点是坚固耐用、价格便宜，还可利用复写纸一次打印多份，便于商业（如银行、商店等）使用。其缺点是精度低、速度慢、噪声大。

2．喷墨式打印机

喷墨式打印机的工作原理是通过喷射头向纸上喷射墨水或颜色，由于所喷射的墨水或颜色可达到非常细小的程度，因此喷墨式打印机可达到相当好的输出效果。

喷墨式打印机的优点是精度较高、速度较快，噪声小、价格适中。其缺点是需要经常换墨水，这不仅增加了用户使用的不方便性，也增加了用户的使用成本。另外，若稍长一段时间不使用，印刷头会出现堵塞现象。

3．激光式打印机

激光式打印机的工作原理是激光发生器产生光源，光源通过一个旋转镜产生可控制的激光束，打印时，纸张绕一个称为硒鼓的圆桶转一圈。当激光束在硒鼓上轴向扫描时，激光束按照要打印的内容有选择地使硒鼓的鼓面感光，从而使鼓面形成负电荷阴影。当鼓面经过带正电的墨粉时，鼓面上感光的部分将吸附上墨粉并把墨粉压印到纸上。压印到纸上的墨粉再经加热熔化渗入到纸中，从而在纸上实现了印刷。

激光式打印机的优点是精度高、速度快、噪声小，其缺点是价格较高。

习题 4

4-1　用户界面经历了哪些发展过程？各个过程的主要特点是什么？

4-2　什么是命令？命令由几部分组成？

4-3　命令和机器指令有什么区别？计算机怎样执行不同的程序？

4-4　什么是汉字输入码？什么是汉字机内码？为什么要有汉字输入码？

4-5　汉字输入码有几种类型？每种类型汉字输入码的特点是什么？

4-6　比较拼音码和笔形码的优缺点。

4-7　简述双拼码的编码方法。

4-8　简述五笔字型码的编码方法。

4-9　你自己使用什么方法输入汉字？谈谈你自己快速输入汉字的方法。

4-10　输入设备分为几类？每种类型输入设备的作用是什么？

4-11　从构造原理上说，扫描仪和条形码阅读器有何异同？

4-12　汉字为什么要有输出码？

4-13　说明如何实现汉字的输出显示？字符是用什么方法实现输出显示的？图形是用什么方法实现输出显示的？

第 5 章　微机的组成和组装

本章讨论微机的组成和组装。微机的组装包括微机硬件的组装、BIOS 参数设置及硬盘分区和格式化。通过本章的学习，既可以帮助初学者建立起关于计算机内部构成的直观印象，又可以帮助初学者掌握微机的组装和设置方法。

教师可根据实际情况，选择讲授本章的内容。

5.1 微机的结构

从外观上看，一台微机由主机、显示器、键盘、鼠标和其他外部设备组成，如图 5-1 所示。

图 5-1　微机组成图

一般把位于主机箱内的部件称为内设，把位于主机箱外的部件称为外设（如显示器、键盘、鼠标、外接硬盘、外接光驱等）。通常，主机自身（装上软件后）已经是一台能够独立运行的计算机系统。

打开微机主机箱的后盖，可以看到，微机的主机由主板、中央处理器（CPU）、内存、硬盘、光盘（DVD-ROM）驱动器、各种板卡、机箱、电源等部件组成。微机主机结构如图 5-2 所示。

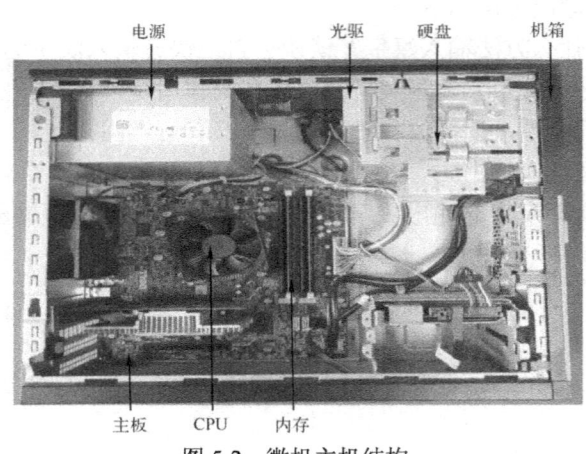

图 5-2　微机主机结构

5.2 主板

5.2.1 主板的结构

主板，又叫主机板（mainboard）、系统板（systemboard）或母板（motherboard），是安装在微机机箱内最大的一块电路板，是微机最基本和最重要的部件。

主板一般为矩形电路板，上面安装了组成计算机的主要电路系统，主要有 BIOS 芯片、I/O 控制芯片、面板控制开关接口、指示灯插接件、扩充插槽、主板电源插件等。

主板在整个微机系统中扮演着举足轻重的地位。可以说，主板的类型和性能决定了整个微机系统的类型和性能。几乎所有的微机部件都是直接或间接地连接在主板上的，因此，主板性能的好坏直接影响微机整机的速度、稳定性及可靠性。微机主板的结构如图 5-3 所示。

图 5-3 微机主板结构

主板采用开放式结构。主板上一般有 6～15 个扩展插槽，供 PC 机外围设备的控制卡（适配器）插接。通过更换这些插卡，可以对微机的相应子系统进行局部升级，使厂家和用户在配置机型方面有更大的灵活性。

5.2.2 主板上的部件

1. CPU 插座

CPU 插座是用来安装 CPU 的。CPU 插座的形状与 CPU 所采用的架构密切相关，也就是说，不同的 CPU 架构需要不同的 CPU 插座。

目前，最流行的 Intel CPU，支持它的主板为 Z97 型，支持 22 纳米 LGA1150 针脚 Intel 全新酷睿处理器。主板上的 CPU 插座结构如图 5-4 所示。

2. 内存插槽

内存插槽是用来安装内存条的，其结构和内存条的结构相关。

目前，主板上的内存插槽有两种。一种是 DIMM 插槽，这种插槽用来支持 SDRAM 内存，其结构形式如图 5-5 所示。主板上一般至少有 3 个以上的 DIMM 插槽。另一种是 RIMM 内存插槽，这种插槽支持 Rambus 内存而不支持 SDRAM 内存。

图 5-4　CPU 插座结构

图 5-5　DIMM 插槽结构形式

3．芯片组

芯片组（Chipset）是构成主板电路的核心，从某种意义上讲，它决定了主板的级别和档次。芯片组是"南桥"和"北桥"的统称，是把复杂的电路和元件最大限度地集成在几颗芯片内的芯片组。芯片组性能的优劣，决定了主板性能的好坏与级别的高低。因为目前CPU的型号与种类繁多，功能特点不一，如果芯片组不能与 CPU 很好地协同工作，将严重影响计算机的整体性能，甚至使计算机不能正常工作。

芯片组主要提供主板对各种接口的支持，几乎决定着主板的全部功能。

北桥芯片主要提供对 CPU 类型和主频、系统高速缓存、主板的系统总线频率、内存管理（内存类型、容量和性能）、显卡插槽规格、ISA/PCI/AGP 插槽、ECC 纠错等的支持。

南桥芯片主要提供对 I/O 的支持，提供对KBC（键盘控制器）、RTC（实时时钟控制器）、USB（通用串行总线）、Ultra DMA/33(66)EIDE 数据传输方式和 ACPI（高级能源管理）等的支持，以及决定扩展槽的种类与数量、扩展接口的类型与数量。

与 CPU 类同，芯片组目前也主要以 Intel 系列产品为代表。20 世纪 90 年代，Intel 公司为了支持 Pentium CPU，推出了 440 系列芯片组，其中，440BX 使得 Intel 公司在芯片组领域大获成功。随着新技术的不断出现，Intel 公司又推出了 i8xx 系列芯片组、酷睿 M 芯片组。

例如，i815E 芯片组就是 Intel 公司的一个比较新的芯片组。i815E 芯片组采用 Hub Architecture 中枢架构总线，主要由 822815 和 82801BA 两款芯片组成。其外观结构如图 5-6 所示。

图 5-6　i815E 芯片组外观结构

4．扩展槽

扩展槽是主板与外界扩展卡联系的桥梁。

任何外界的扩展卡（如显示卡、声卡、网卡等）都要安装在扩展槽上才能正常工作。随着计算机技术的发展，主板上的扩展槽也出现了多种规格。目前，主板上常见的扩展槽有 3 种：ISA 扩展槽、PCI 扩展槽和 AGP 扩展槽。

（1）ISA 扩展槽

ISA（Industry Standard Architecture，工业标准构架）扩展槽在主板上一般是黑色的，也是所有扩展槽中最长的，如图 5-7 所示。

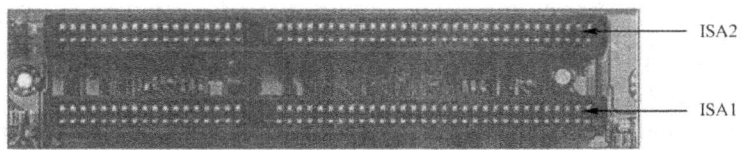

图 5-7　ISA 扩展槽

ISA 总线主要用于数据传输速率低的设备。ISA 总线的缺点是，缺少中枢寄存器，不能动态地分配系统资源，CPU 占用率高等。由于 ISA 的诸多缺点，后来发展出了 EISA（Extended Industry Standard Architecture，扩展工业标准构架）。EISA 总线是为配合 32 位 CPU 而设计的总线扩展标准，其优点是功能强于 ISA，其缺点是结构复杂、成本高。EISA 总线多用于服务器的主板上。

（2）PCI 扩展槽

PCI（Peripheral Component Interconnect，互连外围设备）全称为 PCI 接口模式，通常用于显卡、网卡、声卡等拓展设备。PCI 扩展槽是目前计算机最重要的接口之一，它不仅应用于计算机上，也应用于许多数字设备上。PCI 是一种局域总线，它在 CPU 和外部设备之间提供了一条独立的数据通道，使连接在其上的每种外部设备都能和 CPU 直接联系。因此，PCI 能使图形、视频、音频等通信设备同时工作。PCI 扩展槽如图 5-8 所示。

PCIE 称为 PCI Express 接口模式，与传统的 PCI 和 AGP 插槽相比，PCIE 具有更高的可测量性。PCIE 能够满足硬盘控制器、千兆位网卡以及其他一些对带宽需求较高的拓展设备，具有拓展性能优异等多方面优势。PCIE 在台式机上应用比较普遍。PCIE 扩展槽如图 5-8 所示。

图 5-8　PCI 扩展槽

（3）AGP 扩展槽

AGP（Accelerated Graphics Port，图形加速接口）是伴随着 3D 图形处理和 3D 游戏的发展而开发的一种接口。

现在的主板上一般都有一个 AGP 扩展槽，其颜色为深褐色或蓝色。通过 AGP 扩展槽可以使视频处理器与系统主内存直接相连，避免经过 PCI 总线而造成的系统瓶颈，从而提高了 3D 图形数据的传输速度。另外，AGP 扩展槽使系统主内存可以共享给视频作为缓存，从而弥补显存的不足。

5．接口

外设是通过主板上的一个个接口和主板连接到一起的。

主板上的接口主要有以下 7 个。

（1）Primary IDE 接口

主板上一般有两个 IDE（Integrated Drive Electronic，集成驱动电路）接口。一个接口为 Primary IDE 接口，另一个接口为 Secondary IDE 接口。主板上的 Primary IDE 接口一般标为 IDE1，Secondary IDE 接口一般标为 IDE2。

一个 IDE 接口通常可连接两个外设，称为一组。Primary IDE 接口用来连接第一组 IDE 外设，一般为硬盘。IDE 接口如图 5-9 所示。主板上的 IDE 接口为 40 个针形接口。装有操作系统的硬盘一般连接在 Primary IDE 接口上。

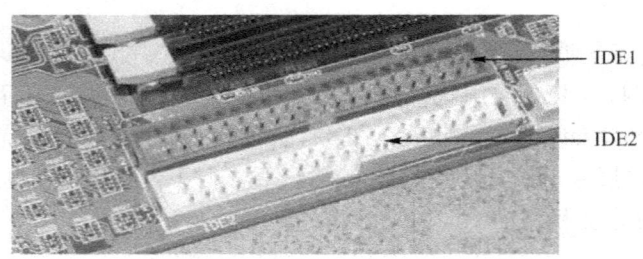

图 5-9　IDE 接口

（2）Secondary IDE 接口

Secondary IDE 接口用来连接第二组 IDE 设备，一般为第二、三、四块硬盘或光驱。其接口形式同 Primary IDE 接口。同样，Secondary IDE 接口也可以连接两个 IDE 外设。

（3）SATA 硬盘接口

SATA 是 Serial ATA 的缩写，即串口硬盘。SATA 是未来微机硬盘的发展趋势。IDE 采用并行方式传输数据，而 SATA 采用串行方式传输数据。与 IDE 接口相比，SATA 最大的区别在于能对传输指令（不仅仅是数据）进行检查，如果发现错误能自动纠正，这在很大程度上提高了数据传输的可靠性。另外，串行接口还具有结构简单、支持热插拔等优点。

SATA 在主板上的结构如图 5-10 所示。

图 5-10 SATA 硬盘接口

（4）FDC 接口

FDC（Floppy Drive Controller）接口用来连接软盘驱动器。

一个 FDC 接口可以连接两块软盘驱动器，其接口如图 5-11 所示。主板上的 FDC 接口为 34 个针形接口。

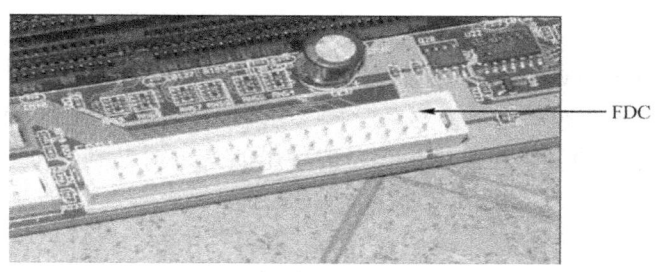

图 5-11 FDC 接口

（5）COM 接口

COM 接口是串行接口。COM 接口用来连接串行传输数据的外设，如 Modem（调制解调器）、鼠标、串行打印机等。

通常，一块主板上有两个 COM 接口，分别为 COM1 和 COM2。COM 接口有 9 个针形接口及 25 个针形接口两种。

（6）LPT 接口

LPT 接口是并行接口。LPT 接口一般用来连接并行传输数据的外设，如并行打印机等。LPT 接口为 25 个孔形接口。

（7）USB 接口

USB（Universal Serial Bus，通用串行总线）接口是伴随着多媒体技术的发展而诞生的一种外设接口。USB 接口的最大特点是即插即用和热插拔。

USB2.0 接口的传输速率可达 480Mbps，比普通的串行接口快许多。

目前，常用的 USB 设备有 USB 外接硬盘、USB 鼠标、USB 键盘、USB 刻录机、USB 数码相机等。

6．面板接脚

面板接脚主要是用来连接微机面板的一些工作状态显示指示灯或按钮，如图 5-12 所示。常见的面板接脚包括：

① Power BT，连接机箱上的电源开关按钮；
② Reset，连接机箱上的重新启动按钮；
③ Power LED，连接机箱上的电源指示灯；
④ HDD LED，连接机箱上的硬盘指示灯；
⑤ Speaker，连接机箱上的喇叭。

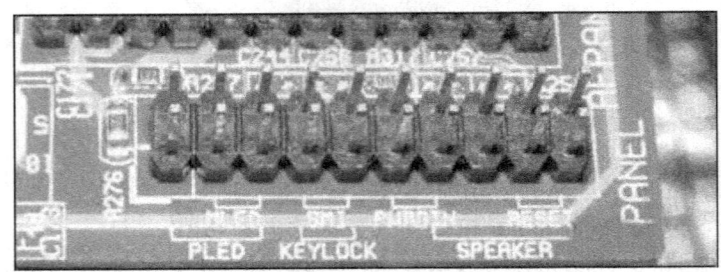

图 5-12 面板接脚

7．电池

电池是用来为时钟和 CMOS 存储器提供电源的部件。

我们知道，微机在关机状态下需要保证时钟的连续计时和 CMOS 存储器中的设置信息不丢失，这就需要电池为其供电。主板上一般使用的是纽扣电池，为可充电的锂电池，如图 5-13 所示。

8．BIOS 芯片

BIOS（Basic Input Output System，基本输入/输出系统）是固化在主板上 ROM 芯片中的程序，也称为 ROM-BIOS。

BIOS 芯片中存储着微机的基本输入/输出程序、系统设置信息、开机自检程序和系统启动自举程序。主板上的 BIOS 芯片一般是一块 32 针的双排直插式芯片，采用 EPROM，其外形如图 5-14 所示。

图 5-13　电池　　　　　　　　图 5-14　BIOS 芯片

BIOS 由三部分组成。第一部分是开机自检及初始化程序，实现开机后自动对 CPU、640KB 基本内存、扩展内存、主板、CMOS、各种接口、显卡、软盘、硬盘、键盘、鼠标等的检测。第二部分为 CPU 提供各硬件设备的中断号。第三部分负责发送程序服务请求。

BIOS 总是和输入/输出设备打交道，它通过特定的数据端口发出指令、发送和接收各种外部设备的数据，从而实现软件应用程序对硬件的操作。

那么，CMOS 和 BIOS 是什么关系呢？CMOS（Complementary Metal Oxide Semiconductor，互补金属氧化物半导体存储器）实际上是一种由电池供电的可读/写的 RAM 芯片。CMOS 是用来存储微机系统参数的一个存储器，但它只能存储系统参数，不能设置系统参数。要改变系统参数，需要用 BIOS 中的系统设置程序来设置 CMOS 中的参数。简单说，BIOS 是用来设置系统参数的系统软件，用 BIOS 设置的系统参数保存在 CMOS 中。

5.3　CPU

CPU 由运算器和控制器组成，CPU 是微机的心脏。

1．CPU 的构成

CPU（Central Processing Unit，中央处理器）由上万个甚至上百万个微型晶体管构成，其内部分为控制单元、运算单元和存储单元三大部分。CPU 的功能是由这三部分协同工作实现的。虽然 CPU 是由上百万个晶体管组成的，但其集成度很高，所以 CPU 的体积很小。CPU 的外观如图 5-15 所示。插座中的方向标记用来指示 CPU 芯片安装时摆放的方向。

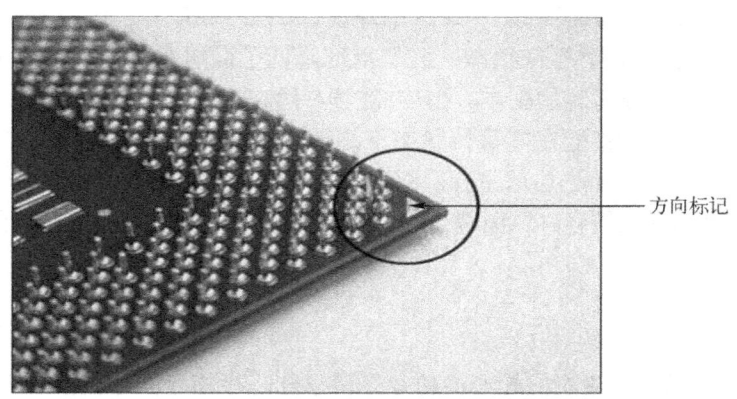

图 5-15　CPU 外观图

2．CPU 的主要性能指标

（1）主频、外频和倍频

CPU 的主频是指 CPU 的内核工作频率，外频是指系统时钟频率。

早期的微机 CPU 的主频和外频相同。随着计算机的发展，CPU 的主频越来越高，而系统总线时钟却没有太大的变化。从 486DX2 开始，CPU 的主频和外频就不一致了。为了解决这个问题，引入了倍频的概念。CPU 的主频、外频和倍频的关系是：

$$主频=外频\times倍频$$

在微机的数据通信中，数据传输速率的计算方法为：

$$数据传输速率=时钟频率\times数据总线宽度\div 8$$

从以上概念可以看出，在同样的数据总线宽度下，提高 CPU 的倍频可以提高 CPU 的运算速度，提高计算机的时钟频率就能提高传输通道的数据传输速率。

另外，也可以通过提高系统时钟频率（即 CPU 的外频）来提高 CPU 的速度，这种方法需要适当提高 CPU 的工作电压。

（2）总线速度和总线宽度

总线速度包括内存总线速度和扩展总线速度。CPU 处理的数据是从主存储器取过来的，由于 CPU 和内存之间的速度有差异，因此在它们之间增加了二级缓存（Cache）来协调二者的速度差异。内存总线速度（Memory-Bus Speed）是指 CPU 与二级缓存和内存之间的通信速度。扩展总线速度（Expansion-Bus Speed）是指微机系统中 PCI、AGP 等局部总线的速度。

总线宽度包括地址总线宽度和数据总线宽度。地址总线宽度决定了 CPU 可以访问的物理地址空间。设微机的地址总线为 32 位，则 CPU 最多可以直接访问的物理空间是：2^{32}=4096MB。数据总线宽度决定了 CPU 与二级缓存、内存及输入/输出之间一次数据传输的信息量。

（3）缓存

缓存（Cache）也称为高速缓冲存储器，它是位于 CPU 和主存储器之间的规模较小但速度很快的存储器。

缓存通常由 SRAM（Static RAM，静态存储器）组成。微机的内存一般采用动态存储器 DRAM，但 DRAM 的读/写速度低于 CPU 的速度，CPU 每执行一条指令都要访问一次或多次内存，所以 CPU 总是处于等待状态，这严重地降低了微机系统的效率。采用缓存之后，在缓存中保存着主存部分内容的副本。CPU 在读/写数据时，首先访问缓存。而缓存的速度与 CPU 相当，所以 CPU 就能在零等待状态下迅速地完成数据读/写。只有当缓存中不包含 CPU 所需的数据时，CPU 才去访问主存。缓存分为一级缓存和二级缓存，一级缓存一般集成在 CPU 内部，也称为片内缓存。二级缓存位于主板上，并以与 CPU 外频相同的频率工作。

5.4 内存

内存与 CPU 共同构成微机的核心。内存是信息和程序指令的存储区域。

1．内存的性能指标

（1）速度

内存的速度是指内存芯片中数据的输入/输出速度，通常用主板芯片组到内存之间的工作频率来衡量。目前，常用的 SDRAM 内存用工作频率来表示运算速度，如 133MHz 等。

（2）访问时间

内存的访问时间是指 CPU 发出指令后，从内存的特定地址读取数据块的时刻起到 CPU 收到数据为止所用的时间。目前，内存的访问时间已从 100ns（纳秒）以上降至 10ns 以下。理想的内存访问时间是零访问时间。

（3）奇偶

内存的校验有奇偶校验和非奇偶校验两种。非奇偶校验内存的每个字节只有 8 位，奇偶校验的内存在每个字节外增加了一位奇偶校验位作为错误检测。有些主板既支持带奇偶校验位的内存，也支持不带奇偶校验位的内存，但这两种内存不能同时使用。

（4）容量

微机的内存称为内存条。内存条由印制电路板、内存芯片和内存接口组成。内存芯片是内存条上的基本存储单元。常见的内存芯片容量为 64MB、128MB、256MB、512MB、1GB。内存条容量和微机内存容量的计算公式是：

内存条容量=内存芯片的数量×内存芯片的容量

微机内存容量=内存条容量×内存条数量

2．内存接口

内存条是插到主板上内存插槽里的，内存条与内存插槽的接触点是金黄色的，俗称"金手指"。通常所说的多少线内存就是指金手指的数目，如 168 线内存就是指内存条的金手指数目为 168 个。

3．内存的种类

在微机的发展史上，内存的变化是相当大的：从最初的 FPT 内存到后来的 EDO 内存，直到现在常用的 SDRAM、VCM、DDR 和 Rambus 内存。

下面对 SDRAM 和 Rambus 两种常用内存进行简单介绍。

（1）SDRAM 内存

SDRAM（Synchronous-Dynamic RAM，同步动态存储器）内存是目前常用的内存条之一。SDRAM 内存是 64 位的，因此一条内存条就可以单独使用。SDRAM 内存的接口为 168 线，其外形如图 5-16 所示，其访问时间一般为 10ns 以下，工作频率可达 133MHz。

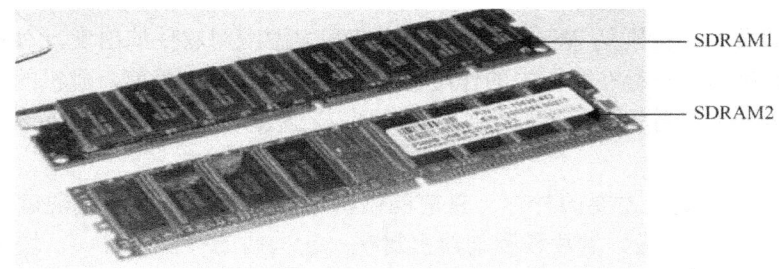

图 5-16　SDRAM 内存条

（2）Rambus 内存

Rambus 内存是一种全新的串行工作模式的内存，Intel 将其定为 PC800 标准。Rambus 内存采用 16 位的数据带宽、184 线接口、300MHz 或 400MHz 的工作频率，其单片内存容量可达到 256MB。

但 Rambus 内存和 SDRAM 内存不能兼容使用。Rambus 内存条外形如图 5-17 所示。

图 5-17　Rambus 内存条

（3）DDR 内存

DDR 是现在的主流内存规范。DDR 全称是 DDR SDRAM（Double Data Rate SDRAM，双倍速率 SDRAM）。DDR 运行频率主要有 100MHz、133MHz、166MHz 三种。由于 DDR 内存具有双倍速率传输数据的特性，因此在 DDR 内存标识为工作频率×2。DDR 在数据传输时，在时钟信号的上升沿与下降沿均可进行数据处理，使数据传输速率达到 SDR（Single Data Rate，即单倍速率）SDRAM 的 2 倍。

目前比较流行的内存是 DDR3，DDR3 是一种计算机内存规格，它属于 SDRAM 系列的产品，提供了相较于 DDR2 SDRAM 更高的运行效能与更低的电压。DDR3 内存采用了 ODT（核心整合终结器）技术以及用于优化性能的 EMRS 技术，同时也允许输入时钟异步。在针脚定义方面，DDR3 表现出很强的独立性，采用更为先进的FBGA 封装。DDR3 内存用了 0.08μm 制造工艺制造，工作电压为 1.5V。其结构如图 5-18 所示。

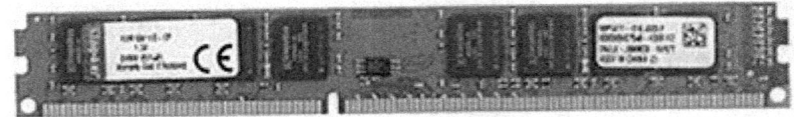

图 5-18 DDR3 内存条

5.5 外存

随着微机的发展，特别是 Windows 操作系统和大型应用软件的出现，对外存的容量、速度等要求越来越高。外存在微机中的作用也变得越来越重要。目前，微机的外存主要为硬盘、光盘和 U 盘，对应到微机上分别为硬盘驱动器、光盘驱动器（简称光驱）和 USB 接口。

1. 硬盘

硬盘是计算机系统最主要的外存。目前的微机一般都至少配备一块硬盘。硬盘是把磁头、盘片和驱动器密封在一起构成的存储设备。一块硬盘由多个盘片构成，每个盘片有两个记录面（最上面和最下面的两个盘片只有一面可存储信息），每个记录面对应一个磁头，所以记录面号就是磁头号。所有的磁头被安装在一个公用的移动臂支架上，支架沿半径方向移动以便带动磁头寻找磁道。所有盘片绕着同一个轴旋转，转速越快，磁盘的数据传输速率越高。硬盘外观结构如图 5-19 所示。硬盘工作原理可参见 2.7.1 节。

图 5-19 硬盘外观结构图

硬盘的性能指标如下。

（1）容量

硬盘的容量以吉字节（GB）或太字节（TB）为单位计量。目前，常用的硬盘容量为 250GB、500GB、1TB 等。硬盘的存储容量计算公式：磁头数×柱面数×扇区数×每个扇区字节数。

（2）转速

转速是指硬盘盘片每分钟转动的圈数，单位为 r/min。

转速是硬盘内部传输速率的决定因素之一，也是决定硬盘速度的主要参数。目前，常用硬盘的转速为 5400r/min、7200r/min 和 10 000r/min。

（3）平均访问时间

平均访问时间是指磁头移动到指定磁道的指定扇区所需要的时间。

平均访问时间包括硬盘的寻道时间和等待时间，即

平均访问时间=平均寻道时间+平均等待时间

平均寻道时间是指磁头移动到盘面指定磁道所需的平均时间。目前，硬盘的平均寻道

时间在 7～9ms 之间。平均等待时间是指磁头处于目标磁道后，等待目标扇区旋转至磁头下方的平均时间，平均等待时间为盘片旋转一周所需时间的一半，一般在 4ms 以下。

（4）数据传输速率

数据传输速率是指硬盘读/写数据的速度，单位为 MBps（兆字节每秒）。硬盘数据传输速率分为内部数据传输速率和外部数据传输速率。内部数据传输速率也称为持续数据传输速率，其大小主要依赖硬盘的旋转速度。外部数据传输速率也称为突发数据传输率，是指系统总线与硬盘缓冲区之间的数据传输速率，其大小与硬盘接口类型和硬盘缓冲区的大小有关。

（5）缓存

硬盘缓存是硬盘上的一个存储器，系统和硬盘的数据交换通过硬盘的缓存进行，由于缓存的速度远远高于磁头的速度，因此可以提高数据传输速率。目前，硬盘的缓存可达 2MB。

2．光驱

光驱包括 CD-ROM 驱动器、CD-RW 驱动器、DVD-ROM 驱动器、DVD-RW 驱动器等，目前最常用的是 DVD-ROM 驱动器和 DVD-RW 驱动器。DVD-RW 驱动器的主要性能指标有以下 4 个。

（1）DVD 读取速度

最大 DVD 读取速度是指光存储产品在读取 DVD-ROM 光盘时，所能达到最大光驱倍速。该速度是以 DVD-ROM 倍速来定义的。目前 DVD-ROM 驱动器的所能达到的最大 DVD 读取速度是 16 倍速；DVD 刻录机所能达到的最大 DVD 读取速度也是 16 倍速；目前市场上所支持的最大 DVD 读取速度主要有 8 倍速和 16 倍速两种。

（2）DVD 复写速度

DVD 复写速度是指 DVD 刻录机在刻录相应规格的 DVD 刻录光盘，在光盘上存储有数据时，对其进行数据擦除并刻录新数据的最大刻录速度。目前市场中的 DVD 刻录机能达到的最高刻录速度为 16 倍速，对于 2～4 倍速的刻录速度，每秒数据传输量为 2.76MB～5.52MB，刻录一张 4.7GB 的 DVD 盘片需要大约 15～27 分钟的时间；而采用 8 倍速刻录则只需要 7～8 分钟。

（3）平均访问时间

光驱的平均访问时间又称为平均寻道时间，是指光驱的激光头从原来位置移动到指定的数据扇区上，并把该扇区中的第一块数据读入高速缓存所用的时间。目前，常用的光驱的平均访问时间小于 100ms。

（4）缓存容量

光驱的缓存是光驱内部的数据存储区，主要用于存放读出的数据。目前，常用 DVD 光驱的缓存为 2MB 以上。

目前 DVD 产品主要有以下两种格式。

DVD-R/RW 是日本先锋公司研发出的，被 DVD 论坛（目前的 DVD 格式标准主要由这个组织确定）认证的 DVD 刻录技术之一。

DVD-R 的全称为 DVD-Recordable（可记录式 DVD），为区别于 DVD+R，它被定义为 Write once DVD（一次写入式 DVD）。

DVD-RW 的全称为 DVD-ReWritable（可重写式 DVD），为区别于 DVD+RW，被定义为 Re-recordable DVD（可重记录型 DVD）。

DVD+R/RW 是由索尼、飞利浦、惠普共同创建的 DVD+RW Alliance 组织（区别于前面提到的 DVD 论坛，是与之相抗衡的另一个 DVD 标准制定组织）研发的。为了与 DVD-R/RW 相区分，DVD+R 被称为 DVD Recordable（可记录式 DVD），DVD+RW 被称为 DVD ReWritable（可重写式 DVD）。DVD+R/RW 跟 DVD-R/RW 仅仅是格式上不同，因此售价也相差不多。

3．U 盘

U 盘是一种移动存储设备，又称为"USB 闪存盘"。它是基于 USB 接口的、以闪存芯片为存储介质的、无须驱动器的新一代存储设备。U 盘的出现是移动存储技术领域的一大突破。其体积小巧，特别适合随身携带，可以方便地交换数据资料，是理想的移动办公及数据存储交换产品。

U 盘使用标准的 USB 接口，容量从最初的 32MB 发展到现在的 32GB，能够在各种主流操作系统及硬件平台之间实现大容量数据存储及交换。

U 盘的结构由 USB 端口、主控芯片、Flash（闪存）芯片、PCB 底板、外壳封装 5 部分组成。U 盘的工作过程是：USB 端口负责连接计算机，是数据输入或输出的通道；主控芯片负责各部件的协调管理和下达各项动作指令，并使计算机将 U 盘识别为"可移动磁盘"，是 U 盘的"大脑"；Flash 芯片与计算机中内存条的原理基本相同，是保存数据的实体，其特点是断电后数据不会丢失，能长期保存；PCB 底板负责提供相应处理数据平台，且将各部件连接在一起。

*5.6 微机组装

微机组装就是将前面介绍的各个部件正确地连接在一起，使其成为一台完整的微机硬件系统。

微机组装过程如下。

1．检查电源

一般机箱中都安装好了电源，打开机箱后应检查电源安装是否紧固，如果螺钉有松动，应将其上紧。

2．安装 CPU

仔细阅读 CPU 和主板说明书，按照所选的 CPU 的要求，设置主板上 CPU 插座的电压。拉起 CPU 插座边上的拉杆，将 CPU 上的针脚 1 对准 CPU 插座上的脚孔 1，转好 CPU 的方向，将 CPU 轻轻放入 CPU 插座中，确保 CPU 上的每个针脚都插入 CPU 插座的对应脚孔中，然后下推拉起的拉杆使之卡到卡槽中。CPU 安装好以后还需安装 CPU 的散热风扇。

3．安装内存

根据所选用的内存条型号找到主板上对应的内存槽。目前，常用的内存条是 PC133 规格的 SDRAM，这种内存条对应的主板上的内存槽是 DIMM。安装内存条时要确认其安装方向，将内存条垂直放入内存插槽中，用双手拇指平均施力，把内存条压入插座中。

4．安装主板

CPU 和内存安装到主板上后，就可以将主板固定到机箱中了。在机箱内壁板上找到固定主板的预留孔，将机箱附带的铜柱安装在这些预留孔上，这些铜柱除了固定主板以外还可以起到接地的作用。将主板按一定方向放入机箱内壁板上，用螺钉固定好。

5．安装外存储器

（1）安装硬盘驱动器

SATA 接口的硬盘驱动器，只需按接口类型正确连接即可。SATA 接口的硬盘驱动器连接如图 5-20 所示。

IDE 接口的硬盘驱动器，需要对硬盘驱动器设置跳线，将硬盘驱动器设置为 Master 盘。如果是第二块硬盘，则需要将硬盘驱动器设置为 Slave。硬盘驱动器上有三个接口，面向硬盘驱动器背面接口，从左至右依次为数据线接口、跳线接口和电源接口，如图 5-21 所示。通常使用的硬盘数据线是 40 根数据线，每根数据线上面一般有三个插头。这三个插头彼此是平等的，可以用其中任意一个插头连接到主板的 IDE 接口上，另一个连接到硬盘驱动器上。数据线的一边是红色或蓝色的电缆线，插头对应的这边应连接到主板和硬盘 IDE 接口针脚为 1 的一端。有的 IDE 接口上有缺口，以保证电缆连接方向正确。还有一种 80 针的 IDE 接口，80 针的数据电缆线上也有三个 IDE 接口插头，但每个插头都有严格的定义，蓝色接头用来连接主板，黑色接头用来连接第一个 IDE 设备（Master 硬盘），灰色接头用来连接第二个 IDE 设备（第二块硬盘或光驱）。在机箱中一般留有硬盘驱动器的固定支架位置，通常在软盘驱动器的下面，可将硬盘驱动器固定在固定支架上。

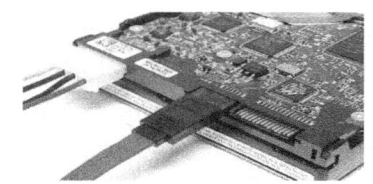
图 5-20　SATA 接口的硬盘驱动器连接图

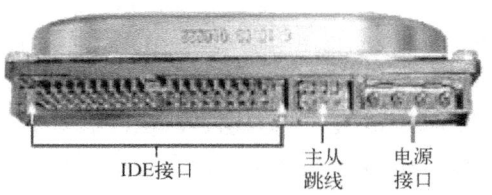
图 5-21　IDE 接口硬盘驱动器接口图

（2）安装光盘驱动器

目前使用的光盘驱动器一般有 4 个接口。面向光盘驱动器背面接口，从左至右依次为音频线插座、跳线设置插座、数据线插座和电源线插座。音频线插座用于连接声卡，这样，光盘中的声音信号可以通过光盘驱动器传给声卡，再由声卡传给音箱。音频插座上标有 R、G、L，R 表示右声道线接口，G 表示地线接口，L 表示左声道接口。音频连接线分为红、白、黑三色，红色线表示右声道，白色线表示左声道，黑色线表示接地线。声卡上的音频接口也标有 R、G、L，其含义与光盘驱动器音频接口上的相同。连接时应注意相互对应。跳线设置插座用来设置光驱的 IDE 接口为 Master 或 Slave，设置方法同硬盘驱动器的设置。光驱的数据线接口为 IDE 接口，其连接方法同硬盘驱动器。

6．安装扩展卡和各种连线

如果主板没有内置显卡，那么还需要单独购买显卡并安装。目前的显卡多为 AGP 接口显卡，安装时，先找到主板上的 AGP 插槽，拆掉 AGP 插槽对应的机箱后面板上的挡板，将显卡插到 AGP 插槽上，并用螺钉将其固定在机箱上。如果还有其他扩展卡，也可以用同样方法安装。

另外，微机内部还有一些连线需要正确连接，机器才能正确运行。

（1）连接主板电源线

连接主板电源线就是把机箱电源上最多的一组电源线连接到主板的电源插座上，找到主板上的电源插座，对应好位置关系后将两个电源插头插入电源插座中。

（2）连接各种指示灯信号线

前面讲过主板的面板接脚，连接方法就是将面板接脚和机箱上对应的指示灯或按钮连接起来。在机箱上找到连接 Power 按钮的连线，将其另一端的插头插到主板的 Power 接脚上。用同样的方法连接 Reset 按钮，然后连接 Power LED 电源指示灯、HDD LED 硬盘指示灯、Speaker 机箱喇叭的接头到主板的相应接脚上。后三个接线是有极性的，一般黑色或白色线代表负极，彩色线代表正极，连接时需要注意。

至此，微机的主机部分全部安装完毕。清理机箱内部，要确保机箱内部无任何多余的遗留物品，特别是金属物品，盖好机箱，然后再按机箱后面的标识连接键盘、鼠标、显示器、打印机等外设，一台微机就算组装完成。

*5.7　BIOS 设置

前面讲过，BIOS 中保存着微机的基本输入/输出程序、系统设置信息、开机加电自检程序和系统启动自举程序。一台新组装的微机，进行 BIOS 设置是必需的。

BIOS 设置主要包括 CPU 设置、内存设置、磁盘设置、总线设置、接口设置、安全设置、电源设置、时钟设置、键盘设置等。

进入 BIOS 设置的方法是，在开机屏幕上出现提示时，按某个键，一般是按 Del 键。

进入 BIOS 设置状态后，系统只支持键盘操作，不支持鼠标操作。

作为教材，这里只介绍 BIOS 设置的几个主要部分和其中的部分关键设置。在一般情况下，这里未介绍的部分取系统给出的默认值即可。

（1）Standard CMOS Setup

① 设置日期。日期设置主要是设置系统的年、月、日和星期。

② 设置时间。时间设置主要是设置系统的时、分、秒。

③ 设置硬盘参数和模式。硬盘类型（Type）可以设置为 Auto，使 BIOS 自动检测硬盘，也可以使用 User 选项手动设置硬盘。使用 User 选项时，必须输入 Cyls（柱面数）、Heads（磁头数）、Precomp（写预补偿）、Landz（磁头着陆区）、Sectors（每柱面扇区数）和 Mode（工作模式）等参数。硬盘的工作模式有以下三种。

Normal：普通模式。最大容量为 528MB。

Large：大模式。硬盘或操作系统不支持 LBA 模式，并且硬盘容量超过 528MB 时，使用此模式。

LBA：逻辑区块地址模式。目前的大容量硬盘都采用此模式。

④ 系统暂停设置。系统暂停设置决定当开机自检有错误时系统该如何做。系统暂停设置有以下 4 种状态。

All Errors：BIOS 检测到任何错误，系统启动都停止，并提示错误信息。

No Errors：BIOS 检测到任何错误都不使系统启动暂停。

All But Keyboard：除键盘错误外，BIOS 检测到任何其他错误都暂停系统启动，并提示错误信息。

All But Disk/Key：除磁盘、键盘错误外，BIOS 检测到任何其他错误都暂停系统启动，并提示错误信息。

（2）BIOS Features Setup

① Virus Warning。病毒防御警告，此设置的开启可以防止硬盘的关键扇区和分区被修改。其状态有 Disable（关闭）和 Enabled（开启）两种。此项设置为 Disable 时，此功能无效。一般在安装操作系统时会改变硬盘的引导区数据，因此在安装操作系统前需将此项设置为 Disable 状态；操作系统安装成功后将此项设置为 Enabled 状态，以保证微机系统的安全。其默认值为 Disable。

② Quick Power On Self Test。默认值为 Enabled，此项功能是加速系统加电自测过程，设置为 Enabled 后会跳过一些开机测试，使系统引导过程加快。

③ IDE HDD Block Mode Sectors。此项用来设置 IDE 硬盘，默认值是 HDD MAX。目前的 IDE 硬盘大多都支持一次传输多个扇区的功能，这可以加快硬盘的存取速度。此项可选值有 HDD MAX、Disabled、2、4、8、16 和 32。

④ Boot Sequence。此项设置驱动器的启动顺序，其值有 C、CD-ROM，分别表示硬盘驱动器和光盘驱动器。一般可设置为 C、CD-ROM，表示先启动硬盘驱动器，然后启动光盘驱动器。

⑤ Boot Up NumLock Status。此选项设置小键盘的默认状态。其设置值有两个：ON 为开启状态，系统启动后小键盘处于数字键状态；OFF 为关闭状态，系统启动后小键盘处于功能键状态。

⑥ Security Option。此选项设置密码的有效状态。其值有两个：System 和 Setup。设置为 System 时，每次开机都会提示输入密码；设置为 Setup 时，仅在进入 BIOS 设置时会提示输入密码。此选项仅在设置了密码的情况下有效。

⑦ PS/2 Mouse Function Control：此选项的值有 Enabled 和 Disable 两个。此选项设置为 Enabled 时，系统才支持 PS/2 鼠标接口。

（3）Chipset Features Setup

此功能主要用来设置主板芯片组的特征，其设置项随主板芯片组的不同而不同。

① Auto Configuration。此选项是自动状态设置，取值为：Enabled 和 Disable。设置为 Enabled 时，系统按最佳状态设置。一般设置为 Enabled。

② OnboardSerialPort1。此选项默认值为 3F8H/IRQ4，用来设置串口 1 的地址和 IRQ。取值为：3F8H/IRQ4、2F8H/IRQ3、3E8H/IRQ4、2E8H/IRQ10 和 Disable。

③ OnboardSerialPort2。此选项默认值为 2F8H/IRQ3，用来设置串口 2 的地址和 IRQ。取值为：3F8H/IRQ4、2F8H/IRQ3、3E8H/IRQ4、2E8H/IRQ10 和 Disable。

④ OnboardParallelPort。此选项默认值为 378H/IRQ7，用来设置并口的地址和 IRQ。

⑤ Parallel PortMode。此选项设置并口模式，默认值为 ECP+EPP。

Normal：一般速度单向运行。

EPP：最高速度双向运向。

ECP：超高速双向运行。

ECP+EPP：ECP 和 EPP 两种模式并用。

⑥ Onboard PCI IDE Enable。此选项设置 IDE 通道，默认值为 Both。

Primary IDE Channel：仅启用主 IDE 通道（第一 IDE 通道）。

Secondary IDE Channel：仅启用辅 IDE 通道（第二 IDE 通道）。

Both：启用第一、第二 IDE 通道。

Disable：关闭所有 IDE 通道。

⑦ IDE PIO Mode。此选项和硬盘速度有关，取值为：Auto、0、1、2、3、4。硬盘数据传输速率大于 16.6MBps，其值设置为 4。

⑧ IDE0 Master/Slave Mode，IDE1 Master/Slave Mode。此选项设置硬盘时序模式，默认值为 Auto。取值为：0、1、2、3、4 和 Auto。当设置为 Auto 时，系统会自动检查 4 个 IDE 装置的时序模式，确保以最佳速度运行。

（4）Power Management Setup

此功能为电源管理设置，可以通过此功能定时关闭显示器和硬盘驱动器，从而实现节能。实现节能的模式有以下 4 种。

Doze 模式：设定时间一到，CPU 时钟变慢，其他设备照常运行。

Standby 模式：设定时间一到，硬盘驱动器和显示器停止工作，其他设备照常运行。

Suspend 模式：设定时间一到，除 CPU 以外的所有设备都停止工作。

HDD Power Down 模式：设定时间一到，硬盘驱动器停止工作，其他设备照常运行。

此功能由以下 5 个设置选项决定。

① Power Management。此选项设置节能模式，取值如下。

MAX Saving：在较短的系统不活动周期（1min）后，系统进入节能模式，这种模式节能量最大。

MIN Saving：在较长的系统不活动周期（15min）后，系统进入节能模式。

Disable：关闭节能模式，为默认设置。

User Defined：用户自定义节能模式。

② Video OFF Option。此选项设置显示器关闭状态，取值如下。

Susp Stby->Off：只在待机（Standby）或暂停（Suspend）模式时关闭显示器。

Suspend->Off：只在暂停模式时关闭显示器。

Always On：在任何模式下都不关闭显示器。

All Modes->Off：在任何节能模式下都关闭显示器。

③ Video OFF Method。此选项设置视频关闭状态。取值如下。

V/Hsync+Blank：关闭显卡水平和垂直同步信号的输出端口，向视频缓冲区写入空白信号。

DPMS：此选项为显示电源管理系统。它允许系统在显卡有节能功能时，对显卡进行节能信息的初始化。只有显卡支持绿色功能时，用户才能使用此设置。如果显卡没有绿色功能，则应设置为 Blank Screen（关闭屏幕）。

Blank Screen：此选项设置关闭屏幕。当关闭显示器屏幕时，默认设置能通过关闭显示器的水平和垂直扫描以节约更多的电能。对于没有绿色功能的显示器，默认设置只能关闭屏幕而不能终止 CRT 的扫描。

④ PM Timers：此选项设置电源管理计时器。Doze、Standby 和 Suspend Mode 项设置为此模式激活前的机器闲置时间。在 MAX Saving 模式下，它在 1 分钟后激活；在 MIN

Saving 模式下,它在 1 小时后激活。

⑤ Power Down、Resume Events:此选项设置进入节能模式和从节能模式状态中唤醒的事件。在机器处于等待、悬挂系统等非活动模式时,若有事件发生(按任何键、鼠标动作等),则系统将在自动节能模式下恢复。

(5) Load BIOS Defaults

当系统运行不稳定或系统启动提示设置错误时,使用此选项会取消一些高效能的操作模式设置,使其处于保守状态。所以使用此选项可以找到主板的安全值和除去主板的错误。

(6) Load Setup Default

使用此选项来恢复 BIOS 出厂时的默认设置,使系统以最佳模式运行。

对这里未给出的设置内容感兴趣的读者可参阅相关书籍。

*5.8 硬盘分区和格式化

只有对硬盘进行分区和格式化后,硬盘才能正常使用。如果安装 Windows 操作系统,可以用安装光盘或 U 盘启动计算机,进入安装程序后,首先要求对硬盘分区和格式化,可以在安装程序中按照系统提示要求对硬盘进行分区和格式化。下面介绍使用传统的 DOS 命令对硬盘进行分区和格式化。

1. 硬盘分区

硬盘分区就是将硬盘划分为多个存储单元,例如,将一块 500GB 硬盘划分为两个 100GB、一个 300GB 的逻辑驱动器,分别为 C 盘、D 盘和 E 盘。这样,就可以将不同的应用软件或不同的资料信息存储到不同的逻辑盘上。当系统出现病毒和其他严重故障时,不至于造成不可挽回的损失。

硬盘分区只是划分逻辑驱动器,实际上,几个逻辑驱动器仍是同一块物理硬盘。

一般硬盘分区的方法可按如下步骤进行。

用户可以用 Windows me 或 DOS 启动 U 盘启动计算机,或用 Windows 7 等安装光盘启动计算机。在 DOS 命令提示符下输入 Fdisk,然后按 Enter(回车)键即进入硬盘分区界面,如图 5-22 所示。

Your computer has a disk larger then 512MB. This version of Windows includes improved support for large disks, resulting in more efficient use of disk space on large drives, and allowing disks over 2GB to be formatted as a single drive.

IMPORTANT: If you enable large disk support and create any new drives on this disk, you will not be able to access the new drive(s) using other operating system, including some versions of Windows 95 and Windows NT, as well as earlier versions of Windows and MS-DOS. In addition, disk utilities that were not designed explicitly for the FAT32 file system will not be able to work with this disk. If you need to access this disk with other operating system or older disk utilities, do not enable larg drive support.

Do you wish to enable large disk support(Y/N)………..?**[Y]**

图 5-22 硬盘分区选择 FAT32 模式界面

在图 5-23 中，询问是否使用 FAT32 的文件分配表。使用 FAT32 可以支持 2GB 以上的分区。回答 Y，按 Enter 键后，屏幕显示如图 5-23 所示，其中有 5 个选项。下面介绍前 4 个常用选项。

```
              Microsoft Windows 98
              Fixed Disk Setup Program
          (C)Copyright Microsoft Corp.1983-1998

                   FDISK Options

Current fixed disk drive:1
Choose one of the following:
1.Create DOS partition or Logical DOS Drive
2.Set active partition
3.Delete partition or Logical DOS Drive
4.Display partition information
5.Change current fixed disk drive
Enter choice:[1]

Press Esc to exit FDISK
```

图 5-23 硬盘分区主界面

（1）Create DOS partition or Logical DOS Drive（建立 DOS 分区或逻辑驱动器）

硬盘分区包括主分区（Primary DOS partition）和扩展分区（Extended DOS partition）。每块硬盘最少有一个主分区用来保存操作系统和开机引导文件，一般主分区为 C 盘。如果主分区没有用完硬盘的空间，还可以有一个扩展分区来管理硬盘的剩余空间。扩展分区中可以包括多个逻辑驱动器。在图 5-23 所示的界面中选择 1，按 Enter 键，进入建立 DOS 分区或逻辑驱动器界面，屏幕显示如图 5-24 所示。其中有三个选项。

```
         Create DOS partition or Logical DOS Drive

Current fixed disk drive:1
Choose one of the following:
1.Create Primary DOS partition
2. Create Extended DOS partition
3. Create Logical DOS Drive(s) in the Extended DOS partition
Enter choice:[1]
Press Esc to return to FDISK Options
```

图 5-24 建立 DOS 分区或逻辑驱动器界面

① Create Primary DOS partition：建立 DOS 主分区。

② Create Extended DOS partition：建立 DOS 扩展分区。

③ Create Logical DOS Drive(s) in the Extended DOS partition：在扩展分区中建立逻辑驱动器。

选择 1，建立 DOS 主分区，系统显示如图 5-25 所示的界面，询问用户是否将硬盘的全部空间都作为主分区?一般回答 N,即不需要。确认后,系统显示如图 5-26 所示的界面,提示用户确定主分区的大小。此时用户需要输入所希望的主分区大小,单位为 MB,也可以输入主分区所占硬盘容量的百分比(如 20%)。

```
Create Primary DOS partition

Current fixed disk drive:1

Do you wish to use the maximum available size for a Primary DOS Partition
and make the active(Y/N)…………………………,………..?[N]

Enter choice:[1]

Press Esc to return to FDISK Options
```

图 5-25　建立 DOS 主分区界面

```
Create Primary DOS partition

Current fixed disk drive:1

Total disk space is 38170M(1Mbytes=1048576 bytes)
Maximum space available for partition is 38170Mbytes(100%)

Enter partition size in Mbytes or percent of disk space(%)to
create a Primary DOS Partition……………………………:[10000]

Press Esc to return to FDISK Options
```

图 5-26　确定主分区大小界面

主分区建立完成后,如果主分区不是硬盘的最大容量,还要建立扩展分区。按 Esc 键返回如图 5-24 所示的界面,选择 2 进入建立扩展分区界面,如图 5-27 所示,询问用户扩展分区的大小。默认值为除主分区以外的硬盘剩余空间。扩展分区建立完成后,系统提示建立逻辑分区的界面如图 5-28 所示。此时可以将此扩展分区划分成几个逻辑驱动器(D、E、F…),其做法和划分主分区一样,需要输入每个逻辑驱动器的容量大小或所占扩展分区容量的比例。

```
Create Extended DOS partition

Current fixed disk drive:1

Partition  Status   type    Volume  Label   Mbytes   System   Usage
C:1        a       PRIDOS                   6848     FAT32    70%

Total disk space is 9782M(1Mbytes=1048576 bytes)
Maximum space available for partition is 2934Mbytes(30%)

Enter partition size in Mbytes or percent of disk space(%)to
create an Extended DOS Partition……………………………:[2934]

Press Esc to return to FDISK Options
```

图 5-27　建立 DOS 扩展分区界面

```
Create Logical DOS Drive(s) in the Extended DOS partition

No logical drives defined

Verifying drive integrity, 29% complete.

Press Esc to return to FDISK Options
```

图 5-28 建立逻辑分区界面

（2）Set active partition（设置活动分区）

在如图 5-23 所示的界面中，选择 2 将设置活动分区。活动分区用来决定开机启动的分区。在 Windows 操作系统下，只有逻辑盘符为 C 的主分区才能设置为活动分区。如果计算机中只安装了一块物理硬盘，则默认的活动分区为主分区。

（3）Delete partition or Logical DOS Drive（删除分区或逻辑驱动器）

在如图 5-23 所示的界面中，选择 3 将删除分区或逻辑驱动器。如果选择此项，则硬盘中的所有数据都将丢失。删除分区和逻辑驱动器的操作顺序与建立分区和逻辑驱动器的操作顺序相反，即先删除逻辑驱动器，然后才能删除分区。

（4）Display partition information（显示分区信息）

在如图 5-23 所示的界面中，选择 4 将显示分区信息。此项用来查看已建立的分区信息和逻辑驱动器的信息。

2．硬盘格式化

硬盘分区完成后，按 Esc 键返回 DOS 操作系统。要使硬盘能够正常读/写数据，还要对各个逻辑驱动器进行格式化，也就是通常所说的硬盘格式化。使用下列 DOS 命令来格式化硬盘：

    FORMAT C:（格式化逻辑驱动器 C 盘）
    FORMAT D:（格式化逻辑驱动器 D 盘）

注意：硬盘格式化会使被格式化的逻辑驱动器中的数据永久性丢失，因此，对已经使用的硬盘，应谨慎使用硬盘格式化命令。

习题 5

5-1 微机中主板的作用是什么？主板上都有哪些部件？
5-2 CPU 的技术指标有哪些？
5-3 内存的技术指标有哪些？
5-4 内存访问时间指什么？
5-5 BIOS 和 CMOS 的关系是什么？
5-6 什么是 USB 接口？
5-7 SDRAM 内存应安装在主板的什么槽上？

5-8 CPU超频的概念是什么？

5-9 光盘驱动器的倍速是什么概念？16倍速光盘驱动器的数据传输速率是多少？

5-10 硬盘的工作模式有几种？分别在什么情况下使用？

5-11 一块硬盘可分为几个分区？Primary DOS partition 和 Extended DOS partition 有什么区别？

5-12 叙述微机组装的过程。

5-13 叙述硬盘的分区过程。

第6章 操 作 系 统

计算机软件和硬件结合起来就可以实现某种应用。但是，在纯粹的计算机硬件上，无论程序设计人员设计应用程序，还是用户使用应用程序都非常困难，造成的后果是计算机的使用效率很低，计算机的应用范围有限。操作系统是解决这个问题的关键。操作系统的发展经历了长期的过程，操作系统的发展就是计算机技术发展的一部分。操作系统是安装在硬件设备上的一个基础软件，其他所有软件都依赖于操作系统的支持。在操作系统的支持下，计算机的使用效率大大提高，计算机的功能大大增强，计算机的应用范围大大拓宽。

6.1 操作系统的发展

6.1.1 操作系统的发展历史

操作系统主要经历了单道批处理系统、多道批处理系统、分时系统、实时系统、微机操作系统等几个发展过程。

1. 无操作系统时代

最初的计算机没有操作系统，这时的计算机资源是以时间为单位整体划分给用户的。早期的输入设备主要是纸带机和卡片机。纸带机用纸带记录 0、1 符号。纸带某位置上有孔表示符号 1，无孔表示符号 0。纸带机输入数据的原理是用光照射纸带，若纸带某位置上透光表示符号 1，不透光表示符号 0。卡片机的工作原理类似。

程序设计人员将事先编写好的程序和运行程序所需的数据表示成穿好孔的一卷纸带，在划分给自己的时间内，程序设计人员先启动纸带机，把表示在纸带上的程序和数据输入到计算机内存中，然后运行程序，得到输出结果。

这时，用户在划分给自己的时间内，对计算机的所有硬件资源是全部占有的。当用户通过纸带机输入程序和数据时，计算机的其余硬件资源都处于空闲状态。由于纸带机输入数据的速度较计算机的运行速度慢很多，所以通常的情况是，输入数据占用了相当长的时间，而运行程序只占用了非常短的时间。显然，在这种方式下，计算机的使用效率非常低。

在计算机发明不久，磁带机就发明了。磁带机和纸带机一样都可以永久性地存储数据，但磁带机的速度较纸带机的速度高很多。为了提高计算机的使用效率，开始采用脱机处理方式。脱机处理方式的具体方法分为两步：首先，程序设计人员将事先编写好的程序和数据表示成穿好孔的一卷纸带，再通过某种装置（辅机）把纸带上的程序和数据转输到磁带上；然后，在划分给自己的时间内，程序设计人员先将磁带插入与计算机主机连接的磁带机中，然后在主机上运行该程序，得到输出结果。脱机处理方式如图 6-1 所示。

如图 6-1 所示，程序和数据在纸带机脱机状态（纸带机没有和计算机主机连接，而是和另外一台辅助计算机连接）下记录在纸带上，再通过辅助计算机进一步记录在磁带上，所以这种方式称为脱机处理方式。与此对应，在前边讨论的处理方式下，程序和数据是通过和主机连接的纸带机输入到内存中的，所以前边的处理方式也称为联机处理方式。

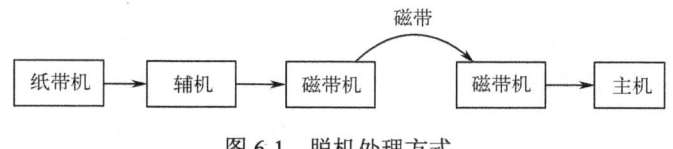

图 6-1 脱机处理方式

2．单道批处理系统

早期的计算机非常昂贵，为了能充分利用计算机的硬件资源，应尽量减少人的干预，让计算机连续运转。因为当人干预时，计算机的资源是闲置的。因此，出现了操作系统的最早雏形——单道批处理系统。单道批处理系统的核心是一个专门管理和调度用户作业的、独立于用户程序的程序，这个程序被称为监督程序。单道批处理系统出现于 20 世纪 50 年代的中期，和第二代计算机——晶体管计算机的出现相对应。

监督程序用来管理和调度用户作业。所谓作业，是指用户要求计算机完成的工作。作业主要由完成用户某个任务的程序和必要的数据组成。另外，此时出现了专门负责管理计算机，以及帮助用户完成作业的称为操作员的人员。由于所有用户都需要把自己的程序和数据交给操作员，由操作员负责这些用户程序的执行，因此，用户需要把自己程序的运行操作步骤告诉操作员。因而，作业还包括运行用户程序的操作步骤。换句话说，作业是用户程序和所需数据及运行用户程序的操作命令的集合。

单道批处理系统是在前边脱机处理基础上的处理过程自动化。程序设计人员将程序、数据和作业命令以磁带方式递交给操作员，操作员将收集到的许多用户的作业放入计算机外存（磁盘或磁带）中，并把这些作业组织成作业队列。队列是一种按先进先出原则组织其存储对象的数据组织形式。作业队列就是存放作业的队列，先放入的作业先被取出，后放入的作业后被取出。此时，监督程序和用户的作业轮流在计算机上运行。监督程序首先从作业队列中取出一个作业，然后把这个作业调入内存，最后把控制权交给用户程序并开始运行该用户程序。用户程序运行结束后再把控制权交给监督程序，监督程序再次运行，并再次从作业队列中取出一个作业调入内存运行。这个过程连续不断地重复进行，直到所有作业运行完为止。由于此种方式对作业的处理是成批进行的，并且内存中每次只保持一道作业，因此称为单道批处理系统。

单道批处理系统由于没有人的不断干预造成的机器资源闲置浪费，因此在一定程度上提高了计算机的使用效率。

3．多道批处理系统

计算机在运行作业的程序时，时间消耗主要有两部分，一部分消耗在 CPU 处理数据上，另一部分是消耗在数据的输入/输出（简写为 I/O）上。由于输入/输出设备的速度相对于 CPU 的速度慢很多，而计算机在输入/输出数据时 CPU 是空闲的，为解决这一问题，提高计算机的使用效率，在 20 世纪 60 年代中期又出现了多道批处理系统。

多道批处理系统的核心是调度程序。调度程序每次把若干个作业从作业队列中调入内存，并选择一个作业，将 CPU 资源分配给它，让它开始运行。若当前正处理的作业要进行输入/输出操作，就释放对 CPU 的占有权。调度程序则从其他调入内存的作业中重新选择一个运行。这样，在作业程序进行输入/输出操作时，CPU 也不会闲置。

4. 分时系统

多道批处理系统只适合运行与用户交互很少的作业程序。交互是指作业程序在运行时与用户之间的数据输入或数据输出过程，这样的交互过程也称为人机交互，即用户（人）和计算机（机）之间的交互。对人机交互很多的作业程序来说，多道批处理系统很不方便。例如，程序设计人员完成程序设计的计算机应用过程。程序设计人员完成程序设计的过程包含很多次对程序的测试和修改过程，但在多道批处理系统中，程序设计人员一旦把作业（正在设计的某个程序和一些测试数据等）递交给操作员，就只能在一段时间后，通过查看作业的运行结果来发现程序中的错误。在作业程序运行过程中需要输入的数据也是程序设计人员预先考虑好的。程序设计人员需要通过操作员和计算机进行交互，这样的交互方式很不方便。在这样的环境下，程序设计人员完成一个复杂程序的设计时间将会很长。为了解决这些问题，进一步提高计算机的效率，在 20 世纪 60 年代末期又出现了分时系统。

分时系统的核心是把 CPU 的使用时间划分成非常短的时间片，多个用户的程序可同时驻留在内存中，当轮到某个用户程序使用 CPU 时，该程序只能在限定的时间片内运行。当用户的时间片用完时，操作系统就暂停该用户程序的运行，并按某种调度策略调出内存中的另一个用户程序开始运行。一个只有两个用户程序运行的分时系统工作过程示意图如图 6-2 所示。

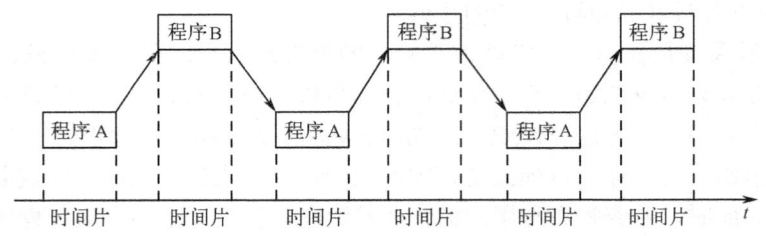

图 6-2 分时系统工作过程示意图

分时系统的目标是要方便人机交互频繁的用户程序的使用。对于人机交互频繁的用户程序来说，最好的方法是用户（如上边例子的程序设计人员）不通过操作员，而是自己直接完成程序运行时的人机交互过程。这就要求计算机系统有足够多的输入设备和输出设备供多个用户同时使用。我们把通过线路连接到计算机的一组输入设备和输出设备称为计算机系统的一台终端。当一个计算机系统有很多终端时，就可以允许很多个用户同时运行自己的程序。多终端的计算机系统如图 6-3 所示。

早期的终端不能和现在的终端相比。早期的终端只是简单的输入设备（如键盘）和输出设备（如显示屏），现在的高级终端可以是一台微机。位于计算机主机附近（例如，同一个建筑物内）的终端称为本地终端。和计算机主机距离较远的终端称为远程终端。

把分时系统的计算机中，用户通过键盘输入数据给计算机，计算机对用户输入的数据做出反应的这段时间称为计算机系统的响应时间。随着计算机硬件技术的发展，CPU 的处理速度非常快，分时操作的时间片通常远小于 1 秒，系统对全部用户程序轮转一遍的时间在 2～3 秒以内。因此，在分时系统下，即使多个用户同时使用计算机，计算机对每个用户的响应时间也不会超过 2～3 秒。这样,每个用户在感觉上是独占计算机 CPU 资源。

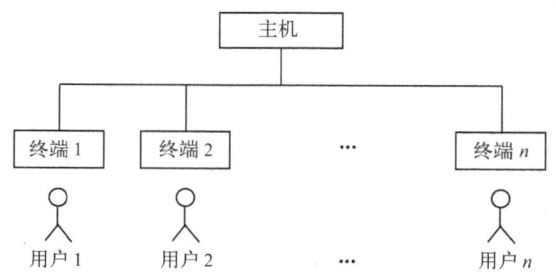

图 6-3　多终端的计算机系统

5. 实时系统

虽然多道批处理和分时系统已能获得较为令人满意的资源利用率和用户响应时间,但计算机系统仍然不能满足实时控制和实时信息处理的需求。实时控制是指把计算机系统用于生产过程的控制、航天系统的跟踪和控制等方面,形成以计算机系统为中心的控制系统。这种应用要求计算机系统对所控制系统的参数(如温度、压力等)变化采集及时,对应该做出的调整控制及时。

实时信息处理是指把主机和许多个终端(主要是远程终端)连接起来,计算机及时接收用户从终端发来的服务请求,并根据用户的请求做出及时处理和回答。目前,广泛应用的飞机票购票系统、股票买卖系统、情报检索系统、信用卡记账取款系统等,都属于实时信息处理系统的例子。

在 20 世纪 70 年代初期,出现了实时系统。实时系统,特别是实时控制系统,要求计算机系统具有及时性和可靠性。如果生产过程的参数变化采集得不及时,系统做出的控制不及时,就不能满足实际应用的需要;如果系统的可靠性不高,经常瘫痪,将给企业造成难以挽回的损失。在分时系统的基础上,实时系统进一步确保了用户(特别是关键用户)的响应时间,并充分考虑了系统的可靠性。实时系统的可靠性通过两个方面来保证,一方面进一步增强软件系统的可靠性,另一方面采用多台硬件设备作为备份,一旦出错立即进行切换。

6. 微机操作系统

随着大规模和超大规模集成电路技术的飞速发展,从 20 世纪 80 年代初开始至今,面向个人使用的微机得到了极大的发展和普及。微机操作系统就是在微机上运行的操作系统。微机操作系统的基本功能是帮助用户进行微机资源的管理,其特点是:单用户,所有资源采用独享方式。早期微机操作系统的代表是 DOS(Disk Operating System,磁盘操作系统)。从 20 世纪 90 年代初期开始,Windows 操作系统开始取代 DOS。Windows 操作系统最显著的特点是图形化的窗口(Window)界面,因为该系统支持多任务,即允许显示屏上同时存在多个窗口(Windows),所以取名为 Windows。Windows 操作系统是促进微机广泛应用的一个重要因素。

7. 移动操作系统

移动操作系统是近些年发展起来的一种应用于移动设备(主要是智能手机和平板电脑)的操作系统。目前流行的三大主流移动操作系统是:苹果公司的 iOS、开源平台 Android、微软公司的 Windows Phone。另外,在这三大主流移动操作系统之外,还涌现出其他一些操作系统平台，如 BlackBerry 10、Sailfish、Firefox、Ubuntu、Tizen 等。移动操作系统呈现一种快速发展的状态。

下面简单介绍三大主流移动操作系统。

（1）iOS

iOS（iPhoneOS）操作系统是由美国苹果公司开发的移动操作系统。苹果公司最早于2007年1月9日的 Macworld 大会上公布这个系统，最初是设计给 iPhone 使用的，后来陆续套用到 iPod Touch、iPad 以及 Apple TV 等产品上。iOS 与苹果的 Mac OS 操作系统一样，也是以 Darwin 为基础的，因此同样属于类 UNIX 的商业操作系统。原本这个系统名为 iPhone OS，因为 iPad、iPhone、iPod Touch 都使用 iPhone OS，所以2010 WWDC 大会上宣布改名为 iOS。

iOS的系统架构分为四个层次：核心操作系统层（the Core OSlayer），核心服务层（the Core Serviceslayer），媒体层（the Media layer），可轻触层（theCocoa Touchlayer）。系统占用大约1.1GB 的存储空间。

iOS 主要由两部分组成：操作系统和能在 iPhone 和 iPod touch 等移动设备上运行的软件系统。

（2）Android

Android 是一种以Linux为基础的开放源代码操作系统，主要使用于移动设备，中文一般翻译为"安卓"。Android 系统最初由安迪·鲁宾（Andy Rubin）完成，最初主要支持手机。2005年 Android 被谷歌收购。随后，谷歌与硬件制造商、软件开发商及电信营运商组成开放手持设备联盟（Open Handset Alliance），开始合作共同研发改良 Android 系统，并生产基于 Android 的智能型手机。谷歌并以免费开源许可证的授权方式，发布了 Android 的源代码。

2008年，美国运营商T-Mobile在纽约发布第一个基于 Android 操作系统的手机——T-Mobile G1，其理论下载速率 7.2Mbps，支持WCDMA/HSPA 网络，并支持 Wi-Fi。Android 的基于 Linux 平台的开源手机操作系统，包括有操作系统、用户界面和应用程序。Android 的开放性保证了不存在阻碍系统创新的专利保护障碍。

（3）Windows Phone

Windows Phone是微软发布的一个手机操作系统，它将微软的Xbox Live游戏、Zune 音乐与独特的视频体验整合至手机中。2010年，微软正式发布了智能手机操作系统 Windows Phone。2011年，诺基亚与微软达成全球战略同盟合作共同研发 Windows Phone。

Windows Phone 具有桌面定制、图标拖拽、滑动控制等一系列的操作体验。其主屏幕通过提供类似仪表盘的体验来显示新的电子邮件、短信、未接来电、日历约会等，让人们对重要信息保持时刻更新。

8．其他操作系统

随着计算机硬件和软件技术的发展，为了满足各个领域更高的需求，从20世纪70年代中期至今，又发展了许多新的操作系统，如并行操作系统、分布式操作系统、网络操作系统等。这些操作系统可以支持复杂应用环境下的系统管理和软件运行。

6.1.2 Windows 操作系统的发展历史

微机是使用最广泛的计算机，Windows 操作系统是微机上普遍使用的操作系统，因此，有必要了解 Windows 操作系统的发展历史。

Windows 操作系统是一套适合于微机环境的系统软件，负责对计算机中的软、硬件资源进行统一管理，提供良好的人机交互界面。

Windows 的起源可以追溯到 Xerox（施乐）公司进行的工作。1981 年，美国 Xerox 公司宣布推出世界上第一个商用的 GUI（图形用户接口）系统——Star 8010 工作站。

之后，Apple 公司认识到了图形用户接口的重要性及其广阔的市场前景，开始着手进行自己的 GUI 系统研究开发工作，并于 1983 年研制成功第一个 GUI 系统——Apple Lisa。随后不久，Apple 又推出第二个 GUI 系统——Apple Macintosh，这是世界上第一个成功的商用 GUI 系统。

虽然当时的 GUI 系统相当不完善，但 Microsoft（微软）公司预感到 GUI 将成为未来操作系统的潮流，开始把目光从当时如日中天的 MS-DOS 系统转向了 Windows 系统，Windows 王朝正式拉开了序幕。

Windows 的第一个版本 Windows 1.0 是在 1985 年诞生的。这时的 Windows 功能还很差，只是 DOS 系统上的一个 shell（外壳）程序，Windows 本身受图形条件的限制，界面也十分简单。在这之后，又推出了 Windows 1.03。1987 年，Windows 2.0 发布。由于当时硬件和 DOS 操作系统的限制，这两个版本并没有取得很大的成功。此后，微软公司对 Windows 的内存管理、图形界面做了重大改进，使图形界面更加美观并支持虚拟内存。

1990 年，Windows 3.0 正式发布，由于其在界面、人性化、内存管理等多方面的巨大改进，终于获得用户的认同。1992 年，Windows 3.1 发布，它的流行可以说标志着 Windows 时代的到来。

1993 年，Windows NT 3.1 发布，这个产品是基于 OS/2 NT 编制的，由微软和 IBM 联合研制。后来，由于停止合作，微软把这个软件的名称改为自己的版本 MS Windows NT，把主要的 API 改为 32 位的版本。由于这是第一款真正对应服务器市场的产品，所以稳定性方面比桌面操作系统更为出色。

1994 年，Windows 3.2 的中文版发布，由于消除了语言障碍，所以很快在国内流行起来。

1995 年诞生的 Windows 95 操作系统，以其全新的面貌和强大的功能，逐渐取代了 DOS 系统，成为 PC 操作系统的标准。它对 Windows 3.1 做了许多重大改进，包括面向对象的图形用户界面、全 32 位的高性能抢先式多任务和多线程、内置的对 Internet 的支持、更加高级的多媒体支持（声音、图形、影像等）、32 位线性寻址的内存管理、良好的向下兼容性等。

1996 年，Windows NT 4.0 发布，其增加了许多管理方面的特性，稳定性也相当不错，这个版本的 Windows 软件有不少公司用户。同年 11 月，Windows CE 1.0 发布，这个版本是为各种嵌入式系统和产品设计的一种压缩的、高效的、可升级的操作系统。

1998 年，Windows 98 发布。这个新系统是基于 Windows 95 编写的，它改良了硬件标准的支持，如 MMX 和 AGP。其他特性还包括对 FAT32 文件系统的支持、多显示器、对 Web TV 的支持等。网络功能是 Windows 98 最突出的特点。

2000 年，为了纪念特别的千禧年，新发布的操作系统被命名为 Windows 2000。Windows 2000 建立在 Windows NT 4.0 基础上，结合了 Windows 98 和 Windows NT 的很多优良功能，较之以前的版本更加稳定，更易管理，也更加安全。同时，Windows 2000 具有较 Windows 98 更好的兼容性，它提供了 7000 多种硬件设备的驱动程序，相应的硬件厂商也对 Windows 2000 提供了良好的支持。Windows 2000 支持 Microsoft DirectX 技术、Digital Video Disk（DVD）技术和多显示器功能。

Windows 2000 系列包括 Windows 2000 Professional、Windows 2000 Server、Windows 2000 Advanced Server 和 Windows 2000 Datacenter Server 共 4 个产品。其中，Windows 2000 Professional 可以同时用于小型企业和个人桌面，另外 3 个版本主要面向较大的公司用户。

2001 年，Windows XP 发布。Windows XP 是微软把所有用户要求合成一个操作系统的尝试，和以前的 Windows 桌面系统相比，稳定性有所提高，而为此付出的代价是丧失了对基于 DOS 程序的支持。

2003 年，Windows Server 2003 发布，它对活动目录、磁盘管理，以及面向服务器的功能进行了较大改进，对.Net 技术的完善支持进一步扩展了服务器的应用范围。

2006 年，具有跨时代意义的 Vista 系统发布，它引发了一场硬件革命，PC 机进入了双核、大内存、大硬盘时代。不过，因为 Vista 的使用习惯与 XP 差异较大，并且软硬件的兼容等问题，导致其普及率较差。

2009 年，Windows 7 发布。Windows 7 的设计主要围绕五个重点：针对笔记本电脑的特有设计、基于应用服务的设计、用户的个性化、视听娱乐的优化、用户的易用性。Windows 7 增加了在开放应用程序中发布流行任务的快捷键，可以快速组织窗口，并增加了一些高级的触摸导航功能，进一步改善了搜索、通用系统和内置媒体播放器等方面的性能。

2012 年，Windows 8 正式推出。Windows 8 支持来自 Intel、AMD 和 ARM 的芯片架构，主要应用于个人电脑和平板电脑上，尤其是移动触控电子设备，如触屏手机、平板电脑等。Windows 8 启动速度更快、占用内存更少，并兼容 Windows 7 所支持的软件和硬件。另外 Windows 8 在界面设计上，采用平面化设计。

2014 年，Windows 10 正式发布。Windows 10 是美国微软公司所研发的新一代跨平台及设备应用的操作系统。 Windows 10 的虚拟桌面为用户提供更方便、更有效的方式管理应用程序和组织自己的工作，每个虚拟桌面都是独立的区域，用户可在不同的桌面自定义不同的应用程序组别，将工作和娱乐分开。

6.1.3 推动操作系统发展的因素

从 20 世纪 50 年代中期第一个操作系统问世至今，操作系统取得了重大的进展。总结操作系统的发展过程可以看出，推动操作系统发展的因素，主要有如下 4 个方面。

① 提高计算机资源利用率的需要。每一种新的操作系统的推出，都在一定程度上提高了计算机资源的利用率。

② 方便用户使用的需要。每一种新的操作系统的推出，都在一定程度上简化了用户的使用过程，从而方便了用户的使用。

③ 不断扩大的新的应用方式和应用领域的需要。每一种新的操作系统的推出，都使计算机系统的应用方式有所创新，从而扩展了计算机系统的应用领域。例如，生产过程控制、飞机票购票系统等，就是在分时操作系统推出后开辟的新的应用领域。没有分时操作系统的支持，这种计算机应用系统的使用是不可能的。

④ 硬件技术不断发展的要求。硬件技术的发展和操作系统的发展是密切相关的。一方

面，操作系统的发展需要硬件技术的发展作为基础，例如，多道批处理系统取代单道批处理系统，就要求硬件有更大空间的内存，可供同时存放多道作业。又如，分时系统的使用必须以 CPU 速度足够快为基础，否则计算机的响应时间会很长，用户将不能容忍。另一方面，硬件器件和计算机体系结构的不断发展，也要求不断推出新的操作系统，来有效地管理这些性能发生变化的硬件资源。

6.2 操作系统的功能和启动

操作系统已经成为各种计算机必须配置的最基本的系统软件，现代的计算机没有操作系统是不可想象的。操作系统具有如此重要地位的原因是由它所具有的功能决定的。

6.2.1 操作系统的功能

计算机硬件提供了计算机实现数据输入、数据存储、数据处理和数据输出的基本功能，这是计算机系统能够完成任何复杂应用的物质基础。我们知道，软件是计算机系统的灵魂，应用问题不同，在计算机硬件上运行的软件将不同。但是，无论程序设计人员直接在计算机硬件资源的基础上设计程序，还是各个领域的用户在计算机硬件资源上直接使用程序设计人员设计完成的软件，都是非常困难的。

操作系统是一组程序的集合，其功能延伸了计算机硬件的功能。例如，磁盘是用户长期保存程序或数据的一种介质，用户要把程序或数据保存在磁盘上，必须指定程序或数据在磁盘上的物理存放位置（如磁盘的磁道号、扇区号等），还必须考虑磁盘机是否启动、磁盘机的延迟时间等硬件设备的具体工作细节。这对用户来说显然是非常麻烦和困难的。在操作系统的程序集合中，包含了完成这些需要和硬件打交道的烦琐任务的程序。这样，用户只要调用（调用是指把相应程序从外存装入内存，并把对 CPU 的使用权交给该程序，让其运行）操作系统中的这个程序，给出必要的参数（参数是程序运行时所需的数据，如文件名），就可以完成程序或数据在磁盘上的存储。

可见，操作系统向用户提供的功能，是与硬件提供的功能等价的，但比硬件提供的功能更易于操作，因此我们也说，操作系统是硬件机器功能的延伸。我们可以把操作系统对硬件功能的延伸作用，看作是操作系统提供了建立在硬件功能之上的，隐藏了具体实现细节的，更抽象的功能。

从宏观的角度看，操作系统的功能主要分两个方面。

1. 资源管理

要让一个用户程序运行，需要很多硬件资源和软件资源，硬件资源是指 CPU、内存、输入/输出设备、外存等，软件资源是指各种数据和程序。这些资源构成了用户程序运行的基础。现代的计算机系统都支持多个用户同时使用、多个用户程序同时运行，这样必然存在资源的管理和分配问题。要解决这个问题，就需要一个独立的机构来管理和分配这些资源。操作系统就是这样的资源管理机构。即使单用户方式使用的微机，也需要操作系统来负责资源的管理。

操作系统对资源的管理作用，就像在一个很大且很富有的家庭中，管家对主人的帮助作用。主人通过管家来管理家庭里的一切事物。例如，主人要在家里举办聚会，他只需把聚会的规模、要邀请的人员告诉管家,其余的事情都由管家负责安排。管家负责切分任务,并把这些任务分别交给负责接待的人员、负责采购的人员、负责烹调的人员、负责布置的人员等来协调完成。从这个意义来说,操作系统就像是用户或用户程序的一个大管家。有了操作系统这个大管家,用户或用户程序就可以省去琐碎事情的纠缠,把主要精力放在更重要的事情上。

计算机系统中的所有资源都由操作系统统一管理,并由操作系统根据用户的需求按照一定的策略进行分配和调度。操作系统的资源管理主要包括存储管理、CPU 管理、设备管理和文件管理。

存储管理主要负责把内存单元分配给要执行的用户程序,以便让它准备运行;在用户程序运行结束后,再把它占用的内存单元收回,以便别的用户程序再次使用。

CPU 管理根据一定的策略把 CPU 交替地分配给系统内等待运行的用户程序。一个等待运行的用户程序只有在获得了 CPU 资源后才能运行。

计算机的输入/输出设备和磁盘、磁带设备统称为计算机的外部设备(或简称设备)。设备管理负责把外部设备分配给用户程序,并控制外部设备按用户程序的要求进行操作;在用户程序结束时回收外部设备,以便别的用户程序再次使用。对于一个输入/输出型设备,如打印机,可以直接把一个设备分配给一个用户程序使用;对于存储型设备,如磁盘、光盘或磁带,则为每个提出请求的用户程序分配所需要的存储空间。

存放在外部介质上的一组数据的集合称为一个文件。存放文件的外部介质包括磁盘、光盘、磁带等。对文件的操作主要包括创建文件、打开文件、读/写文件、关闭文件和撤销文件等。文件管理向用户或用户程序提供创建文件、打开文件、读/写文件、关闭文件和撤销文件的功能。有了文件管理,用户或用户程序可以按文件名存取外部介质上的数据,而无须知道这些数据存放在磁盘、光盘或磁带中的具体位置。

2. 用户接口

操作系统的一类直接使用者是用户。用户可以通过操作系统提供的资源管理功能来管理计算机的资源。但要让用户能方便地使用资源管理的功能,操作系统还需要为用户提供一个便利的使用接口,我们把操作系统的这部分功能称为用户接口。操作系统的组成结构如图 6-4 所示。

从使用操作系统的用户的角度看,存储管理、CPU 管理、设备管理和文件管理等位于操作系统的内部,所以这些部分也称为操作系统的内核;用户接口位于操作系统的外部,所以这部分也称为外壳。

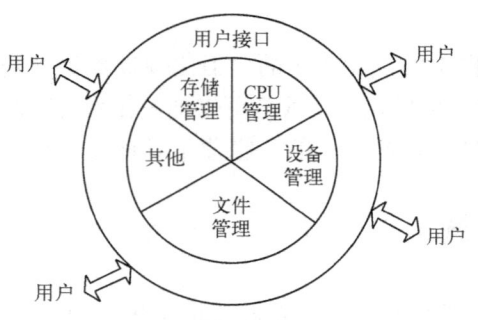

图 6-4 操作系统的组成结构

外壳的英语单词为 shell,所以操作系统中把用户接口部分称为 shell。一个大的操作系统(如 UNIX),通常提供几种不同的 shell,允许用户自由选择。不同的 shell 提供的功能不同。例如,UNIX 操作系统就提供了 Borne shell、C shell 和 Korn shell,允许用户自由选择。用户可根据自己的应用特点,选择不同的 shell 安装在自己的计算机上。

用户是通过用户接口部分提供的命令使用操作系统内核部分功能的。命令是用户调用操作系统中某一个特定功能程序的标识。早期的命令都是字符形式的,用户要像使用外语一样,首先记住要使用的命令的单词和格式(命令的格式相当于语言中的语法)。

目前的操作系统(如 Windows)都提供图形化的用户接口,用户只要用鼠标进行选择,即可完成所需的操作。例如,在 DOS 中,用户要把硬盘 C 的根目录下的文件 Example.doc 复制到 U 盘 H 中的命令为:

COPY C:\Example.doc H:

而在 Windows 中完成上述操作的方法是,找到 C 盘根目录下的文件 Example.doc,在文件名上右击,从弹出的快捷菜单中选择【发送到】|【可移动磁盘】命令即可,如图 6-5 所示。

图 6-5　图形化用户接口示例

6.2.2　操作系统的启动

操作系统是一组软件的集合。在关机状态下,计算机的内存中不能保存任何东西,而任何软件的运行都需要先把它们从外存装入内存。那么,开机后操作系统是怎样自动将其从外存装入内存的呢?

任何计算机中都必须包含一个称为自举程序的程序。自举程序的功能是:首先运行一个称为引导程序的程序,把操作系统从磁盘装入内存,然后启动操作系统开始运行。那么,自举程序又是怎样自动装入内存的呢?内存是由 RAM 和 ROM 两种类型的存储材料组成的。RAM 类型的内存单元很多,它们是内存的主体。ROM 类型的内存单元很少,其作用就是用来存储自举程序等。ROM 类型的内存单元在制造时就把自举程序等固化在其中。

操作系统的启动过程分为两步:第一步,计算机开机时,硬件设计成自动执行 ROM 中的自举程序,自举程序首先把引导程序装入内存,然后运行该引导程序,把操作系统从磁盘装入内存;第二步,计算机开始运行操作系统。这样,就解决了操作系统的初始启动问题。操作系统的初始启动过程也称为操作系统的自举过程(简直就像一个人自己把自己举起来)。操作系统的自举过程如图 6-6 所示。

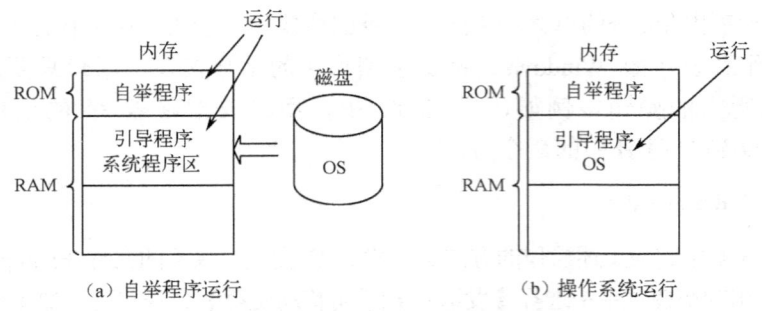

图 6-6 操作系统的自举过程

6.3 Windows 操作基础

本章下面各节将简单介绍 Windows 操作系统的主要功能和使用方法。Windows 操作系统发展很快,要具体介绍其使用方法,就只能以其中一个版本为例来介绍,这里将以 Windows 7 操作系统为例来介绍。Windows 操作系统其他版本的使用方法和 Windows 7 操作系统的使用方法类似。

前面说过,操作系统主要包括资源管理和用户接口两大部分。其中,资源管理主要包括存储管理、CPU 管理、设备管理和文件管理。对一般用户来说,存储管理和 CPU 管理功能很少使用。一般用户经常使用的是 Windows 操作系统的设备管理和文件管理功能。其中,设备管理功能主要由"控制面板"中的诸如添加/删除硬件、键盘、鼠标、网络和拨号连接、打印机等模块来完成。

本章后面部分主要介绍 Windows 操作系统的文件管理功能。

6.3.1 Windows 操作系统的特点

Windows 之所以取得成功,主要在于它具有以下特点。

(1) 直观易学的图形用户界面

Windows 的图形用户界面,使普通用户的学习过程变得容易,也方便了他们的使用。这也是 Windows 操作系统能迅速取得成功,占领市场的一个重要因素。例如,要打开一个文档,只需先用鼠标或键盘选中该文档,然后从右键快捷菜单中选择【打开】项,就可以打开该文档了。

(2) 统一的用户界面

Windows 操作系统的所有程序拥有相同的或相似的基本外观,包括窗口、菜单、工具栏等。用户只要掌握其中一个,就不难学会其他软件。

(3) 灵活的外设配置方式

微机用户各种各样,他们的需求差别很大,因此外设配置的要求差别也很大。Windows 操作系统提供了灵活的外设配置方式。用户根据自己的需求,利用计算机硬件提供的外设接口连接外部设备,利用 Windows 操作系统提供的加载程序加载外设驱动程序就可完成外设连接和配置。

（4）多任务

Windows 是一个多任务的操作环境，它允许用户同时运行多个应用程序。每个程序在屏幕上占据一块矩形区域，这个区域称为窗口。多个窗口可以重叠或平铺。用户可以移动这些窗口，或者在不同的应用程序之间进行切换。

6.3.2 桌面

桌面是 Windows 的工作平台，是用户使用 Windows 的操作界面。桌面上一般摆放一些经常用到的或特别重要的文件和工具。在桌面左边有若干个图标，由图形和其下部的文字说明组成，代表了放在桌面上的文件和工具等。

桌面底部的长条区域称为任务栏，它主要与各种可以执行或正在执行的任务有关，包括【开始】按钮、快速启动栏、工具栏和输入法等项目，单击这些图标即可打开相应的程序。

1．任务栏与【开始】按钮

使用任务栏和【开始】按钮可以方便地浏览 Windows。任务栏左边的快速启动栏的作用是快速启动，其中存放有一些常用图标，如 Internet Explorer 浏览器、Outlook Express 和显示桌面等快速启动图标。单击这些快速启动图标即可启动相应的应用程序。任务栏中间部分的按钮代表已打开的窗口，包括被最小化的或隐藏在其他窗口下的窗口，按钮上的文字为窗口的标题。单击这些按钮，可在不同窗口之间进行切换。任务栏右边显示正在运行的任务图标。任务栏和【开始】按钮如图 6-7 所示。

图 6-7　Windows 的任务栏

单击【开始】按钮就会打开一个【开始】菜单，单击其中的菜单命令可以启动程序、快速访问最近打开过的文档、设置控制面板和任务栏、搜索计算机中的文件或文件夹、获得帮助、查看和启动所有安装好的应用等。将鼠标指针指向菜单命令右侧的三角标记▶，可以打开它的下级菜单，鼠标指针经过的菜单命令下显示淡蓝色的阴影，其界面如图 6-8 所示。

图 6-8　Windows 的【开始】菜单

在任务栏空白区域上右击，可打开一个右键快捷菜单，选择其中的【属性】命令；或者单击【开始】|【设置】|【任务栏和「开始」菜单】命令，就会打开一个"任务栏和开始菜单属性"对话框，可以在其中改变任务栏的一些设置。

由于每个计算机的设置不同，不同的计算机的【开始】菜单可能会有所不同。

2．桌面设置

桌面设置主要是设置桌面上的快捷任务按钮及桌面上显示的图标、显示器分辨率等。Windows 7 桌面设置步骤是：在桌面上右击，弹出如图 6-9 所示的快捷菜单，选择【个性化】命令，打开桌面设置窗口，如图 6-10 所示。

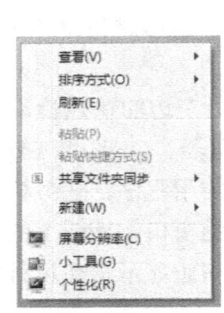
图 6-9　桌面设置快捷菜单

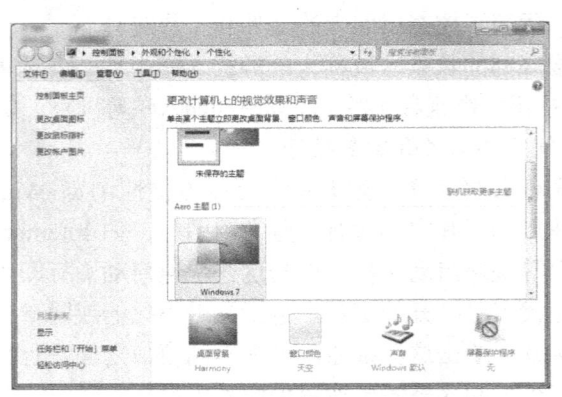
图 6-10　设置桌面

在如图 6-10 所示的窗口中，单击【更改桌面图标】项，打开如图 6-11 所示的对话框。在 Windows 7 桌面上一般有计算机、用户的文件、网络、回收站、控制面板 5 个图标按钮。

图 6-11　桌面图标设置

3．桌面上的常见图标

（1）计算机

双击桌面上的【计算机】图标，可以打开【计算机】窗口，其中显示了有效的驱动器，如图 6-12 所示。双击驱动器图标，窗口将显示驱动器上包含的文件夹。双击文件夹可看到其中包含的文件。在该窗口中，可以进行磁盘、文件和文件夹的管理操作。

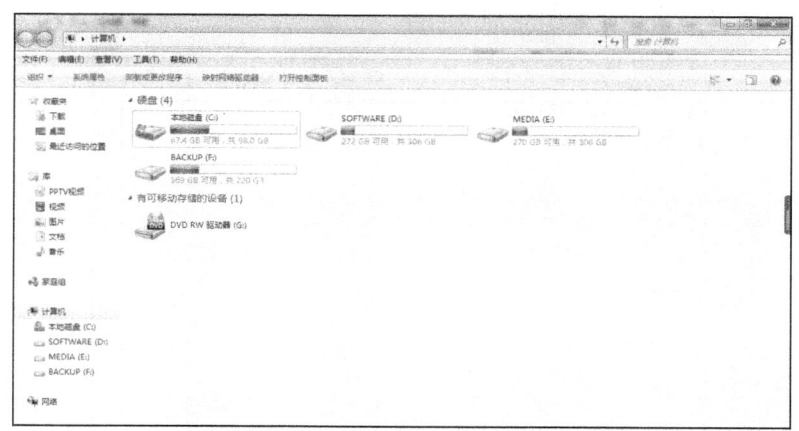

图 6-12　计算机窗口

计算机窗口一般由两部分组成。
① 硬盘
硬盘就是硬盘驱动器（如：　　　　），从字母 C 开始标识，每个附加的驱动器都用一个字母标识，并按字母表顺序排列，如 D 和 E。
② 可移动存储的设备
可移动存储设备一般有一个 DVD-ROM（或 DVD-RW）驱动器和其他移动存储设备，可移动存储设备的标识从硬盘驱动器后开始。如果计算机中只有一个硬盘驱动器（C），那么 DVD-ROM 驱动器就是驱动器 D；如果计算机中有两个硬盘驱动器（C 和 D），则 CD-ROM 驱动器就是驱动器 E，其余类推。
（2）用户的文件
用户的文件用来存放用户（当前登录用户）个人经常使用的文档。在桌面上显示的快捷图标是当前登录的用户名（Administrator），打开用户文件窗口，如图 6-13 所示，其中包括联系人、链接、收藏夹、我的视频、我的图片、我的文档、我的音乐等用户文件夹。

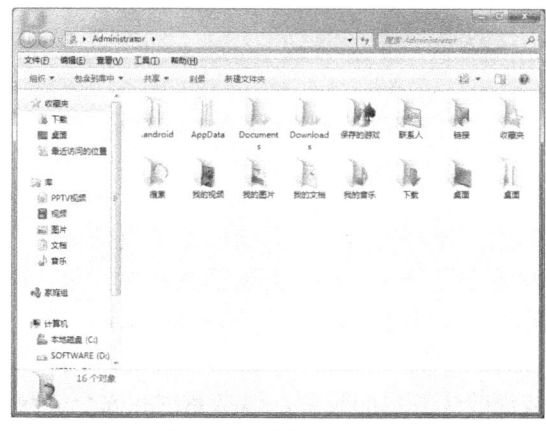

图 6-13　用户文件窗口

(3) 网络

网络包括网络和共享中心、添加打印机、添加无线设备等功能。在桌面上双击【网络】图标，可打开网络窗口，如图 6-14 所示。

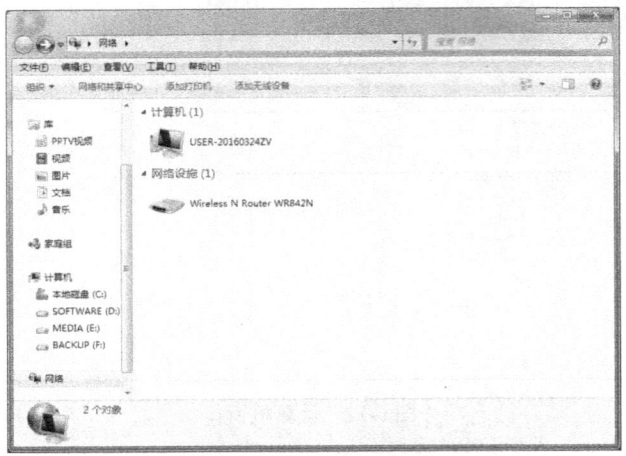

图 6-14　网络窗口

单击【网络和共享中心】按钮，打开网络和共享中心窗口如图 6-15 所示，在窗口中可以设置网络连接参数、网络共享参数、Internet 选项、Windows 防火墙设置等。

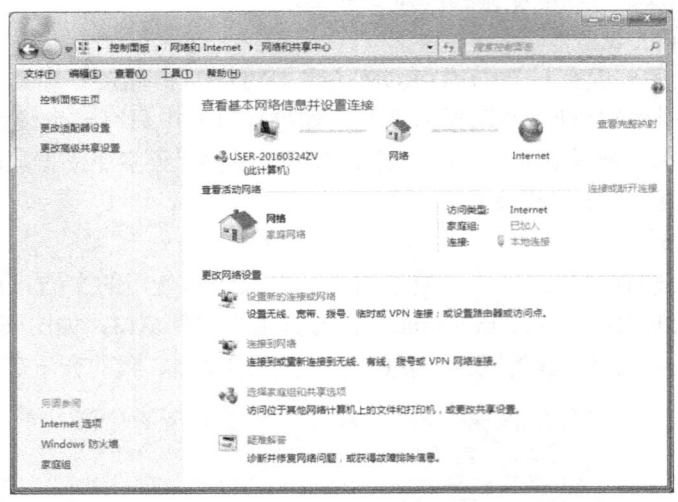

图 6-15　网络和共享中心窗口

(4) 回收站

回收站用来临时存储用户删除的内容。只要回收站没被清空，就有机会从回收站中恢复被删除的文件。对一些确定没用的文件，可从回收站中清除，被清除的文件不能再被还原。单击【回收站】按钮，打开回收站窗口，如图 6-16 所示。

(5) 控制面板

控制面板用来查看或修改计算机的设置，包括系统和安全、网络和 Internet、硬件和声音、程序、用户账户和家庭安全、外观和个性化设置、时钟语言和区域等设置。单击【控制面板】按钮，打开控制面板窗口，如图 6-17 所示。

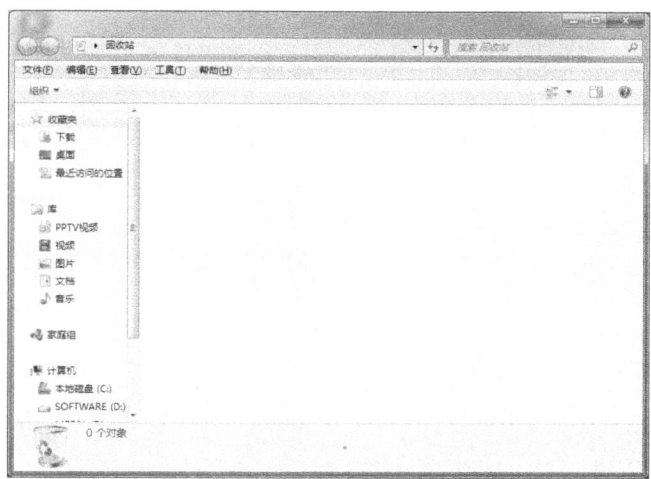

图 6-16　回收站窗口

图 6-17　控制面板窗口

（6）Internet Explorer

Internet Explorer 是一个 Internet 浏览工具，可以访问网页。Internet Explorer 8.0 在安装 Windows 7 时被捆绑安装，可自动升级到 Internet Explorer 9.0。

除此之外，当用户在计算机中安装其他应用程序时，有些应用程序也会在桌面上建立它的快捷方式图标。

6.3.3　窗口和窗口的操作

窗口是 Windows 系统最重要的对象，窗口操作也是 Windows 系统最主要的操作。

1．窗口的组成

窗口是屏幕上的一个可以改变大小的矩形区域，它由一些基本元素组成。如图 6-18 所示是资源管理器窗口，它具有一般窗口的外观及操作方法。

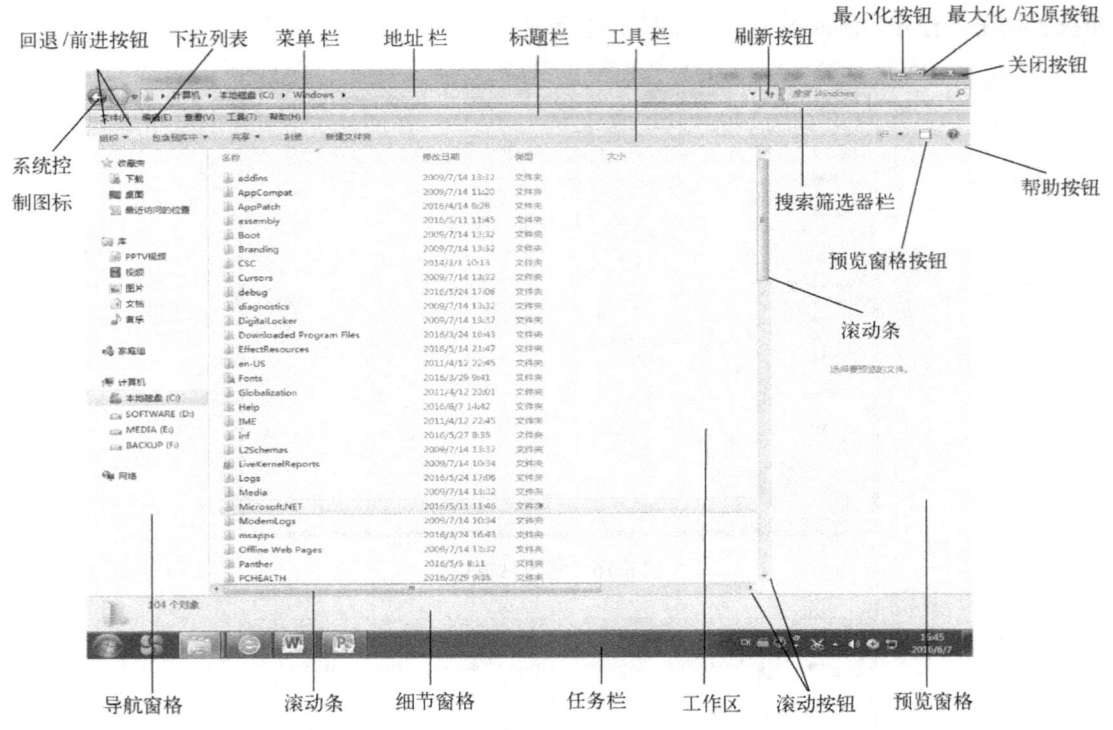

图 6-18 资源管理器窗口

（1）系统控制图标

系统控制图标位于窗口标题栏左端，此图标为该应用程序图标。单击此图标可打开系统控制菜单，如图 6-19 所示。执行菜单中的命令可移动窗口，将窗口最小化为任务栏上的图标，最大化到整个屏幕，或将最大化的窗口恢复为原来大小。双击此图标，可关闭该应用程序及其窗口。

图 6-19 系统控制菜单

（2）标题栏

标题栏位于窗口上端，用于显示当前窗口名称，标题栏的内容将随窗口的改变而改变。按下鼠标左键不放，并拖动窗口标题栏，可以移动窗口位置。双击窗口标题可将窗口在最大化和还原状态间切换。

（3）最大化、最小化和关闭按钮

这 3 个按钮位于窗口标题栏右端，它们与系统控制菜单中相应的菜单命令功能相同。

最小化按钮的功能是将窗口缩小成图标并排列在任务栏上，此时窗口仍在运行，但不再是当前活动窗口。单击任务栏上的某个应用程序窗口图标按钮，该窗口将被激活并恢复为原来的位置。

如果当前窗口不是最大化状态，即没有填充整个屏幕，则按钮图标为 ▢，作用是最大化当前窗口；如果当前窗口已是最大化状态，则按钮图标为 ▣，作用是还原为原来的大小。

关闭按钮的功能是关闭应用程序，同时也关闭该窗口，再次使用该应用程序时必须重新打开或执行。

（4）地址栏

地址栏用于输入和显示窗口所在路径，即文件的地址。在地址栏中可以看到当前打开窗口在计算机或网络上的位置。在地址栏中输入文件路径后，单击▸按钮，即可打开相应的文件夹。用户也可以通过下拉菜单选择地址，方便地访问本地或者网络的文件夹。

（5）搜索栏

搜索栏：在【搜索】框中输入关键词筛选出基于文件名和文件自身的文本、标记以及其他文件属性，可以在当前文件夹及其所有子文件夹中进行文件或文件夹的检索。搜索的结果显示在文件列表中。

（6）前进/回退按钮

前进和回退按钮：使用【前进】和【回退】按钮导航到曾经打开过的其他文件夹，而无须关闭当前窗口。这些按钮可与地址栏配合使用，例如，使用地址栏更改文件夹后，可以使用【后退】按钮返回到原来的文件夹。

（7）菜单栏

菜单栏位于地址栏下一行，根据具体应用程序的不同，菜单栏中包含的菜单也不完全一样。通常，每个菜单都有其下级子菜单，单击每个菜单选项可以打开相应的下拉式子菜单，从中可以选择需要的操作命令。

（8）工具栏

工具栏一般位于菜单栏下一行，包含一系列按钮，可用来快速执行菜单中某些常用的菜单命令。不同的应用程序有不同的工具栏。

（9）滚动条

滚动条由两个箭头按钮和一个滚动块组成。当要显示的内容较多，而窗口的工作区无法全部显示时，窗口下方或右侧就会出现滚动条，分别称为水平滚动条或垂直滚动条。

单击箭头按钮可在水平（或垂直）方向左右（或上下）滚动一列（或一行）；用鼠标指针按住箭头按钮不放，可在相应方向上连续滚动；在滚动条空白区域内单击，可在相对于滚动条的方向上滚动一屏窗口内容；用按住鼠标左键不放，拖动滚动块，可在水平（或垂直）方向上左右（或上下）快速滚动窗口内容。

（10）细节窗格

细节窗格位于窗口下端，显示与当前窗口操作有关的提示性信息。例如，当选中工作区域中的两个文件时，在细节窗格中会显示"已选择了 2 个项"，选中单个对象时，细节窗格会显示选中项的名称、创建日期、修改日期、大小等信息。

（11）导航窗格

用于显示所选对象中包含的可展开的文件夹列表，以及收藏夹链接和保存的搜索。通过导航窗格，可以直接导航到所需文件的文件夹。

（12）预览窗格

用于显示所选中文件的快速预览。只要单击将文件选中，文件的内容就会出现在资源管理器窗口右侧的预览窗格内。如果某个文件夹中包含了较多名称无规律的文件，那么通过这个功能，就可以更容易地找到自己需要的文件。预览窗格可以显示的文件类型有 TXT 文档、reg 注册表文件、XML 文档、JPG 照片、Word 文档、Excel 文档、PowerPoint 文档、Visio 文档、PDF 文档等。

（13）边框、边角

用于标识窗口的边界。窗口的周边有 4 个边框和 4 个边角，将鼠标指向相应位置，鼠标指针变为双箭头形状，按住左键不放并在相应方向上拖动可以调整窗口大小。

（14）工作区域

窗口的内部工作区域，或称为工作空间，用于显示各种内容。

2．窗口的操作

窗口的操作是 Windows 中最基本也是最重要的操作。窗口的操作包括移动窗口、改变窗口大小、关闭窗口、在桌面上排列窗口及多窗口间的切换操作等。Windows 7 是一个多任务多窗口的操作系统，可以在桌面上同时打开多个窗口，但某一时刻只能对其中的一个窗口进行操作。

（1）移动窗口

为了合理安排桌面上各窗口的布局，有时需要对窗口进行移动操作，将窗口从当前位置移动到新的位置上。移动窗口的方法有两种。

① 将鼠标指针指向标题栏，按住鼠标左键不放，拖动窗口到目标位置，松开鼠标左键即可。

② 单击系统控制图标，在弹出的系统控制菜单中选择【移动】命令，此时鼠标指针变为 4 向箭头的形状"✥"，此时按↑、↓、←、→键可移动窗口位置，按 Enter 键结束。

（2）改变窗口大小

窗口的大小可以根据需要进行调整，缩小窗口时可看到桌面上更多的内容，放大窗口时可以扩大工作区域。前面介绍了用系统控制菜单中的命令，以及单击最小化按钮或最大化/还原按钮的方法。这里再介绍另一种鼠标操作方法。

将鼠标指针指向窗口的边框或边角上，当鼠标指针成为如图 6-20 所示的双箭头形状时，按住鼠标左键不放，在相应方向上拖动可以增大或减小窗口尺寸，当窗口大小合适时松开鼠标左键即可。

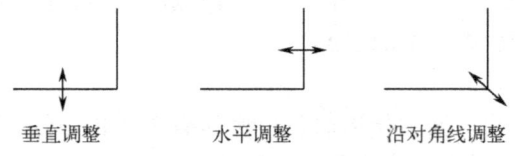

图 6-20　窗口大小的调整

注意：拖动边角可以同时在两个方向上改变窗口大小。拖动边框只能在一个方向上改变窗口大小。

（3）关闭窗口

关闭应用程序窗口将终止相应应用程序的运行。Windows 有以下 5 种常用方法可以实现窗口的关闭：双击窗口左上角的系统控制图标；打开系统控制菜单，单击【关闭】命令；单击窗口右上角的关闭按钮 ✖。右击窗口在任务栏上的按钮，在弹出的快捷菜单中选择【关闭】命令；按 Alt+F4 组合键。

（4）窗口间的切换

当多个窗口在桌面上打开时，其中只有一个窗口的标题栏颜色（默认为淡蓝色）不同于其他各个窗口的标题栏颜色，或者当多个窗口按层叠方式排列时，位于最上面的窗口，称为当前窗口或活动窗口。当前窗口是对鼠标或键盘击键有反应的窗口。在图 6-21 中，画图窗口在上面，是活动窗口，而计算机窗口在下面，是非活动窗口。

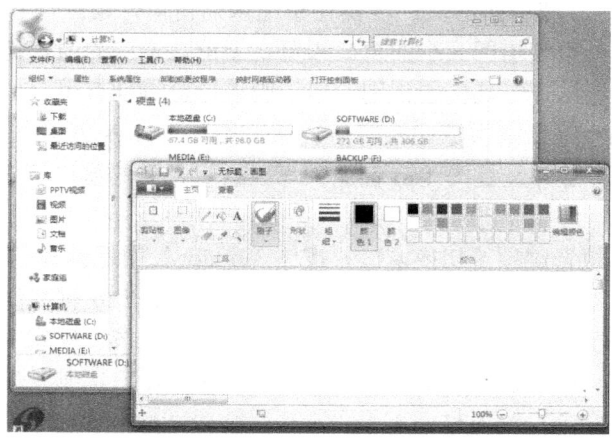

图 6-21　活动窗口与非活动窗口

对某个窗口进行操作前，必须保证该窗口为活动窗口。将一个非活动窗口切换为一个活动窗口，主要有两种方法：单击该窗口中的任一可见区域，这一方法的缺陷是当该窗口被完全覆盖时不能用此法切换到该窗口；单击任务栏上该窗口的图标按钮，无论窗口是否显示在桌面上，任务栏上都有一个相应的图标按钮。

（5）排列窗口

如果在桌面上打开了多个程序或文档窗口，那么，前面打开的窗口将被后面打开的窗口覆盖。在 Windows 7 操作系统中，提供了层叠显示窗口、堆叠显示窗口和并排显示窗口三种排列方式。

排列窗口的方法为：右击任务栏的空白处，在弹出的快捷菜单中选择一种窗口的排列方式，例如选择【并排显示窗口】命令，多个窗口将以【并排显示窗口】顺序显示在桌面上，如图 6-22 所示。

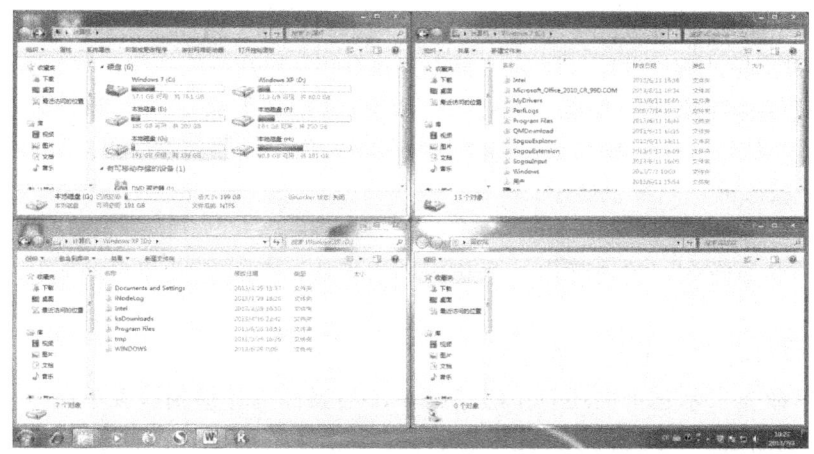

图 6-22　多个窗口并排显示

（6）多窗口预览和切换

如果打开了多个程序或文档，桌面会快速布满杂乱的窗口。通常不容易跟踪已打开了哪些窗口，因为一些窗口可能部分或完全覆盖了其他窗口。

① 通过窗口可见区域切换窗口。若要轻松地识别窗口，请指向其任务栏按钮。指向任务栏按钮时，将看到一个缩略图大小的窗口预览，无论该窗口的内容是文档、照片，还是正在运行的视频。如果无法通过其标题识别窗口，则该预览特别有用。

② 通过 Alt+Tab 组合键预览切换窗口。通过按 Alt+Tab 组合键可以切换到先前的窗口，或者通过按住 Alt 键并重复按 Tab 键循环切换所有打开的窗口和桌面，释放 Alt 键可以显示所选的窗口。

③ 通过■+Tab 组合键预览切换窗口。按住 Windows 徽标键■的同时按 Tab 键可打开三维窗口进行切换。当按下 Windows 徽标键■时，重复按 Tab 键或滚动鼠标滚轮，可以循环切换打开的窗口。按→键或↓键向前循环切换一个窗口，按←键或↑键向后循环切换一个窗口。释放 Windows 徽标键■可以显示堆栈中最前面的窗口。或者，单击堆栈中某个窗口的任意部分来显示该窗口。

④ 使用任务栏切换窗口。任务栏提供了整理所有窗口的方式。每个窗口都在任务栏上具有相应的按钮。若要切换到其他窗口，只需单击其任务栏按钮。该窗口将出现在所有其他窗口的前面，成为活动窗口（即用户当前正在使用的窗口）。

6.3.4 菜单的使用

菜单体现了 Windows 用户界面的友好特性。Windows 的命令都包含在菜单中。Windows 的每个应用程序窗口中一般都有基本的【文件】、【编辑】、【查看】、【工具】和【帮助】菜单，不同的应用程序窗口会有不同的菜单。每个菜单都有自己的菜单命令。可以通过鼠标或键盘选择菜单中的菜单命令，执行相应命令。

用鼠标操作时，单击菜单栏中的菜单名就可以打开相应的菜单，或者右键单击某个对象可弹出其快捷菜单。

学习菜单的使用主要是要掌握以下菜单标记和操作方法。

（1）变灰的菜单命令

正常的菜单命令是以黑色字符显示的，用户随时可以选中执行该菜单命令。如果某一个或几个菜单命令的颜色是灰色的，则表示当前不能执行该菜单命令的功能，暂时不能选取。

当未选定操作对象时，如图 6-23（a）所示，【编辑】菜单中大部分菜单命令不可用（灰色显示）。当选定一个对象（通常以深蓝色显示）后，如图 6-23（b）所示，原来部分灰色的菜单命令被激活，以黑色显示。

（2）带省略号（...）的菜单命令

单击这类菜单命令，就会弹出一个相应的对话框，通常要求用户输入某种信息或改变某些设置。

（3）带三角标记（▶）的菜单命令

这类菜单命令表示它下面还有下级子菜单，当鼠标指针移到该菜单命令上时，就会自动弹出它的下级子菜单（也称为级联菜单）。

（4）有组合键的菜单命令

菜单命令后的组合键就是该菜单命令的快捷键（或热键）。用户不用打开菜单，直接按下该组合键就能执行该菜单命令的功能。

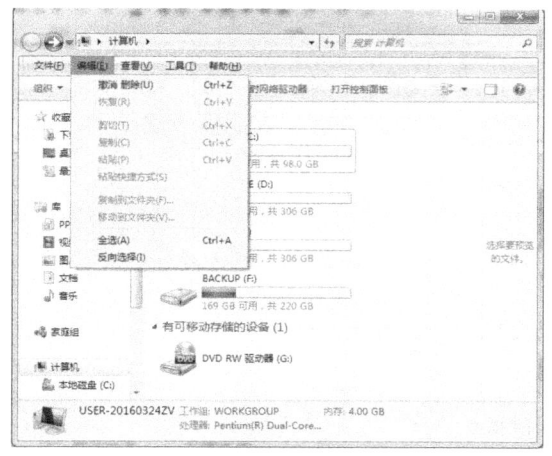 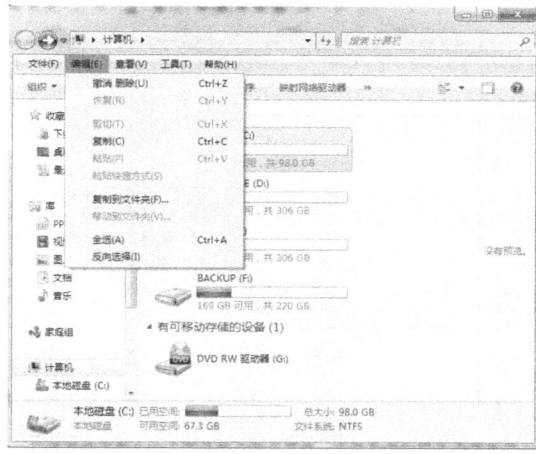

（a）未选定操作对象　　　　　　　　　　　　（b）选定了操作对象

图 6-23　【编辑】菜单在选取对象前后的变化

（5）菜单的分组线

在有些菜单中可以看到菜单命令被用直线分隔成几组，形成若干个菜单命令组。一般按照菜单命令的功能来分组，功能相关或相近的菜单命令分为一组。

（6）带对号（√）的菜单命令

这类菜单命令可以让用户在打开或关闭该菜单命令之间进行切换。对号（√）表示该菜单命令目前是打开的，此时如果单击该菜单命令，则对号消失，表示该选项被关闭，再次单击该菜单命令，对号出现。

这类菜单命令所在的组称为复选菜单命令组，该组中的菜单命令可以同时被打开，即可以进行复选。

（7）带圆点（●）的菜单命令

圆点（●）表示该菜单命令目前是打开的。这类菜单命令所在的组称为单选菜单命令组，该组中的菜单命令同时只能有一个被打开，即只可以单选。当单击不带圆点的菜单命令时，该菜单命令前出现圆点，而该组中原来前面有圆点的菜单命令前的圆点就会消失。但单击已经有圆点的菜单命令时，圆点并不消失。

（8）快捷菜单

右击某对象，会弹出一个菜单，选择其中的菜单命令即可执行相应的操作，这种菜单称为快捷菜单。它根据右击对象的不同，智能化地推测出可能进行的操作，生成相应的命令，以菜单的方式提供给用户，从而简化了操作过程。

如图 6-24 所示为在计算机窗口中的空白区域右击时弹出的快捷菜单。

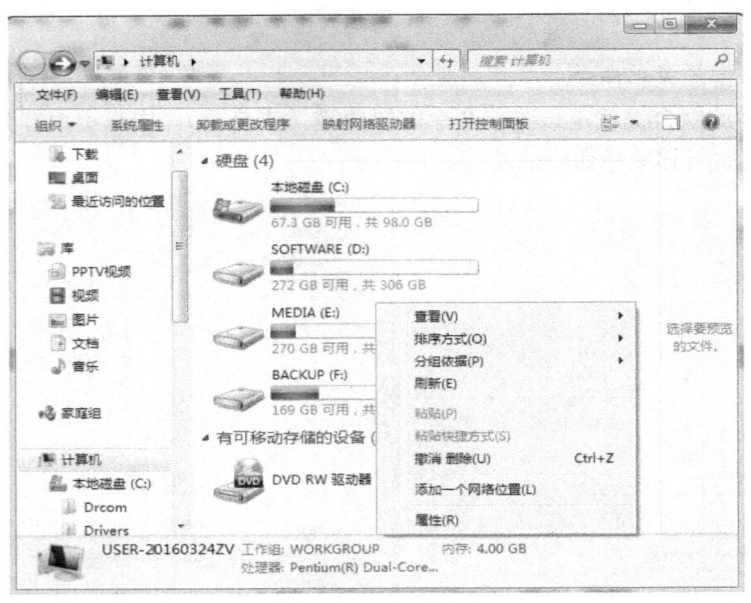

图 6-24 快捷菜单

6.4 文件

计算机系统中的所有程序、各种类型的数据都是以文件的形式存放在外存上的。在 Windows 中，文件是以文件夹的形式进行组织和管理的，文件夹也称为目录。文件夹可以包含各种文件，还可以包含下一级文件夹（或称子目录）。

硬盘、光盘及 U 盘都是外存储器，可以用来长期保存大量的、各种各样的文件。

6.4.1 文件和文件夹

在计算机系统中，文件是最小的数据组织单位。文件中可以存放文本、图像、声音及数据等信息。一个文件是一组信息的集合。文件具有以下特点。

① 文件中可以存放字母、数字、图片和声音等各种信息。

② 文件具有唯一性，即在同一磁盘的同一文件夹（或目录）中，文件名各不相同。

③ 文件可以复制、移动和删除。文件可以从一个 U 盘中复制到另一个 U 盘中，或者从一台计算机中复制到另一台计算机中。

④ 文件具有可修改性。文件建立后可以修改内容，重新生成新文件。

当计算机中存在大量的、不同类型的文件时，直接管理这些文件就显得有些不方便，必须将这些文件进行分类和汇总，所以 Windows 引入了文件夹这个概念来对文件进行有效的管理。

使用文件夹可以分类存放不同用途、不同性质的文件。文件夹中还可以再有子文件夹、子子文件夹等。

使用文件夹管理文件的优点如下。

① 可以通过文件夹来分类管理文件，从而有效地避免由于文件管理混乱而导致的错误。

② 可以通过对文件夹的整体复制、移动和删除来简化一些操作过程。
③ 可以避免由于文件过多或版本更新导致的同名文件冲突。这时，可把这些同名文件放在不同的文件夹中。

6.4.2 文件的类型和图标

在 Windows 中，文件可以分为很多类型，常见的文件有程序文件、文本文件、图像文件、多媒体文件、字体文件和数据文件等。文件扩展名可以用来识别文件的类型。

程序文件由可执行的代码组成，扩展名一般为.com 或.exe。双击大多数程序文件都可以启动或执行某一程序。文本文件通常由字母和数字组成，扩展名一般为.txt。图像文件是指存放图片信息的文件。

图像文件的格式因创建它的应用程序的不同有很多种，例如，Windows 画图应用程序创建的图像文件扩展名为.bmp。

多媒体文件是指数字形式的声音和影像文件。它的格式也不唯一，如 MIDI 文件、电影文件、音频文件、视频文件等。在 Windows 中，可以使用附件中的录音机生成波形文件，其扩展名为.wav。

为了方便管理和识别，系统为每种类型的文件设定了相应的图标，通过图标即可辨识出文件的类型。例如，图标表示该文件是 Word 文档，图标表示该文件是 Excel 文档，图标表示该文件是文本文档。

几乎所有的文件夹都使用图标来表示。虽然有一些特殊文件夹使用了不同的图标，但它们的作用在本质上是一样的。

6.4.3 文件命名规则

在 Windows 中，一个文件或文件夹的名称最多可以由 255 个字符组成，因此可以使用较具体的名称反映文件的主题或作用。文件的命名规则如下：
① 文件名或文件夹名最多可以有 255 个字符；
② 文件名或文件夹名中不能现出 "？"、"/"、"*"、"|"、"""和 "<>"字符；
③ 不区分英文字母大小写，例如，对于文件名 MY FILE 和 my file，系统看作同一个文件名；
④ 文件名或文件夹名中可以有多个分隔符，分隔符通常使用空格和 "."字符，例如，my study.plan.2006。

6.4.4 使用资源管理器浏览文件

在使用计算机时，随时都有可能需要查看一下外存中有些什么文件、文件的存储位置及文件是如何进行组织的，以便能够更好地使用和利用文件资源。资源管理器是 Windows 中一个重要的文件管理工具，它能以多种方式显示、排列文件和文件夹。在资源管理器中，用户可以对文件和文件夹进行选择、移动、复制、删除和查找等操作。

1．启动资源管理器

启动资源管理器常用方法有以下 2 种：
① 在【开始】按钮上右击，从快捷菜单中选择【资源管理器】命令。

② 单击【开始】按钮，选择【程序】|【附件】|【资源管理器】命令。

2. 资源管理器窗口的组成

资源管理器窗口如图 6-18 所示，包括标题栏、地址栏、菜单栏、工具栏、细节窗格、导航窗格、预览窗格和工作区等，具有普通 Windows 窗口的形式。在资源管理器中，大部分的操作必须先选定操作对象，然后通过菜单或工具按钮执行命令来完成。

（1）地址栏

在 Windows 7 中，地址栏是以前的 Windows 版本窗口中一个保留项目，但做了很大改进，使用更为方便。在窗口地址栏中，我们不仅可以知道当前打开文件夹名称、路径，还可以在地址栏中输入本地资源（硬盘、光盘、U盘）的地址或要访问的网络地址，直接打开相应内容。每级路径后面都有一个"▶"符号，单击"▶"可以查看本级目录下的所有资源。

（2）搜索栏

提供了一种在当前文件夹内快速搜索文件的方法，只需要输入文件名的全部或其中一部分，就会筛选文件夹的内容而仅显示匹配的文件。

（3）菜单栏

菜单栏中常用项说明如下。

①【文件】菜单：主要包括打开文件或文件夹，新建文件夹或不同类型的文件，以及删除、重命名文件或文件夹等。

②【编辑】菜单：主要包括对文件或文件夹的剪切、复制、粘贴、移动及选择等。

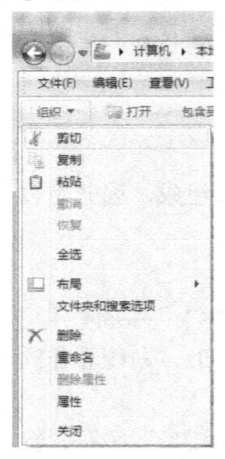

图 6-25 组织命令按钮命令项

③【查看】菜单：选定其中的菜单命令可以设置资源管理器窗口的外观，以及文件或文件夹的表现形式和排列方式等。

④【工具】菜单：主要包括映射网络驱动器、断开网络驱动器、打开同步中心和文件夹选项等。

⑤【帮助】菜单：主要包括查看帮助和关于 Windows 等。

（4）工具栏

工具栏主要包括组织、共享、刻录、新建文件夹、包含到库中等按钮。

① 组织

单击【组织】按钮，弹出下拉菜单，其中提供对文件或文件夹的一些操作，除包含【编辑】菜单中的所有命令外，还增加了布局、文件夹和搜索选项、属性等命令，如图 6-25 所示。

布局：设置资源管理器窗口界面，包括是否显示菜单栏、细节窗格、预览窗格、导航窗格。

文件夹和搜索选项：设置文件及文件夹的打开、查看和搜索时的相关参数。

属性：设置和查看文件及文件夹的共享、安全、版本、图标等参数。

② 共享

设置文件或文件夹的共享访问的相关参数。

③ 刻录

将当前驱动器、文件夹或文件刻录到光盘上。

④ 新建文件夹

在当前驱动器、文件夹下新建一个文件夹。

⑤ 包含到库中

单击【包含到库中】按钮，弹出下拉菜单，如图 6-26 所示。库是 Windows 7 新增的一个文件及文件夹管理的功能，下面对 Windows 7 库的概念及操作进行简要说明。

图 6-26 【包含到库中】下拉菜单

以前版本的 Windows 中，管理文件意味着在不同的文件夹和子文件夹中组织这些文件。在 Windows 7 中，还可以使用库按类型组织和访问文件，而不管其存储位置如何。

库可以收集不同位置的文件，并将其显示为一个集合，而无须从其存储位置移动这些文件。有 4 个默认库（文档、音乐、图片和视频），但可以新建库用于其他集合。在默认情况下，文档、音乐和图片库显示在【开始】菜单中。与【开始】菜单中的其他项目一样，可以添加或删除库，也可以自定义其外观。

库是用于管理文档、音乐、图片和其他文件的位置。可以使用与在文件夹中浏览文件相同的方式浏览文件，也可以查看按属性（如日期、类型和作者）排列的文件。在某些方面，库类似于文件夹。例如，打开库时将看到一个或多个文件。但与文件夹不同的是，库可以收集存储在多个位置中的文件。这是一个细微但重要的差异。库实际上不存储项目。它们监视包含项目的文件夹，并允许用户以不同的方式访问和排列这些项目。例如，如果在硬盘和外部驱动器的不同文件夹中有音乐文件，则可以使用音乐库同时访问所有音乐文件。

（5）细节窗格

细节窗格用来显示当前操作的对象的细节信息。查看文件的基本属性的时候，最好用的就是细节窗格。当选中文件时，在细节窗格中显示出文件的类型、大小等。例如，一张图片的文件类型、拍摄时间、大小、尺寸等。细节窗格显示文件属性示例如图 6-27 所示。

图 6-27 细节窗格显示文件属性示例

（6）导航窗格

导航窗格包括收藏夹、库、家庭组、计算机网络等对象，是用于快速访问计算机资源的工具。例如，单击【收藏夹】下的【最近访问的位置】，显示最近访问过的文件夹的链接，从而快速找到文件。最近访问位置示例如图 6-28 所示。

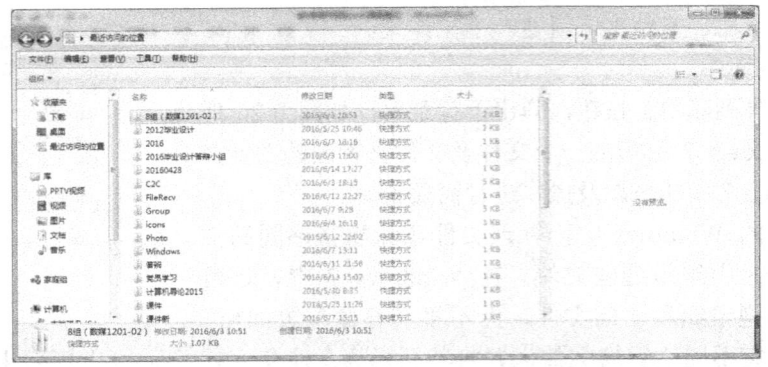

图 6-28　最近访问位置示例

（7）预览窗格

预览窗格是 Windows 7 系统可视化一个新功能，选中的文件内容可以显示在预览窗格中。通过这个功能，就可以更容易地找到自己需要的文件。预览窗格示例如图 6-29 所示。

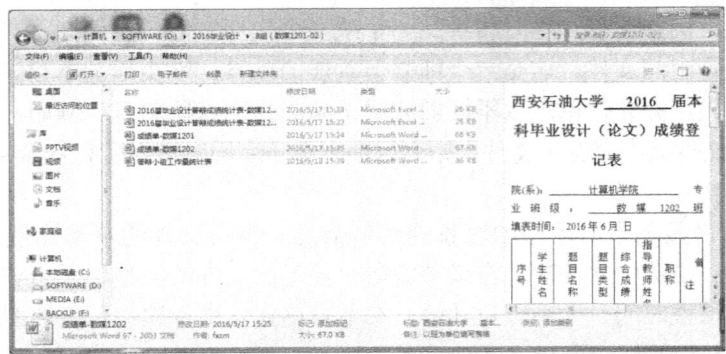

图 6-29　预览窗格示例

（8）工作区

工作区显示活动文件夹中的文件和文件夹。当窗格中不足以显示其中的内容时会自动出现滚动条。工作区示例如图 6-30 所示。

图 6-30　工作区示例

6.4.5 以不同的方式显示文件和文件夹

在浏览文件的相关信息时，用户可以根据自己的需要选择不同的查看方式。通过使用【查看】菜单中的菜单命令，可以控制资源管理器和计算机中文件和文件夹的显示方式，如图 6-31 所示。文件和文件夹有超大图标、大图标、中等图标、小图标、列表、详细信息、平铺、内容 8 种显示方式。

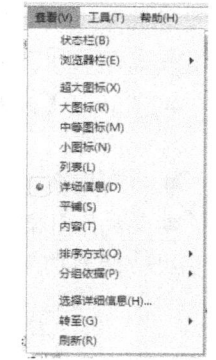

6.4.6 以不同的方式排列文件和文件夹

在浏览文件时，虽然可以以不同的方式显示文件和文件夹，但如果要在众多的文件和文件夹中快速找到某些特定的文件，就希望文件

图 6-31 选择显示方式

图 6-32 排序方式

的排列具有某种规律，例如，按文件的类型、文件的修改时间等排列。在这种情况下，用户可以使用【查看】|【排序方式】命令，根据需要重新调整文件和文件夹的显示顺序，从而缩小查找范围，提高查找速度。排序方式如图 6-32 所示。

操作方法主要有以下两种。

① 选择【查看】|【排序方式】命令，在打开的子菜单中选择文件的排序方式即可。

② 在详细资料显示方式下，在工作区标题栏中的某一列上单击，就可以根据这一列的属性进行排序；再次单击可以在升序和降序之间进行切换。如图 6-33 所示为按文件的大小属性升序排序。

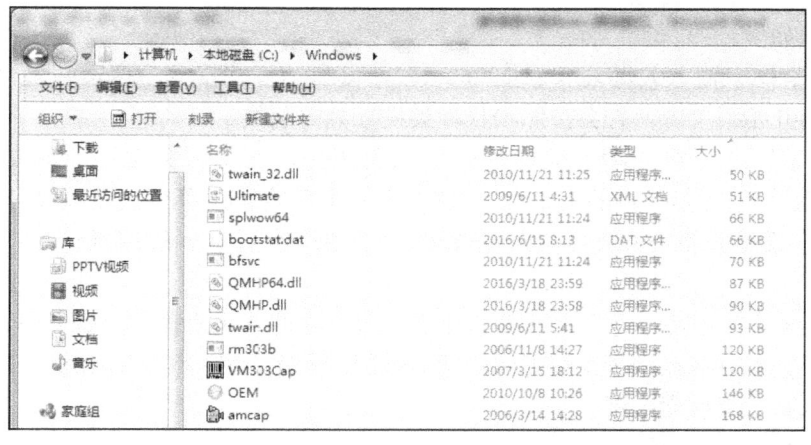

图 6-33 按文件的大小属性升序排序

6.4.7 查找文件和文件夹

在使用 Windows 的过程中，有时需要在大量的文件和文件夹中查找某一个或某一类文件，但是用户又不知道该文件或文件夹的位置，而且在不同的文件夹中可能存在同名文件，此时如果人工查找，既不准确又耗时。

Windows 7 提供了快速查找文件或文件夹的功能，用户可以在【搜索结果】对话框中设置搜索条件，缩小查找范围，系统将自动查找所需要的文件或文件夹。启动系统搜索功能的常用方式有下列三种：

- 单击【开始】按钮，在【开始】菜单最下方的【搜索程序和文件】框中输入搜索内容；
- 利用资源管理器的搜索栏；
- 利用计算机窗口的搜索栏；

启动搜索功能后，打开的搜索结果窗口如图 6-34 所示。

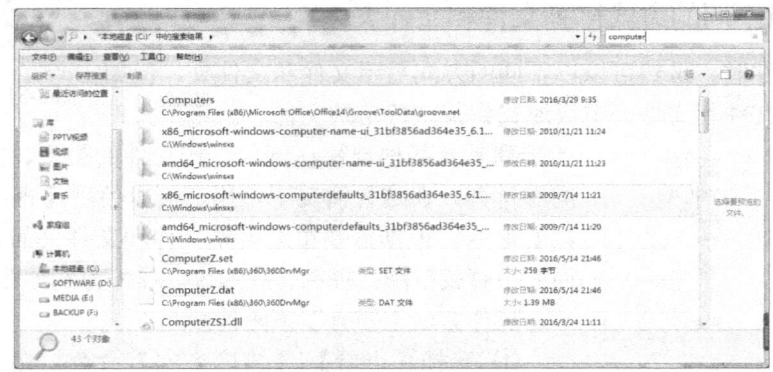

图 6-34　搜索结果窗口

各种方式的查找都在搜索结果窗口中进行，在不同方式下，默认的搜索范围不同，用户可以设置或细化查找条件，使得搜索结果更能满足查找要求。

1．按位置和文件名查找

操作步骤如下。

① 在搜索框中输入关键词（例如*.doc)后，可自动开始搜索，搜索结果会即时显示在搜索框上方的开始菜单中，并会按照项目种类进行分门别类。

② 搜索结果还可根据输入关键词的变化而变化，例如将关键词改成文件时，搜索结果会即刻改变，具有一定的智能化。如果使用【开始】菜单中的【搜索程序和文件】框，可以单击【查看更多结果】项，在资源管理器中查看更多的搜索结果，以及搜索到的对象数量。

③ Windows 7 中还设计了再次搜索功能，即在经过首次搜索后，如果搜索结果太多，可以进行再次搜索，可以选择系统提示的搜索范围，如库、家庭组、计算机、网络、文件内容等，也可以自定义搜索范围。

搜索结果如图 6-34 所示。

2．按日期、大小组合查找

在搜索内容时，还可进一步缩小搜索的范围，针对搜索内容添加搜索筛选器，如选择种类、修改日期、类型、大小、名称、文件夹路径等，并可以进行多个组合，提升搜索的效率和速度。

按日期搜索的操作步骤如下。

① 单击搜索框，在下拉列表中选择【修改日期】项，弹出选择日期或日期范围下拉列表，如图 6-35 所示。

② 可以在选择日期或日期范围下的日历中单击要查找的文件的创建日期或修改日期。

③ 也可以指定时间范围，如：很久以前、今年的早些时候、这个月的早些时候、上星期、这星期的早些时候、昨天。

按大小搜索的操作步骤如下。

① 单击搜索框，在下拉列表中选择【大小】项，弹出大小下拉列表，如图 6-36 所示。

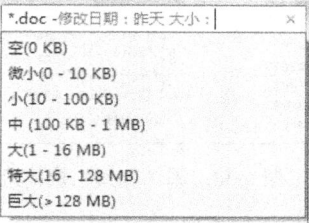

图 6-35　按日期或日期范围搜索　　　　图 6-36　按大小搜索

② 可以根据需要选择文件大小。

3．再次搜索

在 Windows 7 中还设计了再次搜索功能，即在经过首次搜索后，搜索结果太多时，可以进行再次搜索，可以选择系统提示的搜索范围，如库、家庭组、计算机、网络、文件内容等，也可以自定义搜索范围。

操作方法：

① 在资源管理器导航窗格中选择对象。

② 在搜索栏选择搜索条件。

图 6-34 的搜索位置改变为 D 盘的搜索结果如图 6-37 所示。

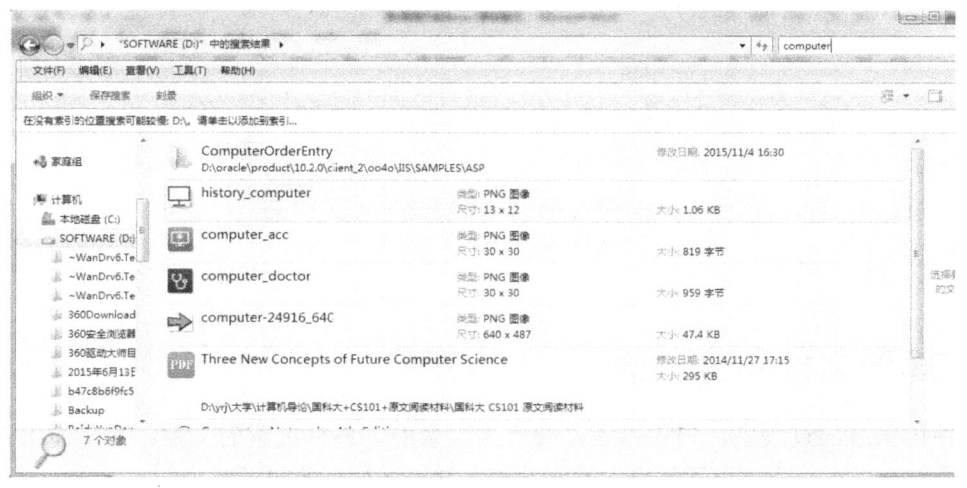

图 6-37　搜索结果 2

4. 添加索引

添加索引，搜索更快。相对于传统搜索方式来说，Windows 7 系统中索引式搜索仅对被加入到索引选项中的文件进行搜索，大大缩小搜索范围，加快搜索的速度。在 Windows 7 资源管理器窗口中搜索时，会提示用户添加到索引，单击后弹出快捷菜单，如图 6-38 所示。选择【添加到索引】命令，会弹出对话框提示用户确认对此位置进行索引，如图 6-39 所示。

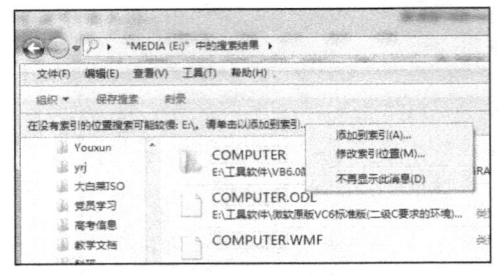

图 6-38　添加到索引快捷菜单

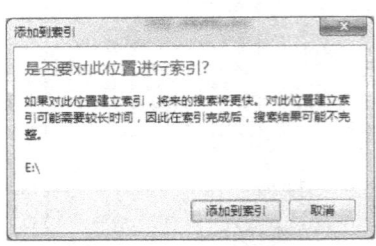

图 6-39　提示对话框

一般，用户无须手动设置索引选项，Windows 7 系统会自动根据用户习惯管理索引选项，并且为用户使用频繁的文件和文件夹建立索引。用户也可以在图 6-38 所示的快捷菜单中选择【修改索引位置】命令，打开【索引选项】对话框，手动将一些文件夹添加到索引选项中，如图 6-40 所示。

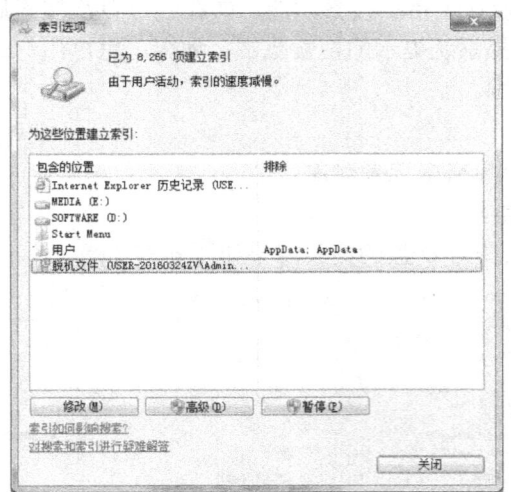

图 6-40　修改索引位置

6.5　管理文件和文件夹

在使用系统的过程中，日积月累，会产生大量的、各种类型的文件，为了便于查找和提高资源的利用率，应该对计算机中的文件和文件夹进行有效的管理。

在 Windows 窗口中，基本上提供了对文件和文件夹进行管理的各种操作，例如，文件的打开、新建、移动、复制、删除等。这些操作可以使用鼠标选择菜单栏中的菜单命令完成，大部分功能还可以选择工具栏中的工具按钮或快捷菜单完成。下面以在资源管理器窗口中的操作为例介绍文件和文件夹的管理。

6.5.1 选择文件或文件夹

对文件或文件夹进行各种操作之前，必须先选择它。可以选择单个文件或文件夹，也可以同时选择多个文件或文件夹。被选定的文件或文件夹的名称和图标呈反白显示。

1．选择单个文件或文件夹

鼠标单击该文件或文件夹即可选定。

用键盘选择时，先按 Tab 键在窗口项目间移动光标，然后按↑、↓、End、Home、PgUp 或 PgDn 键，在窗口项目间移动光标。名字呈反白显示者即为当前项。

2．选择多个连续的文件或文件夹

单击第一个文件，再按住 Shift 键单击最后一个文件，此时，这两个文件及其间的所有文件同时被选中。也可以使用拖动鼠标的方法，在资源管理器工作区中按住鼠标左键不放，拖动鼠标指针，此时出现一个蓝色阴影框，位于框内的文件或文件夹都会被选中，如图 6-41 所示。

图 6-41　拖动鼠标指针选择多个连续的文件

3．选择多个不连续的文件或文件夹

按住 Ctrl 键不放，逐个单击要选择的各个文件或文件夹即可。

4．全部文件与反向选择

选择【编辑】|【全部】命令，可以选择右窗格中的所有文件与文件夹。

选择【编辑】|【反向选择】命令，可进行反向选择。反向选择是指取消原来的选择，而改为选择当前文件夹中原来未被选择的内容。

5．取消选择

要取消对文件或文件夹的选择，在空白区的非文件名位置单击即可。

要在所选择的多个文件或文件夹中取消对个别文件的选择，先按住 Ctrl 键不放，再单击要取消的文件或文件夹即可。

6.5.2 新建文件或文件夹

要往文件中写数据，必须先新建一个文件。当需要对文件分类存放时，通常要先创建一个新文件夹。操作步骤如下。

① 选择新建文件或文件夹的位置，可以是一个磁盘驱动器，或者一个已有的文件夹。
② 选择【文件】|【新建】命令，打开下一级子菜单，如图 6-42 所示。

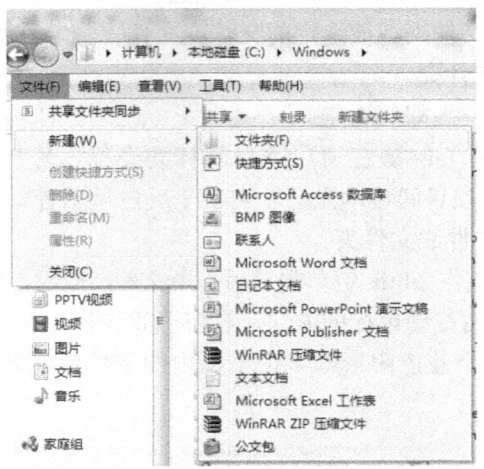

图 6-42 【新建】子菜单

◆ 若要新建一个文件夹，则在【新建】子菜单中选择【文件夹】命令，此时在右窗格中文件列表的最后将出现一个名为"新建文件夹"的文件夹，且该名字处于可编辑状态，如图 6-43 所示。输入新文件夹名，按 Enter 键确认生效。

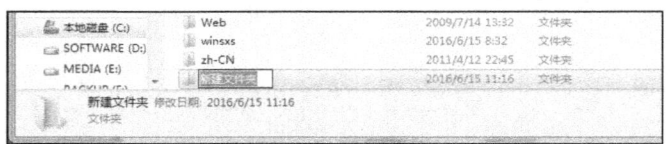

图 6-43 新建文件夹

◆ 若要新建一个文件，则在【新建】子菜单中选择新文件的类型，如【文本文档】命令，此时，在右窗格中文件列表最后出现一个名为"新建文本文档"的文件，且该名字处于可编辑状态，如图 6-44 所示。输入新名字，按 Enter 键确认生效。

图 6-44 新建文本文档

注意，新建的文件是一个空文件，其中没有内容。如果要编辑该文件，可以双击该文件，系统会调用相应的应用程序打开该文件。

6.5.3 重命名文件或文件夹

在 Windows 中可以根据自己的需要，更改文件或文件夹的名字。但是，计算机中的一些系统文件（如*.sys）的名字不能更改，否则系统可能出错或者无法启动。在一般情况下，也不要轻易更改网络上的共享文件或文件夹的名字。

重命名文件或文件夹操作步骤如下。

① 选择要重命名的文件或文件夹，其名字变为反白显示。

② 执行重命名操作，有下列几种方法：

- 在文件名或文件夹名上右击，在弹出的快捷菜单中选择【重命名】命令。
- 在选定的文件或文件夹名称上单击，注意不要单击图标。
- 选择【文件】|【重命名】命令。

执行完上述操作后，文件或文件夹名字周围出现一个方框，其中有光标在闪烁，表示处于可编辑状态。

③ 输入新名字，然后按 Enter 键或单击该名字框外任意位置，确认新名字生效。

6.5.4 移动、复制文件或文件夹

1．移动文件或文件夹

使用鼠标操作可以将一个或多个文件或文件夹移动到另一个驱动器或文件夹中，操作步骤如下。

① 选择要移动的文件或文件夹。

② 选择【编辑】|【剪切】命令，或者单击工具栏中的 ✄ 按钮，或者在选择的对象上右击，在弹出的快捷菜单中选择【剪切】命令。

③ 选择目标驱动器或目标文件夹。

④ 选择【编辑】|【粘贴】命令，或者单击工具栏中的 📋 按钮，或者在目标对象上右击，在弹出的快捷菜单中选择【粘贴】命令。

2．复制文件或文件夹

使用鼠标可以将一个或多个文件或文件夹复制到另一个驱动器或文件夹中，操作步骤如下。

① 选择要复制的文件或文件夹。

② 选择【编辑】|【复制】命令，或者在选择的对象上右击，在弹出的快捷菜单中选择【复制】命令。

③ 选择目标驱动器或目标文件夹。

④ 选择【编辑】|【粘贴】命令，或者在目标对象上右击，在弹出的快捷菜单中选择【粘贴】命令。

另外，文件的移动和复制还可以用拖动鼠标的方式实现，将鼠标指向选定对象，先按住鼠标左键不放，然后拖动到目标驱动器或文件夹的附近，当目标驱动器或文件夹呈反色显示时松开鼠标左键即可。

但是要注意，在同一个驱动器中拖动是移动操作，在不同驱动器间拖动是复制操作。其区别是，在拖动时如果目标阴影中有"+"符号则为复制，无"+"符号则为移动，如

图 6-45 所示。

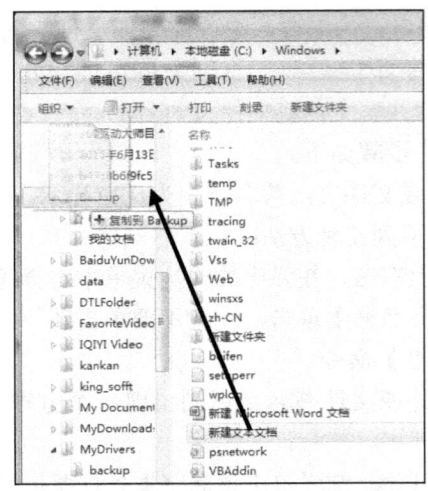

图 6-45 拖动鼠标实现文件复制

另外，在同一驱动器中拖动时，如果同时按住 Ctrl 键，也会出现"+"符号而成为复制操作。在不同驱动器间拖动时，如果同时按住 Shift 键，则不会出现"+"符号而成为移动操作。

6.5.5 删除和还原文件或文件夹

在使用计算机的过程中，往往会建立一些临时文件，或者会产生一些过时的、没用的文件，为了有效地利用计算机的存储器资源，就要将不需要的文件删除。

1．删除文件或文件夹

操作步骤如下。

① 选择要删除的文件或文件夹。

② 执行下列操作之一：

◆ 直接按 Delete 键。

◆ 选择【文件】|【删除】命令。

◆ 在选择的对象上右击，在弹出的快捷菜单中选择【删除】命令。

◆ 按住鼠标左键不放将选择的对象拖到"回收站"图标上，松开左键即可。

2．回收站

文件的删除有两种情况，一是将不用的文件暂时删除，以后还可以随时恢复；二是彻底删除，这是不可恢复的。Windows 提供了一个"回收站"工具，可以容纳用户删除的文件，对因失误引起的删除操作可起到保护作用。

3．还原被删除的文件

操作步骤如下。

① 双击"回收站"图标，打开回收站窗口，如图 6-46 所示。

② 选择要还原的文件或文件夹。

③ 选择【文件】|【还原】命令，或在右键快捷菜单中选择【还原】命令，文件就恢复

到原来的位置。

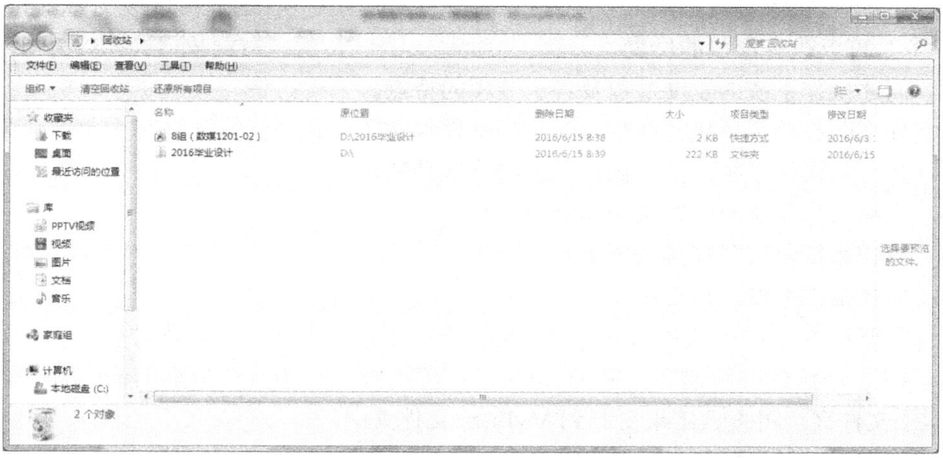

图 6-46 回收站

习题 6

6-1 从提供的答案中选择一个正确的，填入（　　）中。

（1）操作系统是一种（　　）。
    A．便于计算机操作的硬件　　　　B．便于计算机操作的规范
    C．管理计算机系统资源的软件　　D．计算机硬件系统

（2）在 Windows 7 中，当一个应用程序窗口被最小化后，该应用程序将（　　）。
    A．被终止执行　　　　　　　　　B．继续执行
    C．被暂停执行　　　　　　　　　D．被删除

（3）Windows 7 操作系统是（　　）。
    A．单用户单任务操作系统　　　　B．单用户多任务操作系统
    C．多用户多任务操作系统　　　　D．多用户单任务操作系统

（4）Windows 7 允许使用长文件名，其长度最多可达（　　）。
    A．11 个汉字　　　　　　　　　　B．255 个字节
    C．11 个字节　　　　　　　　　　D．128 个汉字

（5）下面是关于 Windows 7 文件名的叙述，错误的是（　　）。
    A．文件名中允许使用汉字　　　　B．文件名中允许使用多个圆点分隔符
    C．文件名中允许使用空格　　　　D．文件名中允许使用竖线"|"

（6）Windows 7 中能更改文件名的操作是（　　）。
    A．右击文件名，在弹出的快捷菜单中选择【重命名】命令，再输入新文件名后按回车键
    B．单击文件名，然后直接输入新文件名按回车键
    C．按住 Ctrl 键的同时，单击文件名，然后输入新文件名按回车键
    D．双击文件名，然后输入新文件名后按回车键

（7）在 Windows 7 操作中，若鼠标指针变成"I"形状，则表示（　　）。
　　A．可以接收键盘的输入　　　　　　　　B．可以改变窗口的大小
　　C．可以改变窗口的位置　　　　　　　　D．处于等待状态

6-2　简述操作系统的发展过程及各个过程的特点。

6-3　什么叫计算机系统的终端？什么叫本地终端？什么叫远程终端？

6-4　什么叫操作系统？简述操作系统的主要功能。

6-5　推动操作系统不断发展的因素是什么？

6-6　操作系统负责管理哪些资源？

6-7　简述操作系统的启动过程。

6-8　将驱动器 C 中的文件和文件夹以列表方式显示，并按文件名称排列。

6-9　在驱动器 D 中新建文件夹 MyFiles，在驱动器 C 中查找扩展名为.txt 的所有文件，设置搜索子文件夹，将搜索结果复制到 MyFiles 文件夹中。

6-10　打开资源管理器的方法有哪些？

6-11　在资源管理器和计算机窗口中，对象的显示方式有几种？如何改变对象的显示方式？

6-12　在资源管理器中将驱动器 C 中的文件和文件夹以列表方式显示，并按文件名称排列。

6-13　回收站的作用是什么？

6-14　在进行文件或文件夹操作之前，首先必须选择操作对象，分别简述选择单个、多个连续、多个不连续文件或文件夹时的操作步骤。

6-15　剪切、复制和粘贴的快捷键是什么？简述下列操作的操作步骤：

（1）使用菜单命令实现文件的移动和复制；

（2）用鼠标拖动的方法在同一驱动器中实现文件的移动和复制；

（3）用鼠标拖动的方法在不同驱动器间实现文件的移动和复制。

6-16　在 D 盘上建立以你的学号命名的文件夹。"画图"应用程序的执行文件名为 mspaint.exe，该文件位于 C 盘某文件夹中，要求：

（1）查找该文件；

（2）为该文件建立快捷方式；

（3）将该快捷方式复制到新建的文件夹中。

第7章 算　　法

软件的主体是程序，程序的核心是算法。算法既是人类之间交流智能的工具，也是人和机器之间交流智能的工具。

本章主要讨论算法的定义、算法的表示、算法的发现和算法的结构。

7.1 什么叫算法

在第 1 章中，我们简单介绍了算法的概念，并指出：软件的主体是程序，程序的核心是算法。算法既是人类之间交流智能的工具，也是人和机器之间交流智能的工具。算法既然在软件开发中具有如此重要的地位，我们就要对算法问题给予足够的重视。为此，我们首先需要给出算法的严格定义。

算法是描述求解问题方法的操作步骤集合，这样的操作步骤必须具有确定性、可终止性和可执行性。

算法的确定性是指算法中的每个操作步骤必须是含义确定的。算法的可终止性是指算法应能在有限的操作步骤后结束。算法的可执行性是指算法中的操作步骤都是可以具体执行的。

我们仍以第1章给出的求解两个整数的最大公约数问题的算法为例，来讨论算法的确定性、可终止性和可执行性。求解两个整数的最大公约数问题的方法如下。

① 令 M 为两个整数中的较大者，N 为两个整数中的较小者。

② 用 M 除以 N，令 R 为 M 除以 N 的余数。

③ 若 R 不等于 0，则令 M 等于 N，N 等于 R，返回步骤②继续；若 R 等于 0，则 N 中的数值就是两个整数的最大公约数。

显然，上述操作步骤满足算法所要求的三点：第一，上述的每个操作步骤都是含义确定的；第二，当两个整数 M 和 N 为有限数值时，上述方法可在有限的操作步骤后结束；第三，上述的每个操作步骤都是可以具体执行的。因此，上述操作步骤是一个算法。

但是，下面这两个问题都没有算法：

① 构造一个包含所有正整数数值的表。

② 把桌子上的水杯移开。

问题①要求构造包含所有正整数数值的表，所有正整数数值是无穷的，任何操作步骤都不可能在有限步内完成，不满足可终止性。所以，求解问题①的任何操作步骤都不是算法。

问题②要求把桌子上的水杯移开，这样的要求是计算机无法直接做到的。因此，任何让计算机直接对水杯操作的操作步骤都不满足可执行性。当然，如果对这个问题进行适当变换，让计算机执行某个操作步骤，该操作步骤控制某个电路状态发生变化，电路状态的变化再让某个机械装置的状态发生变化，还是可以完成问题②的。

从算法所具有的确定性、可终止性和可执行性，我们可以得出如下结论。

① 由于算法中所有的操作步骤都具有确定性，而任何确定的、无二义的操作，计算机都可以按部就班地一步步执行，因此，我们很容易就可以把求解问题的算法转变为计算机可以执行的程序。

② 计算机求解任何问题，必须在一个有限的时间段内得到处理结果，算法的可终止性保证了这一点。

③ 算法的可执行性保证了所有操作步骤都是在计算机中可以执行的。

从另一个角度来看，算法所处理的问题一定有零个或若干个输入数据，算法对一个问题的零个或若干个输入数据进行处理后，一定会产生至少一个作为处理结果的输出数据。所以，从函数映射的角度看，算法是输入数据到输出数据的一种映射。

7.2 算法的基本元素

算法所具有的确定性、可终止性和可执行性，奠定了用计算机执行算法的基础。但要做到让计算机理解算法，必须解决算法的表示问题。要解决算法的表示问题，第一步需要确定算法的基本元素。所谓算法的基本元素包含两个方面的含义，一个方面是描述算法的基本单词，另一个方面是每个基本单词的语义含义。这就像一种语言由单词和单词的语义两个方面构成一样。

分析算法，我们可以总结出所有算法的基本元素。算法的基本元素主要有以下 5 类。

1. 变量

大多数算法描述的问题求解过程都是高度概括的，适合于求解同类型的各种具体问题。例如，7.1 节讨论的求解两个整数的最大公约数问题的算法，就可以求解任意整数 M 和整数 N 的最大公约数。当把该算法用于求解某个具体问题，如求整数 48 和整数 36 的最大公约数时，就用整数 48 代表 M，用整数 36 代表 N。因此，算法中的符号 M 和符号 N 是某个具体数值的表示。

不仅如此，在算法中，随着算法求解过程的进行，符号 M 和符号 N 所代表的数值还可以改变。例如，操作步骤"令 M 等于 N"后，符号 M 所代表的数值就发生了改变。我们把算法中代表某个具体数值，并可以改变其数值的符号称为变量。

变量可以用一个或若干个字符符号来表示。例如，在求解两个整数的最大公约数问题的算法中，符号 M、N、R 就是三个变量。又如，我们可以定义符号 age 为一个表示某个人年龄数值的变量，还可以定义符号 sum 为表示若干个数值连加之和的变量。

2. 赋值

在算法中，赋值是实现给变量赋值，或对变量中的数值进行修改的一种操作。用符号 ASSIGN 表示赋值，赋值语句格式为：

    ASSIGN name value

或   ASSIGN name valueExpression

前一条赋值语句表示把一个具体的数值 value 赋给变量名为 name 的变量。后一条赋值语句表示把一个表达式 valueExpression 的运算结果（其值为一个确定的数值）赋给变量名为 name 的变量。

例如，若定义 age 为一个变量，则可以用以下赋值语句把数值 20 存放在变量 age 中：

  ASSIGN age 20

又如，当表示某人的年龄在原来年龄的基础上加 1 岁时，可用以下赋值语句实现：

  ASSIGN age age+1

其中，age+1 就是一个表达式。当变量 age 中原来存放的数值是 20 时，该表达式的运算结果就是 21。该赋值语句执行完后，变量 age 中的数值就不再是 20，而是变成了 21。

3. 分支

在算法描述中，经常要根据不同的情况进行不同的处理。例如，对于一个分段函数，当自变量 x 满足某种条件时，函数 $y=f(x)$ 就取某个数学表达式；当自变量 x 满足另一种条件时，函数 $y=f(x)$ 就取另一个数学表达式。算法中的这种结构称为分支结构。

设符号 IF、THEN 和 ELSE 是算法中表示分支结构的符号，分支语句的格式为：

  IF（condition）THEN activityOne
    ELSE activityTwo

或

  IF（condition）THEN activity

其中，condition 表示条件，activityOne 表示一种处理方法，activityTwo 表示另一种处理方法。

前一种语句格式的含义是：当条件 condition 成立时，执行处理方法 activityOne；否则（即条件 condition 不成立时），执行处理方法 activityTwo。前一种语句格式的执行过程如图 7-1（a）所示。

后一种语句格式是分支语句的一种简单情况，其含义是：当条件 condition 成立时，执行处理方法 activity；否则，不进行任何处理。后一种语句格式的执行过程如图 7-1（b）所示。

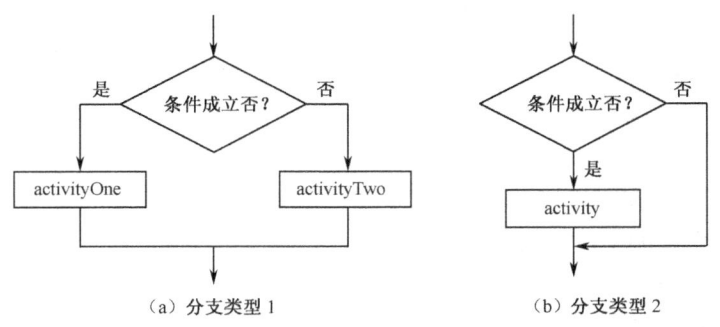

（a）分支类型 1　　　　　　　（b）分支类型 2

图 7-1　分支语句的执行过程

在分支语句中，一种处理方法既可以是一条语句，也可以是一组语句。例如，下边例子就描述了当 x 大于 0 和 x 小于或等于 0 两种情况时，两个分支的不同处理：

```
IF(x>0)THEN ASSIGN y x+3
         ELSE ASSIGN y x+5
```

又如，下边例子描述了，当 x 大于 10 时，y 等于 y+1；而当 x 小于或等于 10 时，不进行任何处理的分支处理：

```
IF(x>10)THEN ASSIGN y y+1
```

分支语句可以嵌套使用，嵌套形式的分支语句可以表示三种或三种以上的不同处理情况。例如，下边例子就描述了 x 等于 0、x 小于 0 和 x 大于 0 这三种情况的分支处理：

```
IF(x==0)THEN ASSIGN y x+3
ELSE
    IF(x<0)    ASSIGN y x+5
    ELSE       ASSIGN y x-5
```

4．循环

在算法描述中，经常要在满足某种条件的情况下，连续不断地执行某个相同的处理方法。例如，要完成整数 1～100 的累加运算，就可以令变量 sum 初始值为 0，令变量 x 初始值为整数 1，然后判断变量 x 是否小于或等于 100。当 x 小于或等于 100 时，令变量 sum 等于 sum+x，并且令变量 x 等于 x+1；当 x 大于 100 时，结束这种处理过程。算法中的这种结构称为循环结构。

设符号 WHILE 和 DO 是算法中表示循环结构的符号，循环语句的格式为：

```
WHILE (condition) DO activity
```

其中，condition 表示条件，activity 表示一种处理方法。循环语句的含义是：当条件 condition 成立时，执行处理方法 activity。这里所说的处理方法既可以是一条语句，也可以是一组语句。为了使循环过程在有限步后结束，在处理方法 activity 中一定要对条件 condition 进行某种改变，并要使这种改变每次都更逼近条件 condition 不成立。循环语句的执行过程如图 7-2 所示。

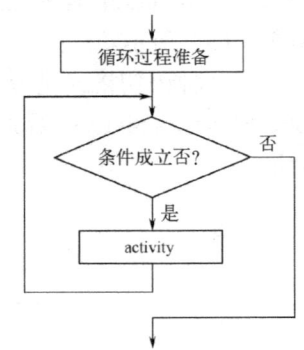

例如，上面求整数 1～100 的累加和的算法可以描述如下：

```
ASSIGN sum 0
ASSIGN x 1
WHILE (x <= 100) DO
{
    ASSIGN sum sum+x
    ASSIGN x x+1
}
```

图 7-2 循环语句的执行过程

在上述算法中，语句 ASSIGN sum sum+x 完成累加运算，语句 ASSIGN x x+1 既实现变量数值增 1，又实现对条件 x <= 100 的某种改变，并使这种改变每次都更逼近条件 x <= 100 不成立。因为上述循环结构的循环体部分有两条语句，所以在书写时要用一对花括号括起来。

如果算法中没有对变量 x 的改变，或没有使这种改变每次都更逼近条件 x <= 100 不成立（若语句为 ASSIGN x x-1，就不会更逼近条件 x <= 100 不成立），则上述算法永远不会结束。永远不会满足循环结束条件的循环结构称为死循环。我们知道，算法的定义限制算法必须具有有穷性，因此，算法设计要避免出现死循环。

循环语句也可以嵌套使用。不仅如此，分支语句也可以和循环语句结合起来使用。

顺序执行的一个个赋值语句、分支语句和循环语句构成了算法的三种基本结构：顺序结构、分支结构和循环结构。

任何复杂的算法问题，都可以通过设置适当的变量，以及选择适当的三种基本结构的组合来描述。

5. 过程

一个算法可以在许多地方使用，若要把一个算法表示成许多地方都能使用的形式，就需要规定一种固定格式，这就是过程。设符号 PROCEDURE 是算法中表示过程的符号，过程语句的格式为：

```
PROCEDURE Name(ParameterList)
{
    过程体
}
```

其中，Name 是过程名，一对花括号括起来的部分是过程体。过程体可以是任意语句序列。ParameterList 是过程的参数表，一个过程通常有若干个参数，这些参数称为该过程的参数表。参数是一个数值未定的变量，这样就可以用一个带参数表的过程表示一个范围很宽的算法。

例如，求整数 1～100 的累加和问题的算法是一个使用范围较窄的算法，具体算法如前所述；而求整数 1～n（n 为任意的整数）的累加和问题的算法就是一个使用范围较宽的算法，可以把后一个问题表示成带一个参数的过程。求整数 1～n 的累加和问题的过程如下：

```
PROCEDURE Sum1(n)
{
    ASSIGN sum 0
    ASSIGN x 1
    WHILE(x <= n) DO
    {
        ASSIGN sum sum+x
        ASSIGN x x+1
    }
}
```

其中，符号 Sum1 是过程名，n 是该过程的参数，n 表示要累加的结束数值。n 个数值的累加问题算法的流程图如图 7-3 所示。

一个过程可以有若干个参数。例如，求 n_1～n_2 的累加和问题就可以表示成如下过程：

```
PROCEDURE Sum2(n1,n2)
```

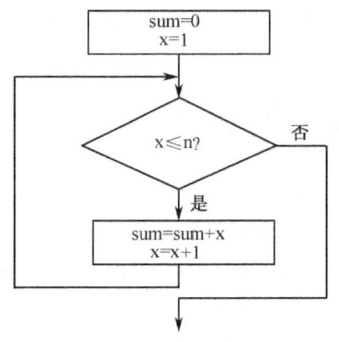

图 7-3 累加问题算法的流程图

```
            {
                ASSIGN sum 0
                ASSIGN x n1
                WHILE（x <= n2） DO
            {
        ASSIGN sum sum+x
        ASSIGN x x+1
            }
            }
```

其中，符号 Sum2 是过程名，n1 和 n2 是该过程的两个参数，n1 表示要累加的起始数值，n2 表示要累加的结束数值。

一个过程也可以没有一个参数。例如，求整数 1～100 的累加和问题就可以表示成不带参数的如下过程：

```
        PROCEDURE Sum3
        {
            ASSIGN sum 0
            ASSIGN x 1
            WHILE(x <= 100) DO
            {
                ASSIGN sum sum+x
                ASSIGN x x+1
            }
        }
```

其中，符号 Sum3 是过程名。由于该过程要累加的起始值和结束值都是固定的，不需要参数指定，因此该过程没有参数。

过程使我们可以把一个复杂问题的大算法表示成若干个简单问题的小过程模块的合成，这就像我们可以把制造汽车的过程，分解成先分别制造发动机、轮胎、车灯等部件，然后再把这些部件组装起来一样。从这个意义上说，过程是构造复杂问题的大算法的小的单元，所以过程也称为单元。另外，过程还有其他名字，如函数、子程序、子例程等，这是由于不同的高级程序设计语言在实现过程时使用不同术语。

任何一个过程都可以调用其他过程。

7.3 算法的表示

在第 1 章和本章前两节中，我们在表示算法时使用了几种不同的表示方法，也就是说，一个相同含义的算法可以有几种不同的表示方法。概括来说，算法主要有三种表示形式：文字形式、伪码形式和程序形式。

1．文字形式

算法的步骤可以用文字形式来表示。求解两个整数的最大公约数的文字形式的算法重述如下。

① 令 M 为两个整数中的较大者，N 为两个整数中的较小者。

② 用 M 除以 N，令 R 为 M 除以 N 的余数。

③ 若 R 不等于 0，则令 M 等于 N，N 等于 R，返回步骤②继续；若 R 等于 0，则 N 中的数值就是两个整数的最大公约数。

文字形式的算法主要用在人类之间传递思想和智能。当把算法用于在人类和计算机之间传递智能时，文字形式算法的主要缺点是，表示方法不规范，不同的人描述相同的算法在用词和语句上有很大差异。显然，文字形式的算法很难让计算机来理解和执行。

2. 伪码形式

算法的步骤可以用 7.2 节讨论的基本语句来构成。由于 7.2 节讨论的基本语句不是计算机能直接理解和执行的程序语句，而是一种仿程序语句的形式，因此也称为伪码。这样的算法表示方法称为算法的伪码形式。求解两个整数的最大公约数的伪码形式的算法如下：

```
PROCEDURE CommDivisor(m,n)
{
    IF(m < n)    THEN
    {
        ASSIGN temp m
        ASSIGN m n
        ASSIGN n temp
    }

    ASSIGN r m%n
    WHILE(r != 0) DO
    {
        ASSIGN m n
        ASSIGN n r
        ASSIGN r m % n
    }
}
```

其中，m%n 表示求 m 除以 n 的余数。

由于伪码规定了特定符号的含义和固定的语句格式，因此伪码形式的算法结构非常固定。虽然伪码形式的算法还只能用在人类之间传递思想和智能，但是，由于伪码的每个基本语句和任何计算机高级语言的语句格式都非常接近，因此，可以很方便地把伪码形式的算法转变为计算机可以直接理解和执行的任何计算机高级语言的程序。

另外，对比伪码形式的算法和下边程序形式的算法，可以发现，伪码形式的算法更加简洁，伪码形式的算法不需要考虑程序实现所要求的细节描述。

3. 程序形式

在第 1 章中我们就定义过，程序是用程序设计语言表示出来的算法，或者说，程序是处理特定问题的计算机可识别的语句集合。因此，算法也可以用某种计算机高级语言来表示，这称为算法的程序形式。求解两个整数的最大公约数的 C 语言函数（C 语言中的函数相当于伪码中的过程）如下：

```
int CommDivisor(int m, int n)
{
```

```
    int temp, r;

    if(m < n)
    {
        temp = m;
        m = n;
        n = temp;
    }

    r = m % n;
    while(r != 0)
    {
        m = n;
        n = r;
        r = m % n;
    }

    return r;
}
```

对比求解两个整数的最大公约数算法的伪码形式和 C 语言程序形式，可以发现，其差别主要有以下 4 点。

① 在 C 语言程序中，所有变量在第一次出现时，前面都增加了符号 int，这称为变量定义。在所有高级语言中，变量定义是指给变量分配一个具体大小的存储单元空间。在上边的例子中，语句 int temp, r 表示给变量 temp 和变量 r 分配大小为 4 字节的存储单元空间。参数 m 和参数 n 也是变量，也需要在调用前进行定义，即在调用前分配具体的存储单元空间。这里，参数 m 和参数 n 前边增加的符号 int，表示给参数 m 和参数 n 分配的存储空间大小为 4 字节。另外，前面我们说过，过程名（即 C 语言的函数名）也是变量，所以，函数名 CommDivisor 前也增加了符号 int，表示了给函数名 CommDivisor 分配的存储空间大小为 4 字节。

② 在 C 语言程序中，赋值语句采用了更为简单的表示形式。例如，C 语言程序中的语句 temp = m;就表示了伪码形式算法的语句 ASSIGN temp m。

③ 在 C 语言程序中，每条语句结束后都增加了语句的结束标记符号";"。

④ 在 C 语言程序的最后一行，增加了一条 return r;语句，该语句是 C 语言实现函数的数据传送等所必需的，即把变量 r 中的数值传送给函数名 CommDivisor，然后结束函数过程。

上述 C 语言程序中增加的部分，都属于把算法转换为程序时要考虑的"细节"。这是因为，程序是要让计算机具体运行的，如果没有上述"细节"，计算机就无法运行程序。例如，如果 C 语言程序中不定义变量 temp，计算机就无法知道变量 temp 需要分配多大的存储单元空间，该变量是需要占用 4 字节，还是需要占用 8 字节？我们在第 2 章中讨论过，存储单元的字节数不同，该存储单元存放的数据（即这里的变量）的数值范围就不同。4 字节的存储单元可表示的数据的数值范围为−32 768～+32 767，如果要处理的数据大于这个范围，就要定义占用更大存储单元空间的变量。

又如，计算机在执行每条语句前，需要首先"识别"出每条语句。C 语言程序中每条语句结束后增加的语句结束标记符号";"，表示当前的一条语句到此结束，这样的标记方便计算机对程序语句进行"识别"。在 C 语言程序中增加的上述内容，都属于前面所说的程序语言要考虑的细节。

*7.4 循环和递归

用计算机求解问题（或称处理数据）的效率非常高，这是因为计算机的运行速度非常快。计算机是通过运行程序来求解相应问题的。如果程序中的每条语句都只执行一次，那么这样的程序要么只能求解非常简单的问题，要么程序设计人员编写的程序中的语句行将非常之多。实际的情况是，上述两种情况都不会出现，原因是，大多数程序中的很多语句通常都要重复执行多次，我们说这样的算法中包含有循环结构。

过程是处理一个简单的基本问题的程序部件。任何一个复杂大问题的求解过程，都可以转化成若干个简单小问题求解过程的组合。可以通过过程调用，完成复杂问题的求解。过程调用还允许一种特殊情况，就是一个过程调用自己本身。如果一个算法中又调用了算法自身，这样的算法称为递归算法。

有些问题既可以设计成循环结构的算法，也可以设计成递归算法。本节讨论包含循环结构的算法和递归算法的基本概念。

7.4.1 包含循环结构的算法

循环结构是算法中最主要和最基本的一种重复结构。下面，首先给出循环结构算法的两个例子，然后用例 7-2 算法的执行过程讨论循环结构算法的执行流程。

1. 循环结构算法的设计

【**例 7-1**】 对有 n 个数据元素的表，设计查找问题的文字形式的顺序查找算法。

分析：对于有 n 个数据元素的表，表中是否存在一个数据元素为 x 的数据元素的顺序查找过程是：用数据元素 x 依次和表中的第一个数据元素到表中的最后一个数据元素进行比较，如果表中的某一个数据元素和数据元素 x 相同，则查找成功（即表中存在数据元素 x），查找过程结束；如果表中的所有数据元素都和数据元素 x 不相同，则查找失败（即表中不存在数据元素 x），查找过程结束。这样的顺序查找算法是一个循环结构的算法。

下面给出使用伪码 WHILE-DO 的文字形式的循环结构查找算法：

① 取表中的第一个数据元素赋给变量 temp；
② WHILE（如果变量 temp 的数值不等于变量 x 的数值，并且表中还存在下一个数据元素）则继续执行，否则转到④；
③ DO（取表中的下一个数据元素赋给变量 temp），转到②继续执行；
④ 如果 temp 的数值等于变量 x 数值，则查找成功，否则查找失败；
⑤ 结束。

【**例 7-2**】 设计计算阶乘 $n!$ 问题的伪码形式的循环结构算法。

分析：$n!=n\times(n-1)\times(n-2)\times\cdots\times2\times1$，所以，计算阶乘 $n!$ 的算法是一个循环结构的算法。

下面给出计算阶乘 $n!$ 的伪码形式的循环结构算法。为简化表示，且便于转换成高级语言程序，下面的赋值语句采用符号"="表示。例如，语句 pro=1 等同于语句 ASSIGN pro 1。算法如下：

```
PROCEDURE Factorial(n)
{
    pro=1;
    m=1;
    WHILE(m<=n) DO
    {
        pro=pro*m;
        m=m+1;
    }
}
```

2．循环结构算法的执行流程

下边我们用例 7-2 算法的执行过程讨论循环结构算法的执行流程。对于计算阶乘问题的算法，若要计算 4!，则 n=4，执行过程如下：

① 执行 pro=1 和 m=1；
② 因为 m=1, n=4, m<n，所以执行 pro=pro*m 和 m=m+1；
③ 因为 m=2, n=4, m<n，所以执行 pro=pro*m 和 m=m+1；
④ 因为 m=3, n=4, m<n，所以执行 pro=pro*m 和 m=m+1；
⑤ 因为 m=4, n=4, m==n（符号"=="表示等于），所以执行 pro=pro*m 和 m=m+1；
⑥ 因为 m=5, n=4, m>n，所以结束循环语句的执行；
⑦ 结束。

我们再来讨论循环算法的执行流程，以计算阶乘问题的算法为例。n=4 时的阶乘问题算法的执行过程上边已给出，这样的执行过程可以归纳如下：

① 赋循环过程的初始数值 pro=1 和 m=1；
② 测试循环过程的条件 m<=n 是否成立；
③ 如果循环条件成立，则在执行循环体中的语句 pro=pro*m 和 m=m+1 后继续循环过程，否则结束循环过程；
④ 结束。

上述执行流程可以用流程图来表示。n 个数值的阶乘问题算法的流程图如图 7-4 所示。

归纳阶乘问题算法的执行流程，可以总结出循环结构算法的执行流程为：

① 测试循环过程的条件是否成立；
② 如果循环条件成立，则执行循环体中的语句，否则循环过程结束。

大部分稍微复杂一些的算法中都包含一个或若干个循环结构。

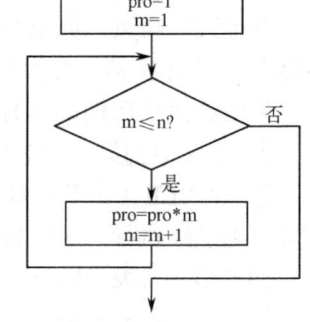

图 7-4　阶乘问题算法的流程图

7.4.2　递归算法

过程调用允许一种特殊情况，就是一个过程又调用自己本身，这样的过程调用称为递归。包含递归调用的算法称为递归算法。

有些问题的求解可以使用递归算法。许多复杂问题可以用非常简单的递归算法来描述。

下面仍然以查找问题和阶乘问题为例，给出递归算法的两个例子，然后以阶乘问题递归算法的执行过程为例，讨论递归算法的执行流程。

1．递归算法的设计

【**例 7-3**】 对有 n 个数据元素的有序表，设计查找问题的文字形式的递归算法。

分析：所谓有序表，是指表中的数据元素已经排列有序。例如，假如一个表中有 5 个整数数据元素 1, 3, 5, 7, 9，如果这 5 个整数的排列次序是{3, 1, 5, 9, 7}，则是一个无序表；如果这 5 个整数的排列次序是{1, 3, 5, 7, 9}，则是一个有序表。

对于有 n 个数据元素的有序表来说，查找表中是否存在一个数据元素为 x 的过程为：用数据元素 x 和有序表中的中间数据元素进行比较，如果数据元素 x 和该数据元素相同，则查找成功，查找过程结束；如果数据元素 x 大于该数据元素，则调用自身算法，此时只需考虑有序表中后半部分的数据元素；如果数据元素 x 小于该数据元素，则调用自身算法，此时只需考虑有序表中前半部分的数据元素。这样的查找过程一直进行到某次比较的表中的数据元素等于数据元素 x（查找成功），或有序表为空，已无数据元素可供查找（查找失败）为止。这样的查找算法是一个不断调用自身算法的算法，所以这样的查找算法是一个递归算法。由于该算法每次新的查找过程都只针对原有序表的一半，因此该算法也称为折半查找算法。

假设有序表为{1, 3, 5, 17, 18, 31, 33}，要查找的数据元素 x 等于 18，则递归算法的查找过程如图 7-5 所示。第 1 次查找时，有序表为{1, 3, 5, 17, 18, 31, 33}，最中间的数据元素为 17，比较结果是 18 大于 17，所以算法调用自身继续进行；第 2 次查找时，有序表为{18, 31, 33}，最中间的数据元素为 31，比较结果是 18 小于 31，所以算法调用自身继续进行；第 3 次查找时，有序表为{18}，最中间的数据元素为 18，比较结果是 18 等于 18，所以查找成功，算法结束。

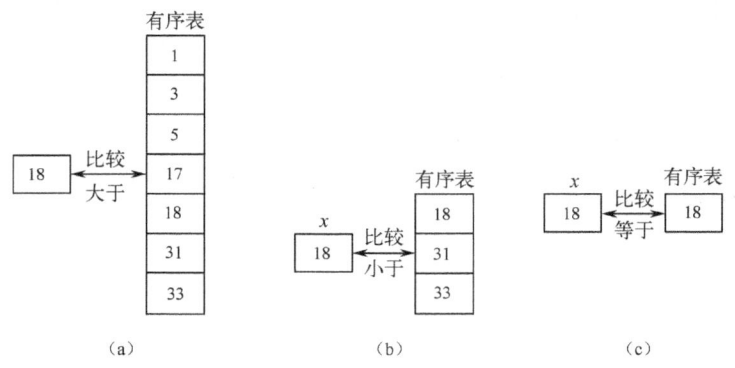

图 7-5 递归算法查找成功过程示例

假设有序表为{1, 3, 5, 17, 18, 31, 33}，要查找的数据元素 x 等于 30，则递归算法的查找过程如图 7-6 所示。第 1 次查找时，有序表为{1, 3, 5, 17, 18, 31, 33}，最中间的数据元素为 17，比较结果是 30，大于 17，所以算法调用自身继续进行；第 2 次查找时，有序表为{18, 31, 33}，最中间的数据元素为 31，比较结果是 30，小于 31，所以算法调用自身继续进行；第 3 次查找时，有序表为{18}，最中间的数据元素为 18，比较结果是 30，不等于 18，所以算法调用自身继续进行；第 4 次查找时，有序表为空，查找失败，算法结束。

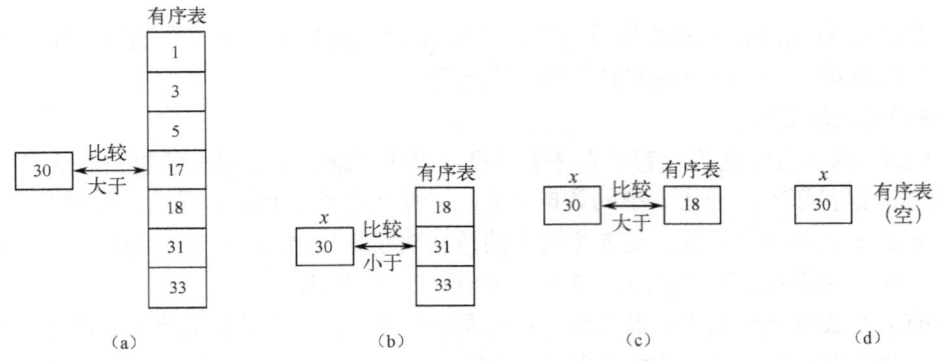

图 7-6 递归算法查找失败过程示例

下面给出使用伪码 IF-THEN-ELSE 的文字形式的查找问题递归算法：
① IF（有序表空）THEN　查找失败，结束；
② ELSE
　　取有序表最中间位置的数据元素；
③ IF（x 等于有序表最中间位置的数据元素）THEN　查找成功，结束；
④ ELSE
　　IF（x 小于有序表最中间位置的数据元素）
　　THEN　令新有序表为原有序表的前半部分，调用自身算法；
⑤ 　　ELSE　令新有序表为原有序表的后半部分，调用自身算法。

【例 7-4】 设计计算阶乘 n! 问题的伪码形式的递归算法。

分析： n! 还可以表示为 n×(n−1)!，即 n! 等于 n 乘以 (n−1)!，其中 (n−1)! 的计算方法和 n! 的相同，仅具体数值（即参数）不同。数值 n 不能无休止地递减，当 n 等于 1 时，n!=1，此时递归调用过程结束。该计算阶乘问题的算法中存在调用自身算法的成分，因此，该算法是一个递归算法。

下边给出计算阶乘 n! 的伪码形式的递归算法：

```
PROCEDURE Factorial2(n)
{
    IF(n==1) THEN y=1;
    ELSE y=n*Factorial2(n−1);
}
```

2．递归算法的执行流程

下边以例 7-4 算法的执行过程讨论递归算法的执行流程。对于计算阶乘问题的递归算法，若要计算 4!，则调用的参数 n=4，执行过程如下。

① 因为 n=4，条件 n==1 不成立，所以执行 y=n*Factorial2(n−1)，其中语句 Factorial2(n−1) 为递归调用。此时递归调用的参数为 n−1，即新的调用参数为原调用参数减去 1，所以新的调用参数为 n=3。

② 因为 n=3，条件 n==1 不成立，所以执行 y=n*Factorial2(n−1)，其中语句 Factorial2(n−1)

为递归调用。此时递归调用的参数为 n-1，即新的调用参数为原调用参数减去 1，所以新的调用参数为 n=2。

③ 因为 n=2，条件 n==1 不成立，所以执行 y=n*Factorial2(n-1)，其中语句 Factorial2(n-1) 为递归调用。此时递归调用的参数为 n-1，即新的调用参数为原调用参数减去 1，所以新的调用参数为 n=1。

④ 因为 n=1，条件 n==1 成立，所以执行 y=1，从而结束了递归调用过程。但是，前边每次的递归调用过程还没有执行完，需要继续执行。

⑤ 继续执行参数 n=2 过程的赋值语句，把数值 2*1=2 赋给变量 y，然后返回。

⑥ 继续执行参数 n=3 过程的赋值语句，把数值 3*2=6 赋给变量 y，然后返回。

⑦ 继续执行参数 n=4 过程的赋值语句，把数值 4*6=24 赋给变量 y，然后返回。

⑧ 结束。

上述阶乘问题递归算法的执行过程如图 7-7 所示。

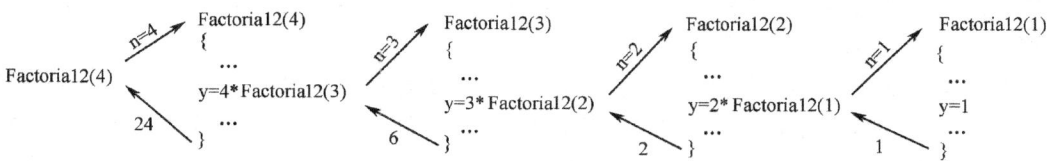

图 7-7 阶乘问题递归算法的执行过程

递归算法中的递归调用过程不能无休止地进行（无休止的递归调用不满足算法的可终止性），任何递归算法都要考虑递归调用的结束条件，这称为递归出口。阶乘问题递归算法的递归出口是 n=1，当 n=1 时，阶乘问题递归算法不再递归调用。

7.5 算法的效率

对于任意一个问题，通常存在许多种方法不同的算法。虽然这些算法都是正确的，都能得到期望的结果，但是，不同的算法在得到这些结果时消耗的资源却是不同的。运行算法时所消耗的资源的多少称为算法的效率。消耗资源少的算法称为高效率的算法，消耗资源多的算法称为低效率的算法。

运行算法时所消耗的资源主要是时间资源和空间资源。时间资源指的是运行算法所花费的时间，空间资源指的是运行算法所占用的内存空间。其中，时间资源是算法设计时要考虑的主要资源。运行算法时所消耗的时间资源的多少称为算法的时间效率。

我们首先通过实际例子的分析，来看看算法的时间效率对实际应用问题的影响。假设某个图书馆共有 100 万册图书，该图书馆的图书借阅通过计算机来实现管理。和人工进行图书管理的方法类似，计算机管理图书时，也要记录并保存每本书的书号、书名、作者名、是否已经借出等信息，不同之处只是计算机管理时这样的信息是存储在计算机中的。我们把一本图书的描述信息称为一个记录，这样，全部 100 万册图书就有 100 万个记录。当一本书被借阅时，需要把相应的记录修改为已经借出状态；当一本书被归还时，需要把相应的记录修改为可以借阅状态。要对某个记录进行这样的修改，首先必须在 100 万个图书记录中查找到相应的记录，这就需要使用查找算法。

我们在 7.4.1 节中讨论了无序表的顺序查找算法，在 7.4.2 节中讨论了有序表的折半查找算法，现在我们来分析对比一下这两个不同的查找算法的时间效率。

对于无序表的顺序查找算法来说，当给出一个要查找的书号（因为一本书有一个书号，所以书号是唯一编码的）时，因为没有任何查找线索，所以顺序查找算法只能从表的起始处用一个循环过程进行查找。在每次循环中，用要查找的书号和表中当前记录的书号进行比较，当比较相同时，查找过程结束；当比较不相同时，再和表中下一个记录的书号进行比较，直到某次比较相同或所有的记录全部比较完而没有查找到所要的记录为止。

对于一个随机给出的表中存在的书号，我们很难说算法会在第几次比较时找到该书号，但最好的情况是在第一次循环时就比较相同，最坏的情况是在最后一次循环时才比较相同，平均情况是在记录的一半处比较相同。

假设计算机运行该算法时，每次比较和其他一些附属的查找工作需要耗时 10^{-5} 秒，则在最坏情况下查找到记录需要耗时 10 秒，在平均情况下查找到记录需要耗时 5 秒，这对读者和图书管理人员来说是一个比较长的等待时间。

对于有序表的折半查找算法来说，当给出一个要查找的书号时，由于知道记录是按书号有序存放的，因此折半查找算法可以从表的中间处开始查找。每次查找时，当书号比较相同时，查找过程结束；当书号比较不相同时，根据比较时的大于或小于情况，用原有序表的前半部分或后半部分继续进行查找，直到某次查找时比较相同或有序表为空为止。

对于一个随机给出的表中存在的书号，我们很难说算法会在第几次比较时找到该书号，但最好的情况是在第一次比较时就相同，最坏的情况是在最后一次比较时才相同。由于折半算法每次新的有序表都是原有序表长度的一半，所以对 100 万个记录来说，最坏的情况是比较 14 次（因为 $13<\text{lb }10^7<14$）[①]即可。假设计算机运行该算法时，每次比较和其他一些附属的查找工作需要耗时 10^{-5} 秒，则在最坏情况下查找到记录需要耗时 0.0014 秒，这是用户感觉不到的非常快的时间。

从上述的分析结果可以得出如下结论：特定的应用问题对算法的时间效率有特定的要求。因此，我们在学习掌握各种算法时，不仅要掌握算法的实现过程，还要掌握算法的时间效率。同样，我们在以后的软件设计工作中，不仅要根据问题的要求设计出算法，而且要设计出满足用户时间效率要求的高效率的算法。

对于处理同样数据的不同算法来说，比较不同算法的时间效率优劣时，并不需要计算具体的数值，只需用抽象的数值进行比较就可以。例如，对于查找问题，我们可以把要处理的数据个数抽象为 n，则顺序查找算法的平均查找时间为某个常数数值的 $n/2$，而折半查找算法的最坏查找时间为某个常数数值的 $\text{lb }n$ 倍。这样，算法效率主要比较的是算法的数量级差别。例如，顺序查找算法的时间效率是数据个数 n 的一次方，而折半查找算法的时间效率是数据个数 n 的 $\text{lb }n$。

我们用函数 $O(f(n))$ 来表示数据个数 n 的数量级为函数 $f(n)$。这样，顺序查找算法的时间效率就可以表示为 $O(n)$，折半查找算法的时间效率就可以表示为 $O(\text{lb }n)$。时间效率函数还有 $O(n^2)$，$O(n^3)$，$O(n\text{lb }n)$ 等。显然，这几个函数的优劣排列次序是：$O(\text{lb }n)$，$O(n)$，

---

① $\text{lb }n=\log_2 n$。

O($n$lb n),O(n^2),O(n^3)。

对算法效率的分析称为算法分析,也称为算法的复杂性分析。算法分析是计算机科学和计算机工程领域的一个非常重要的研究方向。算法分析主要分析的是算法的时间效率。我们前边说过,运行算法时除时间资源外,还需要存储空间资源,但不同的算法存储空间的差别不是很大,所以除特殊应用要求外,在一般情况下,算法的空间效率不会对应用问题有太大的影响。

*7.6 计算的限制

我们称任何可给出算法的问题都是可计算的问题,任何不能给出算法的问题都是不可计算的问题。不是所有的问题都是可计算的问题。即使在可计算的问题中,也还存在一些理论上可以计算,但实际上不可计算的问题,我们称这些问题为难解的问题。不可计算的问题和难解的问题是计算机计算能力的限制。下面我们介绍难解问题和不可计算问题的简单概念。

7.6.1 难解的问题

我们在 7.1 节定义算法时指出,算法必须具备可终止性,算法的可终止性是指算法应能在有限的操作步骤后结束。有些算法虽然理论上可以在有限的操作步骤后结束,但实际上这样的"有限的操作步骤"是不能接受的。我们看下面的 n 阶汉诺塔问题。

【例 7-5】 设计汉诺塔问题的算法,并分析该算法的时间效率。

汉诺塔问题的描述是:设有 3 根标号为 A、B、C 的柱子,在 A 柱上放着 n 个圆盘,上面的每个圆盘都比下面的略小一点,要求按移动规则把 A 柱上的圆盘全部移到 C 柱上。移动的规则是:①一次只能移动一个圆盘;②在移动过程中,大圆盘不能放在小圆盘上面;③在移动过程中,圆盘可以放在 A、B、C 任意一个柱子上。

算法设计分析如下。

当圆盘个数 n=1 时,可以直接把该圆盘从 A 柱移到 C 柱上。

当 n=2 时,可以先把上面的圆盘从 A 柱临时移到 B 柱上,然后把下面的圆盘从 A 柱移到 C 柱上,最后再把 B 柱上临时存放的圆盘移到 C 柱上。

当 n=3 时,首先可以用类似 n=2 时的方法,借助 C 柱,把上面的两个圆盘从 A 柱移到 B 柱上,然后把最下面的一个圆盘从 A 柱移到 C 柱上,最后再用类似 n=2 时的方法,借助 A 柱,把 B 柱上临时存放的两个圆盘移到 C 柱上。

当 n=4 时,首先可以用类似 n=3 时的方法,借助 C 柱,把上面的 3 个圆盘从 A 柱移到 B 柱上,然后把最下面的一个圆盘从 A 柱移到 C 柱上,最后再用类似 n=3 时的方法,借助 A 柱,把 B 柱上临时存放的 3 个圆盘移到 C 柱上。

因此,对于个数为 n 的圆盘,可以先把上面的 n-1 个圆盘用类似前边的方法从 A 柱移到 B 柱上,然后把最下面的一个圆盘从 A 柱移到 C 柱上,最后再把 B 柱上临时存放的 n-1 个圆盘用类似前边的方法移到 C 柱上。n 个圆盘汉诺塔问题的求解示意图如图 7-8 所示。

这样的算法可以设计成一个递归算法。求解 n 个圆盘的汉诺塔问题的递归算法为:

① 递归调用 n-1 个圆盘的汉诺塔问题算法,把上面的 n-1 个圆盘从 A 柱移到 B 柱上;
② 把最下面的一个圆盘从 A 柱直接移到 C 柱上;

③ 递归调用 n−1 个圆盘的汉诺塔问题算法，把 B 柱上临时存放的 n−1 个圆盘移到 C 柱上。

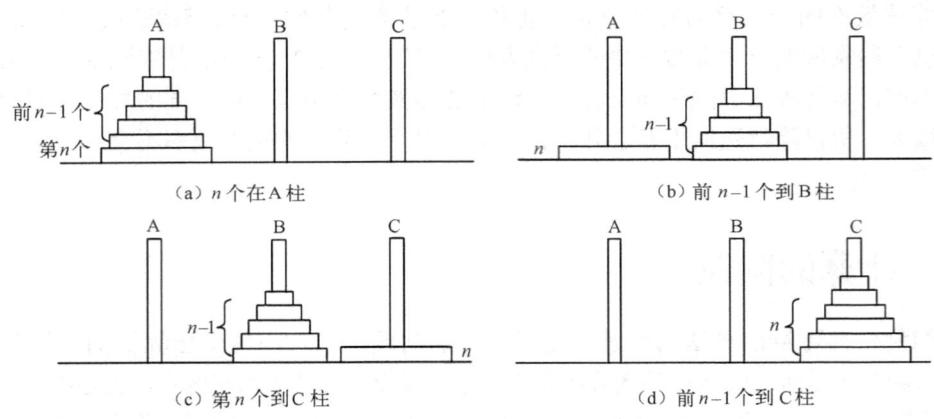

图 7-8　汉诺塔问题的求解示意图

算法分析：当圆盘个数 $n=1$ 时，只需移动一次圆盘；当 $n=2$ 时，需要移动 3 次圆盘；当 $n=3$ 时，需要移动 7 次圆盘；当 $n=4$ 时，需要移动 15 次圆盘；当 $n=5$ 时，需要移动 31 次圆盘，……。可见，移动圆盘的次数和圆盘个数 n 的关系是：当 $n=1$ 时，移动圆盘的次数为 $2^1-1=1$；当 $n=2$ 时，移动圆盘的次数为 $2^2-1=3$；当 $n=3$ 时，移动圆盘的次数为 $2^3-1=7$；当 $n=4$ 时，移动圆盘的次数为 $2^4-1=15$；当 $n=5$ 时，移动圆盘的次数为 $2^5-1=31$；当圆盘个数为 n 时，移动圆盘的次数为 2^n-1。也就是说，该算法的时间效率为 $O(2^n)$。

由于汉诺塔问题要求给出每次移动的过程，因此不可能再有其他的求解算法，其时间效率优于 $O(2^n)$。

前面设计了汉诺塔问题的算法，并分析了该算法的时间效率为 $O(2^n)$。现在，我们来讨论一个算法的时间效率为 $O(2^n)$ 意味着什么。

对于汉诺塔问题，假设算法中每次移动圆盘（在计算机中用数值模拟移动）需要耗时 10^{-5} 秒，则当 n 等于 100 时，运行该算法需要耗时 $10^{-5} \times (2^{100}-1)$ 秒 $\approx 1.3 \times 10^{25}$ 秒 $\approx 2.16 \times 10^{23}$ 分 $\approx 3.56 \times 10^{21}$ 时 $\approx 1.48 \times 10^{20}$ 天 $\approx 4 \times 10^{17}$ 年。我们知道，4×10^{17} 年是一个非常非常大的天文数字。可见，随着要处理的数据个数 n 的增大，函数 2^n 以翻倍的方式迅速增大。因此，对于一个时间效率为 $O(2^n)$ 的算法来说，当数据个数 n 比较大时，虽然理论上它是可以计算出结果的，但实际上这个结果却是不可能得到的。

在算法分析中，把存在时间效率为多项式函数算法的问题称为可解的问题，把只存在时间效率等于或大于指数函数算法的问题称为难解的问题。

时间效率最好的算法是常数数量级的算法。常数数量级算法的运行时间是一个常数，其时间不随所处理的数据个数 n 增大而增长。或者说，常数数量级的算法与所处理的数据个数 n 无关。常数数量级的算法表示为 $O(c)$，其中，c 表示任意常数。

多项式函数的时间效率有 $O(n)$、$O(n^2)$、$O(n^3)$、$O(n^4)$ 等，以及数量级介于上述数量级之间的 $O(\lb n)$、$O(n \lb n)$、$O(n^2 \lb n)$ 等。对大多数应用问题来说，时间效率为多项式函数的算法，即使所处理的数据个数 n 比较大，计算机运行所耗费的时间也是可以接受的。即便时间效率为 $O(n^5)$、$O(n^6)$ 等的算法，当所处理的数据个数 n 比较大时，现在的计算机处理也会比较费时，但随着计算机运行速度的飞速提高，很快也就不存在太大的问题了。例如，当 n 等于 1 000 000 时,某个时间效率为 $O(n^5)$ 的复杂问题的求解算法运行耗时为 10 天;当计算机的运行速度在 5 年内提高了 1 个数量级后,同样的算法运行时只需耗时 1 天。

但是,对时间效率为指数数量级的 $O(2^n)$ 算法,以及数量级等同于 $O(2^n)$ 的 $O(n!)$ 算法或 $O(n^n)$ 算法来说,当所处理的数据个数 n 比较大时,用现在的计算机处理将无法得到结果,即使计算机的运行速度提高了很多,仍然无法在可接受的时间内得到处理结果。例如,对于例 7-5 的时间效率为 $O(2^n)$ 的汉诺塔问题算法来说,当 n 等于 30 时,目前的计算机运行耗时为 $10^{-5} \times (2^{30}-1)$ 秒 $\approx 10^{-5} \times 10^8$ 秒 $= 10^3$ 秒。当计算机的运行速度在 5 年内提高了 1 个数量级后,在 10^3 秒的时间内所能处理的数据个数 n 也仅为 33 个左右,并没有较大的增长。

寻求所有目前认为是难解问题的多项式函数的算法,一直是计算机科学领域非常重要的研究课题。虽然这方面的研究取得了许多进展,但突破性的重大进展仍然还只是计算机科学界的一种渴求。

7.6.2 不可解的问题

每天都有一些程序设计人员编写一些陷入死循环的程序。当一个程序处于死循环状态时,我们无法确切地知道这个程序是一个运行得很慢的程序,还是一个陷入了死循环的程序。在一般情况下,用户需要等待相当长一段时间以后,才发现现在运行的程序可能陷入了死循环,进而强行终止该程序的运行。如果存在一个算法(或者说一个程序),能预先判断出某个程序会陷入死循环,将简化许多问题的处理方法。这称为停机问题。遗憾的是,停机问题是一个没有确定答案的问题。

停机问题有许多不同的表述方法。下边我们给出停机问题的一个著名例子。

【例 7-6】 停机问题。当输入任意一个整数时,判断运行下列代码段是否会停机。代码段为:

```
WHILE(n>1)
{
    IF(n%2!=0) THEN n=3*n+1;
    ELSE n=n/2;
}
```

其中,算术表达式 n%2 表示结果为 n 除以 2 后的余数,所以分支判断条件 n%2!=0,判断数值 n 是否为奇数。算术表达式 n/2 表示结果为 n 除以 2 的整数部分。

分析:这段代码对所有输入整数 n 都会停机吗?没有人知道答案。很多研究者做过的许多试验只能表明,对于已经试过的每个输入数值,该代码段都会停机。

算法要求具有确定性,但是,许多问题的求解步骤不具有确定性的答案。我们把不具有确定性答案的问题称为不可解问题。

我们希望计算机解决的许多问题是不可解的问题。例如,判断任意一个程序中是否存在计算机病毒的问题是一个有实用意义的问题。所谓计算机病毒,是指怀有恶意的一些人蓄意强加在计算机中的一段"捣乱"程序。但遗憾的是,我们不能肯定地确定任意一个程序是否包含计算机病毒。因此,所有反病毒程序测试出的某个程序包含病毒的诊断,都只能基于"可能"的基础上。这就像医生诊断某个患者的病因一样,只能基于"可能"的基础上,不可能百分之百正确。

要说明的是，对于大多数不可解的问题，虽然不能百分之百地肯定我们的求解方法正确，但我们能做到在大部分情况下求解方法正确。这就像一个医生在给病人开刀前，虽然没有百分之百的把握能肯定手术成功，但能做到在大部分情况下手术成功。

习题 7

7-1　什么是算法？算法为什么要满足确定性、可终止性和可执行性？
7-2　试举出一个不满足算法定义的操作步骤集合例子。
7-3　写出算法的基本元素。
7-4　算法有几种表示形式？它们各自有什么特点？
7-5　分支语句的格式为：

　　　　IF (condition) THEN activityOne
　　　　　　　　ELSE activityTwo

当 condition 满足某种条件时，分支语句会不会出现既执行了操作步骤 activityOne，又执行了操作步骤 activityTwo 的情况？为什么？

7-6　循环语句的格式为：

　　　　WHILE (condition)　DO activity

叙述循环语句的执行过程。

7-7　根据如下三个不同的问题，说明过程中参数的作用。
（1）求整数 1～100 的累加和。
（2）求整数 1～n 的累加和。
（3）求整数 n_1～n_2 的累加和。

7-8　叙述一个过程被另一个算法（或过程）调用时的执行流程。
7-9　用循环结构编写一个计算 $y=(1+2+3+\cdots+n)$ 的伪码形式的算法，要求循环累加的过程为从 n 递减到 1。
7-10　叙述所设计的习题 7-9 算法的执行流程。
7-11　什么是递归？叙述递归算法的执行过程。
7-12　编写一个计算 $y=(1+2+3+\cdots+n)$ 的包含过程结构的伪码形式的算法。
7-13　编写一个计算 $y=(1+2+3+\cdots+n)$ 的伪码形式的递归算法。
7-14　叙述所设计的习题 7-13 递归算法的执行流程。
7-15　什么是算法的效率？研究算法的效率有什么意义？
7-16　什么是难解的问题？你能否给出一个难解问题的例子。
7-17　什么是不可解的问题？你能否给出一个不可解问题的例子。

第8章 程序设计语言

程序设计语言的发展经历了机器语言、汇编语言和高级语言三个阶段。用高级程序设计语言编写程序,可以大大简化程序设计的复杂度和减少程序设计的工作量。计算机硬件只能理解和执行用机器语言书写的程序,把高级语言书写的程序转化为机器语言书写的程序,是编译程序完成的工作。

8.1 程序设计语言的发展历史

程序设计语言是用于书写程序的语言。程序设计语言规定了书写程序时可使用的一组记号和一组语法规则。就像人类的语言系统在不断发展一样,计算机的程序设计语言也在不断发展。

8.1.1 程序设计语言的断代划分

程序设计语言发展到目前,共经历了三代,它们分别是机器语言时代、汇编语言时代和高级程序设计语言时代。

1. 机器语言

计算机刚发明时使用的程序设计语言是机器语言。机器语言的程序由指令组成,其特点是,所有指令都由符号"0"和"1"的编码组成。我们在第 3 章中曾较详细地介绍了机器指令的表示方法,并给出了一个机器语言指令形式的程序例子。对比机器语言程序的例子和本章将要讨论的高级语言程序的例子,可以发现,机器指令的功能很弱,而且记忆困难,很多工作(如把十进制数表示为计算机能识别的二进制数)都要人来完成。因此,用机器语言书写程序时,程序设计人员不仅非常费力,而且编写程序的效率还非常低。

另外,不同计算机的机器语言是不相同的,因此,用机器语言书写的程序在不同的计算机中不能通用。这样,当一个编好程序在其他类型的计算机系统中运行时,就需要重新编写程序代码。

第 3 章我们曾讨论过一个简单的实现两个整数值相加功能的机器语言程序,其十六进制数格式的机器语言程序见表 8-1。

表 8-1 机器语言程序

机 器 语 言	操 作 定 义
10 20	从内存单元 20 中取数值置于寄存器 A 中
30 21	寄存器 A 的数值加内存单元 21 的数值,和存于寄存器 A
20 22	把寄存器 A 的数值存于内存单元 22 中
00 00	结束程序运行

2. 汇编语言

对程序设计人员来说，用机器语言书写程序的最大困难是把算法转换为用 0、1 符号编码表示的指令。因此，人们就试图用容易记忆和交流的符号来分别表示机器语言中的操作码和操作数，这就形成了汇编语言。汇编语言出现于 20 世纪 50 年代初期。汇编语言是程序设计语言发展的第二代。

机器语言中用术语机器指令来表示机器语言中某个特殊的操作。类似地，汇编语言中用术语汇编指令来表示汇编语言中某个特殊的操作。汇编语言和机器语言基本上是一一对应的。也就是说，对大多数汇编语言中的指令来说，在机器语言中都存在一条功能相同的机器指令。例如，假设汇编语言中用 LOAD 表示取数操作，对应机器指令的操作码为 10；汇编语言中用 STORE 表示存数操作，对应机器指令的操作码为 20；汇编语言中用 ADD 表示加法操作，对应机器指令的操作码为 30；汇编语言中用 HALT 表示结束程序运行操作，对应机器指令的操作码为 00。再假设汇编语言中用 X 表示内存单元地址 20，用 Y 表示内存单元地址 21，用 SUM 表示内存单元地址 22，则上述实现两个整数值相加功能的汇编语言程序见表 8-2。

表 8-2 汇编语言程序

汇编语言	操作定义
LOAD X	从内存单元 X 中取数值置于寄存器 A
ADD Y	寄存器 A 的数值加内存单元 Y 的数值，和存于寄存器 A
STORE SUM	把寄存器 A 的数值存于内存单元 SUM 中
HALT	结束程序运行

显然，和使用机器语言编写程序相比，使用汇编语言编写程序对人来说要容易许多。当然，计算机不能直接理解和执行用汇编语言编写的程序，需要进行转换。因为汇编语言的指令和机器语言的机器指令存在对应关系，所以这样的转换并不困难。

汇编程序就是完成这种转换工作的一种专门的程序。汇编程序是把用汇编语言编写的程序（术语称为源程序）翻译为等价的机器语言程序（术语称为目标程序）的一种程序。

现在程序设计语言已发展到了高级程序设计语言，对大多数软件设计问题来说，使用高级程序设计语言编写程序是一种更为方便的选择。但是，在把用高级程序设计语言编写的程序翻译为等价的机器语言程序的过程中，不一定能达到计算机运行效率最高，所以，在一些特定的软件设计问题中，仍然使用汇编语言编写程序。例如，目前大多数外部设备的驱动程序都是用汇编语言编写的。

3. 高级程序设计语言

虽然用汇编语言编写程序较用机器语言编写程序方便了许多，但用汇编语言编写程序仍然不是一件容易的事情。对于编写程序的人来说，如果能用类似于表示算法的程序设计语言编写程序，那样的程序编写效率将大幅提高。高级程序设计语言（简称高级语言）就是这样一种计算机语言。高级语言是程序设计语言发展的第三代。

我们在第 7 章中讨论了伪码形式的算法表示。伪码用非常接近自然语言的表示形式来表示算法。高级语言是一种在伪码形式的算法表示基础上的计算机程序设计语言，因此，和汇编语言相比，高级程序设计语言的抽象度高，与具体计算机的相关度低（或没有相关度），求解问题的方法描述直观。由于高级语言的这些特点，因此，用高级语言设计程序的难度较以前大大降低。

最早出现的高级语言是 FORTRAN 语言。1957 年，巴克斯领导的研究小组开发出了 FORTRAN 语言，其名字是 FORmula TRANslator（公式翻译）的缩写。FORTRAN 语言允许程序设计人员直接把计算公式书写在程序中，这就大大简化了程序设计的复杂性，提高了程序设计的效率。而把用 FORTRAN 语言编写的程序转换成机器语言程序的任务由一个称为 FORTRAN 语言编译程序的程序来完成。FORTRAN 语言编译程序的功能在某种意义上类似于汇编程序，只是因为 FORTRAN 语言和机器语言的对应关系复杂，所以 FORTRAN 语言编译程序较汇编程序复杂许多。

FORTRAN 语言受到了程序设计人员的一致好评。FORTRAN 语言的成功为高级语言的发展奠定了基础。随着软件技术的发展，人们对 FORTRAN 语言不断进行改造和更新。1958 年，FORTRAN 被修订为 FORTRAN II，几年后又被修订为 FORTRAN IV。不同的 FORTRAN 语言软件开发商实现了 FORTRAN 语言的不同版本，这些版本之间互不兼容，这给程序的共享和程序的移植造成了很大的困难。1966 年，FORTRAN IV 以 FORTRAN 66 的名称成为一种标准。此后，FORTRAN 语言又两度更新其标准为 FORTRAN 77 和 FORTRAN 90。

随着 FORTRAN 语言的成功和不断发展，又有许多高级程序设计语言被提出，如 ALGOL 语言、COBOL 语言等。在程序设计语言几十年的发展历程中，曾经推出的高级语言不下百种。随着程序设计语言的不断更新和发展，许多高级语言由于先天的不足，或后天没有软件商对其进行持续的更新和改造，逐渐被市场淘汰，如 ALGOL 语言目前就不再被使用。

高级语言的出现大大推动了软件的发展。高级语言的出现也是目前计算机应用非常广泛的一个重要原因。

8.1.2　高级程序设计语言的分类

高级语言有许多种分类方法。常用的高级语言分类方法有：按照设计要求划分，按照应用范围划分，按照描述问题的方式划分等。其中，按照描述问题的方式对高级语言进行分类，是最常用的分类方法。

按照设计要求不同，可把高级语言分成过程式语言和非过程式语言两类。过程式语言的主要特征是设计者通过给出一系列可以顺序执行的运算步骤，来描述相应的求解过程。FORTRAN 语言、COBOL 语言、ALGOL 语言等是过程式语言的典型代表。非过程式语言的定义是相对于过程式语言来说的，凡是设计者无法表示出求解过程的一系列可以顺序执行的运算步骤的语言都是非过程式语言。非过程式语言的典型代表有 PROLOG 语言、GPSS 语言等。例如，用 PROLOG 语言编写的程序以逻辑推理为问题求解的基础，而不是通过给出一系列可以顺序执行的运算步骤来描述求解步骤。PROLOG 语言程序的执行过程是按照程序语句的逻辑次序来执行的，这种逻辑次序和 FORTRAN 语言描述的执行过程是完全不相同的。

按照应用范围不同，可把高级语言分成通用语言和专用语言两类。目标专一的语言称为专用语言，目标非专一的语言称为通用语言。专用语言有 APT 语言等。绝大部分高级语言都属于通用语言。

按照描述问题的方式不同，可把高级语言分成命令型语言、函数型语言、描述型语言和面向对象语言。命令型语言是出现最早和曾经使用最多的高级语言。命令型语言的特点是计算机按照该语言描述的操作步骤来执行。换句话说，命令型语言程序中的语句就是要求计算机执行的"命令"。FORTRAN 语言、COBOL 语言、ALGOL 语言、BASIC 语言、C 语言、Pascal 语言、Ada 语言、APL 语言等都属于命令型语言。函数型语言的特点是把问题求解过程表示成"块"结构，对调用"块"的调用者来说，每个"块"都有输入数据和经过加工处理后的输出数据。这样，每个"块"的功能就像数学家所说的"函数"的功能，所以这种语言称为函数型语言。LISP 语言、ML 语言等属于函数型语言。如果说命令型语言强调的是求解问题的步骤是什么的话，那么，描述型语言强调的是问题是什么。描述型语言的特点是设计者给出的是问题的描述，计算机根据对问题描述的逻辑进行处理。由于这类高级语言是基于逻辑的，因此也称为逻辑型语言。PROLOG 语言、GPSS 语言等属于描述型语言。

程序处理的是现实世界中的问题。如果把现实世界中的事物称为对象，那么每个对象都由一组属性和一组行为组成。例如，学生这个对象的属性有学号、姓名、年龄、性别等，学生这个对象的行为有注册、登记考试成绩等。在过程式语言等程序设计语言中，一个对象的属性和该对象的行为是分离的，而面向对象语言的基础就是把对象的属性和对象的行为结合为一体进行程序设计。Smalltalk 语言、C++语言、Visual Basic 语言、Java 语言等都属于面向对象语言。面向对象语言是目前最为流行的程序设计语言。

上述关于 4 种高级语言的特征和典型语言的讨论总结见表 8-3。

表 8-3 4 种类型高级语言一览表

语言类型	特 征	典 型 语 言
命令型语言	给出操作步骤	FORTRAN、COBOL、ALGOL、BASIC、C、Pascal、Ada、APL
函数型语言	由函数块组成	LISP、ML
描述型语言	描述问题是什么	PROLOG、GPSS
面向对象语言	以对象为基础	Smalltalk、C++、Visual Basic、Java

在上述 4 种类型的高级语言中，早期是命令型语言占主导地位，通常说的传统程序设计语言主要指的是命令型语言。由于以对象为基础的面向对象的高级语言较传统程序设计语言更符合人类思维和求解问题的方式，因此近 10 年来，面向对象的高级语言有了长足的发展。面向对象的高级语言是目前程序设计语言发展的主流方向。

8.2 高级程序设计语言的基本元素

在 4 种类型的高级语言中，过程式语言和面向对象语言在基本元素的表示和实现方法上基本一致，而函数型语言和描述型语言，在基本元素的表示和实现方法上与其他两种类型的高级语言很不相同。考虑到函数型语言和描述型语言使用较少，本节关于高级语言基本元素的讨论，主要是针对过程式语言和面向对象语言而言的。

7.2 节讨论了伪码形式算法的基本元素，高级程序设计语言要做到既方便设计人员编程，又能方便计算机实现（即计算机能方便地最终识别、理解并运行高级语言程序），因此，采用类似于伪码形式的、有固定格式和特定含义的语句作为程序设计的基本元素，是一个恰当的选择。因此，高级语言的基本元素主要就是算法基本元素的高级语言实现。

8.2.1 变量

在算法中，变量的定义是代表某个具体数值，并可改变其数值的符号。在高级语言中，要实现变量，就是要在使用变量前，给每个变量分配所需大小的内存单元空间。因此，高级语言中要求，在使用某变量前，首先要定义该变量。从高级语言的角度看，变量代表了特定大小的内存单元空间。

高级语言把变量分为全局变量和局部变量。全局变量是允许所有模块都使用的变量，局部变量是只允许在一个过程体内使用的变量。关于全局变量和局部变量的概念，我们在8.2.6节讨论过程时再进一步说明。

8.2.2 数据类型

由于不同类型的数值占用内存单元的大小不同，因此，高级语言在进行变量定义时，要具体指出该变量要存放数值的类型。高级语言引入数据类型的概念来解决这一问题。在高级语言中，定义变量就是指明该变量的数据类型，从而为该变量分配相应数据类型的内存单元空间。

例如，C语言规定，整数有三种数据类型，分别是长整数、整数和短整数，长整数用符号long（或long int）表示，整数用符号int表示，短整数用符号short（或short int）表示。其中，int数据类型占用4B（字节），由于4B可表示的数据范围是-32 768～+32 767，因此，定义为int数据类型变量的数据范围是-32 768～+32 767。如果定义为int数据类型的变量超出了这个范围，数据就会出错，其程序也必然会出错。long数据类型占用8B，因此，定义为long数据类型的变量可表示的数据范围远大于定义为int数据类型的变量可表示的数据范围。

在高级语言中，数据类型通常分为基本数据类型和构造数据类型两种。

1．基本数据类型

一般来说，高级语言的数据类型包括整数数据类型、实数数据类型和字符数据类型三种。为节省内存单元空间，整数数据类型又进一步细分为长整数、整数和短整数三种子类型，而实数数据类型又分为单精度和双精度两种子类型。8.2.3节还要讨论构造结构的数据类型。由于构造结构的数据类型是由这里讨论的简单数据类型构成的，因此，为区别起见，我们也称这里讨论的简单数据类型为基本数据类型。

为有效和正确地进行程序设计，程序设计人员在定义变量时，首先要根据问题分清该变量应为整数、实数和字符数据类型中的哪一种，然后还要根据问题分清该变量应是哪种子数据类型。如果把所有变量都按占最大内存单元空间的子数据类型来定义，当然程序运行时不会出错，但是浪费的内存资源很多；如果把所有变量都按占最小内存单元空间的子数据类型来定义，当然内存资源会很省，但是一旦数据超过该数据类型所允许的数据范围，程序运行时就会出错。所以，定义变量时，数据类型（特别是子数据类型）的选择要合适。

在高级语言中，数据类型不仅用来确定数据（或变量）所要占用的内存单元大小，还用来进行操作的匹配性检查。例如，假设有如下C语言语句：

   int n;

n = 5.5;

上述程序段中，第一行语句定义了一个 int 类型的变量，第二行语句给变量 n 赋一个单精度的实数数值 5.5。而在一个只有 4B 的内存单元的整数类型变量中，是无法存放需要 8B 内存单元空间的单精度实数数值的。因此，系统需要在运行该程序前对该语句提出可能存在错误或可能引起错误的警告，并在实际运行时，只把单精度实数数值 5.5 的整数部分赋值给变量 n。

总结上述讨论。我们可以得出如下结论：
① 数据类型是高级语言定义变量（即为变量分配具体大小的内存单元）的需要；
② 数据类型是系统用来检查高级语言程序中表达式计算或变量赋值等是否匹配的需要。

为下边举例说明方便，这里给出 C 语言中基本数据类型的表示符号。
整数：长整数为 long（或 long int），整数为 int，短整数为 short（或 short int）
实数：单精度实数为 float，双精度实数为 double
字符：char

2．构造数据类型

现实世界中有很多事物的属性是密切相关的，因此，程序设计中反映这些事物属性的数据也应该密切相关。例如，描述学生的数据有学号、姓名、性别、年龄等，一个学生的这些数据应该组成一个整体。构造数据类型为程序设计人员提供了把现实世界中有密切联系的数据组织成一个整体的工具。

构造数据类型是在基本数据类型的基础上构造出来的数据类型。数组和结构是大多数高级语言都支持的两种最主要的构造数据类型。

（1）数组

数组是相同数据类型的集合。例如，在 C 语言中，假设要使用 10 个 int 型的变量，可以定义如下：

  int v1,v2,v3,v4,v5,v6,v7,v8,v9,v10;

为和数组类型的变量区别，也称这里定义的变量为简单变量。由于上述 10 个变量的类型相同，因此可以把这 10 个变量定义成一个数组。不同的高级语言定义数组和表示数组元素的方法略有不同，但基本原理都相同。在定义变量时，C 语言用变量名后加符号 "[]" 来表示所定义的变量为数组类型的变量，如：

  int v[10]

上述语句定义了一个包含 10 个变量的数组类型变量。数组变量中的一个变量称为一个数组元素。C 语言规定数组元素的序号从 0 开始，所以 10 个数组元素分别是：v[0], v[1], v[2], v[3], v[4], v[5], v[6], v[7], v[8], v[9]。因为一个数组变量包含了若干个数组元素，所以高级语言在实现时，是给每个数组变量分配内存地址连续的内存单元块。数组变量 v 的内存单元分配示意图如图 8-1 所示。

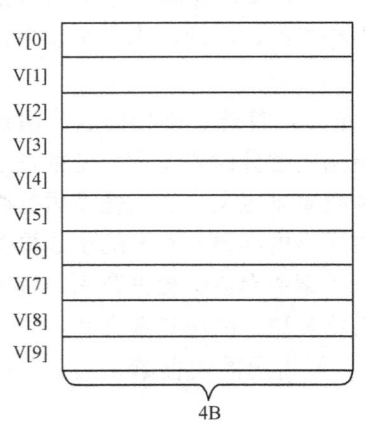

图 8-1 数组变量的内存单元分配

每个数组元素占 4B，所以总计占用了 40B。

因为一个数组变量是由若干个数组元素组成的一个整体，所以数组类型既可以简化变量的定义，还可以方便程序设计。例如，如果上述 10 个数组元素的数组变量中保存了要累加的数值，在编写循环形式的累加时，就可以把循环体写成 sum = sum + v[i]，其中，数组下标 i 从 0 增大到 9。

（2）结构体

结构体是不同数据类型的集合。结构体用来表示一个有若干个分量的事物。例如，在登记一个学生的信息时，需要登记学生的姓名、年龄、平均成绩等信息。我们希望把描述一个学生各个属性的信息表示成一个有逻辑联系的整体，这样既可以简化变量的定义，也可以使程序更容易看懂。结构体就可以达到这个目的。

不同的高级语言表示结构体的方法不同。在 C 语言中，上述学生结构体可以定义如下：

```
struct student
{
    char name[8];
    int age;
    float average;
};
```

上述语句称为结构体定义。结构体定义是根据问题的需要，利用基本数据类型定义的一种新的数据类型。其中，student 为这个结构体的名字，name、age 和 average 是该结构体的三个分量。在上述定义之后，就可以像用数据类型 int 定义变量一样，用结构体 student 来定义结构体变量。例如，结构体变量可以定义如下：

```
student s;
```

因为一个结构体变量包含了若干个分量，所以高级语言在实现时，给每个结构体变量分配内存地址连续的内存单元块。结构体变量 s 的内存单元分配示意图如图 8-2 所示。其中，char 数据类型占 1B，name 分量为 char 类型的有 8 个元素的数组，共计占用了 8B；int 数据类型占 4B，所以 age 分量占 4B；float 数据类型占 8B，所以 average 分量占 8B。因此，结构体变量 s 总计占用了 20B。

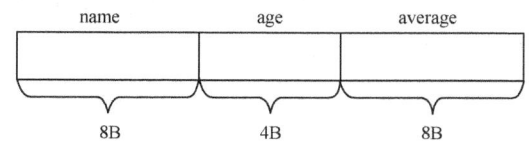

图 8-2　结构体变量的内存单元分配

在上述结构体变量 s 定义之后，就可以用以下三条赋值语句给该变量的三个分量分别赋值：

```
s.name = "张三";
s.age = 22;
s.average = 89.9;
```

8.2.3 赋值语句

变量代表了特定大小的内存单元空间。在定义变量时，只是给变量分配了需要大小的内存单元空间，但这个内存单元中并没有存放任何数值。赋值语句用来实现给变量赋数值。为与人们的使用习惯保持一致，大多数高级语言的赋值语句都用赋值号"="表示。赋值号"="右边是要赋予的数值，称为右值。赋值号"="左边是要接收数值的变量，称为左值。变量中保存的数值可以用赋值语句修改。例如，在 C 语言中，下边程序段是允许的：

```
int n;
n = 22;
n = n+1;
```

其中，第一条语句定义变量 n 为 int 类型的变量，第二条语句给变量 n 赋予数值 22，第三条语句修改变量 n 中的数值为 23。

对上述赋值语句还要说明的是，变量出现在左值位置和出现在右值位置表示不同的含义：出现在左值位置的变量是要接收赋值数据的变量，所以，出现在左值位置的变量表示该变量对应的内存单元地址；出现在右值位置的变量是要赋值的数据，所以，出现在右值位置的变量表示该变量对应内存单元中的数值。

8.2.4 分支语句

分支语句用来实现多个分支情况下的选择。最基本的分支语句是 if-then-else（或其变种 if-then）语句。不同的高级语言表示 IF 语句的格式有所不同。C 语言表示 if-then-else（或其变种 if-then）语句的格式为：

```
if (condition) S1;
else S2;
```

C 语言规定，一条语句结束时用分号";"标识，这样 C 语言就把条件语句分成了两条语句。如果只有第一条语句，则表示当条件 condition 为真时，执行语句组 S1；如果两条语句都有，则表示当条件 condition 为真时，执行语句组 S1，否则执行语句组 S2。这样就方便地实现了 if-then-else 语句及其变种 if-then 语句的功能。当语句组 S1 或 S2 为若干条语句时，需要明确地表示出语句组 S1 或语句组 S2 包含的语句。在 C 语言中，用一对花括号"{}"括起来的部分表示对应的语句组。例如，

```
if (n < 100)
{
    x = x + n;
    n = n + 2;
}
else
{
    x = x - n;
    n = n - 2;
}
```

上述语句表示，当 n<100 时，执行语句 x=x+n 和语句 n=n+2；否则，执行语句 x=x−n 和语句 n=n−2。有些高级语言（如 Pascal 语言）用标识符 begin 代表语句组的开始，用标识符 end 代表语句组的结束。

当分支多于两个时，虽然也可以用分支语句嵌套来实现，但是比较麻烦。特别是当分支有 3 个以上时，这样的表示形式显得很烦琐。对于这种多分支的情况，大多数高级语言提供一种称为 case 的语句，可以方便地实现多分支情况下的程序设计。在 C 语言中，case 语句的格式为：

```
switch(N)
{
    case C1: S1;
    case C2: S2;
    ……
    case Cn: Sn;
    default: S0;
}
```

上述语句的语义是：变量 N 可以有多个取值选择，当 N 等于 C1 时，执行语句组 S1；当 N 等于 C2 时，执行语句组 S2；当 N 等于 Cn 时，执行语句组 Sn；当 N 不等于上述任何一个数值时，执行语句组 S0。

8.2.5 循环语句

循环通常有两种情况：一种情况是，循环次数不固定，需要根据当前的条件判断来决定是否继续执行循环体；另一种情况是，循环次数固定，执行循环体的次数可以明确给出。大部分高级语言都给出了可以方便地表示这两种情况的循环语句。例如，C 语言对第一种情况的循环语句格式为：

```
while(condition) S
```

该语句的语义是：当条件 condition 为真时，执行语句组 S；当条件 condition 为假时，执行该语句后边的语句。

C 语言对第二种情况的循环语句格式为：

```
for(count = n1; count <= n2; count = count + c) S
```

该语句的语义是：初始时，计数变量 count 等于数值 n1；当计数变量 count 小于数值 n2 时，首先执行语句组 S，然后把计数变量 count 修改为 count 加上某个常数 c 的和；然后继续测试计数变量 count 是否小于数值 n2。这样，循环体的语句组 S 将总共被执行(n2−n1+1)/c 次。

我们用第 7 章讨论的计算 1+2+3+…+100 问题的 C 语言程序来说明两种方式的循环语句。使用第一种循环语句的 C 语言程序段如下：

```
int sum, n;
```

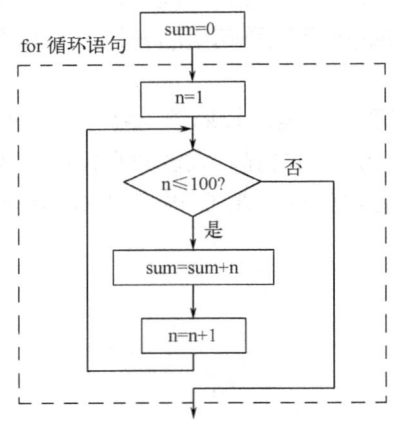

图 8-3　for 循环执行流程示例

```
sum = 0;
n = 1;
while(n <= 100)
{
    sum = sum +n;
    n = n + 1;
}
```

使用第二种循环语句的 C 语言程序如下：

```
int sum, n;

sum = 0;
for(n = 1; n <= 100; n = n + 1)
    sum = sum + n;
```

上述程序段的执行流程如图 8-3 所示。

显然，对于循环次数已知的循环问题来说，使用第二种循环语句（或称 for 循环）比使用第一种循环语句（或称 while 循环）更简洁明了。

8.2.6　过程

我们在 7.2 节中指出，过程是算法的基本元素，过程可以使一个求解大问题的算法分解为若干个求解子问题算法的有机合成。

许多高级程序设计语言也把过程称为函数。高级语言在实现过程时，要考虑过程的调用、过程的参数、过程的返回、参数的传送方式等问题。

1．过程的调用

过程主要有两个用途：① 构造通用的算法模块；② 把一个大的、复杂的算法分解为若干个小的、简单的算法的合成。

过程的上述两种用途都涉及一个程序（或过程）对一个过程的调用。所谓过程的调用，是指停止执行当前的程序，而转去执行被调用的过程。过程的调用如图 8-4 所示。

在图 8-4 中，主程序表示当前正在运行的程序。在主程序的运行过程中，如果遇到调用过程的语句，则停止运行当前的主程序，而转去运行被调用的过程；过程运行完后，再返回到主程序调用过程语句的下一条语句继续运行。

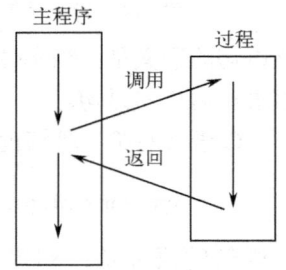

图 8-4　过程的调用

由图 8-4 所示的过程的调用可知，高级语言中必须包含一条过程调用语句，过程调用语句要给出被调用的过程名。不同高级语言的过程调用语句格式不同。C 语言过程调用语句的一个例子如下，此过程没有参数：

　　Sum3();

2．过程的参数

通常，过程都包含有参数，过程的参数使过程的设计具有灵活性和通用性。例如，求解整数 $1\sim n$ 的累加和问题的 C 语言函数（C 语言把过程称为函数）如下：

```
int Sum1(int n)
{
    int i, sum;                          //变量定义

    sum = 0;                             //累加初始化
    for(i = 1; i <= n; i = i + 1)
        sum = sum + i;                   //循环累加

    return sum;                          //返回语句
}
```

上述 C 语言函数可以求解整数 1~n 的累加和问题，其中，n 可以是任意的整数数值。这样，高级语言过程的参数就必须是变量，该变量的具体取值由调用该过程的主程序给出。主程序通过传送具体的数值给被调用过程的参数，来实现具体的过程调用。

过程的引入使程序可以由多个模块组成，这些模块在具体设计时可能由多个不同的人来完成。为了防止一个过程内的变量数值被起了相同变量名字的其他过程混用，高级语言把变量分为全局变量和局部变量。全局变量是允许所有模块都使用的变量，局部变量是只允许在一个过程体内使用的变量。

过程的参数是局部变量。例如，上边例子中的参数 n 就是局部变量。

3．过程的返回

从图 8-4 可知，过程的调用包含调用和返回两个步骤：调用步骤要求主程序传送具体数值给过程，这通过过程的参数来实现；返回步骤要求把过程的计算结果传送给主程序。

变量分为局部变量和全局变量，为避免一个过程被外部的程序非法修改，高级语言规定：在一个过程内定义的变量都是局部变量。例如，上述例子中，过程内定义的变量 sum 就是局部变量。我们说过，在过程外部的主程序是无法得到过程内局部变量的数值的，所以要考虑把过程计算结果传送给主程序的方法。这样的处理方法主要有两种，这里我们讨论第一种方法，第二种方法将在讨论参数的地址传送方式时介绍。

高级语言处理过程返回的第一种方法是，把过程名既看作过程名，也看作变量名。这样，只要我们首先把过程名这个变量定义成全局变量，然后把过程的计算结果传送给过程名，在主程序中就可以得到计算结果。

不同的高级语言实现把过程的计算结果传送给过程名的方法不同。在 C 语言中，设计了一个专门语句用来实现把过程的计算结果传送给过程名，该语句的格式如下：

    return x;

其中，return 是该语句的标识符，x 表示要传送给过程名的计算结果变量名。例如，在上边例子中，过程的最后一条语句 return sum;就是用来实现把计算结果 sum 中的数值传送给过程名 Sum1 的。

4．参数的传送方式

主程序通过给被调用过程的参数传送具体的数值来实现过程的调用。主程序和被调用过程之间通过参数传送数据有两种方法。

通过参数传送数据的第一种方法称为值传送。所谓值传送，就是把主程序调用过程的具体数值（称为实际参数，或简称实参）复制给过程的参数（称为虚拟参数，或简称虚

参）。如图8-5（a）所示为值传送方式实现方法的示意。其中，实参和虚参都是内存单元，在过程调用时，把实参中的数值复制给虚参。

通过参数传送数据的第二种方法称为地址传送。所谓地址传送，就是把虚参表示成内存单元地址形式，此时虚参指向的内存单元和实参指向的内存单元相同，或者说，虚参和实参共享一个内存单元。如图8-5（b）所示为地址传送方式实现方法的示意。

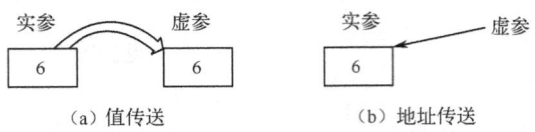

图 8-5 参数的传送方式

参数的传送方式对程序实现的方法有一定的影响。对于值传送方式来说，由于数据的传送是单方向的，即只有从主程序到过程一个方向，因此，运行过程时，参数的数值发生改变不会影响主程序中原来的数值。如图8-6所示，过程调用时，实参复制数值6给虚参，若过程运行时虚参的数值改变为8，则过程结束后，主程序中实参的数值还是原来的6，而不是8。

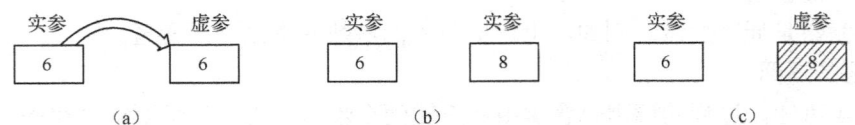

图 8-6 值传送方式的单向性

对于地址传送方式来说，由于虚参和实参实际上是同一个内存单元，因此可以认为数据的传送是双方向的。此时，虚参数值的任何改变都会影响到实参的数值。如图8-7所示，过程调用时，实参的数值为6，则虚参的数值也为6，若过程运行时虚参的数值改变为8，则过程结束后，主程序中实参的数值也是8，而不是原来的6。

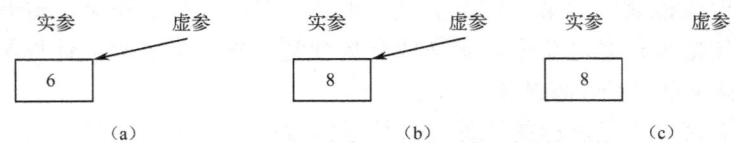

图 8-7 地址传送方式的双向性

参数的地址传送方式可以把过程的计算结果带回到主程序中。前面我们说过，高级语言处理过程返回的第一种方法是，让定义为全局变量的过程名把过程的计算结果带回到主程序中。有些复杂问题的计算结果有若干个，而过程名却只能带回一个计算结果。参数地址传送方式的双向性，提供了过程返回的第二种方法。我们可以把需要带回主程序的计算结果设计成地址传送方式的虚参，这样，在过程运行完后，主程序就可以从相应的实参得到过程的计算结果。

5．过程调用示例

这里给出一个求解整数 $1 \sim n$ 的累加和问题的完整 C++ 语言程序，来说明高级语言过程调用的实现方法。C++语言程序如下：

```
int Sum1(int n)                              //过程定义
{
    int i, sum;

    sum = 0;
    for(i = 1; i <= n; i = i + 1)
        sum = sum + i;

    return sum;
}

#include <iostream.h>
void main(void)                              //主程序
{
    int n, sum;

    cout << "输入数值 n: ";
    cin >> n;                                //输入 n

    sum = Sum1(n);                           //过程调用

    cout << "sum = " << sum << endl;         //输出 sum
}
```

过程定义部分既定义了过程 Sum1 的具体实现，也定义了过程名 Sum1 是一个全局变量。主程序是以名字为 main 开始的部分。主程序中首先要求用户输入实参 n 的具体数值（假设用户输入 100），然后以实参 n=100 调用过程 Sum1，过程 Sum1 完成整数 1～n 的累加计算后，语句 return sum 实现把局部变量 sum 中保存的计算结果（数值为 5050）传递给过程名 Sum1 的功能，然后返回主程序继续运行。因为过程名 Sum1 是一个全局变量，所以主程序中可以读取该变量中的数值。主程序中把全局变量 Sum1 中保存的计算结果（数值为 5050）再赋值给主程序中的局部变量 sum，最后主程序输出局部变量 sum 中的数值后，结束程序运行。

8.2.7 注释语句

虽然程序是由计算机执行的，但程序是由人设计的，另外，当程序出现问题或需要改进时，需要人在理解原设计思想和设计方法的基础上做出新的改进，这样，对人来说，程序是否容易理解就显得非常重要。我们把容易被人理解的程序称为可读性好的程序。设计可读性好程序的一个重要和基本的方法是在程序中添加足够的注释信息，来说明设计该程序的思想和具体方法。因此，程序的基本元素包含注释语句。

不同的高级语言表示注释语句的方法不同。C 语言注释语句的表示方法是：

　　//注释内容

或

　　/*注释内容*/

例如，我们可以在 for 循环语句后边加一个注释内容为"循环语句"的注释语句如下：

    for(n = 1; n <= 100; n = n + 1) sum = sum + n;   //循环语句

要说明的是，程序中的注释语句只是为提高可读性而添加给人看的，计算机在执行程序时并不考虑注释语句。

8.3 高级程序设计语言的编译

用高级语言进行程序设计可大大简化程序设计的复杂度，提高程序设计的效率，但是，计算机硬件只能理解和执行用机器语言书写的程序，这就需要把高级语言形式的程序转化为机器语言形式的程序，编译程序负责完成这项工作。

8.3.1 编译的基本概念

我们把高级语言形式的程序称为源程序，把机器语言形式的程序称为目标程序，编译程序就是用来把源程序转换为等价的目标程序的程序。编译程序相当于两种语言系统之间的"翻译"。用高级语言编写的源程序只有经过编译程序的"翻译"，变成了目标程序，计算机才可以识别和运行。

要在计算机中执行用高级语言编写的程序，一般需要经过编译和运行两个阶段。在编译阶段，计算机把高级语言形式的源程序编译为机器语言；在运行阶段，计算机运行目标程序，得到程序的处理结果。计算机执行高级语言程序的步骤如图 8-8 所示。

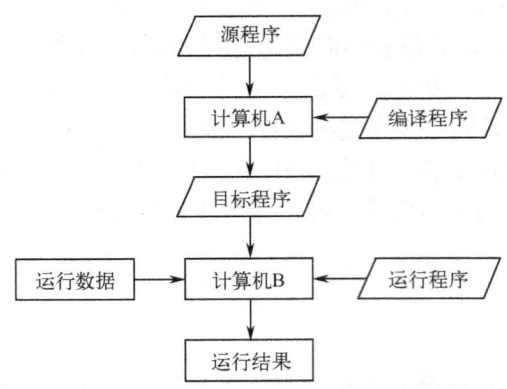

图 8-8　计算机执行高级语言程序的步骤

图 8-8 中的计算机 A 和计算机 B 可以是同一台计算机，也可以是两台不同的计算机，还可以是两台型号不同的计算机。

计算机在运行目标程序时，除需要目标程序外，还需要一些辅助程序配合，例如，数据格式转换程序、标准函数程序等都是这种辅助程序。因此，一个完整的编译软件包含编译程序和运行程序两大部分。一般用术语编译系统来表示完整的编译软件。

编译程序有两种"翻译"方式，一种是图 8-8 所示的完整的翻译后再执行的方式，完成这种翻译工作的程序称为编译程序。另一种是边翻译边执行的方式，完成这种翻译工作的程序称为解释程序。解释程序与编译程序的区别是，解释程序在翻译过程中不产生目标程序，而是边翻译边执行源程序本身。这种边翻译边执行的工作方式的最大缺点是效率太低，最大优点是简单，易实现。一些功能较弱的简单高级语言（如 BASIC 语言）采用这种解释方式，大部分高级语言都采用编译方式。现在也有一些高级语言采用编译方式和解释方式相结合的工作方式。

编译软件（或称编译系统）已成为目前计算机系统最重要的系统软件之一。

8.3.2 编译过程

前面讲过，程序设计人员使用的高级语言是一个语言系统，机器语言是另一个语言系统，编译就是把高级语言系统的源程序翻译成等价的机器语言系统的目标程序。因此，编译过程类似于人类之间两种语言系统（如英语到汉语）的翻译。

一个翻译人员要把用英语写的东西翻译成意义相同的汉语的东西，他必须具备理解英文单词的能力、理解英文单词构成句子的规则的能力和理解英文句子所对应的汉语含义的能力。这三种能力是完成翻译工作的基础。要达到好的翻译（例如，一个文学作品的翻译）效果，还要在上述初步翻译的基础上进行修辞加工，最后才能得到好的汉语翻译作品。

类似地，编译程序要把用高级语言编写的源程序翻译成等价的机器语言形式的目标程序，编译程序就要能够识别出单词、掌握单词组成语句的规则、理解语句的含义，并要能够在此基础上，实现机器语言程序的优化，最后得到计算机可高效率执行的机器语言形式的目标程序。翻译过程和编译过程的对比见表 8-4。

表 8-4 翻译过程和编译过程的对比

翻 译 过 程	编 译 过 程	编译程序术语
分解出各个单词	分解单词	词法分析
识别出各个句子	识别语句	语法分析
理解句子的含义	理解语义	语义分析
进行语言修辞	进行机器代码的优化	代码优化
写出最后的译文	得到目标程序	目标代码生成

从表 8-4 可见，编译过程至少包括 5 个子过程：词法分析、语法分析、语义分析、代码优化和目标代码生成。上述 5 个子过程不是互不相关的，而是紧密相关的，上一步工作是下一步工作的基础，上一步工作要把工作的结果传送给下一步工作，因此，编译过程还需要一个负责完成程序间信息传递工作的程序，这个程序在编译程序中称为信息表管理程序。程序设计人员设计的源程序可能存在各种各样的错误，编译程序在进行上述编译工作时，每个环节都可能发现源程序中存在的错误，所以，编译过程还要包括错误检查和处理程序。因此，完整的编译过程应该包括 6 个子过程，这 6 个子过程之间的逻辑关系如图 8-9 所示。（注：图 8-9 中的中间代码生成子过程主要是为了方便软件实现编译过程，从大的逻辑概念理解，可以不要此过程。）

词法分析、语法分析和语义分析是编译过程的基础。要使编译过程有效地进行，首先要解决的问题是如何确切地定义一种高级语言，其次要解决的问题是如何识别和分析这种高级语言。形式语言是解决上述两个问题的基础。

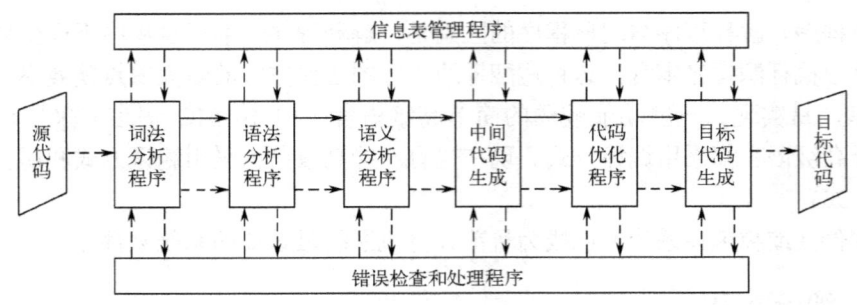

图 8-9　编译过程的逻辑结构

1959 年，语言学家乔姆斯基在对一些自然语言语法研究的基础上，提出了一种用来描述语言（包括高级程序设计语言）的上下文无关文法。上下文无关文法用一组数学符号和规则来描述语言。利用上下文无关文法，对语言的分析过程变成了把具体的语句和该语言允许的文法规则进行匹配的过程。如果程序中的一条语句和该语言允许的任何一条文法规则相匹配，就认为该语句是正确的；如果程序中的一条语句和该语言允许的所有文法规则都不匹配，就认为该语句是错误的。

上下文无关文法可以表示成语法图的形式。例如，C 语言赋值语句的语法图如图 8-10 所示。C 语言程序的任何一条语句只要能归纳成如图 8-10（a）所示的符号形式，就认为该语句是一条正确的赋值语句。例如，语句 sum=sum+n 就是一条正确的赋值语句，而语句 sum=sum#n 就不是一条赋值语句，因为符号"#"使该语句和赋值语句语法图中的所有规则都不匹配。赋值语句的语法分析树如图 8-10 所示。

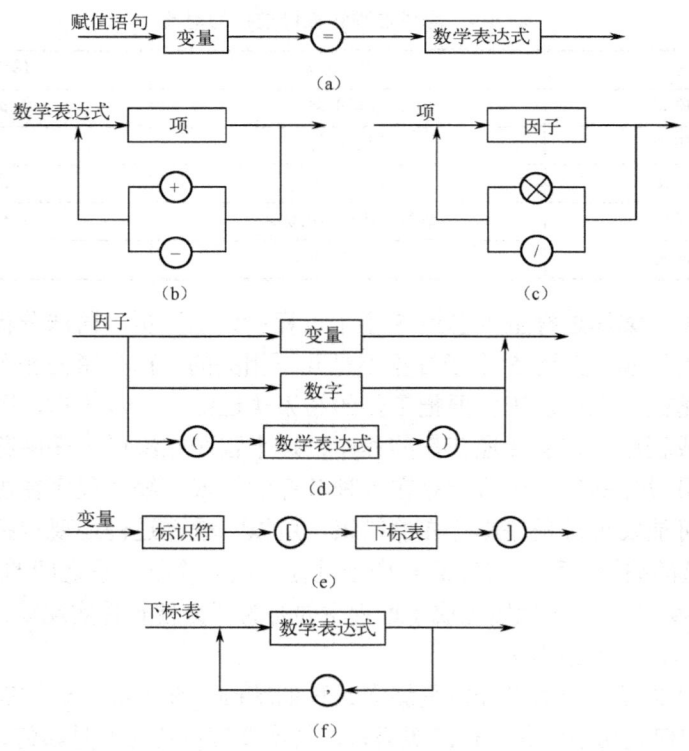

图 8-10　赋值语句的语法分析树

8.3.3 软件的运行

经编译过程产生的目标程序，还需要经过连接过程和装载过程才能被计算机执行。编译过程、连接过程和装载过程构成了软件的开发环境。下面简单讨论这两个问题。

1. 连接和装载

从原理上说，源程序经过编译程序的编译就变成了计算机硬件可理解和执行的目标程序。但是一般较复杂的软件都是由许多模块组成的，这些模块分别经过编译后，产生的目标程序模块互不相连，所以需要考虑各模块间的联系问题。另外，程序只有装入内存后才能运行，不同计算机的内存情况各异，就是同一台计算机在不同的时刻，其内存使用情况也不相同，所以需要考虑目标程序装入内存的方法问题。因此，源程序在经过了编译程序编译变成目标程序后，还需要解决运行目标程序所必需的模块间的联系问题和装入内存的方法问题。这两个过程分别称为连接和装载。

连接就是把若干个分别编译完成的目标程序按照其调用关系连接起来（或者说组装起来），形成一个完整的程序模块。通常，高级语言把经编译过程产生的程序模块命名为后缀为.obj 的文件，把经连接过程产生的程序模块命名为后缀为.exe 的文件。由于经连接过程产生的目标程序已经是连接为一个整体的程序，因此，经连接过程产生的程序模块称为可执行程序。例如，若一个 C 语言的源程序文件名为 exam.c，那么，经编译过程产生的文件名就是 exam.obj，经连接过程产生的文件名就是 exam.exe。程序 exam.exe 就是一个可执行程序。由于可执行程序都是以文件形式存放在磁盘等存储介质上的，因此，可执行程序也称为可执行文件。

各个计算机在不同时刻的内存使用情况是不相同的，但是，整个可执行程序中各条机器指令的相对位置是固定不变的，只要程序装入内存单元的起始地址确定，整个可执行程序中各条机器指令的具体内存地址就可以确定。因此，可执行程序都设计成可重定位方式（可按给出的内存起始地址确定各条机器指令在内存中的实际地址），装载过程根据当前计算机装入时所确定的起始地址把可执行程序装入内存中。

2. 软件的开发环境

高级语言程序需经过编译过程、连接过程和装载过程才能在计算机中运行。在早先的编译系统中，编译子程序、连接子程序和装载子程序都是由用户根据需要输入不同的命令完成的。为了方便高级语言程序的设计过程，目前，基本上所有高级语言编译系统都把这些子程序整合在一个大的系统中，并把这样的包括了完整编译子程序、连接子程序、装载子程序等的系统称为开发环境。另外，开发环境中还包括了其他一些子程序，例如，开发环境中通常还包括源程序编辑子程序、文件保存子程序、源程序调试子程序等。开发环境中所有子程序都以菜单方式或图标方式提供给用户。用户在这样一个集成化的开发环境中，可根据自己当前设计工作的需要，选择相应的菜单或激活相应的图标来完成自己的设计工作。如图 8-11 所示为 Visual C++ 6.0 开发环境的用户界面。其中，Edit 菜单可用于编辑 C 语言或 C++语言源程序，图 8-11 的文本框内显示的是当前正在编辑的源程序。File 菜单可用于文件的保存和打开。Build 菜单下的子菜单 Compile 用于各个源程序模块的单独编译，Build 菜单下的子菜单 Build 用于各个源程序模块的连接，Build 菜单下的子菜单 Execute 用于装载并运行程序。

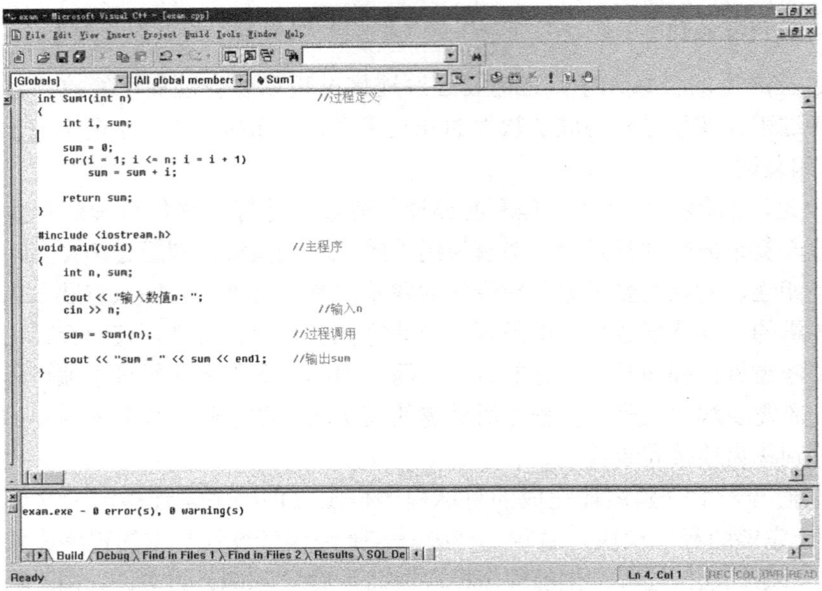

图 8-11　Visual C++ 6.0 开发环境

习题 8

8-1　程序设计语言经历了哪些发展阶段？每个发展阶段的特点是什么？
8-2　为什么用汇编语言编写程序比用机器语言编写程序简单并且效率高？
8-3　高级程序设计语言有几种分类方法？
8-4　按照描述问题的方式分，高级语言可分成几种类型？说出每种类型的典型代表语言。
8-5　列举你所知道的目前比较流行的高级语言。
8-6　高级语言的基本元素有哪些？
8-7　高级语言中为什么一定要有数据类型？
8-8　算法意义上的变量和高级语言意义上的变量有什么不同？
8-9　画出 FOR 循环语句实现循环的流程图。
8-10　哪些数据类型属于构造数据类型？构造数据类型有什么用途？
8-11　高级语言怎样实现过程的调用？
8-12　高级语言怎样实现过程调用时数据的传递？
8-13　什么是参数的值传送方式？什么是参数的地址传送方式？
8-14　什么是源程序？什么是目标程序？什么是编译程序？
8-15　对比语言的翻译过程和编译程序的编译过程。
8-16　编译过程有哪些主要子过程？画出编译过程的逻辑结构图。

第 9 章 计算机网络及其应用

计算机网络把孤立的各个计算机连接起来，实现计算机硬件资源和软件资源的充分共享。可以说，计算机网络是计算机发展的必然。Internet 是世界上使用最广泛的计算机网络。Web 页面是 Internet 上最主要的信息内容。利用 WWW 浏览器可以方便地浏览 Internet 上的 Web 页面。Internet 上的许多服务业务，为用户提供了快捷和便利的信息传递手段。

9.1 计算机网络概述

9.1.1 计算机网络的发展历史

今天的互联网实际上是 40 多年前美国大搞军事情报战的产物。20 世纪 50 年代，美国与苏联军备竞赛时期，美国军方担心苏联的飞机绕道北极前来空袭，于 1951 年资助麻省理工学院成立了著名的林肯实验室，开始了"远距离预警系统"的研究。该系统是一种中央控制式网络结构，它的目标是：第一，采集从各雷达站来的信息；第二，通过计算判断是否有敌机来犯；第三，将防御武器对准来犯之敌。该系统于 1952 年开始投入使用，曾为美国搜集军事情报和协调各军事部门的作战立下了汗马功劳。

随着苏联 1957 年 10 月 4 日和 1957 年 11 月 3 日两颗人造地球卫星分别发射成功，使美国军方感到了极大的威胁。原因是苏联的卫星飞到了美国的头顶上才被美国发现。美国因此对其拥有的中央控制式网络产生了怀疑。1958 年，当时的美国总统向国会提出了建立国防部高级研究计划署 DARPA（Defense Advanced Research Projects Agency，DARPA 在 20 世纪 80 年代后改名为 ARPA）的建议，希望通过该机构的努力，确保美国在军事上对苏联的均势或优势。

1962 年，美国军方向当时的美国总统提出了一份建议，强调美国当时的网络布局存在严重的隐患，即苏联的导弹只要摧毁该网络的中心控制部分，整个网络就会瘫痪；美国军队通信联络的网络化程度越高，受到的破坏也越强烈。这一问题引起了美国军界的重视，随即，DARPA 着手组织改进网络结构的安全性，以确保美国军队的网络系统在遭受打击后，仍能够保证各部门之间通信联络畅通。

DARPA 经过长时间的研究和论证后得出结论，可以设计出一种分散的指挥系统，它由许多指挥点组成，当部分指挥点系统遭到破坏之后，其他指挥点系统仍能正常工作，并且这些指挥点可以绕过那些遭到破坏的指挥点保持联络。为了实施这一计划，DARPA 于 1969 年建立了 ARPANET，该网络将加利福尼亚大学洛杉矶分校等几所大学的计算机主机连接起来，各个结点的大型计算机采用分组交换技术，通过专门的通信交换机和专门的通信线路相互连接。该网络开始时只有 4 个结点，两年后达到 15 个结点。20 世纪 70 年代后期，ARPANET 达到了 60 个结点，主机 100 多台，地域覆盖美洲大陆，还可通过卫星与夏威夷、欧洲等地区相连，这就是最早的计算机网络。

ARPANET 的特点是：资源共享，分散控制，分组交换，采用专门的通信控制处理机，分层的网络协议。

许多大学、研究机构、军事基地和政府实验室中的研究人员经常使用 ARPANET 交换文件、发送电子邮件和进行远程登录。1975 年，DARPA 将网络转给了美国国防通信局 DCA（Defense Communication Agency）。DCA 将 ARPANET 变成国防数据网络 DDN（Defense Data Network）的一部分。在 Internet 广泛使用后，ARPANET 的发展开始下滑。

认识到计算机网络的重要性后，美国国家科学基金会 NSF（National Science Foundation）组织建立了 NSFNet。NSFNet 的大小和容量不断增加，最后形成了现在广泛使用的 Internet 中的主干网。NSF 的 Internet 框架由三个层次构成：第一个是国家主干网，第二个是一组覆盖小地理区域的中级网络，第三个是一组范围更小的称为"校园"网的局域网。中级网连接到主干网上，局域网连接到中级网络上，计算机连接在局域网上。

9.1.2 计算机网络的概念

如果要给计算机网络下一个定义，可以这样叙述：计算机网络是由通信线路连接的许多自主工作的计算机构成的集合。

这里需要强调两点：首先，"通信线路"除了铜导线外，还包括无线信道，如微波、毫米波、红外线、电磁波等；其次，"自主工作"是指不存在主从关系，计算机脱离网络环境之后是自成体系的计算机系统，即可以独立地完成工作。也就是说，网络中单独一台计算机有自己的操作系统，有自己的内存，有自己的 CPU。

计算机网络是计算机和通信相结合的产物，计算机网络与通信网虽然都是用于传递数据的，但二者是有区别的。计算机网络的主要目的是实现资源共享，而通信网的主要目的是传递信息。这也就是为什么我们可以把计算机网络分为资源子网和通信子网的原因。

9.1.3 计算机网络协议

为了实现计算机之间的通信，计算机之间必须遵循共同的规则，即网络通信协议。也就是说，计算机之间进行通信时必须以约定的协议进行。协议具体到计算机中就是一组实现规则的软件，它的功能是使相互连接的计算机之间按照协议准确、及时地传递数据。

1977 年，国际标准化组织 ISO 下设的第 16 分委员会 SC16 开始研究开放系统互连的标准。所谓开放系统，是指任何系统只要遵循这个标准进行设计，就可以与其他任何遵循同一标准设计的系统互相连接并进行通信，这就确保了各个厂商的网络产品能相互兼容。SC16 于 1979 年完成了基于分层概念的网络协议开发模型，称为开放系统互连参考模型 OSI/RM（Open System Interconnection / Reference Mode）。同年底，国际电报电话咨询委员会 CCITT（Consultative Committee, International Telegraph and Telephone）认可并采纳了这一国际标准（称为 X.200）。

OSI 共分为 7 层，它们是：物理层、数据链路层、网络层、传输层、会话层、表示层和应用层。当网络中的计算机需要发送数据时，就将发送的数据下传一层，再加上该层的标识（俗称打包），这样逐层下传，直到物理层，然后将数据通过传输介质发送给对方。对方接收到数据时，进行反方向拆开（俗称解包），然后逐层上传，直到应用层。其数据传送的 OSI

参考模型如图 9-1 所示。

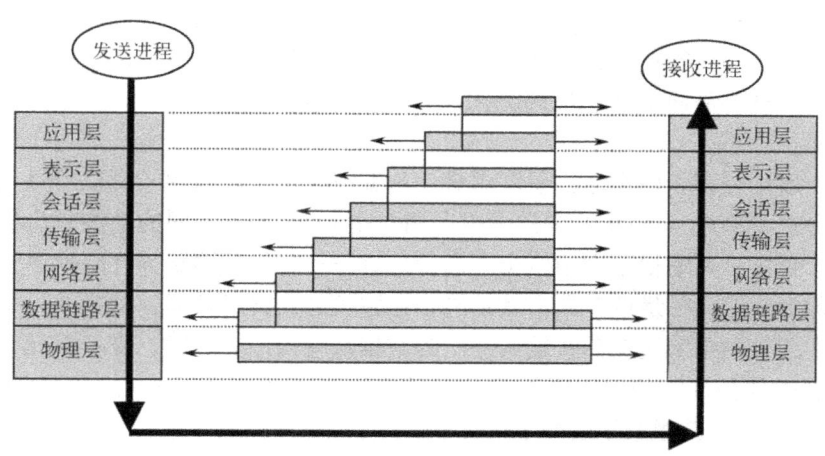

图 9-1　OSI 参考模型

需要说明的是，OSI 只是一个标准，而不是一个具体的协议。所谓标准，是指制造商在实现协议时应该遵守的规定，或标准化组织建议制造商在实现协议时遵守的规定。而协议是指制造商在其产品中具体实现的通信规定。标准是制定协议的原则或框架。

计算机网络的协议有很多，最著名的是 TCP/IP（Transmission Control Protocol/Internet Protocol，传输控制协议/网际协议），它是 Internet 上使用最多的协议。另外，还有 NetBEUI（NetBIOS Extended User Interface，NetBIOS 扩展用户接口）、IPX/SPX（Internetwork Packet eXchange/Sequences Packet eXchange，网络包交换/顺序包交换，Novell Netware 局域网规程）、Apple Talk（苹果公司的计算机局域网协议）、DECNet（Digital Equipment Corporation Net，美国数字设备公司网络规程）、ATM（Asynchronous Transfer Mode，异步传输模式）、X.25 等协议。

9.2　计算机网络的分类

计算机网络可以按照范围、拓扑结构和交换方式进行分类。从计算机网络使用者的角度，其分类主要是按范围大小划分的。

按范围大小，计算机网络可分为局域网 LAN（Local Area Network）、城域网 MAN（Metropolitan Area Network）和广域网 WAN（Wide Area Network）。

（1）局域网。局域网是指覆盖范围受到限制的网络，一般在 10m～1km 的范围内，例如，同一个房间、同一个建筑物、同一个园区等。通常的校园网、企业网、公司内部网等都属于局域网的范畴。

（2）城域网。城域网是大型的局域网，是指一个城市大小范围的网络，一般在 10～100km 的范围内。当然，城市有大有小，西安是一个城市，北京是一个城市，纽约也是一个城市。这里强调的只是一个相对的概念。城域网在网络术语中使用得不多。

（3）广域网。广域网是指范围超过 100km 的网络，广域网可以指同一个国家或同一个洲的计算机网络，甚至可以把全球范围的计算机网络看成一个广域网。

按网络的范围大小分类只是一个相对的概念，并不是绝对的。也就是说，按网络范围大小分类时，地域界限范围划分不是十分严格。随着网络技术的发展，计算机网络延伸的范围会越来越广泛，使用的技术也越来越复杂，按上面的分类方法有时很难划分。按照现阶段的实际情况，有些学者将计算机网络分为工作组网、校园网（社区网）、企业网（公司网）和全球广域网。

广域网一般由资源子网和通信子网组成，如图 9-2 所示。资源子网以信息共享为目的，一般由若干台主机构成（图 9-2 中只画出了两台主机）。通信子网的功能是将信息从一台主机传递到另一台主机。通信子网由两个不同的部分——传输线路部分和交换单元部分组成。传输线路也称为线路、信道或干线，其功能是在主机之间传送数据。交换单元是一种特殊的计算机，用于连接两条或更多条传输线路。当数据从输入线到达时，交换单元必须为数据选择一条输出线以便传送它们。通常，将交换单元称为路由器（Router）。传输线路和路由器（不包括主机）的集合就组成了通信子网。

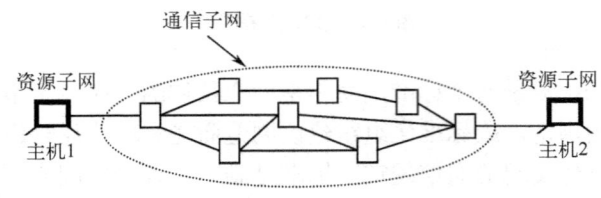

图 9-2 通信子网与资源子网

广域网传输信息的基础是大量的各种电缆和电话线互连构成的通信线路。每条通信线路都连接到一对路由器。前面的路由器要发送信息，其后面相邻的路由器在接收到信息之后，首先要进行校验，正确接收之后先进行保存，然后当输出线路空闲时再向下一个路由器发送。就像接力棒一样，从一个结点到另一个结点地传送，直至信息到达目的地。使用这种原理的子网被称为点到点、存储—转发或分组交换通信子网。

在计算机网络中，通信子网是由网络经营者拥有的路由器和通信线路组成的集合。

计算机网络中的通信子网就像电话系统中的通信网络。电话系统由许多个电话交换子系统组成，各电话交换子系统之间由通信线路连接，每个电话交换子系统再连接若干个电话用户。

9.3 局域网

局域网在计算机网络中占有重要的地位，局域网是构成广域网的基础。

9.3.1 局域网的组成

计算机局域网一般由服务器（Server）、工作站（Workstation）、外围设备和通信协议组成。

1. 服务器

服务器是整个网络系统的核心。服务器为网络用户提供服务并管理整个网络。服务器的类型有文件服务器、通信服务器、邮件服务器、备份服务器、打印服务器等。

小型局域网中的服务器一般提供文件和打印两种服务，并且通常将文件和打印服务集中到一台计算机上进行。服务器是一台计算机，一般要求这台计算机的性能较高，否则，整个局域网的使用效率将很低。目前，中小型局域网中一般使用性能较高的 PC 机作为服务器。

2．工作站

工作站是指连接在网络上的计算机。不同于服务器，工作站只是一个接入设备，它的接入和离开并不对网络系统产生影响，工作站也称用户机或客户机。

3．外围设备

外围设备分为传输介质和连接设备两类。传输介质包括同轴电缆、双绞线和光纤。

（1）同轴电缆

同轴电缆的中心有一根铜导线，外加一层绝缘体，在绝缘体外再包一层网状铜导体，用于屏蔽电磁波的干扰，同轴电缆的最外层又是一层绝缘体。同轴电缆一般用于总线型网络结构。同轴电缆主要有基带同轴电缆和宽带同轴电缆两种：基带同轴电缆主要用于 4kHz 以下频率的数据传输，宽带同轴电缆主要用于 4kHz 以上频率的数据传输。

（2）双绞线

双绞线是一种最常使用的传输介质。目前使用的双绞线内部有 8 根铜导线，每根铜导线外的绝缘体都使用不同的颜色以示区别。每两根铜导线缠绕在一起，防止信号干扰。双绞线分为非屏蔽双绞线和屏蔽双绞线两大类。其中，非屏蔽双绞线比较常用。

双绞线一般用于星形网络结构的布线，每条双绞线的两端都安装有 RJ-45 连接器（也称为水晶头），RJ-45 连接器可以插到网卡和集线器或者交换机的端口上。单根双绞线允许的最大长度是 100m，若要延伸，最多可以级联 4 级集线器或者交换机，因此，星形网络中两台工作站之间的最远距离是 500m。

（3）光纤

光纤即光导纤维，是利用光在两种介质的界面上发生全反射的原理制成的一种传输介质。光纤中传输的是光信号。光纤一般使用玻璃材料，目前已经出现了使用高级塑料的光纤。光纤可以进行高速度、长距离、大容量的数据传输。光信号在传输时有信号衰减，为了保证传输质量，每隔一段距离需设置中继机以恢复信号质量。

光纤可以用 1Gbps（bit per second）的速度一次传输 50km 左右的距离，而不使用中继机。光纤的两端安装有光纤收发器，用于光电信号的转换和光信号的收发。

将一束光以一定的角度进入光纤称为一个模式（mode）。按模式可以将光纤分为单模光纤和多模光纤两种。多模光纤的缺点是线芯比较粗，传输的速度低、距离短、性能差，但优点是成本低。当光纤的直径减小到一个光波波长大小的时候，则光纤如同一个波导，光在其中没有反射而沿直线传播，这种光纤称为单模光纤。单模光纤的优点是线芯比较细，传输的速度高、距离远、频带宽、容量大，但缺点是成本高。

光纤目前主要用于交换机到交换机的连接，以及交换机到服务器的连接。局域网中一般使用 50μm/125μm（内径/外径）、62.5μm/125μm 等规格的多模光纤和 8.3μm/125μm 等规格的单模光纤。实际使用的光缆中一般包含有多根光纤。

除了上面三种有线局域网传输介质外，局域网传输介质还包括无线传输介质，如电磁波、无线电、微波、红外线、毫米波和激光等。在无法敷设或者不允许敷设电缆的环境中，可以使用无线传输介质。

9.3.2　局域网的连接设备

局域网的连接设备主要包括网卡、集线器、交换机等。

1．网卡

网卡是网络接口卡的简称。网卡是计算机局域网中最重要的连接设备。网卡插在计算机的主板上（或者集成在主板上），与主板总线连接。工作站是通过网卡接入网络的。网卡是工作在数据链路层的设备，它的功能是自动接收和发送数据。接收数据时，将数据解包后传送到该工作站中；发送数据时，将数据打包后发送到网络中去。

网卡有许多种分类方法。

① 从不同工作对象的角度考虑，网卡分为普通工作站网卡、服务器专用网卡、便携式计算机网卡、无线局域网网卡等。

② 从速度方面考虑，网卡分为 10Mbps 网卡、10Mbps/100Mbps 自适应网卡、100Mbps 网卡、1000Mbps 网卡等。

③ 从连接方式角度考虑，网卡分为光纤接口、RJ-45 连接器接口（双绞线使用）、BNC 连接器接口（细缆使用）、AUI 连接器接口（粗缆使用）等。

2．集线器

集线器（Hub）是一种管理网络的工具。集线器工作在物理层，是一个共享式设备，相当于一个中继器，起到信号的放大再生作用。

集线器有许多种分类方法。

① 从速度角度分，集线器有 10Mbps、10Mbps/100Mbps 自适应、100Mbps、100Mbps/1000Mbps 自适应、1000Mbps 等几种。

② 从配置形式分，集线器有独立式、模块式、堆叠式等几种。

③ 从端口数目分，集线器有 8 口、16 口、24 口、48 口等几种。

3．交换机

集线器仅仅起到信号的放大再生功能，相比之下，交换机在功能上要强得多。交换机具有网络交换的功能，可以进行网络管理，可以自动检测网络端口的速度等。目前，局域网中使用的一般是交换机。有时也将交换机称为交换式集线器。

4．通信协议

上述网卡、集线器和交换机只是实现了局域网硬件设备的连接，除硬件设备的连接外，局域网通信还要有通信协议。通信协议在 9.1.3 节已讨论过。两台计算机之间进行通信时，必须使用相同的通信协议。局域网的协议一般有：NetBEUI、TCP/IP 和 IPX/SPX 三种。

9.3.3　局域网的结构

局域网的常见结构有：对等式网络结构、专用服务器式结构和客户-服务器式结构。

1．对等式网络结构

对等（Peer-to-Peer）式网络是指网络中不需要专用的服务器，每台接入的工作站既是服务器，也是工作站，拥有绝对的自主权。可用于对等式网络的操作系统有 DOS、Windows 等。

2．专用服务器式结构

采用专用服务器（Server-Based）式结构的网络中必须要有一台专用文件服务器，工作站与工作站之间通信时必须通过服务器进行。NetWare 网络操作系统就是典型的专用服务器结构。

这种结构有利于网络的严格管理，保密性好，可靠性高，但工作站上的资源无法实现共享。

3．客户-服务器式结构

客户-服务器（Client/Server）式结构也称为主从式结构，它解决了专用服务器结构中存在的不足。客户（Client）端既可以与服务器（Server）端进行通信，同时客户端之间也可以不需要经过服务器直接进行通信。Windows 2008 Server 和 Windows 2012 Server 是典型的客户-服务器式结构操作系统。客户-服务器式结构效率比较高，可以实现工作站资源的共享，但安全性比较差。

9.4 Internet 的组成

Internet 是将许许多多局域网互相连接起来形成的一种巨型网络。这里我们简要介绍组成 Internet 的互连设备和通信子网。

1．互连设备

互连设备主要有中继器、网桥、路由器和网关。

（1）中继器（repeater）

当电信号沿着电缆传输时，由于电子的热运动和电阻，信号会出现衰减，信号传输的距离越长，衰减的程度也就越大，超过一定的距离之后，就再也检测不到信号了，这时，就需要一种设备进行信号的放大，这种设备称为中继器。

中继器工作在 OSI 物理层，属于底层设备，仅用来放大或者再生弱的信号，在电缆之间复制每一位，不起隔离网段的作用。可见，中继器与电话线路上的中继器概念类似。

（2）网桥（bridge）

网桥工作在 OSI 数据链路层，是一种存储—转发设备，用于连接同种类型的网络。

网桥在接收到 1 帧（帧是具有一定格式的定长位串）数据之后，将其传送到第二层，即数据链路层，检验其校验和，然后再下传到物理层，转发到另外一个不同的网络中。在此过程中，网桥可能会修改帧头中的某些字段，但是不修改第二层以上的头部信息。

（3）路由器（router）

路由器工作在 OSI 网络层，能够连接性质不同的网络，一般用于异型网络之间存储和转发分组，即在采用不同协议的网络之间转发分组。

路由器可根据网络地址对信息进行过滤和转发。路由器是网络互连，特别是 Internet 互连的主要设备。使用路由器进行不同网络的互连示意图如图 9-3 所示。

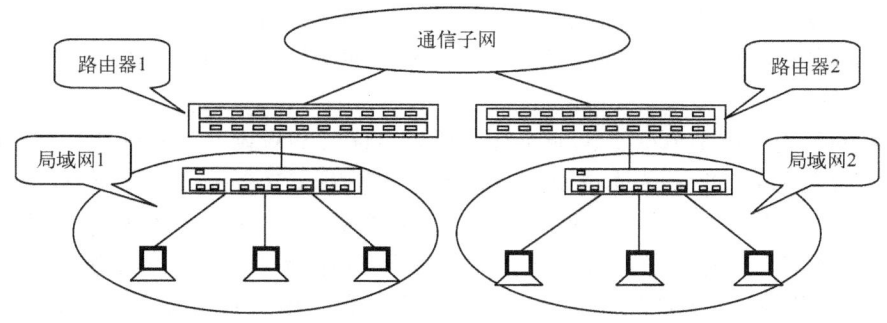

图 9-3　使用路由器进行不同网络的互连示意图

（4）网关（gateway）

网关提供 OSI 传输层及其上层的协议转换，它是连接两个或者多个异型网络的设备。

在此，需要了解"半网关"的概念，也就是说，可以将网关从中间有效地分开，每一部分称为一个半网关，分开的两个部分可以用一条导线连接。整个网关的连接问题可以归结为使用导线的协议，该协议是中立的，不依靠任何一方。这种半网关可以处于不同的机构和部门，甚至是不同的国家。

2．通信子网

如图 9-3 所示，如果需要将两个不同地域的不同子网络互连起来，就必须借助于通信子网。目前经常使用的通信子网有公共交换电话网 PSTN（Public Switch Telephone Network）、X.25 分组交换网、综合业务数字网 ISDN（Integrated Services Digital Network）、帧中继网 FR（Frame Relay）和数字数据网 DDN（Digital Data Net）等。

不同的通信子网使用的通信传输协议不同。在通信中，通信的双方必须使用相同的信息传输规定，否则通信双方不能互相理解信息的含义，不能进行正常的通信。在通信领域，通常把通信双方的信息传输规定称为协议。上述 PSTN、X.25、ISDN、FR、DDN 即表示了不同的通信协议。

9.5 Internet 的应用

Internet 上主要的应用有电子邮件、文件传输、万维网、远程登录、新闻组、电子商务、搜索引擎、即时通信等。

1．电子邮件

电子邮件（E-mail）是 Internet 中最常使用的一种应用。无论用户在世界的什么地方，只要用户的计算机与 Internet 连接着，就可以将电子邮件发送到另一个 Internet 用户的信箱中去。对方不需要立即查看自己的信箱，而是在他认为需要的时候查看自己的邮件信箱，就像通过邮局发送的信件一样。当然，电子邮件的速度要快得多，可以在 5～10 分钟内将发送的内容传送到世界上的任何位置。不但如此，电子邮件除了可以传送文字外，还可以传送图形、图像、声音、视频和计算机程序文件等内容。

2．文件传输

Internet 资源浩如烟海，涉及各学科的各种专业资料、流行音乐、娱乐影片、游戏软件、计算机工具、各种书籍、画报图片、天气预报、航班车次、企业广告等，如果需要，可以下载到自己的计算机中仔细品味。下载文件时，就需要使用文件传输协议（FTP），因此，文件传输是 Internet 上服务器或客户机之间进行的文件形式的数据传送。

3．万维网

万维网的英文全称是 World Wide Web，所以也称为 WWW。万维网起源于 1989 年的欧洲离子物理研究室 CERN，是由该研究室的物理学家 Tim Berners-lee 于 1989 年 3 月提出的。研制万维网的最初目的是收集欧洲离子物理研究室物理学家们时刻变化的报告、蓝图、绘制图、照片和其他文献。原来 Internet 上的一些应用都是简单的菜单系统，多以命令方式进行查询。而万维网是一种特殊的框架结构，用于访问当时遍布 Internet 的数以千计的主机上的链接文档。万维网之所以流行是因为它将各种各样的信息以丰富多彩的页面形式呈现在人们的面前。这些信息几乎涉及了人们能够想到的所有主题。

4．远程登录

Telnet 后跟 IP 地址，可以从网络中的一台计算机登录到该 IP 地址指定的另一台计算机上，然后就可以像操作本地计算机一样操作所登录的计算机。

当然使用远程登录的前提条件是：①网络是连通的；②用户知道该计算机的 IP 地址；③如果该计算机有密码，用户知道它的密码。

5．新闻组

Internet 上有各种各样的讨论题目，这些题目从婴儿的哺育到宇宙空间技术，无所不包，任何人都可以参加进来发表自己的见解。这是世界上任何一种新闻媒体无法比拟的。新闻组通常使用电子公告板系统 BBS（Bulletin Board System）进行讨论，非常方便。基于 BBS 方式的新闻组是 Internet 上的一种早期信息交流应用，这种应用目前有被即时通信类新型信息交流方式取代的趋势。

6．电子商务

随着技术的发展和 Internet 的应用日益广泛，传统的商务活动可以通过 Internet 进行。例如，通过电子银行，人们可以实现网上的异地存款、转账等业务，还可以通过电子商务在网上订购自己需要的商品。电子商务的发展对很多传统商业模式有颠覆性的改变。

7．搜索引擎

搜索引擎（Search Engine）是指根据一定的策略、运用特定的计算机程序从互联网上搜集信息，在对信息进行组织和处理后，为用户提供信息检索服务。搜索引擎包括全文索引、目录索引、元搜索引擎、垂直搜索引擎、集合式搜索引擎、门户搜索引擎等。因为互联网上的信息呈爆发式增长，所以搜索引擎非常有用。

8．即时通信

即时通信（IM，Instant Message）是指能够即时发送和接收互联网信息等的一种服务。最开始，即时通信主要是单纯的聊天工具或信息发布。近年来，即时通信迅速发展，其功能日益丰富，逐渐集成了电子邮件、博客、微博、微信、音乐、电视、游戏、搜索等多种功能。即时通信已经发展成集交流、资讯、娱乐、搜索、电子商务、办公协作和企业客户服务等为一体的综合化信息平台。

Internet 已经成为我们生活中不可缺少的一部分，它的发展将为人们提供更多更好的服务。

9.6 IP 地址与域名

1．IP 地址

Internet 上的每台主机都分配了一个唯一的 32 位的地址，通常称为 IP 地址。IP 地址就是 Internet 上的网络地址，其目的是便于网络路由选择功能的实现。IP 地址每 8 位为一段，共 4 段，段与段之间用"."隔开。为了便于记忆，用十进制数表示，称为带点十进制数标记法。

IP 地址内部实际上分成两个部分：网络 ID 和结点 ID。网络 ID 称为网络号，结点 ID 称为主机号。IP 地址分为 A、B、C、D、E 5 类。网络号的个数决定每类 IP 地址的个数，主机号的个数决定每个 IP 地址的主机个数。5 类 IP 地址的格式如图 9-4 所示。

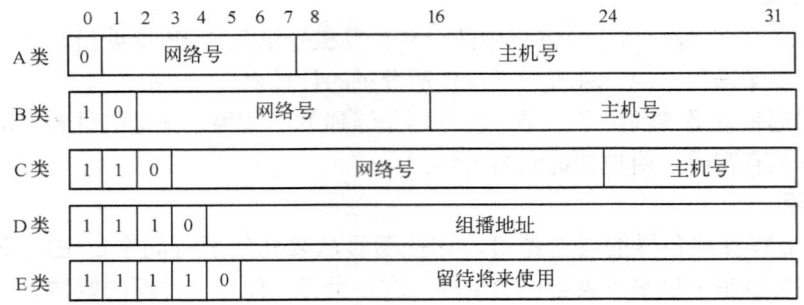

图 9-4　5 类 IP 地址的格式

由图 9-4 可见，5 类 IP 地址的十进制数表示范围如下：
　　A 类：0.0.0.0～127.255.255.255
　　B 类：128.0.0.0～191.255.255.255
　　C 类：192.0.0.0～223.255.255.255
　　D 类：224.0.0.0～239.255.255.255
　　E 类：240.0.0.0～247.255.255.255

其中，A 类地址理论上共有 128 个，每个地址可设置 1600 万台主机；B 类地址理论上共有 16 382 个，每个地址可设置 64K 台主机；C 类地址理论上共有 200 万个，每个地址可设置 256 台主机；D 类地址用于组播；E 类地址留做将来网络发展时使用。

网络 ID 必须向 Internet 网络信息中心（Internet Network Information Center，Internet NIC）申请，在我国是向当地的电信部门进行申请。全球 IP 地址的分配情况如下：
　　　　194.0.0.0～195.255.255.255：分配给欧洲
　　　　198.0.0.0～199.255.255.255：分配给北美
　　　　200.0.0.0～201.255.255.255：分配给中美和南美
　　　　202.0.0.0～203.255.255.255：分配给亚洲和太平洋地区

选择 IP 地址的原则是，网络中的每个设备的 IP 地址必须唯一，在不同的设备上不允许出现相同的 IP 地址。

2．子网掩码

子网掩码的表示格式与 IP 地址的表示格式类似，用二进制数表示时，通常为若干位连续的 1 后接若干位连续的 0，例如，11111111.11111111.11111111.11000000 就是一个子网掩码。

子网掩码用于把 IP 地址解释到它所属的网段。在局域网中，各主机的 IP 地址与其相应的子网掩码进行逻辑与运算，若结果相同，则它们属于同一个网段，否则它们属于不同的网段。

例如，在一个局域网中，有 3 台主机的 IP 地址分别为 202.200.117.27、202.200.117.23 和 202.200.203.105。如果该局域网中每台主机的子网掩码都是 255.255.255.0，则将这 3 台主机的 IP 地址与其子网掩码进行逻辑与运算得到的结果分别是 202.200.117.0、202.200.117.0 和 202.200.203.0。由此说明，前两个 IP 地址的主机属于同一个网段，而第三个 IP 地址的主机属于另外一个网段。

3. 域名

域名是 IP 地址的字母符号化表示。IP 地址是网络上各主机的识别地址，但 IP 地址很难记忆，为了方便记忆，可以给一个 IP 地址起一个相应的域名。例如，西安石油大学的 IP 地址是 202.200.80.13，这样的标识很难记忆，而西安石油大学的域名是 www.xapi.edu.cn，这样的标识就很容易记忆。

域名有其命名规则，例如，在域名 www.xapi.edu.cn 中，cn 代表中国，edu 代表教育机构，xapi 代表西安石油大学，www 代表万维网。从这个域名例子中可以看出域名的命名规则如下。

① 除了前面的 www 外，域名的命名是按一种层次结构划分的，即从右向左，范围由大到小，最右边的称为"顶级域名"，其余的称为"子域名"。

② 用小数点"."将各级域名分割开来。

③ 域名中的英文字母不区分大小写，一般使用小写字母。

④ 顶级域名一般采用三字母或双字母表示。三字母的顶级域名用于表示行业类别，三字母的顶级域名约定见表 9-1。双字母的顶级域名用于表示国家或者地区，例如，cn 代表中国，au 代表澳大利亚，jp 代表日本等。

表 9-1　三字母顶级域名约定

域　名	含　义
com	商业机构
edu	教育机构
gov	政府机构
int	国际机构（主要指北约组织）
mil	军事机构
net	网络机构
org	非营利站点（不符合以上分类的机构）
arpa	临时的 APPANET 领域

4．IP 地址与域名的关系

计算机中识别的是 IP 地址，为了方便人们记忆，才将 IP 地址用域名代替，就像电话号码与用户名称一样，打电话时电信公司交换机使用的是电话号码，而不是用户名称。IP 地址与域名的关系是一一对应的。这种对应是整体对应，不是逐层对应，不能将 IP 地址或者域名分开去对应。域名是通过一种称为域名服务器（Domain Name Server，简称 DNS）的系统进行解释的。

9.7　Web 的基本概念

Web 是 WWW（World Wide Web）的简称。WWW 是由非常庞大的、世界范围内的文档集合而成的，这些文档也称为 Web 页面或网页。Web 页面是 Internet 上的信息主体。

Web 的出现极大地扩展了网络的应用范围，丰富了网络的内容，方便了人们对网络的使用。众多 Web 页面采用超链接的方式链接。通常的书籍采用内容顺序排列的方式组织，但 Internet 上的众多 Web 页面是由许许多多的人编写的，如何让人们找到各自希望查看的 Web 页面呢？这就要了解统一资源定位地址 URL（Uniform Resource Locator）的概念。

URL 地址包括三个部分：协议、页面文件的 DNS（Domain Name Server）名和页面的文件名。这样，URL 地址就确定了被链接的页面在 Internet 中的主机位置，以及被链接的页面在该主机中的存放位置。由于通信网络中存在多种不同的通信协议，因此 URL 地址中还指明了被链接页面所使用的通信协议。例如，在一个具体的 URL 地址 http://www.xapi.edu.cn/default.html 中，http 是通信协议，www.xapi.edu.cn 是包含页面的文件所在 DNS 的名称，default.html 是页面文件名。

Internet 上许许多多的网页采用超链接的方式链接在一起。所谓超链接，是指引导浏览者从一个 Web 页面直接跳转到另一个 Web 页面的 URL 字符串。例如，假设本书是以电子文件形式放在 Internet 上的，当你阅读本书第 9 章时，希望临时跳转到本书参考文献中给出的 Web 页面 http://www.dzpc.com（大众电脑）上，就可以用鼠标单击该字符串，则显示的内容将直接跳转到该字符串所链接的大众电脑网站的 Web 页面上。

一个文本形式的 Web 页面中若包含了至少一个超链接字符串，则这样的文本称为超文本。初期的 Web 页面只包含文字信息，现在的 Web 页面除文字信息外，还可包含图像信息、声音信息等，这样的信息传媒称为多媒体。一个多媒体的 Web 页面中若包含了至少一个超链接字符串，则这样的多媒体称为超媒体。

Web 页面需要通过浏览器来浏览和观察。页面使用一种称为超文本置标语言 HTML（Hypertext Markup Language）的计算机语言编写。浏览器是可以理解 HTML 语言含义的软件。

为了加强和外界的联系，现代的公司、企业、机构、个人等都在 Internet 上创建了自己的网站进行宣传和进行信息交互。从用户的角度看，网站是存储在某个或某些主机上的，可被 Internet 上其他主机用户浏览的一组内容相关网页的集合。通常，把进入某个网站的第一个页面称为该网站的主页。主页通过超链接和其他页面链接。这样，浏览者只要进入某个网站的主页，就可以按照该主页给出的超链接路径，再进入该主页的后续页面，并可按后续页面中给出的超链接路径，再进入该后续页面的后续页面，甚至还可以通过超链接进入到其他网站的某个页面。

9.8 浏览器

在 9.7 节中讲过，Web 页面需要通过浏览器来浏览和观察。目前，经常使用的浏览器有 Internet Explorer（简称 IE）、百度浏览器、360 安全浏览器、火狐 Firefox 浏览器、谷歌 Chrome 浏览器、QQ 浏览器等。本节将以 IE 为例，介绍浏览器使用的基本方法。其他浏览器的功能和使用方法类似。

9.8.1 浏览网页

把微机开机后的图形界面称为桌面（它就像办公室里的一个办公桌的桌面）。通过双击桌面上的 Internet Explorer 图标，或者单击任务栏中的 e 图标，或者选择【开始】|【程序】|【Internet Explorer】命令，或者直接双击 HTML 程序，都可以打开 IE 窗口。如图 9-5 所示，

IE 的界面由标题框、菜单栏、命令栏、地址栏、主窗口、状态栏等几个部分组成。如图 9-5 所示的界面是 IE 9.0 版本的界面，其他版本的 IE 界面和 9.0 版本的类似。

图 9-5　IE 的界面

使用 IE 浏览网页，在地址栏中输入 URL 地址，如 http://www.phei.com.cn，然后按回车键，即可打开该网址对应的网页。

使用 IE 浏览本地计算机的网页文件时，输入文件路径和文件名即可，如 D:\test\page1.htm。

在地址栏中输入的地址可以被保存起来，下一次打开该网页时，不需要再输入，可以通过地址栏右边的下拉按钮打开地址列表，在其中进行选择。

浏览网页时，如果需要保存该网页，选择【文件】|【另存为】命令，选择文件路径和输入文件名称，如图 9-6 所示。如果需要打印该网页，则单击工具栏中的【打印】按钮。

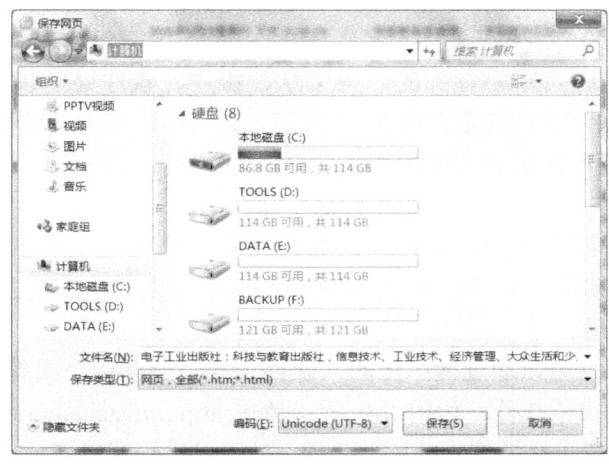

图 9-6　保存网页

在浏览网页时，还可以通过工具栏中的【后退】、【前进】按钮查看已经浏览过的网页中前一个或者下一个网页。

如果启动 IE 后希望进入某个固定的网页，即设置主页。方法是：选择桌面上的 IE 图标，单击右键，选择快捷菜单中的【属性】命令，出现如图 9-7 所示的对话框。在【主页】区的文本框中输入希望的初始网页地址，单击【应用】按钮。

对于经常需要浏览的网页，可以收藏该网页的地址，以后可以通过收藏夹中保存的网页地址直接进入该网页。

收藏网页地址的方法是：在浏览网页时，选择【收藏】|【添加到收藏夹】命令，在随后出现的如图 9-8 所示的对话框中，在【名称】框中输入为该网页所起的名字，再选择【创建位置】列表框中的文件夹，或者单击【新建文件夹】按钮生成一个新的文件夹，最后单击【添加】按钮即可。

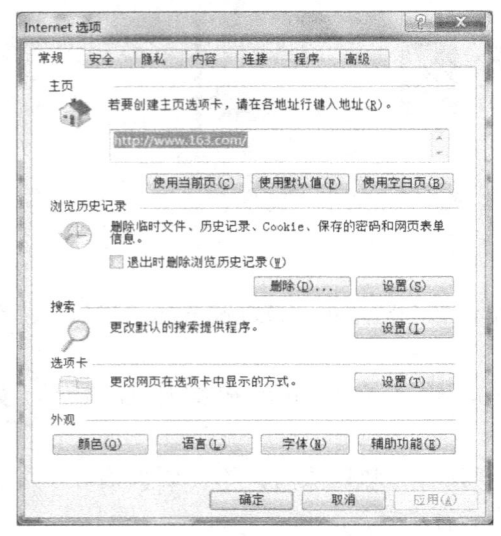

图 9-7 设置初始网页

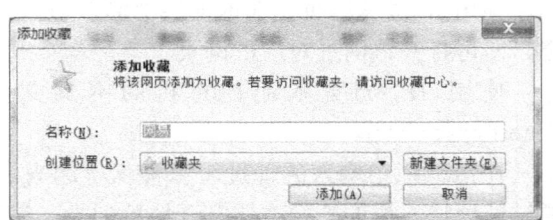

图 9-8 向收藏夹中添加网址

9.8.2 下载

上网浏览时，有时希望将看到的一些文章、图片、软件等下载后使用。如果是一般的文章，可以直接使用 IE 的【文件】|【另存为】命令。选择保存类型时，如果选择网页类型，则文本和图形按照所见即所得的方式原样保存；如果选择文本类型，则图形不能保存。

网络上一般提供两种类型的软件：共享软件和免费软件。共享软件可以免费下载使用，但一般有使用的期限，也称为试用，试用满意后必须购买，否则逾期将不能运行。免费软件可以长期免费使用。

查找某类软件时，可以通过网站上的"软件下载"超链接，或者在搜索主题中输入需要查找的软件名称查找该软件。如图 9-9 所示是在 http://xiazai.sogou.com 网站上查找软件的网页，在搜索框中输入需要搜索的软件名称，就可以进行搜索了。

图 9-9 软件查找网页

如图 9-10 所示是查找到的"瑞星杀毒软件"的网页，网页上有该软件的软件名称、更新时间、软件授权、软件平台、软件大小、软件作者、作者主页、下载时间、评价等级、下载次数等内容的说明。

图 9-10 软件查找的结果

单击该网页上的【高速下载】或【普通下载】按钮后的链接地址，将出现如图 9-11 所示的悬浮在网页上的【文件下载】对话框。在该对话框中，单击【运行】按钮，将软件下载到临时文件夹中并打开该文件运行。单击【保存】按钮后面的下拉按钮，弹出下拉列表，有三个选项。选择【保存】项，会将下载的文件保存到系统默认的下载文件的文件夹下。选择【另存为】项，将打开如图 9-12 所示的对话框，用户选择文件的保存路径和名称后，单击【保存】按钮开始下载文件。在文件下载过程中或下载完成后，如图 9-11 所示的对话框中会出现【查看下载】按钮，单击【查看下载】按钮，屏幕上会显示如图 9-13 所示的查看下载窗口。

图 9-11 "文件下载"对话框

图 9-12 文件下载的保存位置　　　　　　　　图 9-13 查看下载

9.8.3 搜索与导航

在 Internet 上查找信息犹如大海捞针，因为在一般情况下，用户并不知道自己所需要的信息在哪一个网站或网页上，这时就需要搜索引擎。许多网站都有这样的搜索引擎。如图 9-14 所示是搜狐网站 http://www.sohu.com 的搜索引擎。

图 9-14 搜索引擎

在搜狗搜索后的文本框内输入要搜索的关键字进行搜索，就可以获得所需要的信息。如图 9-15 所示是搜索有关"阿尔法狗"的资料。如果没有搜索到所需要的信息，可以将搜索的范围放大，例如，将"阿尔法狗"改成"人工智能"进行搜索。如果搜索的信息内容太多，可以将搜索的范围缩小，例如，将"阿尔法狗"改成"阿尔法狗 围棋"进行搜索。如果仍不能满足要求，可以到其他网站进行搜索。

图 9-15 搜索有关"克隆羊"的资料

不知道域名，在网上就不能查阅资料。查找域名的方法为：① 像前面介绍的一样，使用搜索引擎获得域名；② 一般网站都会提供一些跳转到其他网站的"链接"，可以直接使用这些链接获得另外一些网站的域名；③ 到一些网络信息中心获得各类网站的信息，例如，中国网站域名全部收集在中国网络信息中心，它的域名是 http://www.cnnic.net.cn，可以到该

• 175 •

网站查找国内网站域名；④ 通过 Internet 方面的书籍获得需要的网站域名。

9.9 电子邮件

电子邮件是 Internet 上最广泛使用的一种应用。电子邮件与普通邮件在某些方面类似，例如，都可以传递信息。但电子邮件和普通邮件有许多不同点：

① 电子邮件不但可以传递文本，而且还可以传递文件、程序、图片、图像、视频资料等；

② 电子邮件可以一信多发，自动定时邮寄，与计算机程序通信等；

③ 电子邮件传递的速度较普通邮件快许多。

1．电子邮件的组成

电子邮件一般由发件人、收件人、抄送、主题、发送时间、邮件正文等组成。

发件人地址、发送时间一般由系统自动添加，无须输入。如图 9-16 所示是用 Microsoft Outlook 建立的一个新邮件。

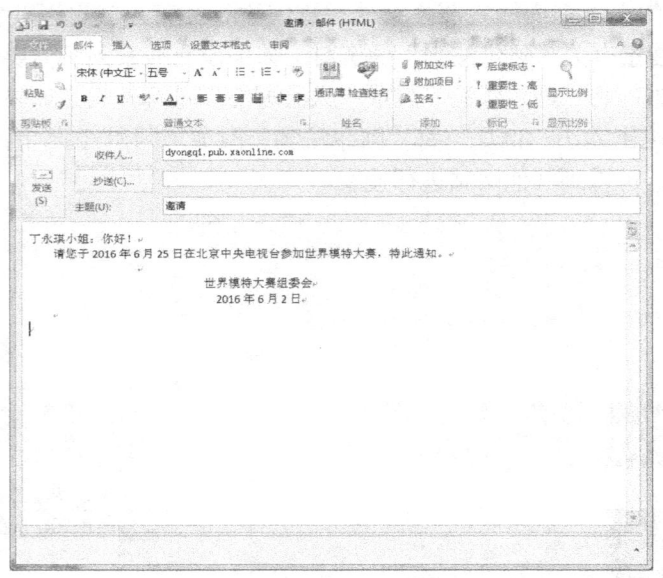

图 9-16　电子邮件

2．电子邮件地址

发送电子邮件时需要给出电子邮件的地址，也称 E-mail 地址。电子邮件地址由用户名和域名两部分组成，用户名和域名只能由英文字母和数字组成，用户名和域名中间用符号"@"分隔，即电子邮件地址格式为：用户名@域名。

例如，gaoheli@263.net 就是一个电子邮件地址。电子邮件地址书写时不区分英文的大小写，但一般使用小写。

如果希望使用电子邮件与别人互相传送信息，则自己必须要有邮件地址和邮件信箱。电子邮件信箱就像你住宅门前的邮件信箱一样，需要查看自己的电子邮件时，可以进入自己的电子邮件信箱查看。由于每个人的电子邮件信箱都设有密码，所以无法随意进入别人的电子邮件信箱。

申请邮件信箱时，一般就同时申请了邮件地址。可以向当地的 Internet 服务提供商 ISP（Internet Service Provider）申请获得专用的邮件信箱，也可以在一些知名网站上申请邮件信箱。

例如，国内各地的电信部门及提供 Internet 接入的专业公司都是 Internet 服务提供商，可以在搜狐（http:\\www.sohu.com）、新浪（http:\\www.sina.com）、263（http:\\www.263.net）等目前国内较大的网站上申请邮件信箱。

发送电子邮件需要专门的软件来进行，这样的软件种类很多。IE 中使用的是 Microsoft Outlook Express Mail。发送邮件时，首先将邮件由用户的当前计算机发送到邮件信箱所在的 ISP 服务器上，该 ISP 服务器再进行接力传送，直至到达收件人的 ISP 服务器为止。用户可以随时打开自己的电子邮件信箱，查看或阅读自己的电子邮件。

3．免费电子信箱的申请

免费电子信箱可以向一些大的网站申请。一般申请免费电子信箱的过程是：先进入该网站的主页，然后寻找申请免费电子信箱的按钮（或链接）；单击按钮（或链接）后，按照网站的要求填写自己的个人资料；如果用户名称输入规范，并且与该网站上原有的用户名称不冲突，一般申请会得到确认；申请确认后，用户就可使用自己的免费电子信箱。

4．固定电子邮件信箱的设置

如果已经在当地的 ISP 那里获得了一个用户账号，一般也同时会获得一个电子邮件地址，这个邮件地址称为固定电子邮件地址。下面以 IE 为例介绍固定电子邮件信箱的设置过程。

在 Windows 7 下，选择【开始】|【所有程序】|【Microsoft Office】|【Microsoft Outlook 2010】命令，进入 Outlook Express 界面，如图 9-17 所示。

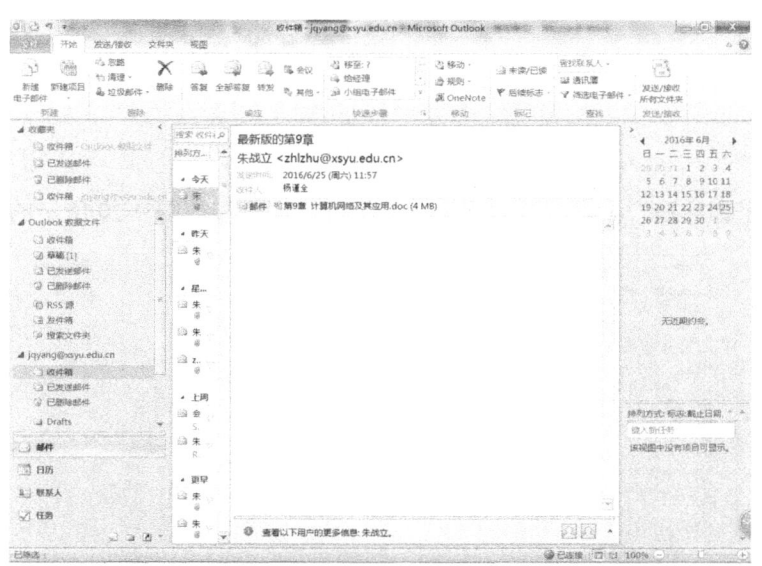

图 9-17 Outlook Express 界面

选择【文件】|【账户设置】命令，打开如图 9-18 所示的对话框。

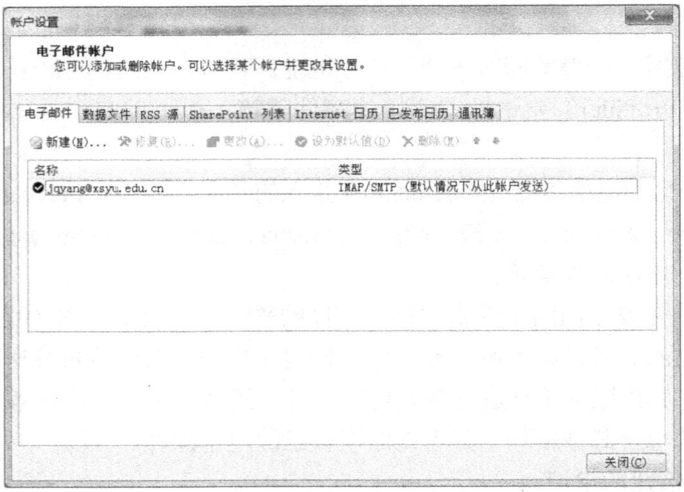

图 9-18 "账户设置"对话框

在对话框中选择【电子邮件】标签,单击【新建】按钮,出现如图 9-19 所示的对话框。

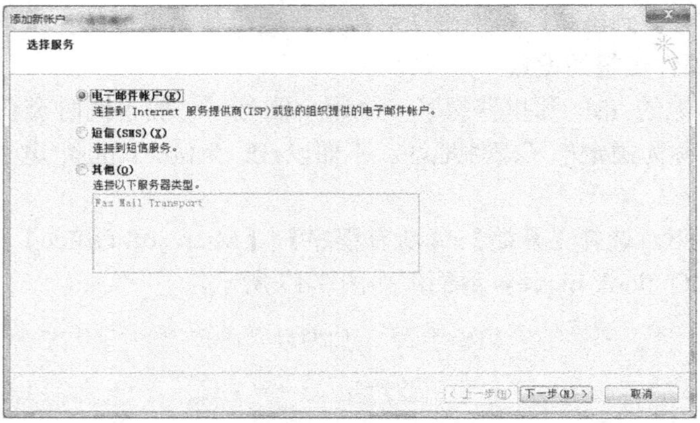

图 9-19 添加新账户

选择【电子邮件账户】项,单击【下一步】按钮,出现如图 9-20 所示的对话框。

图 9-20 设置电子邮件账户

在其中输入从 ISP 处获得的电子邮件地址及其相关信息后，单击【下一步】按钮，如果邮件地址及其密码正确，通过连接验证后，出现如图 9-21 所示的对话框。

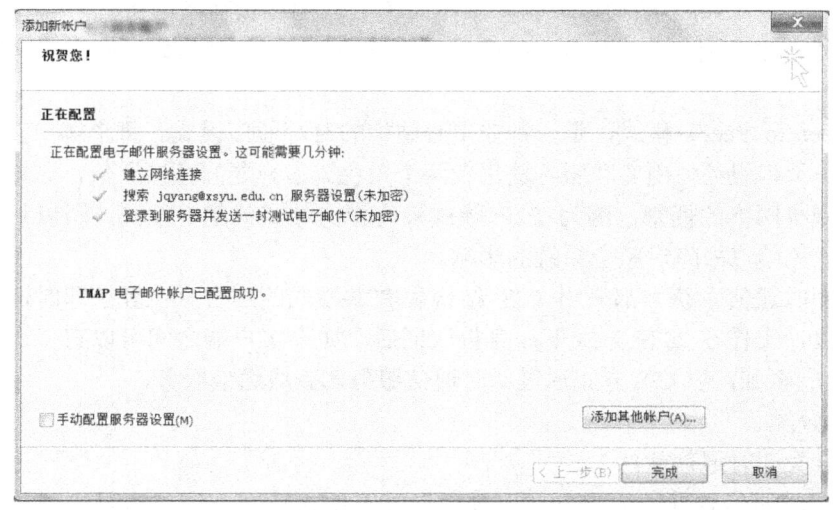

图 9-21 添加电子邮件账户成功

单击【完成】按钮，出现如图 9-22 所示的对话框。

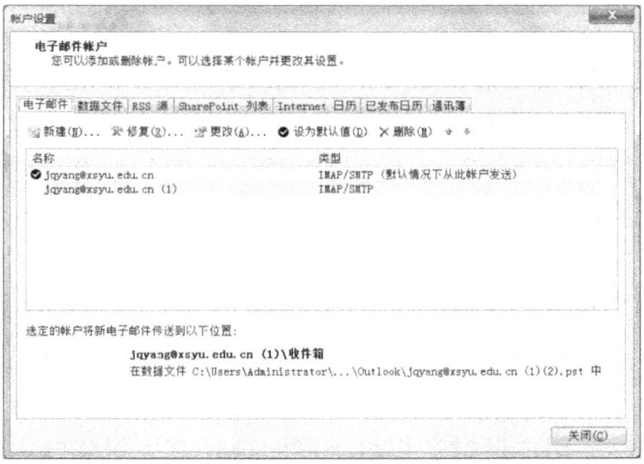

图 9-22 完成电子邮件账户设置

单击【关闭】按钮，就完成了固定电子邮件账户的设置。之后就可以用自己的电子邮件信箱发送和接收电子邮件了。

9.10 即时通信

即时通信是目前Internet上最为流行的一种通信方式。

1．技术原理

即时通信是一种基于Internet的通信技术，涉及IP/TCP/UDP/Sockets、P2P、C/S、多媒体音频/视频编码解码传送、Web Service等多种技术。

无论即时通信系统的功能如何复杂，它们都基于相同的技术原理，即 C/S 结构和 P2P 模式的结合。

C/S（Client/ Server）结构以数据库服务为核心，把连接在网络中的多台计算机形成一个有机的整体，客户端（C）提出服务请求，服务器端（S）借助数据库完成客户端的服务请求。

P2P（Peer to Peer）模式，是一种非中心结构的对等通信模式。每个客户都是平等（或称对等）的，承担服务使用者和服务提供者两个角色。客户之间直接通信，这样可充分利用网络带宽，减少网络的拥塞。因为 P2P 模式没有中央结点的集中控制，所以系统的伸缩性较强，也能避免单点故障对整个系统的影响。

目前的即时通信系统大都采用 C/S 结构和 P2P 模式的结合。在登录即时通信系统进行身份认证阶段，工作在 C/S 方式下；身份认证后，如果客户端之间可以直接通信，则使用 P2P 模式工作，否则，以 C/S 方式通过即时通信服务器完成通信服务。

2．软件分类

（1）综合类即时通信软件

综合类即时通信软件的用户群体以及用途没有明显特征，该类型最典型的软件是腾讯 QQ。综合类即时通信软件是最早出现的即时通信软件，在功能以及用户规模上均有较好的积累。以 QQ 为例，通过庞大的用户积累以及门户、游戏、博客等服务的引入，取得了良好的效果。

（2）跨平台即时通信软件

跨平台即时通信软件指其信息传送平台不局限在互联网以及计算机客户端，手机以及移动互联网络也成为即时通信服务的载体之一。目前主流综合性即时通信工具均可以通过计算机或者手机使用，但真正实现与手机"无缝链接"的工具则是移动飞信等。移动飞信最大的优势在于与移动手机的结合以及免费使用手机短信。

（3）跨网络即时通信软件

跨网络即时通信指其信息传输网络除了互联网之外，还将传统电信网络纳入其中。受到国家电信政策的影响，目前跨网络的即时通信软件提供的服务有限。Skype 是典型的跨网络即时通信软件，提供全球免费语音通信。Skype最大的优势在于除了计算机与计算机之间的信息沟通以外，还能够使用户通过计算机上网实现计算机对固定电话和手机的沟通。虽然Skype通话功能强于其他即时通信软件，但它毕竟是一种互联网服务，而不是真正的电信服务，还存在一些问题，如市场定位、通话安全等。

3．行业应用

（1）个人即时通信

个人即时通信，主要以个人用户为主。其特征是开放式的会员资料，非营利目的，主要功能是聊天、交友、娱乐等。此类软件的特点是：网站为辅，软件为主；免费使用为辅、增值收费为主。此类应用软件目前主要有：Anychat、YY 语音、QQ、网易 POPO、新浪 UC、百度 HI、移动飞信、微信等。

（2）商务即时通信

商务即时通信的主要作用是，实现商家寻找客户资源或便于商务联系，以低成本实现商务交流或工作交流。此类用户以中小企业和个人为主。商务即时通信借助多方互连的信息手段，把分散在各地的用户组织起来，通过电话业务会议的沟通形式进行信息交流。与传统会议相比较，具有会议安排迅速，没有时间、地域限制，费用低廉等特点。从功能上讲，此服务可以满足两方以上的实时通话，打破了通话只能局限于两方的界限。

此类应用软件目前主要有：聚友中国、阿里旺旺贸易通、阿里旺旺淘宝版、慧聪 TM、拍拍网等。

（3）企业即时通信

企业即时通信有两种类型的软件：一种以企业内部员工交流、办公为主，可以减少运营成本，促进企业办公效率；另一种以即时通信为基础，整合相关应用。

此类应用软件目前主要有：Anychat 即时通信、腾讯 RTX、微软 Microsoft Lyn、IBM Lotus Sametime、互联网即时通信办公室 imo、企业飞信、FastMsg 等。

4. 典型应用

（1）博客

博客（Blog）也称为网络日志（Web Log），是一种通常由个人管理、不定期张贴新文章的网站，也是一种传播个人思想、带有知识集合链接的信息传播方式。

博客一般分为两种，一种是专注于特定的主题，另一种是纯粹个人的日记。博客内容一般包括文字、图像以及其他博客或网站的链接，能够让读者以互动的方式留下评论。比较著名的博客有新浪博客、网易博客等。

大多数博客都提供丰富多彩的模板功能，方便博主进行组织和管理。博客可以说是网络时代的个人"读者文摘"，或是以超级链接为访问方法的个人网络日记。

（2）微博

微博（Weibo），即微型博客（MicroBlog）的简称，是博客的一种。微博基于用户关系进行信息分享、传播和获取，是一种分享简短实时信息的广播式的社交网络平台。

用户可以通过Web、WAP等各种客户端组建个人社区，以不超过140字的文字快速更新信息，实现信息即时分享。

（3）微信

微信（WeChat）是一种为智能终端提供即时通信服务的免费应用程序。微信支持跨通信运营商、跨操作系统平台的通信。

用户通过微信软件快速发送免费（一般需消耗一定的网络流量）语音短信、视频、图片或文字，来和自己的朋友圈进行信息共享或信息交流。微信软件提供公众平台、朋友圈、消息推送等功能，用户可以通过扫二维码、"搜索号码"、"摇一摇"等软件添加好友和关注公众平台。

习题 9

9-1 什么是计算机网络？

9-2 简述开放系统互连参考模型 OSI/RM。

9-3 什么是通信标准？什么是通信协议？

9-4 计算机网络按范围大小分为几种？

9-5 计算机广域网分为哪些子网？各有什么作用？

9-6 计算机局域网由哪几部分组成？

9-7 计算机网络的有线传输介质有哪些？

9-8 局域网经常使用的协议有哪些？

9-9 Internet 上的应用主要有哪些？

9-10 IP 地址怎样表示？202.117.28.56 属于哪一类的 IP 地址？

9-11 子网掩码的功能是什么？

9-12 如何设置子网掩码，可以使 202.175.1.0～202.175.1.15 成为一个独立的网段，使 202.175.1.16～202.175.1.31 成为另一个独立的网段？

9-13 IP 地址与域名的关系是什么？

9-14 域名怎样表示？域名各部分的含义是什么？

9-15 简述电子邮件的申请和设置方法。

9-16 简述发送和接收电子邮件的方法。

9-17 你知道的电子商务都有哪些？

9-18 谈谈你对电子商务发展前景的看法。

9-19 阐述即时通信的原理。你了解哪些即时通信软件？

第 10 章 计算机信息安全

以计算机网络技术为核心的信息革命正迅猛发展，随之而来的计算机信息安全问题越来越成为需要高度关注的问题。计算机信息安全有来自许多方面的威胁。计算机犯罪问题和计算机病毒都是对计算机信息安全的重要威胁。防火墙技术、入侵检测系统、身份认证技术、加密技术都是从不同方面对计算机信息安全的保证技术和方法。虚拟专用网络是一种满足企业特定用途的低成本的、安全可靠的技术方案。另外，个人用户在使用计算机时遵循一些基本策略，可以有效保证其计算机的信息安全。

10.1 计算机信息安全概述

目前，信息化的浪潮席卷全球，世界正经历着以计算机网络技术为核心的信息革命，计算机网络将成为我们这个社会的神经系统，它将改变人类传统的生产、生活方式。今天的计算机网络不仅是局域网，而且还跨过城市、国家和地区，实现了网络扩充与异构网互联，形成了广域网。计算机网络已深入到科研、文化、经济及国防的各个领域，推动了社会的发展。目前的 Internet 延伸到全球五大洲的每个角落，网络覆盖的范围和密度还在不断地扩大。

但是，计算机网络的发展也带来了一些负面影响。例如，信息资源的共享性和分布性增加了网络受攻击的可能性，网络的开放性增加了网络安全的脆弱性和复杂性。就网络结构因素而言，Internet 包含了星形、总线和环形三种基本拓扑结构，而且众多子网异构纷呈，子网向下又连着子网。结构的开放性带来了复杂性，这给网络安全带来很多无法避免的问题，为了实现异构网络的开放性，不可避免要牺牲一些网络的安全性。对于网络上的一些非法活动，我们难以分清它所链接的各种网络的界限，难以预料信息传输的路径，这都增加了网络安全控制和管理的难度。

随着全球信息化的迅猛发展，国家的信息安全和信息主权也已成为越来越突出的重大战略问题，关系到国家的稳定与发展。

10.1.1 计算机信息安全定义

国际标准化委员会对计算机信息安全的定义是：为数据处理系统采取的技术的和管理的安全保护，以保护计算机硬件、软件、数据不因偶然的或恶意的原因而遭到破坏、更改或泄露。

我国公安部计算机管理监察司对计算机信息安全的定义是：计算机信息安全是指计算机资产安全，即计算机信息系统资源和信息资源不受自然的和人为有害因素的威胁和危害。

随着计算机应用系统的发展，计算机中存储的各种类型数据的数量越来越庞大，如何保护存储在计算机中的这些数据不丢失、不损坏和不泄密，是任何计算机应用部门首先要考虑的问题。

特别是随着计算机网络技术的飞速发展，信息网络已经成为社会发展的重要保证。有些网络上保存的各种信息有很多是敏感信息，甚至是涉及国家机密的重要信息。如何保证网络上的重要信息不泄露、不被窃取、不被篡改、不被损坏，是计算机信息安全面临的重大问题。

另外，随着计算机网络的普及和电子商务的广泛开展，网络上各种计算机犯罪案件也急剧增加，计算机网络犯罪已经成为非常普遍的国际性问题。杜绝网络犯罪，也是计算机信息安全要考虑的重要问题。

10.1.2 计算机信息安全的需求和威胁手段

计算机信息安全的需求主要有保密性、完整性和可用性三个方面。
① 保密性，指系统中的数据只能由授权的用户访问。
② 完整性，指系统中的数据只能由授权的用户修改。
③ 可用性，指系统中的数据对授权用户是有效的和可用的。

一般来说，所有计算机系统都会对用户进行不同级别的授权。不同级别的用户会获得不同的授权。计算机系统会利用一些专门的安全特性来控制对系统中数据的访问，只有经过适当授权的用户才可以读、写、创建和删除相关数据。

许多计算机信息安全问题是由一些恶意的用户希望获得某些不正当的利益，或有意损害他人利益而故意制造的。威胁手段主要有重现、修改、破坏和伪装。
① 重现，指捕获网上的某个数据单元，然后重新传输来产生一个非授权的效果。
② 修改，指修改原有系统中的某个合法数据，然后重新排列来产生一个非授权的效果。
③ 破坏，指利用系统的漏洞破坏系统的正常工作和管理。
④ 伪装，指通过截取授权的信息，然后伪装成已授权的用户进行攻击。

10.1.3 威胁计算机信息安全的因素

威胁计算机信息安全的因素主要有计算机犯罪、计算机病毒、自然危害、其他危害等。计算机病毒及其防范问题将在10.2节中讨论。自然危害主要是指火灾、洪水、地震等自然灾害造成的危害计算机信息安全问题，其他危害主要是指战争、恐怖活动等造成的危害计算机信息安全问题。关于涉及国家机密、军事机密等的重要计算机信息安全的问题和防范手段，本章不做讨论。

本节简单讨论一下计算机犯罪问题。

计算机犯罪是指利用计算机知识和技术进行的违法犯罪行为。计算机犯罪主要有两种类型。

① 雇员。雇员通常都能轻易地进入自己企业的计算机系统。有些雇员通过从企业的计算机系统中窃取信息牟利，例如，用户的电话号码信息、职业信息等经常被某些人窃取后出售牟利。还有些雇员会出于报复目的有意损坏企业的计算机信息。

② 黑客（Hacker）。采取非法手段躲过计算机网络的访问控制进入计算机网络的人称为黑客。黑客经常干扰计算机网络的连接通畅，并破坏网络上的数据。有些黑客甚至渗入政府

重要部门的计算机系统或军事单位的计算机系统窃取信息。有的黑客公开宣称全世界没有一台连网的计算机是他不能进入的。美国五角大楼的计算机专家曾模仿黑客攻击了自己的计算机系统 1.2 万次，有 88%的攻击成功。

10.2 计算机病毒

计算机病毒（Computer Virus）的一般定义是：利用计算机软件与硬件的缺陷，由被感染机内部发出的破坏计算机数据并影响计算机正常工作的一组指令集合或程序代码。

《中华人民共和国计算机信息系统安全保护条例》对计算机病毒的定义是：编制或者在计算机程序中插入的破坏计算机功能或者破坏数据、影响计算机使用并且能够自我复制的一组计算机指令或者程序代码。

计算机病毒最早出现于 20 世纪 70 年代，早期的计算机病毒的传播媒介主要是软盘。随着计算机网络的迅速发展，计算机病毒开始大规模泛滥，甚至到了防不胜防的地步。计算机病毒对各种计算机应用系统和计算机网络的信息安全造成了巨大的危害。

计算机病毒一般利用计算机操作系统的弱点进行传播。提高系统的安全性是预防计算机病毒的一个重要方面。但完美的系统是不存在的，若过于强调提高系统的安全性将使系统多数时间用于病毒检查，则使系统失去了可用性和易用性。

10.2.1 计算机病毒的来源

计算机病毒基本是人为故意编写的，多数病毒可以找到作者和发源地信息。

从大量的统计分析来看，计算机病毒的制造者主要有 4 类。

① 程序员。一些程序员或者为了表现和证明自己的能力，或者出于对上司的不满，或者为了好奇，或者为了报复，或者为了祝贺和求爱，或者为了得到控制口令，等等，故意编写计算机病毒。

② 黑客。黑客为了一些非法目的故意编写计算机病毒。

③ 病毒研究机构。病毒研究机构为了测试或检测而编写病毒，但被无意或有意传播。

④ 其他机构。一些机构因政治、军事、宗教、民族、专利等方面的需求故意编写计算机病毒。

其中，程序员是计算机病毒最主要的制造者。

10.2.2 计算机病毒的特点

一般来说，一种计算机病毒至少具有以下 6 个特点的前两个。

（1）破坏性。计算机病毒都具有破坏性。当一台计算机感染了病毒后，可能会导致正常的程序无法运行，或者把计算机内的文件损坏或删除。危害最小的计算机病毒也会影响计算机的运行速度或磁盘的可用空间。

（2）传染性。计算机病毒不但本身具有破坏性，最危险的是其具有传染性。一旦计算机病毒被复制或产生变种，其传播速度之快令人难以预防。传染性是计算机病毒的重要特征。在生物界，在适当的条件下，病毒会通过传染从一个生物体中扩散到另一个生物体中，从而使病毒大量繁殖，并使被感染的生物体表现出病症甚至死亡。类似地，在计算机网络中,在适当的条件下,计算机病毒也会通过各种渠道从已被感染的计算机中扩散到未被感染的计算机中。在某些情况下,被感染的计算机会工作失常甚至瘫痪。

计算机病毒是一段人为编制的计算机程序代码,这段程序代码一旦进入计算机并得以执行,就会搜寻其他符合其传染条件的程序或存储介质,确定目标后再将自身代码插入其中,达到自我繁殖的目的。一台计算机染毒后,如果未及时进行处理,那么计算机病毒就会在这台计算机中迅速扩散,其中的大量文件(一般是可执行文件)会被感染。而被感染的文件又成了新的传染源,当这台计算机再与其他计算机进行数据交换或通过网络接触时,计算机病毒就会继续传染。正常的计算机程序一般是不会将自身的代码强行连接到其他程序之上的。而计算机病毒却能使自身的代码强行传染到一切符合其传染条件的未受到传染的程序之上。计算机病毒可通过各种可能的渠道,如U盘、计算机网络等去传染其他的计算机。

(3)寄生性。计算机病毒一般寄生在其他程序之中,当执行这个程序时,计算机病毒就被触发起破坏作用,而在未启动这个程序之前,计算机病毒是不易被人发觉的。

(4)潜伏性。有些计算机病毒像定时炸弹一样,发作的时间是预先设计好的,不到预定的时间一点儿都觉察不出来。当计算机开机并符合条件时,病毒程序就立即运行对系统进行破坏。

一个编制精巧的计算机病毒程序可以在几周、几月、甚至几年时间内隐藏在计算机系统的合法文件中,对其他计算机进行传染,而不会被人发现。潜伏性越好,其在系统中的存在时间就会越长,病毒的传染范围就会越大,造成的危害也就越大。

(5)隐蔽性。大多数计算机病毒具有很强的隐蔽性。有的计算机病毒可以通过查病毒软件检查出来,有的根本就检查不出来,有的时隐时现、变化无常。

(6)可触发性。计算机病毒一般都设计有触发机制。为了隐蔽自己,计算机病毒必须潜伏,少运行。如果完全不运行,一直潜伏的话,则计算机病毒既不能感染也不能进行破坏,便失去了作用。计算机病毒既要隐蔽又要具有破坏力,必须具有可触发性。病毒的触发机制用来控制感染和破坏动作的频率。计算机病毒的触发条件可能是时间、日期、文件类型或某些特定的数据等。计算机病毒运行时,触发机制检查预定条件是否满足,如果满足则启动感染或破坏动作;如果不满足,则继续潜伏。

10.2.3 计算机病毒的破坏行为

计算机病毒的破坏行为各种各样,千奇百怪。如果从大的破坏环节上划分,计算机病毒主要有以下9种破坏行为。其中,攻击系统数据区是最严重的破坏行为。

(1)攻击系统数据区。攻击部位主要包括:硬盘主引导扇区、文件分配表、文件目录等。

(2)攻击文件。对文件的攻击方式主要有:删除全部或部分文件、改换文件名字、替换内容、颠倒文件内容、丢失文件簇、丢失数据文件等。

(3)攻击内存。额外地占用和消耗系统的内存资源,导致一些较大的程序难以运行。攻击内存的方式主要有:占用大量内存、改变内存总量、禁止分配内存、蚕食内存等。

(4)干扰系统运行。主要有:不执行命令、干扰内部命令的执行、虚假报警、使文件打不开、使内部栈溢出、占用特殊数据区、时钟倒转、重启动、死机、强制游戏、扰乱串行口或并行口等。

（5）攻击磁盘。主要有：攻击磁盘数据、不写磁盘、写磁盘操作变为读磁盘操作、写磁盘时丢字节等。

（6）扰乱屏幕显示。主要有：字符跌落、环绕、倒置、显示前一屏、光标下跌、滚屏、抖动、乱写、吃字符等。

（7）干扰键盘操作。主要有：响铃、封锁键盘、换字、抹掉缓存区字符、重复、输入紊乱等。

（8）使计算机空转。

（9）干扰喇叭。主要有：使计算机的喇叭发出各种响声、演奏乐曲等。

10.2.4　计算机病毒的分类

（1）按照计算机病毒存在的媒体分类，可以分为文件病毒、网络病毒、引导型病毒。文件病毒感染计算机中某种类型的文件（如后缀为.com 或后缀为.exe 的文件）。网络病毒通过计算机网络传播感染网络中的可执行文件。引导型病毒感染启动扇区和硬盘的系统引导扇区。还有这三种情况的混合型病毒。

（2）按照计算机病毒传染的方法分类，可以分为驻留型病毒和非驻留型病毒。驻留型病毒感染计算机后，把自身的内存驻留部分复制到被感染计算机的内存中，这一部分程序挂接被感染计算机的系统调用，并合并到被感染计算机的操作系统中。非驻留型病毒不感染计算机内存。

（3）按照计算机病毒的破坏能力分类，可以分为无害型病毒、无危险型病毒、危险型病毒和非常危险型病毒。无害型病毒除了会减少磁盘的可用空间外，对系统没有其他影响。无危险型病毒或减少内存可用空间，或显示杂乱图像，或发出特定声响。危险型病毒会使计算机系统运行出现严重错误。非常危险型病毒会删除程序、破坏数据、清除系统内存区和操作系统中重要的数据。

（4）按照计算机病毒的算法分类，主要有伴随型病毒、蠕虫型病毒、寄生型病毒、幽灵型病毒等。伴随型病毒通常作用于可执行文件。它们并不改变可执行文件本身，而是产生可执行文件的伴随体，并具有相同的文件名和不同的扩展名。当 DOS 加载该可执行文件时，伴随体文件被优先执行，再由伴随体文件加载执行可执行文件。蠕虫型病毒利用网络从一台计算机的内存传播到其他计算机的内存，这种计算机病毒一般除了占用内存外并不占用系统的其他资源。伴随型病毒和蠕虫型病毒外的其他病毒均可称为寄生型病毒，它们依附在系统的引导扇区或文件中，通过系统的功能进行传播。幽灵型病毒使用复杂的算法，使自身每次感染都具有不同的内容和长度。幽灵型病毒最难防范。

10.2.5　计算机病毒的预防和处理

计算机病毒的预防主要依靠一些专门的软件。目前国内这类软件主要有：

① 杀毒软件，例如卡巴斯基、NOD32；
② 杀 U 盘病毒软件，例如 AutoGuarder2；
③ 安全软件，例如 360 安全卫士；
④ 单独防火墙，例如天网、Comodo。

如果计算机已经发现感染了病毒，处理方法主要有以下几种。

① 重装操作系统。
② 在初次安装操作系统以及一些重要应用软件后,制作一个系统备份。当发现计算机感染了病毒后,可以把系统恢复为初始安装状态。目前常用的系统备份软件有 Ghost 等。
③ 用杀毒软件查杀病毒。
④ 直接删除病毒文件。这需要具有较高的计算机专业知识。

10.3 防火墙技术

当建造和使用木质结构房屋时,为防止火灾的发生和蔓延,人们将石块堆砌在房屋周围作为屏障,这种防护构筑物被称为防火墙。在今天的网络电子信息世界中,人们借用了这个概念,使用防火墙来保护敏感的数据不被窃取和篡改,不过这些防火墙是由先进的计算机系统构成的。

防火墙的作用是保护计算机网络免受非授权人员的骚扰与黑客的入侵,这些防火墙就像一道护栏,隔在被保护的内部网与不安全的非信任网络之间。

目前广泛使用的互联网络便是世界上最大的不安全网,近年来媒体报道的很多黑客入侵事件都是通过互联网络进行攻击的。

10.3.1 基于 Internet 的信息传送过程

为了更好地理解防火墙的工作原理,这里先简单介绍一下 Internet 上 IP 地址的作用和基于 Internet 的信息传送过程。

9.6 节曾讨论过,Internet 上的每台主机都分配了一个唯一的 32 位地址,称为 IP 地址。IP 地址就是 Internet 上的网络地址,其目的是便于网络路由选择功能的实现。IP 地址有静态和动态之分。静态 IP 地址是指固定不变的 IP 地址,一般是连接到 Internet 上的主机地址。静态 IP 地址主要有两类:一类主要是域名服务器、Web 服务器等最高层的主机地址;另一类是 Internet 网络中第 2 层和第 3 层上的主机,这些主机有固定的物理地址和注册的 IP 地址,但不一定有注册的主机名。动态 IP 地址是指每次动态分配给上网主机的 IP 地址,例如,拨号上网用户每次上网时,就被该用户的互联网服务提供商动态分配一个和上次上网不同的 IP 地址。动态 IP 地址上的病毒感染、非法进入、网络攻击等,查找和定位难度比较大。

互联网服务提供商(Internet Service Provider,ISP),就是向广大用户综合提供互联网接入业务、信息业务和增值业务的电信运营商。

在一个企业的计算机网络系统没有安装防火墙时,基于 Internet 的信息传送过程非常类似电报或信件的传送过程。大体过程如下:

① 数据从发送者网络的某处向 Internet 发出。如果是拨号上网用户,数据从发送者主机传输到 ISP 网络的某台机器上,再从这台机器传输到 Internet 的主服务器上;如果是其他具有静态 IP 地址的用户,数据从发送者主机直接传输到 Internet 的主服务器上。

② 主服务器将此数据递交给该网络的路由器,由路由器通过连接将数据送到 Internet 上。

③ 数据经过 Internet(可能经过多个路由器等设备)最后到达目的主机所在网络的路由

器，该路由器将数据送往指定的目的主机。

如果收发双方没有采取任何安全措施，则可以认为二者之间的通路是直接的，即在传送过程中，除了路由器转发外，传送的数据（通常称为报文）不会遇到任何障碍。这是一种不安全的工作方式。

10.3.2 防火墙定义

防火墙（FireWall）是指设置在不同网络（如可信任的企业内部网和不可信的公共网）或网络安全域之间的一系列部件的组合。防火墙是不同网络或网络安全域之间信息的唯一出入口，能根据企业的安全政策来控制（允许、拒绝、监测）出入网络的信息流，且本身具有较强的抗攻击能力。防火墙是提供信息安全服务、实现网络和信息安全的基础设施。

在逻辑上，防火墙既是一个分离器和限制器，也是一个分析器。防火墙既能有效地监控内部网和 Internet 外部网之间的任何活动，保证内部网络的安全，又能对网络中来往的通信数据进行分析，为网络管理人员提供网络运行的基础数据。

防火墙逻辑位置示意图如图 10-1 所示。

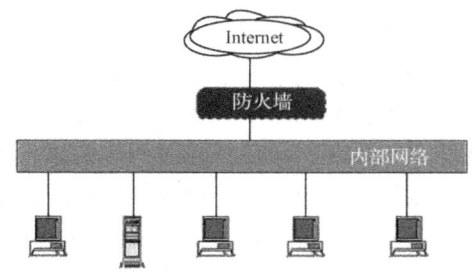

图 10-1　防火墙逻辑位置示意图

防火墙监测并过滤所有内部网络和外部网络之间的信息交换，保护内部网络敏感的数据不被偷窃和破坏，并记录内外通信的有关状态信息日志（如通信发生的时间和进行的操作等）。防火墙通常是运行在一台单独计算机之上的一个特别的服务软件，它可以识别并屏蔽非法的请求。

10.3.3 防火墙的设计目的和功能

设计防火墙的目的主要包括：
① 限制外部人员进入内部网络，过滤掉不安全服务和非法用户；
② 防止入侵者接触内部网络中的设施；
③ 限定用户访问特殊站点；
④ 为监视 Internet 安全提供方便。

防火墙具有很好的保护作用。入侵者必须首先穿越防火墙的安全防线，才能接触目标计算机。防火墙的功能主要包括以下 4 个方面。

（1）防火墙是网络安全的屏障。一个防火墙能极大地提高一个内部网络的安全性，并通过过滤不安全的服务而降低内部网络的运行风险。由于只有经过精心选择的应用协议才能通过防火墙，因此网络环境变得更安全。例如，防火墙可以禁止不安全的 NFS 协议进出受保护网络，这样，外部的攻击者就不可能利用这些脆弱的协议来攻击内部网络。防火墙同时可以保护网络免受基于路由的攻击，如 IP 选项中的源路由攻击和 ICMP 重定向中的重定向路径。

（2）防火墙可以强化网络安全策略。通过以防火墙为中心的安全方案配置，能将所有安全软件（如口令、加密、身份认证、审计等）配置在防火墙上。与将网络安全问题分散到各个主机上相比，防火墙的集中安全管理更经济。例如，在网络访问时，一次一密口令系统和其他的身份认证系统可以不必分散在各个主机上，而是集中在防火墙之上。

（3）对网络存取和访问进行监控。如果所有的访问都经过防火墙，防火墙就能记录下这些访问并做出日志记录，同时也能提供网络使用情况的统计数据。当发生可疑动作时，防火墙能进行适当的报警，并提供网络是否受到监测和攻击的详细信息。另外，收集一个网络的使用和误用情况也是非常重要的，其理由是，可以清楚防火墙是否能够抵挡攻击者的探测和攻击，并且清楚防火墙的控制是否充足。而网络使用情况统计对网络需求分析和威胁分析等而言也是非常重要的。

（4）防止内部信息的外泄。通过利用防火墙对内部网络的划分，可实现内部网重点网段的隔离，从而限制了局部重点或敏感网络安全问题对全局网络造成的影响。再者，隐私是内部网络非常关心的问题，一个内部网络中不引人注意的细节可能包含了有关安全的线索而引起外部攻击者的兴趣，甚至因此而暴露了内部网络的某些安全漏洞。

使用防火墙可以隐蔽那些透漏内部细节的服务，例如 Finger 服务和 DNS 服务。Finger 服务显示主机所有用户的注册名、真名、最后登录时间等信息。这些信息是攻击者希望获取的。攻击者根据这些信息就可以知道一个系统使用的频繁程度、这个系统是否有用户正在连线上网、这个系统是否在被攻击时引起注意，等等。防火墙可以阻塞有关内部网络中的 DNS 信息，这样一台主机的域名和 IP 地址就不会被外界所了解。

10.3.4 防火墙的类型

目前防火墙的产品比较多，划分的标准也比较杂。主要有以下 5 种分类方法。

（1）按软、硬件形式分：有软件防火墙、硬件防火墙和芯片级防火墙。
（2）按防火墙技术分：有包过滤型防火墙、应用级网关防火墙和应用代理型防火墙。
（3）按防火墙结构分：有单一主机防火墙、路由器集成式防火墙和分布式防火墙。
（4）按防火墙的应用部署位置分：有边界防火墙、个人防火墙和混合防火墙。
（5）按防火墙性能分：有百兆位级防火墙和千兆位级防火墙。

下面给出按防火墙技术划分的包过滤型防火墙、应用级网关防火墙和应用代理型防火墙的基本原理和主要特性。

1．包过滤型防火墙

包过滤型防火墙一般基于源地址和目的地址、应用、协议以及每个 IP 包的端口来做出通过与否的判断。大多数的路由器都能通过检查传送信息来决定是否将所收到的数据包转发，防火墙对这种功能做了进一步强化。另外，通过定义数据包的端口号，防火墙能够判断是否允许建立特定的连接，如 Telnet 连接和 FTP 连接。Telnet 连接是基于远程登录服务协议的连接，FTP 连接是基于文件传输协议的连接。包过滤型防火墙是一种简单实用的防火墙。

数据包：网络中数据传送的基本单位和形式称为数据包。数据包主要由目的 IP 地址、源 IP 地址、净载数据等部分内容构成。例如，用户上网打开某个网站的网页这个动作，就是用户先发送一个数据包给该网站，该网站接收到了数据包后，根据用户发送的数据包的 IP 地址，返回给用户所需访问网页的数据包。也就是说，网页的浏览，实际上就是数据包的交换。

端口：是计算机与外界通信交流的出口，如 USB 端口。在网络通信中，端口是指连接其他网络设备的接口。不同的接口有不同的编号，称为端口号。

2．应用级网关防火墙

应用级网关防火墙在网络应用层上建立协议过滤和转发功能。它针对特定的网络应用服务协议使用指定的数据过滤逻辑，并在过滤的同时，对数据包进行必要的分析、登记和统计，形成分析报告。实际应用中的应用网关防火墙通常安装在专用工作站系统上。

3．应用代理型防火墙

包过滤型防火墙和应用网关防火墙有一个共同的缺点，就是它们仅仅依靠特定的逻辑判定来确定是否允许数据包通过。一旦满足逻辑，则防火墙内、外的计算机系统就建立直接联系，防火墙外部的用户便有可能直接了解防火墙内部的网络结构和运行状态，这为非法访问和网络攻击提供了便利。

应用代理型防火墙的特点是完全隔离了防火墙内外的计算机系统，防火墙内、外计算机系统的数据传送均需通过代理才能完成。另外，这种防火墙工作在 OSI 模型的应用层，掌握着应用系统中可用于安全决策的全部信息。这样，代理服务就可以实施较强的数据流监控、过滤、记录和报告等功能。应用代理型防火墙是目前技术性能最好的防火墙。

应用代理型防火墙的逻辑示意图如图 10-2 所示。

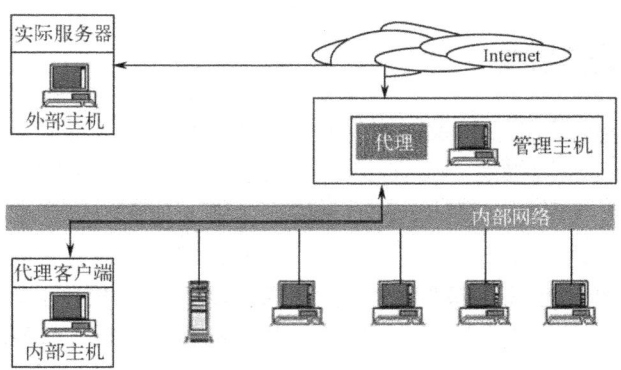

图 10-2　应用代理型防火墙的逻辑示意图

10.4　入侵检测系统

随着网络安全风险系数不断提高，作为对防火墙有益的补充，入侵检测系统（Intrusion Detection System，IDS）能够帮助网络系统快速发现攻击的发生，并扩展系统管理员的安全管理能力。

入侵检测系统是一种对网络活动进行实时监测的专用系统，该系统处于防火墙之后，可以和防火墙及路由器配合工作，用来检查一个局域网网段上的所有通信情况，记录和禁止网络活动，可以通过重新配置来禁止从防火墙外部恶意进入的流量。入侵检测系统能够对网络上的信息进行快速检测、分析和管理。

入侵检测系统功能主要包括：
① 用户和系统活动的监视与分析；
② 核查系统配置和漏洞；
③ 异常行为模式的统计和分析；
④ 评估系统关键资源和数据文件的完整性；
⑤ 入侵模式的识别与响应，包括切断网络连接、记录事件和报警等；
⑥ 操作系统日志管理，并识别违反安全策略的用户活动。

就本质上说，入侵检测系统是一种典型的窥探设备。入侵检测系统通常只有一个监听端口，只在网络上被动地、无声息地收集所关心的信息并做出分析。

各种相关网络安全的黑客和病毒都是依赖网络平台进行的，如果在网络平台上切断黑客和病毒的传播途径，就能更好地保证网络的信息安全。这样，就出现了网络设备与入侵检测系统的联动。例如，交换机或防火墙在运行过程中，将各种数据流的信息上报给入侵检测系统，入侵检测系统根据上报的信息和数据流内容进行检测，在发现网络安全事件的时候，进行有针对性的动作，并将这些对安全事件反应的动作发送到交换机或防火墙上，由交换机或防火墙来实现精确端口的关闭或断开，这就是入侵防御系统（Intrusion Prevention System，IPS）。

入侵防御系统在入侵检测系统检测功能的基础上，增加了主动响应（即防御）的功能，力求做到一旦发现有攻击行为，立即响应，主动关闭或断开网络连接。

10.5 身份认证技术

身份认证技术是指计算机系统及网络为确认操作者身份所应用的一种技术手段。

计算机系统和计算机网络是一个虚拟的数字世界。在这个数字世界中，一切信息（包括用户的身份信息等）都是用一组特定的数据来表示的。计算机只能识别用户的数字身份，所有对用户的授权也是针对用户数字身份的授权。而我们生活的现实世界是一个真实的物理世界，每个人都拥有独一无二的物理身份。如何保证以数字身份进行操作的操作者就是这个数字身份合法的拥有者，也就是说，保证操作者的物理身份与数字身份相对应，就成为一个很重要的问题。身份认证技术就是为了解决这样的问题的产生。

在真实世界中，验证一个人的身份主要通过三种方式判定：一是根据所知道的信息来证明身份，如暗号等；二是根据所拥有的东西来证明身份，如印章等；三是直接根据身体特征来证明身份，如指纹、面貌等。

在网络虚拟世界中，对一个用户的身份认证手段也大体可以分为类同的三种方式：一是根据所知道的信息来证明身份，如密码等；二是根据所拥有的东西来证明身份，如 IC 卡等；三是直接根据身体特征来证明身份，如生物特征认证等。

1. 用户名/密码认证

用户名/密码认证是最简单也是最常用的身份认证方法。每个用户的密码是由用户自己设定的，只有他自己才知道，因此只要能够正确地输入密码，计算机就认为输入者就是这个用户。然而实际上,许多用户为了防止忘记密码,经常采用诸如自己或家人的生日、电话号码等容易被他人猜测到的有意义的字符串作为密码,或者把密码抄在一个自己认为安全的地方,极易造成密码泄露,存在着许多安全隐患。即使能保证用户密码不被泄露,由于密码是静态的数据,并且在验证过程中需要在计算机内存中和网络中传输,而每次验证过程使用的验证信息都是相同的,很容易被驻留在计算机内存中的木马程序或网络中的监听设备截获。因此,用户名/密码认证方法是一种不太安全的身份认证方法。

2. IC 卡认证

IC 卡是一种内置集成电路的卡片,卡片中存有与用户身份相关的数据,IC 卡由专门的厂商通过专门的设备生产,可以认为是不可复制的硬件。IC 卡由合法用户随身携带,登录时必须将 IC 卡插入专用的读卡器读取其中的信息,以验证用户的身份。IC 卡认证是基于 IC 卡硬件不可复制来保证用户身份不会被仿冒。然而,由于每次从 IC 卡中读取的数据是静态的,通过内存扫描或网络监听等技术还是很容易截取到用户的身份验证信息的,因此,IC 卡认证方式也存在一定的安全隐患。

3. 生物特征认证

生物特征认证是指采用每个人独一无二的生物特征来验证用户身份的技术。常见的有指纹识别、虹膜识别等。从理论上说,生物特征认证是最可靠的身份认证方法,因为它们都直接使用现实世界中人的物理特征来表示其数字身份。不同的人具有相同生物特征的可能性可以忽略不计,因此几乎不可能被仿冒。

生物特征认证基于生物特征识别技术,受到现在的生物特征识别技术成熟度的影响,采用生物特征认证还具有较大的局限性。首先,生物特征识别的准确性和稳定性还有待提高,特别是如果用户身体受到伤病或污渍的影响,往往导致无法正常识别,造成合法用户无法登录的情况。其次,由于研发投入较大和产量较小的原因,生物特征认证系统的成本非常高,目前只适用于一些安全性要求非常高的场合,如银行、重要的军事部门等,无法做到大面积推广。

4. 动态密码

动态密码技术是一种让用户的密码按照时间或使用次数不断动态变化,每个密码只使用一次的技术。这种技术需要专门的密码算法以及密码生成芯片、认证服务器等专门的硬件设备。即使黑客等非法入侵者截获了用户的一次密码,也无法利用这个密码来仿冒合法用户的身份。

10.6 加密技术

加密技术是电子商务等领域采取的主要信息安全措施。加密技术利用技术手段把重要的数据变为乱码(即加密)传送,到达目的地后再用相同或不同的手段还原(即解密)。

加密技术包括两个基本元素:算法和密钥。算法是将普通的文本(或称明文)与一串数字(密钥)结合,产生不可理解的密文的过程。密钥是一种参数,是在明文转换为密文或将密文转换为明文的算法中输入的数据。

密钥分为两种:对称密钥(也称私人密钥)和非对称密钥(也称公开密钥)。相应的加密技术称为对称加密技术和非对称加密技术。非对称加密技术还使数字签名技术成为可能。

1. 对称加密技术

早期的加密技术均为对称加密技术。对称加密采用对称密码编码技术，其特点是文件加密和解密使用相同的密钥，即加密密钥也用作解密密钥。这种方法在密码学中叫作对称加密算法。对称加密算法使用起来简单快捷，密钥较短，且破译困难。

但对称加密技术存在一些难题，使得其应用存在困难。

① 对称加密技术要求提供一条安全的通道，使通信双方在首次通信时协商一个共同的密钥。直接的面对面协商可能是不现实的，并且难于实施，所以双方可能需要借助于电子邮件或电话等其他相对不够安全的手段来进行协商。

② 密钥的数目难于管理。因为对于每个合作者都需要使用不同的密钥，很难适应开放社会中大量的信息交流。

③ 对称加密算法一般不能提供信息完整性的鉴别。一般无法验证发送者和接收者的身份。

④ 对称密钥的管理困难。对称加密是基于共同保守秘密来实现的，采用对称加密技术的双方必须保证采用的是相同的密钥，保证彼此密钥的交换是安全可靠的，同时还要设定防止密钥泄密和更改密钥的程序，而这些都存在一些潜在的风险。

2. 非对称加密技术

1976年，美国学者 Dime 和 Henman 为解决信息公开传送和密钥管理问题，提出一种新的密钥交换协议，允许在不安全的媒体上的通信双方交换信息，安全地达成一致的密钥，这就是公开密钥系统。公开密钥系统需要两个密钥：公开密钥和私有密钥。公开密钥与私有密钥是一对。如果用公开密钥对数据进行加密，则只有用对应的私有密钥才能解密；如果用私有密钥对数据进行加密，则只有用对应的公开密钥才能解密。因为加密和解密使用的是两个不同的密钥，所以这种加密技术也称为非对称加密技术。

非对称加密技术实现机密信息交换的基本过程是：

① 甲方生成一对密钥并将其中的一把作为公开密钥向其他方公开；

② 得到该公开密钥的乙方使用该密钥对机密信息进行加密后再发送给甲方；

③ 甲方再用自己保存的另一把私人密钥对加密后的信息进行解密。

非对称加密技术的保密性比较好，主要是这种加密技术消除了用户之间交换密钥的需要。但是，非对称加密技术的加密过程和解密过程比较费时，不适合对数据量较大的文件加密。

3. 数字签名

所谓数字签名（Digital Signature）就是附加在数据单元上的一些特殊信息，这种特殊信息可以用来确认数据单元的来源和数据单元的完整性，并保护数据，防止数据被人伪造。

数字签名技术是非对称加密技术的典型应用。数字签名的实现方式与非对称加密的实现方式正好相反。数字签名的一般过程是：

① 数据发送方使用自己的私人密钥对数据的特殊信息进行加密处理，完成对数据的签名，并把原始数据和签名数据一并发送给数据接收方；

② 数据接收方利用数据发送方提供的公开密钥来解读数据签名的合法性。

很显然，数字签名是一个加密的过程，数字签名验证是一个解密的过程。

数字签名技术是在网络虚拟环境中用于确认身份的重要技术，完全可以代替现实过程中的亲笔签字，在技术和法律上也有保证。

数字签名能保证信息传输的完整性，能进行发送者的身份认证，能防止电子商务交易中抵赖的发生。

10.7 虚拟专用网络

虚拟专用网络（Virtual Private Network，简称 VPN）是指在公众网络上所建立的临时的企业网络，该企业网络拥有与专用网络相同的功能和安全性。既保证了企业对数据安全传输（通常是非永久性的或临时的数据传输）的需求，又大大节省了企业的网络建设开支。

目前很多企业都面临着这样的挑战：分公司、经销商、合作伙伴、客户和外地出差人员要求随时经过公用网访问公司的资源。这些资源包括：公司的内部资料、OA 系统（办公自动化系统）、ERP 系统（企业资源计划系统）、CRM 系统（客户关系管理系统）、项目管理系统等。另外，还有不断增长的移动用户的全球 Internet 接入需求。虚拟专用网络是解决上述这些问题的安全、有效和经济的方案。

虚拟专用网络通常由电信部门投资建设和维护。虚拟专用网络主要采用了加密技术。

虚拟专用网络的功能主要包括：
① 即插即用；
② 支持多线路绑定；
③ 自带地址解析；
④ 具有高效性、安全性和稳定性；
⑤ 扩展灵活、自由；
⑥ 维护简单。

10.8 个人计算机信息安全基本策略

对个人计算机来说，信息安全也十分重要。为保证个人计算机信息安全，一般应采取以下措施。

（1）安装和使用杀毒软件。对待计算机病毒应当以防为主，应当安装杀毒软件的实时监控程序。由于新病毒的出现层出不穷，现在各杀毒软件厂商的病毒库更新十分频繁，应当及时更新杀毒软件的病毒库，以保证其能够抵御最新出现病毒的攻击。还应该及时给操作系统打补丁。一般来说，每周至少要对计算机进行一次全面的杀毒扫描工作，以便发现并清除隐藏在系统中的病毒。

（2）安装个人电脑防火墙。防火墙是在两个网络通信时执行的一种访问控制尺度，能允许用户同意的使用者和数据进入用户的网络，将用户不同意的使用者和数据拒之门外，最大限度地阻止网络中的黑客访问用户的网络，防止他们更改、复制、毁坏重要信息。合理设置防火墙后，一般能防范大部分计算机病毒的入侵。

（3）正确设置密码。网上需要设置密码的地方很多，如网上银行、上网账户、E-mail 等。在不同的场合应使用不同的密码，以免因一个密码泄露导致所有资料外泄。对重要的密码（如网上银行的密码），一定要单独设置，并避免使用有意义的英文单词（如姓名缩写、生日、电话号码等）。应定期修改密码，这样可以确保即使密码泄露，也能将损失减到最少。

（4）不下载和打开来历不明的软件。几乎所有上网的用户都在网上下载过共享软件（特别是可执行文件），这在带来方便的同时，也会悄悄地把一些不受欢迎的东西（如计算机病毒）带到自己的机器中。因此应选择信誉较好的下载网站下载软件，在使用前最好用杀毒软件查杀病毒。不要打开来历不明的电子邮件及其附件，以免遭受病毒邮件的侵害。在互联网上有许多种病毒流行，有些病毒就是通过电子邮件传播的。

（5）警惕网络钓鱼。所谓网络钓鱼（Fishing），就是通过大量发送声称来自于银行或其他知名机构的欺骗性垃圾邮件，引诱收信人给出其个人敏感信息（如用户名、密码、银行账号、信用卡信息等）的一种攻击方式。例如，以垃圾邮件的形式大量发送欺诈性邮件，这些邮件多以中奖、对账等内容引诱用户在邮件中填入金融账号和密码，或者以各种紧迫的理由要求收件人登录某网页提交用户名、密码、身份证号、信用卡号等信息，继而盗窃用户资金。又如，建立域名和网页内容都与真正网上银行系统、网上证券交易平台极为相似的网站（一般称为钓鱼网站），引诱用户输入账号、密码等重要信息，进而伪造银行储蓄卡、证券交易卡等，转移或盗窃资金。

（6）防范间谍软件。所谓间谍软件（Spyware）是一种能够在用户不知情的情况下偷偷进行安装，并在未得到该计算机用户许可的情况下，将截获的信息发送给第三方的软件。到目前为止，间谍软件数量已有几万种。间谍软件的一个共同特点就是，能够附着在共享文件、可执行图像以及各种免费软件中，并趁机潜入用户的系统，而用户对此毫不知情。间谍软件的行为包括：监视用户击键，搜集机密信息（密码、信用卡号等），获取电子邮件地址等。

（7）定期备份重要数据。如果遭到致命的攻击，操作系统和应用软件可以重装，而重要的数据就只能靠日常的备份了。所以，无论采取了多么严密的防范措施，也不要忘了随时备份重要的数据文件，做到有备无患。

习题 10

10-1　计算机信息安全的定义是什么？

10-2　计算机信息安全的保密性、完整性和可用性内容是什么？

10-3　对计算机信息安全的威胁手段主要有哪些？

10-4　什么是黑客？黑客通常怎样威胁计算机信息安全？

10-5　什么是计算机病毒？计算机病毒怎样威胁计算机信息安全？

10-6　计算机病毒有哪些特点？

10-7　计算机病毒的破坏行为主要有哪些？

10-8　给出文件病毒、网络病毒和引导型病毒的各自定义。

10-9　给出伴随型病毒、蠕虫型病毒、寄生型病毒和幽灵型病毒的各自定义。

10-10　如果计算机已经发现感染了病毒，处理方法主要有哪些？

10-11　什么是防火墙？设计防火墙的目的主要有哪些？

10-12　防火墙的功能主要有哪些？

10-13　应用代理型防火墙的特点是什么？

10-14　什么是入侵检测系统？入侵检测系统的功能主要有哪些？什么是入侵防御系统？

10-15　在真实世界中，验证一个人的身份主要有哪几种方式？在网络虚拟世界中，验证一个用户的身份主要有哪几种方式？

10-16　加密技术怎样保证计算机信息安全？

10-17　对称加密技术的特点是什么？对称加密技术的问题是什么？

10-18　非对称加密技术的特点是什么？非对称加密技术怎样解决了对称加密技术的问题？

10-19　什么是数字签名技术？数字签名技术怎样应用非对称加密技术？

10-20　什么是虚拟专用网络？虚拟专用网络主要应用在哪些场合？

10-21　什么是网络钓鱼？举例说明网络钓鱼怎样进行欺诈？

10-22　什么是间谍软件？举例说明间谍软件怎样威胁计算机用户的信息安全？

第 11 章　文字处理软件 Word

写文件、写报告、写信之类的工作，是人们频繁要做的文字处理工作。计算机可以完成许多复杂的工作，包括文字处理工作。Word 是微软公司开发的、被广泛使用的文字处理软件。Word 可以完成各种文字资料的录入、编辑、排版等工作。

本书的第 12 章还要讨论电子表格处理软件 Excel。在大学的学习过程中，学生将会比较频繁地使用 Word 和 Excel。另外，了解几种常用软件的使用方法，也会对以后的学习有帮助。因此，本章和下一章分别讨论这两个软件的基本使用方法。

11.1　Word 概述

Word 是微软公司的 Office 系列办公软件之一，是目前世界上最流行的文字处理软件之一。它集文字处理、传真、电子邮件、电子表格、HTML 和 Web 页制作等功能于一身，且具有以下特点。

（1）友好的用户界面。其操作简单，常用功能可以很容易地通过图标形式的工具按钮直接使用，具有所见即所得（What You See Is What You Get，WYSIWYG）的特点，即屏幕上看到的结果也就是输出的结果。

（2）强大的文档编辑功能。所有 Word 版本都有良好的兼容性，既可以直接读取以前各个版本的 Word 文档，也可以直接读入写字板（*.wri）、Rich Text Format（*.rtf）、超文本（*.htm）等格式的文档；可以通过 XML 和 CSS 技术，将 Word 文档转换成 HTML 文档，还可以让多个用户联机编辑同一个文档，或让多个用户通过局域网或 Internet 实现即时联机讨论。

（3）灵活的表格功能。Word 中的表格是以框的形式插入到文档中的，表体具有多种表格斜线、自动跨页、自动排序、文本和表格相互转换等功能，既可以在单元格中输入文字，也可以在单元格中插入图像等对象。

（4）高度的图文集成能力。利用自动图文集，可以把平时存储的一些常用文字及其他内容直接插入文档中，可以将多种格式的图形文件直接插入到文档中，实现图文混排，还可以在文档中自动生成高品质的统计图。

（5）方便的自动能力。最新的 Word 版本都提供了自动更正、自动统计、自动建立文档结构、自动编写摘要等功能，而且还提供了自动对中文的语法、词汇检查的功能。

（6）Web 工具。最新的 Word 版本都支持超链接功能，使文档能够链接到某些内部或外部 Web 网站上。使用 Web 工具栏，可以迅速打开、查找及浏览网上的各种网页，并且在 Web 向导的帮助下，借助 Word 制作包含多种项目的 Web 页。

（7）与 Windows 风格一致的操作界面。各种版本 Word 的操作界面和操作方法都与 Windows 的操作界面和操作方法类似，易学易用。

目前，使用较普遍的 Word 版本是 Word 2007 和 Word 2010。本章以 Word 2010 作为讲授的蓝本。

11.2 Word 2010 的窗口组成

Word 2010 的窗口界面如图 11-1 所示，该窗口主要由标题栏、快速访问工具栏、功能区、工作区、状态栏、视图切换区及比例缩放区等部分组成。

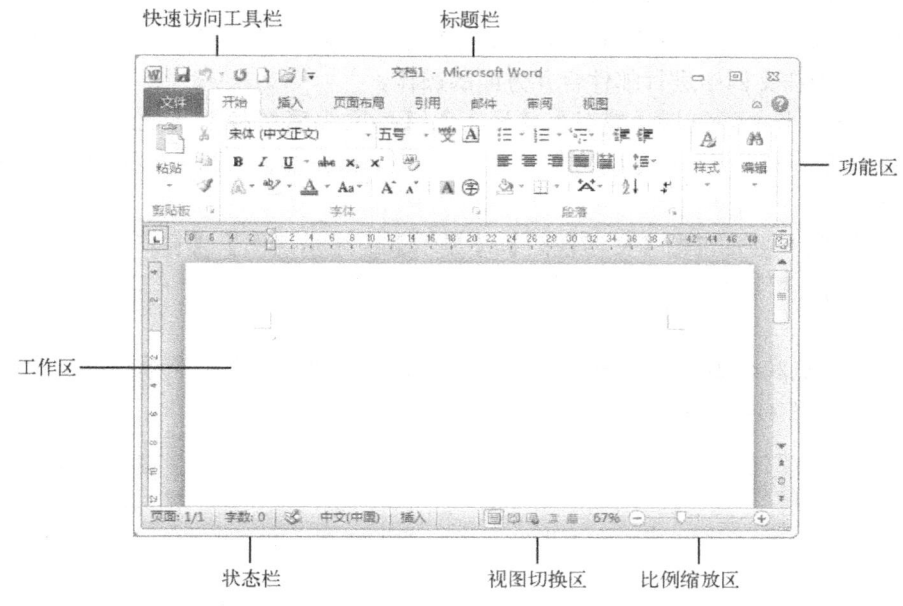

图 11-1 Word 2010 的窗口界面

1．标题栏

标题栏位于窗口的顶部，主要用于显示正在编辑的文档的文件名以及所使用的软件名，其中，从左至右依次为：文档名、应用程序名、最小化按钮、最大化/还原按钮、关闭按钮。

2．快速访问工具栏

快速访问工具栏位于窗口顶部左侧，其中包括一些常用命令。其最左侧是系统控制图标，最右端有一个下拉按钮，单击该按钮，弹出下拉列表，其中是一些常用命令，勾选后会在快速访问工具栏中出现相应的图标，单击图标就能够实现相应的操作。本章内容中基于快速访问工具栏的操作，都假设该操作按钮已选中出现。后续操作介绍中不再重复说明。

3．功能区

Word 2010 取消了传统的菜单操作方式，取而代之的是各种功能区。在 Word 2010 窗口上方看起来像菜单的名称其实是功能区的名称，主要包括【开始】、【插入】、【页面布局】、【引用】、【邮件】、【审阅】、【视图】等选项卡。当单击这些选项卡时并不会打开菜单，而是切换到与之相对应的功能区面板，以及各选项卡对应的操作按钮。每个选项卡根据功能的不同又分为若干个组，简单介绍如下。

【开始】选项卡主要包括【剪贴板】、【字体】、【段落】、【样式】、【编辑】组，主要用于对文档进行文字编辑和格式设置，是用户最常用的选项卡。

【插入】选项卡主要包括【页】、【表格】、【插图】、【链接】、【页眉和页脚】、【文本】、【符号】组，用于在文档中插入各种元素。

【页面布局】选项卡主要包括【主题】、【页面设置】、【稿纸】、【页面背景】、【段落】、【排列】组，用于设置文档的页面样式。

【引用】选项卡主要包括【目录】、【脚注】、【引文与书目】、【题注】、【索引】、【引文目录】组，提供在文档中插入目录等较高级的功能。

【邮件】选项卡主要包括【创建】、【开始邮件合并】、【编写和插入域】、【预览结果】、【完成】组，用于在文档中进行邮件合并方面的操作。

【审阅】选项卡主要包括【校对】、【语言】、【中文简繁转换】、【批注】、【修订】、【更改】、【比较】、【保护】组，用于对文档进行校对和修订等操作，适用于多人协作处理 Word 2010 长文档。

【视图】选项卡主要包括【文档视图】、【显示】、【显示比例】、【窗口】、【宏】组，用于设置操作窗口的视图类型，以方便操作。

4. 工作区

工作区是浏览和编辑文档的窗口，每个打开的文档都显示在一个单独的窗口中。Word 2010 的工作区如图 11-2 所示。

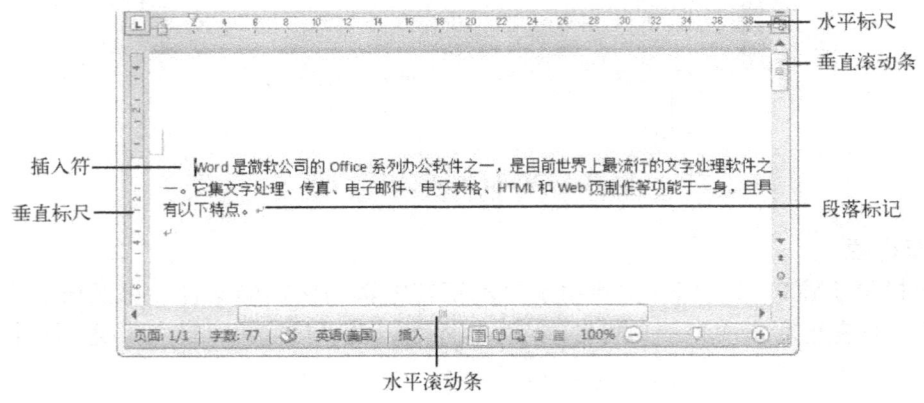

图 11-2 Word 2010 的工作区

图 11-2 中，插入符是工作区内一个闪烁的竖条标记，表示当前输入内容的位置。标尺分为水平标尺和垂直标尺，用来度量页面的尺寸。当文档太大，一屏显示不下时，可利用垂直滚动条或水平滚动条来上下翻屏或左右移屏。

5. 状态栏

状态栏通常显示与当前操作有关的一些状态信息，例如，当前插入符所在页号、文档总页数、文档总字数、校对按钮及校对语言、文字操作方式（插入/改写）等。

6. 视图切换区

视图切换区中排列了常用的视图按钮，可用于更改当前文档的显示模式，以便符合用户的要求，包括页面视图、阅读版式视图、Web 版式视图、大纲视图等。

7. 比例缩放区

比例缩放区可用于更改当前文档的显示比例。

11.3 基本操作

文件是保存在外存介质上的信息集合。文件有许多种类型，如图形文件、图像文件、文本文件等。不同类型的文件，其存储方式不同。相同类型的文件，使用不同的软件，其存储方式也不同。例如，记事本和 Word 都是处理文本类型文件的软件，但这两种软件存储文本信息的方式就不一样。

从 Word 2007 开始，创建的文档以扩展名.docx 标识。.docx 区别于此前版本的.doc，其中的 x 表示 XML 格式。之后的 Word 版本同样也支持生成和使用.doc 格式文档。

用户不论使用 Word 编辑一篇文章，还是写一份报告，最基本的操作有：创建新文档、输入文档内容、保存文档、打开一个已存在的文档等。

1. 创建新文档

常用的创建新文档的方法有以下两种。

（1）不使用模板

启动 Word 2010 后，系统会自动创建一个名为"文档1"的空白文档。除此之外，还可以单击功能区【文件】|【新建】项，进入如图 11-3 所示的页面，选择【空白文档】项，单击右下角的【创建】按钮，即可创建一个默认文件名为"文档 1"的文档。单击【快速访问工具栏】中的【新建】按钮，或使用 Ctrl+N 组合键，也可以实现新建默认文件名为"文档1"的文档。使用这种方式创建的新文档只包含一些最基本的格式设置。

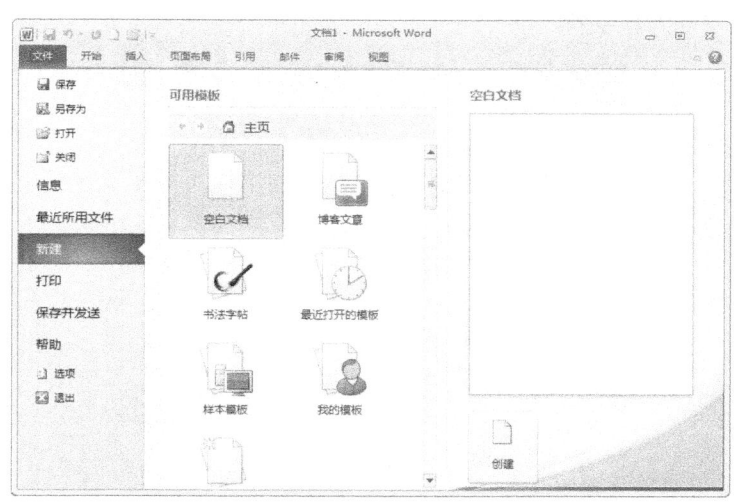

图 11-3 【新建】页面

（2）使用模板

所谓模板，是一种扩展名为.dotx（或.dot，两者区别同.docx 和.doc）的特殊 Word 文档。模板能决定文档的基本结构和文档设置，例如，文档的字体、菜单布局、页面布局、外观样式等。使用模板可加快创建文档的速度。

Word 提供了许多模板，用户可以使用这些模板来创建新文档。在如图 11-3 所示的【新建】页面中，提供了多种文档格式，在【可用模板】列表框中，包括：博客文章、书法字帖、样本模板等，在【Office.com 模板】列表框中还有可以通过下载得到的模板。可以在右侧窗格中预览模板外观的第一页。选定模板后单击预览图下方的【创建】按钮即可创建基于该模板的文档。

另外，用户还可以创建自己的文档模板，以方便使用。

2．输入文本

这里，文本是文字、符号、特殊字符、图形等内容的总称。

要输入英文字符，可直接通过键盘输入。要输入汉字，需要首先选择一种汉字输入法，然后才能输入。

在编辑区中，插入符（光标）通常以"I"形状显示，输入的英文字符或汉字将出现在插入符的右边。用户可以单击编辑区中的任意其他位置，来重新确定插入符的位置。

在默认情况下，新输入的文本会插入到原有文本中。如果要用新输入的文本覆盖原有的文本，则要先切换到改写模式。用户可以通过单击状态栏中的【插入】/【改写】按钮，或按 Insert 键，在插入模式和改写模式之间进行切换。

使用键盘上的上、下、左、右 4 个方向键，可在文档中移动插入符位置。按 BackSpace 键可删除插入符前面的一个字符，按 Delete 键可删除插入符后面的一个字符。

在文本输入过程中，有时会碰到一些无法通过键盘直接输入的符号或特殊字符，如"≥"、"Σ"、"☆"、"\"等。这时，可以通过 Word 提供的特殊字符集来输入。单击功能区【插入】|【符号】组中的【符号】按钮Ω，会出现符号下拉列表，其中显示了一些常用符号。选择【其他符号】项，将打开【符号】选项卡，如图 11-4 所示。双击需要的特殊符号，即可在文档中插入该字符。

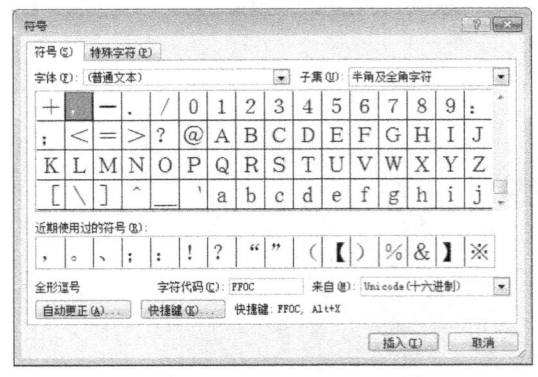

图 11-4 【符号】对话框

3．保存文档

保存文档就是把当前正在编辑处理的、临时存放在内存中的文档保存在外存介质上。通常，新建的未命名文档、打开并修改后的文档、需要改变格式的文档都需要进行保存。

（1）正式保存

当第一次保存新建文档时，单击功能区【文件】|【保存】按钮，或单击【快速访问工具栏】中的 按钮，系统将打开如图 11-5 所示的【另存为】对话框。在【另存为】对话框

左侧【保存位置】列表框中选择保存位置,在【文件名】框中输入文件名,单击【保存】按钮,即可完成文档保存。

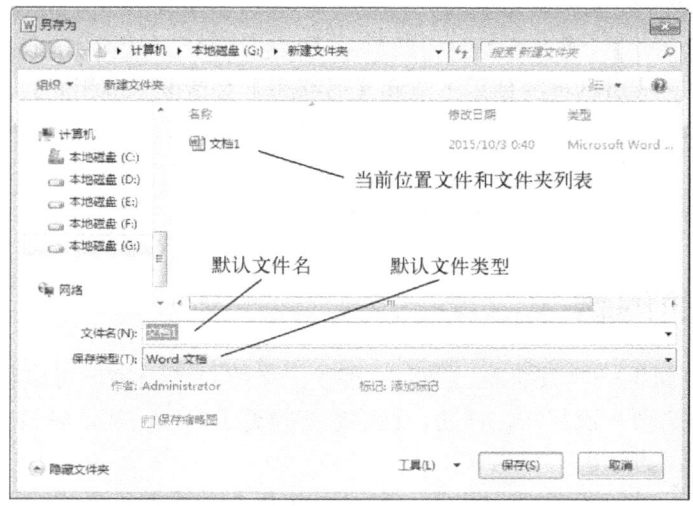

图 11-5 【另存为】对话框

如果对当前文档重新命名或选择其他保存位置,应单击功能区【文件】|【另存为】按钮保存文档。

(2)设置自动保存

一个文档正式命名后,Word 每隔一段时间也会自动保存一次。用户设定自动保存的时间间隔方法为:单击功能区【文件】|【选项】按钮,弹出如图 11-6 所示的【Word 选项】对话框,切换到【保存】页,在【保存文档】栏的【将文件保存为此格式】下拉列表中选择文件的保存类型,这里选择【Word 文档(*.docx)】选项,然后选中【保存自动恢复信息时间间隔】复选框,并在其右侧的微调框中设置文档自动保存的时间间隔。设置完毕,单击【确认】按钮即可。

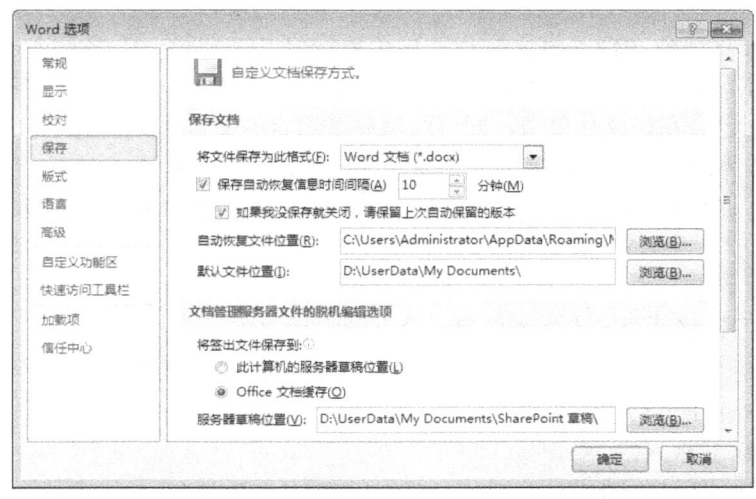

图 11-6 【Word 选项】对话框

4. 打开文档

打开文档就是把以前保存过的某个文档从外存调入内存中。文档打开后，可以对该文档进行修改后重新保存。

单击功能区【文件】|【打开】按钮或单击【快速访问工具栏】中的 按钮，将打开一个【打开】对话框。该对话框的使用方法和【另存为】对话框基本相同。

一般通过选择【文件类型】下拉列表中特定的文件类型可以缩小文件的查找范围，还可以直接在【文件名】框中输入文档的完整名称，即包括盘符、路径、文件名的完整名称，然后按 Enter 键或单击【打开】按钮打开该文档。

11.4 文档的编辑

编辑文档时，如果一次只插入、删除或替换一个字符或汉字，可以直接用前面讲过的方法完成。但有时需要一次复制、移动、删除或替换若干内容，在这种情况下，就要用到本节介绍的文档编辑的方法。

文档的编辑可以在一个文档中进行，也可以在几个文档之间进行，还可以在 Windows 应用程序之间进行。

11.4.1 选定文本

Windows 平台的应用软件都遵循一条处理原则，即"先选定，后操作"。Word 的很多操作都是按照这个原则处理的。选定文本表示了随后执行操作的范围。

选定文本有两种基本方法：鼠标方法和键盘方法。

1. 鼠标方法

（1）选定一行。将鼠标指针移至选定区左边空白处，当指针呈 状时，单击鼠标左键。

（2）选定一段。将鼠标指针移至选定区左边空白处，当指针呈 状时，双击鼠标左键。

（3）选定整个文档。将鼠标指针移至选定区左边空白处，当指针呈 状时，三击鼠标左键。

（4）选定任意部分文档。将鼠标指针移至要选定文本的第一个字符之前单击，按住鼠标左键不放，向下或向右拖动至要选定文本的最后一个字符处，松开鼠标左键。

（5）取消选定。在任意处单击，即可取消原来选定的文本。

通常，文本为白底黑字，选定的部分为黑底白字。

【例 11-1】 假设已经存在一个如图 11-7 所示的文件名为"文档 1.docx"的文档，选定文档中的一部分。

操作步骤如下。

① 将鼠标指针移至要选定文本的第一个字符之前单击。

② 按住鼠标左键，先向下拖动鼠标，当到达要选定文本的最后一行时再向右拖动鼠标至要选定文本的最后一个字符处。

③ 松开鼠标左键。

选定的结果如图 11-7 所示。

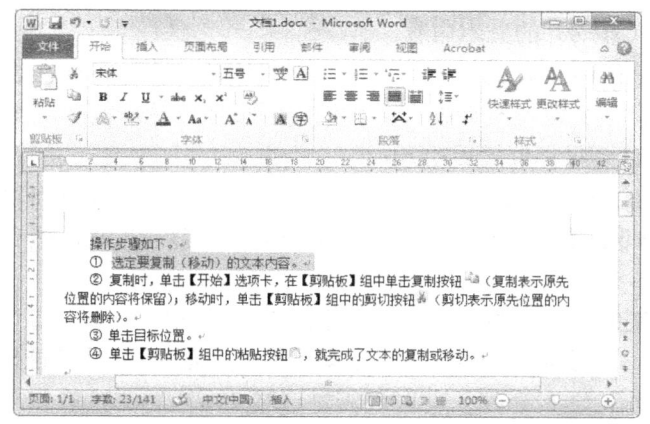

图 11-7 文本的选定

2．键盘方法

（1）选定一行。用方向键将插入符移至该行第一个字符之前，然后按下 Shift 键，同时按下"→"键至最后一个字符处后松开。

（2）选定若干段。用方向键将插入符移至第一段第一个字符之前，然后按下 Shift 键，同时按下"↓"键至最后一行后松开；或者同时按下 PageDown 键，此时每次可选择一页，速度较快。

（3）选定任意部分文档。用方向键将插入符移至要选定文本的第一个字符之前，然后同时按下 Shift 键和"↓"键，至最后一行时，再换为同时按下 Shift 键和"→"键至最后一个字符处后松开。

使用这种选择方法时，"←"键和 PageUp 键的选择方向与"→"键和 PageDown 键的选择方向相反。

11.4.2 复制、移动和删除文本

在编辑文档的过程中，对重复出现的文本，不必反复输入，可以将一段文本从一个位置复制到另一个位置；要交换某部分文本的位置，也不必重新输入，可以将该段文本从一个位置移动到另一个位置；要删除某部分文本时，也可以全部选定后快速地一次性删除。

复制、移动或删除文本时，都要先选定文本，然后再进行相应的处理。

1．用工具按钮复制或移动文本

操作步骤如下。

① 选定要复制（移动）的文本内容，功能区切换到【开始】选项卡。

② 复制时，单击【剪贴板】组中的【复制】按钮（复制表示原先位置的内容将保留）；移动时，单击【剪贴板】组中的【剪切】按钮（剪切表示原先位置的内容将删除）。

③ 单击目标位置。

④ 单击【剪贴板】组中的【粘贴】按钮，完成文本的复制或移动。

2．用鼠标拖放的方式复制或移动文本

操作步骤如下。

① 选定要复制（移动）的文本内容。

② 复制时，按住 Ctrl 键，同时按住鼠标左键（注意，此时指针在选定区内，形状变为），拖动鼠标指针至目标位置后松开；移动时，按住鼠标左键（注意，此时指针形状变为），拖动鼠标指针至目标位置后松开。

【例 11-2】 在编辑文件名为"文档 1.docx"的文档时，发现下面将要输入的内容和前面已经输入过的内容非常类似，可以先把前面类似的内容复制过来，然后再进行修改。

操作步骤如下。

① 先选定要复制的文本内容，选定的部分如图 11-7 所示。

② 按住 Ctrl 键，同时按住鼠标左键，拖动鼠标指针至目标位置后松开。

复制后的结果如图 11-8 所示。此时仅需对这些文本内容进行修改，就可以完成这部分文本的输入工作，大大提高了文本的输入速度。

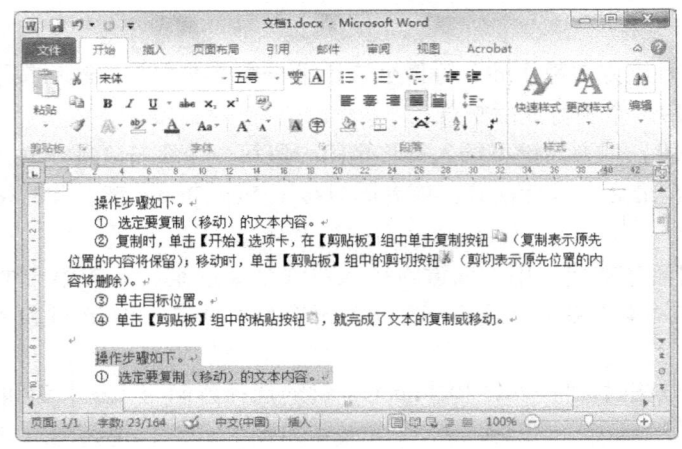

图 11-8　文本的复制

3．删除文本

操作步骤如下。

① 选定要删除的文本内容。

② 按 Delete 键或 Backspace 键。

11.4.3　查找与替换文本

利用 Word 的查找功能，可快速查找和替换特定内容的文本。

1．简单查找

【例 11-3】 在文件名为"文档 1.docx"的文档中查找"复制"一词。

操作步骤如下。

① 单击功能区【开始】|【编辑】组中的【查找】按钮，弹出导航窗格，如图 11-9 所示。

② 在【查找】框中输入"复制"，按 Enter 键，随即在导航窗格中显示该文本所在的页面和位置，同时文本"复制"在 Word 文档中呈高亮显示。

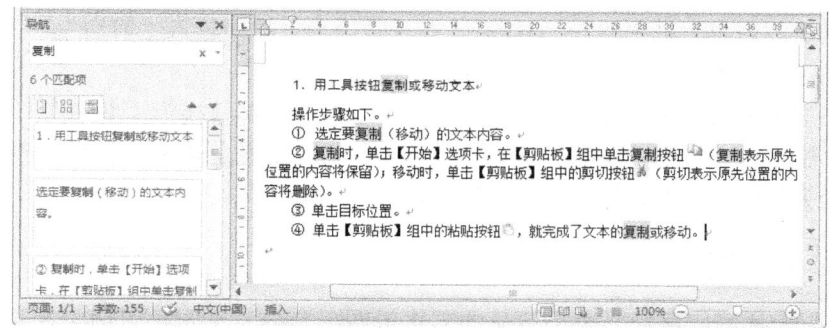

图 11-9 导航窗格

2．设置高级查找

单击功能区【开始】|【编辑】组中的【查找】下拉按钮→【高级查找】按钮，打开【查找和替换】对话框，可进行高级设置，如图 11-10 所示。在【搜索选项】区中提供了一组选项，用于设置查找条件。搜索范围有：向下、向上、全部，分别表示从当前位置向下搜索、向上搜索、搜索全部文档。

单击【格式】按钮，可以在下拉列表中进一步设置查找内容的格式。

单击【特殊格式】按钮，可以在下拉列表中选择特殊字符，其将查找显示在【查找内容】框中。

说明：当使用格式查找后，下次打开【查找和替换】对话框时，格式设置会保留下来。如果不需要，可单击【不限定格式】按钮清除这些设置。

图 11-10 【查找和替换】对话框

3．替换文本

利用替换功能可以方便地修改文档。另外，输入文本时，还可以用缩写符暂时代替一些较长的词句，然后利用替换功能将缩写文本替换为正式文本。

【例 11-4】 在文件名为"文档 1.docx"的文档中，把其中的"复制"全部替换为"剪切"。

操作步骤如下。

① 单击功能区【开始】|【编辑】组中的【替换】按钮，打开【查找和替换】对话框。

② 在【查找内容】框中输入"复制",在【替换为】框中输入"剪切"。
③ 单击【更多】按钮,搜索范围选择【全部】。
④ 单击【全部替换】按钮,则把文档中的"复制"全部替换为"剪切"。

如果只需要把一部分"复制"替换为"剪切",则要通过使用对话框中的【替换】和【查找下一处】按钮,逐个决定是否需要替换。

11.4.4 文本框

文本框是一种可以移动、大小可调的文本或图形容器。文本框可用于在页面的任何位置上放置文本,也可用于为文本设置不同于文档中其他文本的排版方式。

根据文本框中文本的排列方向,文本框分为横排文本框和竖排文本框两种。

1. 插入文本框

单击功能区【插入】|【文本】组中的【文本框】按钮,在弹出的下拉列表中列出了一些系统内置的文本框,选择需要的文本框后,将在文档中插入文本框,并且文本框处于编辑状态,在其中可以输入文本内容。

2. 编辑文本框

文本框是一个独立的文本编辑区域,在文本框上单击,即可选中该文本框。对选中文本框中的文本内容不仅可以进行移动、复制和删除操作,还可以设置文本的字符格式、段落格式,以及设置文本框的格式等。

在文本框内输入文本时,若文本到达右边框,则会自动换行;当文本框容纳不下输入的文字时,需要拖动文本框的边框,扩大文本框。

3. 链接文本框

可以将一个 Word 文档中的多个文本框链接起来,即使这些文本框处于文档的不同位置,文本框中的内容仍是一个整体,在编辑文本框时,文本会在相互链接的文本框中流动。在 Word 中,最多可以链接 25 个文本框,要链接的文本框必须是空的,而且没有与其他文本框建立链接关系。

为两个文本框创建链接的操作步骤如下。

① 右击第一个文本框的边框,在快捷菜单中选择【创建文本框链接】命令,鼠标指针变成直立的茶杯状。
② 将直立的茶杯状指针移到第二个空文本框中,茶杯变倾斜后单击。

这样就在两个文本框之间建立了链接关系,即从第一个文本框溢出的内容会自动转入第二个文本框中。

4. 断开文本框的链接

右击第一个文本框的边框,在快捷菜单中选择【断开前向链接】命令,则第二个文本框成为空文本框,其中的内容自动回到第一个文本框中。

11.5 格式编辑

文档的输入、编辑完成后,通常要对文档进行必要的格式设置和版面编排,这称为格式编辑。格式编辑可以使整个文档层次分明、重点突出、美观大方。

11.5.1 字符格式

在 Word 中，字符指作为文本输入的汉字、字母、数字、标点符号及特殊符号等。字体和字号是最常用的字符格式，此外还有字符颜色、字形、阴影等。对字符格式的设置决定了字符在屏幕上显示或打印时的样式。Word 可以使用 Windows 提供的所有字体，还可以在安装过程中添加一些字体。

在 Word 中，用来度量字体大小的单位有"号"和"磅"两种。当以"号"为单位时，数值越大，字体越小。当以"磅"为单位时，数值越大，字体越大。注：1 磅为 1/72 英寸，1 英寸约为 25.4 毫米。

1．使用【样式】组设置文本格式

【例 11-5】 在 MyFile.docx 文档中，把汉字"10.5.1 字符格式"设置为：标题 3 样式、隶书字体、三号字、斜体、蓝色。

操作步骤如下。

① 选定"10.5.1 字符格式"文本。

② 单击功能区【开始】|【样式】组右下角的【对话框启动器】按钮，弹出【样式】任务窗格，单击【新建样式】按钮。

③ 在弹出的【根据样式设置创建新样式】对话框中，在【格式】区中设置样式，在【字体】下拉列表中选择【隶书】项。

④ 在【字号】下拉列表中选择【三号】项。

⑤ 单击【斜体】按钮 *I* 。

⑥ 在【字体颜色】下拉面板中选择蓝色。

其效果如图 11-11 所示。

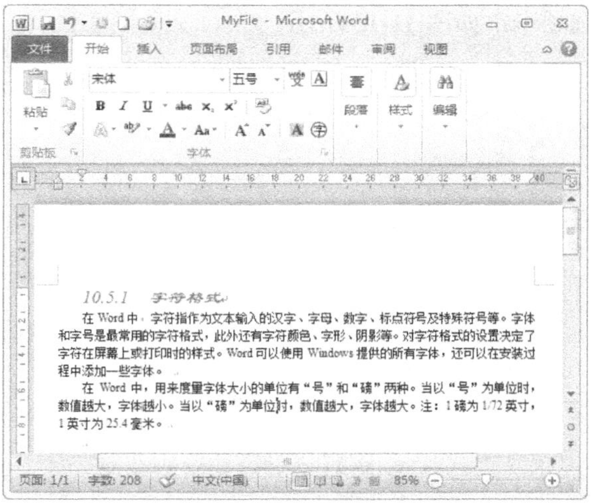

图 11-11 字符格式设置

2．使用【字体】对话框设置文本格式

操作步骤如下。

① 选定要设置字符格式的文本。

② 单击功能区【开始】|【字体】组右下角的【对话框启动器】按钮，打开【字体】对话框。

③ 选择【字体】选项卡，按照设置要求完成设置，如图11-12所示。
④ 完成设置后，单击【确定】按钮。

图11-12 【字体】对话框

在【字体】对话框中，每项设置的效果都会显示在【预览】框中。

3．设置字符间距

字符间距设置的操作步骤如下。
① 选定要进行字符间距设置的文本。
② 单击功能区【开始】|【字体】组右下角的【对话框启动器】按钮，打开【字体】对话框。
③ 选择【高级】选项卡，如图11-13所示。

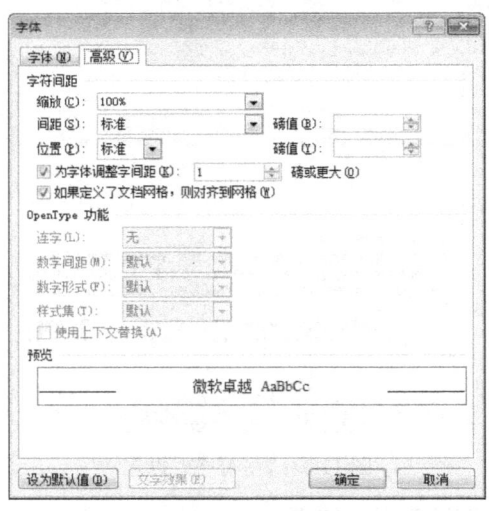

图11-13 【高级】选项卡

④ 要调整字间距，可单击【间距】右侧的下拉按钮，从下拉列表中选择【标准】、【加宽】或【紧缩】，还可以在后面的【磅值】框中输入具体数值的磅值。

·210·

⑤ 单击【确定】按钮，完成设置。

11.5.2 段落格式

在 Word 中，段落是独立的信息单位，具有自身的格式信息，如行距、对齐方式、段落间距和样式等。

每次按下 Enter 键结束一段开始另一段时，段落的结尾处都有段落标记（↵）。段落标记包括了该段的全部格式信息，生成的新段落会具有与前一段落相同的格式信息。

要改变段落格式，可在开始输入文本前选中段落标记，然后设置其格式属性，或者先输入文本，然后再重新设置该段落的格式。

1. 使用功能区【开始】|【段落】组设置段落格式

【例 11-6】 在 MyFile.docx 文档中，把从第 3 段开始的各段重新设置为：首行缩进 2 字符，行距为 1.5 倍，段前和段后间距为 0.5 行，两端对齐。

操作步骤如下。

① 选定要进行设置的各段。

② 单击功能区【开始】|【段落】组右下角的【对话框启动器】按钮，打开【段落】对话框。

③ 选择【缩进和间距】选项卡，如图 11-14 所示。

图 11-14 【段落】对话框

④ 设置【特殊格式】为首行缩进，设置【磅值】为 2 字符。

⑤ 设置【行距】为 1.5 倍行距。

⑥ 设置【段前】、【段后】的间距均为 0.5 行。

⑦ 【对齐方式】使用默认设置：两端对齐。

⑧ 单击【确定】按钮。

2. 使用水平标尺上的缩进标记设置段落缩进

段落的缩进有首行缩进、左缩进、悬挂缩进和右缩进 4 种形式，标尺上有这几种缩进格式对应的标记：首行缩进为 ▽，右缩进为 △，左缩进为 ，悬挂缩进为 。这几个标记分别代表了段落不同部分的位置。

首行缩进标记表示该段的第一行缩进的位置。左缩进和悬挂缩进两个标记是不能分开的，但是拖动不同的标记会有不同的效果。悬挂缩进标记控制段落第一行的开始位置（即首行缩进）。而左缩进标记会影响整个段落。如果要把整个段落的左边缘往右移的话，直接拖动左缩进标记即可，而且这样可以保持段落的首行缩进与悬挂缩进的相对关系不变。右缩进标记表示的是段落右边缘的位置。拖动这个标记，段落右边缘的位置将发生变化。如果需要比较精确的定位，可以按住 Alt 键后再拖动标记。

3. 使用功能区【开始】|【段落】组设置段落格式

在功能区【开始】|【段落】组中有几个常用段落格式设置按钮，例如：对齐按钮 ，依次为【左对齐】、【居中】、【右对齐】、【两端对齐】和【分散对齐】；行距设置按钮 ，单击其右侧的下拉按钮 ，在下拉列表中可以快速设置段落格式。

11.5.3 分页、分节和分栏

对排版要求高的文档，可能需要使用分页、分节和分栏功能。

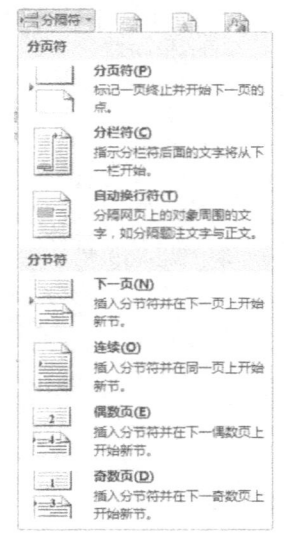

图 11-15 【分隔符】下拉列表

1. 分页

对于多页文档，在编辑过程中，Word 具有自动分页功能，但也可以在指定位置对文档进行强制分页。

在分页位置，分页符显示为包含有"分页符"字样的一条横的单虚线。单击功能区【开始】|【段落】组中的【显示/隐藏编辑标记】按钮 ，可显示或隐藏分页符。

对文档强制分页的操作步骤如下。

① 单击定位或移动插入符到要分节的位置。

② 单击功能区【页面布局】|【页面设置】组中的【分隔符】按钮 ，弹出下拉列表。

③ 在【分页符】栏中，选择【分页符】项，如图 11-15 所示。

2. 分节

节是文档的一部分，为了便于对同一个文档中不同部分的文本进行不同的格式设置，需要将一个文档分成若干节。只有在不同的节中，才可以设置不同的页眉、页脚、页边距、页面方向、文字方向或分栏版式等。

分节符是为表示节结束而插入的标记，分节符中保存了节的格式信息，如页边距、页的方向、页眉和页脚，以及页码的顺序等格式信息。

分节符显示为包含有"分节符"字样的一条横的双虚线。功能区【开始】|【段落】组中的【显示/隐藏编辑标记】按钮 ，可显示或隐藏分节符。

除非插入分节符，否则 Word 会将整个文档视为一节。

插入分节符的操作步骤如下。

① 单击定位或移动插入符到要分节的位置。

② 单击功能区【页面布局】|【页面设置】组中的【分隔符】按钮，弹出下拉列表。

③ 在【分节符】区中，选择下列选项之一。

- 下一页：插入一个分节符，新节从下一页开始。
- 连续：插入一个分节符，新节从同一页开始。
- 偶数页：插入一个分节符，新节从下一个偶数页开始。如果该分节符已经在一个偶数页上，则其下面的奇数页为一个空页。
- 奇数页：插入一个分节符，新节从下一个奇数页开始。如果该分节符已经在一个奇数页上，则其下面的偶数页为一个空页。

要删除分节符，首先选定要删除的分节符，再按 Delete 键。要注意的是，由于分节符中保存着该节文本的分节信息，所以在删除分节符的同时，也将删除该分节符前面的文本所使用的分节格式。这时，该部分文本将和下一节文本合为一节，并采用下一节的分节格式。

3．分栏

要将文档编辑成类似报刊、杂志的版式，就要使用 Word 的分栏排版功能。分栏排版功能允许用户设置栏数、栏宽及栏间距等。

设置分栏后，多栏文档从左至右逐栏排列，在同一栏中的文档自上而下排列。

设置多栏版式的最直接方式是，先选定要分栏的文档，再设置分栏格式。此时 Word 将自动在选定文档的开头和结尾处插入分节符，并且只为这一节中的文档设置分栏格式。

如果要对某一节设置分栏，只需将插入符移至该节中的任意位置，再设置分栏格式即可。如果文档没有分节，则分栏格式将影响整个文档。

【例 11-7】 将"第 10 章.docx"文档的某段文本设置为两个等宽栏。

操作步骤如下。

① 选定一段文本。

② 单击功能区【页面布局】|【页面设置】组中的【分栏】按钮，弹出下拉列表，选择【更多分栏】项，打开【分栏】对话框，如图 11-16 所示。

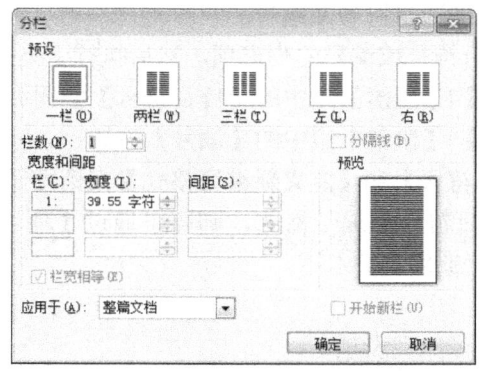

图 11-16 【分栏】对话框

③ 在【预设】区中选择【两栏】样式（当栏数大于 3 时，可以在【栏数】框中直接输入栏数或使用其后的增量按钮设置栏数）。

④ 选中【栏宽相等】复选框。
⑤ 根据需要设置【宽度和间距】区中的【宽度】和【间距】。
⑥ 根据需要设置是否选中【分隔线】复选框，这里不选中。
⑦ 单击【确定】按钮。

分栏效果如图 11-17 所示。

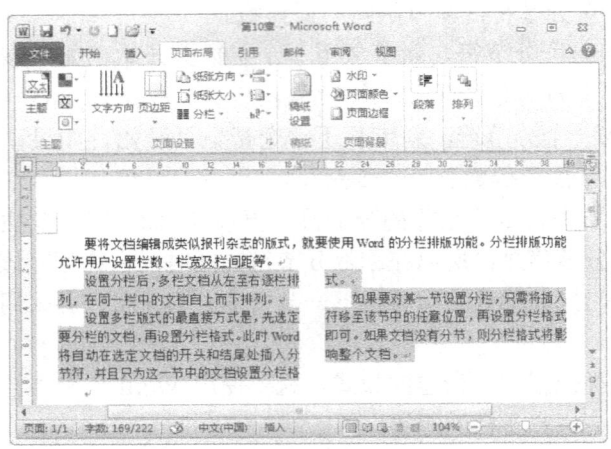

图 11-17　分栏效果

分栏后，可以使用标尺调整栏宽和栏间距。如果栏宽相等，则只需要更改一栏的宽度，Word 将自动更改所有栏的宽度，并且调整栏间距；如果栏宽不相等，Word 将只更改当前调整栏的栏宽或栏间距。用鼠标拖动水平标尺上的栏标记，Word 会自动调整栏宽以使文本适合左、右页边界之间的宽度。

11.5.4　项目符号和编号

使用 Word 可以为现有的文本行添加项目符号或编号，还可以将分层结构添加到更复杂的列表或文档中，从而使文档条理清晰，便于阅读。

1. 使用功能区按钮添加项目符号或编号

首先，选定要添加项目符号或编号的列表项，然后执行下列操作之一：
- 单击功能区【开始】|【段落】组中的【项目符号】按钮，可为其添加项目符号；
- 单击功能区【开始】|【段落】组中的【编号】按钮，可为其添加编号。

2. 使用【定义新项目符号】和【定义新编号格式】对话框添加项目符号和编号

如果不使用默认的项目符号或编号格式，则可以通过【项目符号和编号】对话框，为列表项选择其他样式的符号或编号。

操作步骤如下。

① 选定要添加项目符号的列表项。

② 单击功能区【开始】|【段落】组中【项目符号】（或【编号】）右侧的下拉按钮，弹出下拉列表，选择【定义新项目符号】（或【定义新编号格式】）按钮，打开相应的对话框。

③ 在对话框中根据需要选择相应的项目符号或编号样式。

④ 单击【确定】按钮。

3．自动创建编号列表项

如果在段落开始处输入"1"并按下 Tab 键，或者输入"1."，然后输入文本，那么当按下 Enter 键结束该段落时，Word 会自动将该段落转换为编号列表项。

4．删除项目符号或编号

删除项目符号或编号的操作步骤如下。

① 选定要删除其项目符号或编号的列表项。

② 执行下列操作之一：

- 单击功能区【开始】|【段落】组中的【项目符号】按钮，可删除项目符号；
- 单击功能区【开始】|【段落】组中的【编号】按钮，可删除编号。

要删除某个项目符号或编号，也可以先在项目符号或编号与对应文本之间单击定位插入符，再按 Backspace 键。

向已编号的列表项中添加、删除或者重排列表项时，Word 将自动调整编号列表项中的编号顺序。

11.5.5 页眉、页脚和页码

页眉和页脚是指位于文档每页顶部和底部的、不属于正文的内容。

一般在页眉处设置文档的章节标题、企业徽标、作者姓名等，在页脚处设置文档的创建日期、页码等。用户可以对奇数页和偶数页设置不同内容、不同格式的页眉、页脚和页码。

1．为文档添加页眉和页脚

添加页眉和页脚，是以插入符所在的节为单位进行的。若文档未分节，则整个文档就是一节。可以为不同的节设置不同的页眉和页脚。

设置页眉和页脚的操作步骤如下。

① 在页眉或页脚处双击，此时页眉和页脚处于编辑状态。

② 在功能区中显示【页眉和页脚工具】标签，其中包含【设计】选项卡，如图 11-18 所示，在其中可以设置相应的页眉和页脚属性。

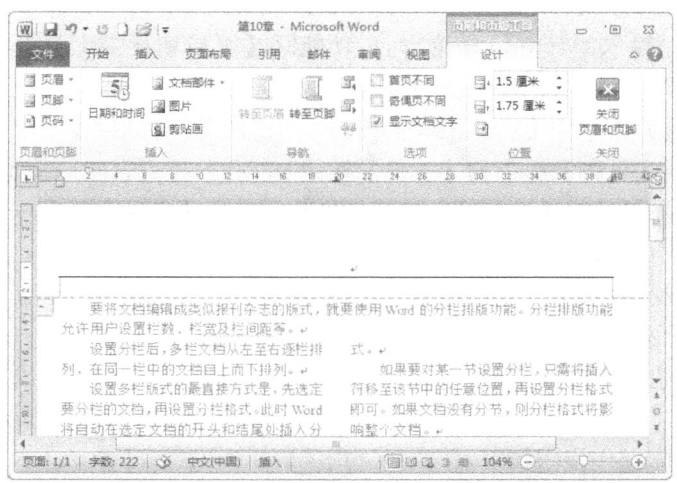

图 11-18　为文档添加页眉和页脚

③ 只需在该节的任意一页中设置好页眉和页脚，Word 会自动将它们添加到该节的每页中。

④ 单击【关闭】组中的【关闭页眉和页脚】按钮，或者在文档编辑区中双击，即可退出页眉和页脚编辑状态。

【页眉和页脚工具】的【设计】选项卡中的部分按钮及功能说明见表 11-1。

表 11-1 【页眉和页脚工具】的【设计】选项卡中的部分按钮及功能

组	按钮	功能
页眉和页脚	页眉	编辑文档的页眉
	页脚	编辑文档的页脚
	页码	在页眉或页脚中插入当前文档的页码
插入	日期和时间	在页眉或页脚中插入系统日期和自动更新的时间域
	文档部件	在页眉或页脚中插入可重复使用的内容片断，包括自动图文集、文档属性、域
	图片	在页眉或页脚中插入来自文件的图片
	剪贴画	在页眉或页脚中插入剪贴画，包括绘图、影片、声音或库存照片
导航	转至页眉	激活页眉，使其可编辑
	转至页脚	激活页脚，使其可编辑
	上一节	将插入符移至上一个页眉或页脚
	下一节	将插入符移至下一个页眉或页脚
	链接到前一条页眉	创建与前一节相同的页眉和页脚

【例 11-8】 在文件名为"第 10 章.docx"的文档中，在页眉处添加文字"计算机导论"和当前日期，在页脚处添加页码。页眉和页脚均居中显示。

操作步骤如下。

① 在页眉和页脚处双击，进入页眉和页脚编辑状态。

② 在页眉处先输入"计算机导论"，在功能区【页眉和页脚工具】的【设计】选项卡中，单击【插入】组中的【时间和日期】按钮，插入当前日期。

③ 单击【导航】组中的【转至页脚】按钮，切换至页脚位置。

④ 单击【页眉和页脚】组中的【页码】按钮，在下拉列表中选择【页面底端】，在下一级下拉列表中选择某种格式的页码，然后切换到功能区【开始】选项卡，单击【段落】组中的 ≡ 按钮使之居中显示。

⑤ 在文档编辑区中双击，退出页眉和页脚编辑状态。

2. 修改或删除文档中的页眉或页脚

对文档中已经存在的页眉或页脚，可以随时修改其中的文本或格式，也可以删除页眉或页脚。

删除页眉或页脚操作步骤如下。

① 在页眉和页脚处双击，进入页眉和页脚编辑状态。

② 在页眉或页脚编辑区选定要删除的内容，按 Delete 键。
③ 在文档编辑区中双击，退出页眉和页脚编辑状态。

3．删除或修改页眉中的横线

为文档添加页眉或页脚时，会为页眉添加一条默认的横线。用户可以删除该横线，也可以设置横线的线型或颜色。

删除或修改页眉中横线的操作步骤如下。

① 选中页眉中横线上一行的段落标记，切换到功能区【开始】选项卡。
② 单击【段落】组中的【边框和底纹】按钮，打开如图 11-19 所示的【边框和底纹】对话框，在【边框】选项卡中，设置边框的样式、宽度等属性。

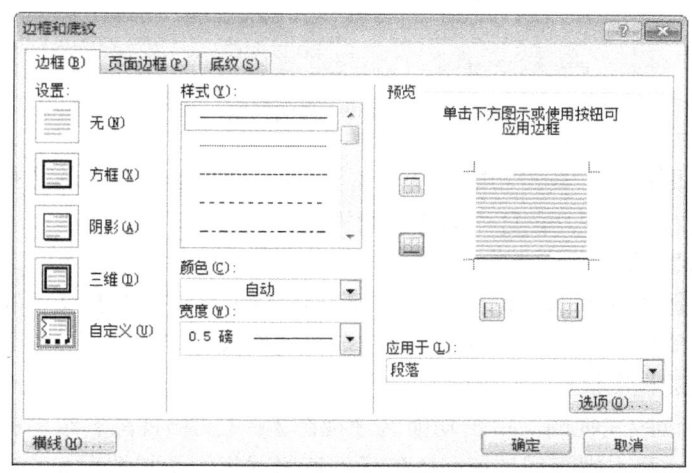

图 11-19 【边框和底纹】对话框

③ 如果要删除横线，则单击【段落】组中 右侧的下拉按钮，在下拉列表中单击【无线框】按钮 或【下框线】按钮 ，即可删除页眉中的横线。
④ 在文档编辑区中双击，退出页眉和页脚编辑状态。

11.6 文档的视图和显示

11.6.1 文档的视图

文档的视图是指文档在屏幕上的显示方式。Word 提供了页面视图、阅读版式视图、Web 版式视图、大纲视图 5 种视图。不同的视图从不同的角度显示文档，用户根据自己的需要，合理选择视图模式，能够有效地控制屏幕显示方式，提高工作效率。

1．页面视图

页面视图按照文档的打印效果显示文档，具有"所见即所得"的效果，如图 11-20 所示。在该视图下，可以显示水平标尺和垂直标尺，看到文档的排版格式，以及图形、文字、尾注在页面上的位置，还可以对页眉、页脚进行编辑。

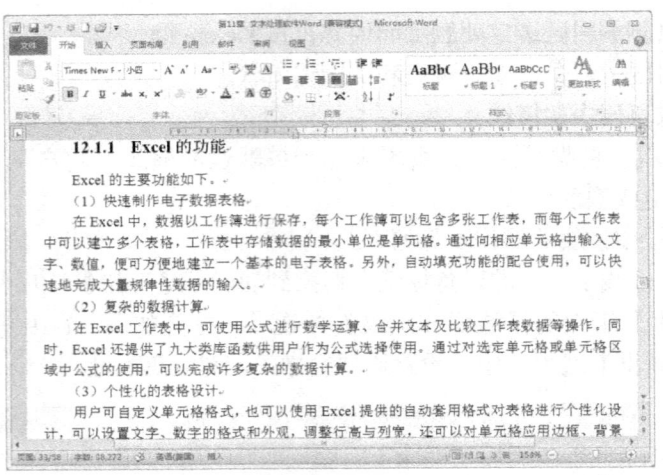

图 11-20 页面视图

要切换到页面视图,单击功能区【视图】|【文档视图】组中的【页面视图】按钮,或单击水平滚动条右端视图功能区中的【页面视图】按钮。

2. 阅读版式视图

阅读版式视图以图书的分栏样式显示 Word 文档,【文件】按钮、功能区等窗口元素被隐藏起来。在阅读版式视图中,用户还可以通过【阅读版式视图窗口】上方的各种视图工具和按钮进行相关的视图操作。

要切换到阅读版式视图,单击功能区【视图】|【文档视图】组中的【阅读版式视图】按钮,或单击状态栏右端视图切换区中的【阅读版式视图】按钮。

3. Web 版式视图

Web 版式视图主要用于编辑 Web 页。在该视图下,编辑窗口将显示文档的 Web 布局视图。此时,文档显示区将更大,但文档显示区的显示形式不是打印时的实际输出形式。

要切换到 Web 版式视图,单击功能区【视图】|【文档视图】组中的【Web 版式视图】按钮,或单击状态栏右端视图切换区中的【Web 版式视图】按钮。

4. 大纲视图

大纲视图主要用于文档结构的设置和浏览,使用大纲视图可以迅速了解文档的结构和内容梗概。

要切换到大纲视图,单击功能区【视图】|【文档视图】组中的【大纲视图】按钮,或单击状态栏右端视图切换区中的【大纲视图】按钮。

5. 草稿视图

草稿视图取消了页面边距、分栏、页眉/页脚和图片等元素,仅显示标题和正文,是最节省计算机系统硬件资源的视图方式。

要切换到草稿视图,单击功能区【视图】|【文档视图】组中的【草稿视图】按钮,或单击状态栏右端视图切换区中的【草稿视图】按钮。

11.6.2 文档的显示

文档结构图结合了普通视图和大纲视图的特点,既可方便地查看内容,也可方便地查看大纲结构。页面缩略图可以快速在文档中进行相关内容的查找和定位。编写大型文档时，通过文档结构图和页面缩略图，既可以清楚了解整个文档的结构，又可以在文档中快速查找某个特定主题的内容。另外，按照文档结构图方式建立的文档，还可以方便地自动生成整个文档的目录。

1．文档结构图

为了直观地说明文档结构图的效果，首先创建一个包含文档结构图信息的文档，如图 11-21 所示。

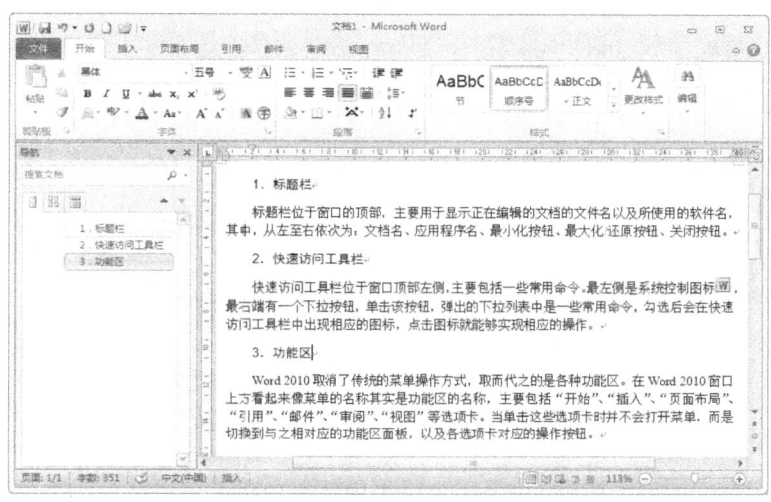

图 11-21　文档结构图

由图 11-21 可见，在文档结构图视图下，文档由左窗格和右窗格两部分组成。左窗格部分为文档的章节标题，右窗格部分为相应章节中的文档。单击左窗格中的章节标题，右窗格中即显示对应的文档内容。

创建如图 11-21 所示类型文档的操作步骤如下。

① 输入三行标题内容。

② 选定这三行标题内容文本，单击功能区【开始】|【样式】组右下角的【对话框启动器】按钮，在【样式】窗格中选择所需的样式名。

③ 再次选定这三行标题内容文本，单击【段落】组中的【项目编号】右侧的下拉按钮，设置合适的编号格式。

④ 在各标题下输入相应的内容。

完成上述工作后，所创建的上述文档就具有了文档结构图所要求的格式信息。显示文档结构图的步骤如下。

单击功能区【视图】|【显示】组中的【导航窗格】复选框，打开导航窗格，单击【浏览您的文档中的标题】按钮，可以查看文档结构图，从而浏览标题结构。如果想要取消显示导航窗格，则在【显示】组中取消选中【导航窗格】复选框即可。

本例仅建立了一种格式的标题，对于大型的文档，可以建立章、节、小节，以及小节下的（1）、（2）、（3）等多层次的文档结构。这时，左窗中的文档结构图将以树状结构列出文档中的所有标题，并以缩进方式显示文档的层次关系。

2．页面缩略图

使用页面缩略图可以快速查看长文档的多个页面，当需要在较长的文档中寻找某些元素时，使用页面缩略图能够节省用户的宝贵时间。使用页面缩略图还能够快速定位到文档中的某一页。如果想跳到长文档的某一页，可以直接单击该页的缩略图。

如图 11-22 所示，要显示页面缩略图，单击功能区【视图】|【显示】组中的【导航窗格】复选框，打开导航窗格，单击【浏览您的文档中的页面】按钮 ，可以查看完整文档页面。

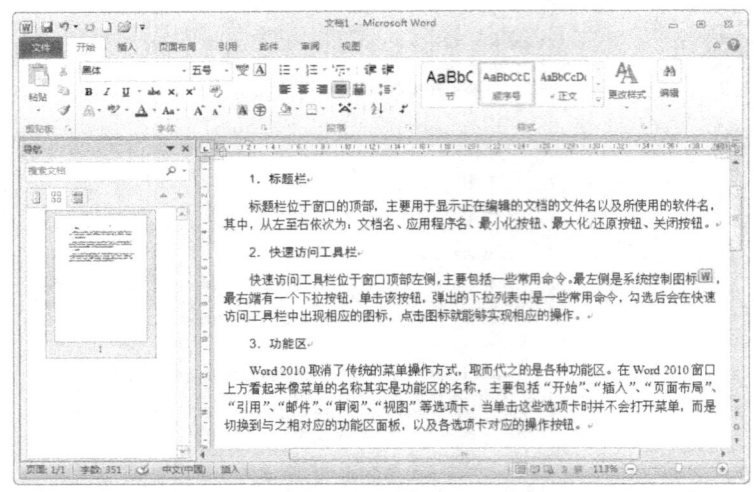

图 11-22 页面缩略图

11.7 表格处理

表格由若干行和若干列的单元格组成。表格可以将复杂的多列信息简明扼要地表示出来。Word 2010 具有强大的表格处理功能，不仅可以对表格进行排序和计算，还可以在单元格中输入文字和插入图片等。

11.7.1 创建表格

和其他形式的文档一样，要进行表格处理，首先就要创建新文档。

1．使用【插入表格】按钮创建表格

单击功能区【插入】|【表格】组中的【表格】按钮 ，弹出【插入表格】下拉面板，其上方为网格显示框，每个网格代表一个单元格。在其中移动鼠标指针选择单元格，颜色改变的区域表示选中的单元格。选定所需行数和列数后，单击，将在文档的插入符位置插入一个新表格。这种方法适用于创建行数、列数较少，并且具有典型行高和列宽的简单表格。如果要创建较多行列数的表格，则在【插入表格】下拉面板中选择【插入表格】项，打开【插入表格】对话框，在【行数】和【列数】微调框中输入要插入表格的行数和列数。

【例 11-9】 在文件名为"第 10 章.docx"的文档中，插入一个 2 行 5 列的表格。
操作步骤如下。

① 在"第 10 章.docx"的文档中,单击要插入表格的位置。

② 单击功能区【插入】|【表格】组中的【表格】按钮,弹出【插入表格】下拉面板,在其中选择【插入表格】项,打开【插入表格】对话框,如图 11-23 所示。

③ 输入列数 5 和行数 2。

④ 设置表格的列宽。对话框给出定义列宽的几种方式:

- 选中【固定列宽】单选钮并且给列宽指定一个具体值,将按指定值建立全部表格的列宽。
- 选中【固定列宽】单选钮并且在后面的下拉列表中选择【自动】项,或选中【根据窗口调整表格】单选钮,则表格的宽度将与正文区宽度相同,每列的宽度等于正文区宽度除以列数。
- 选中【根据内容调整表格】单选钮,表格列宽将随每列输入的内容多少而自动调整。

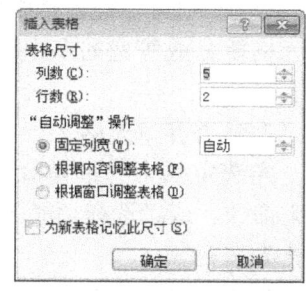

图 11-23 【插入表格】对话框

本例选择【根据内容调整表格】单选钮,这样,所创建的表格中任意一列的宽度,将根据该列所有行的最大值来自动确定。

⑤ 单击【确定】按钮。

2. 表格的特殊符号

文档中的表格,其左上角和右下角各有一个特殊符号。

将鼠标指针移到表格线上,在表格的左上角会显示【表格移动控点】标记⊞。将鼠标指针移至⊞标记上,则指针变成带四向箭头的指针形状。此时按住左键拖动鼠标,可以将表格移动到新的位置。

将鼠标指针移到表格线上,在表格的右下角会显示【表格尺寸控点】标记□。将鼠标指针移至□标记上,则指针变成斜向的双箭头形状。此时按住左键拖动鼠标,可以改变表格的大小。

11.7.2 修改表格

表格创建后,有时需要将几个单元格合并为一个单元格,或者将一个单元格拆分为多行或多列,或者调整单元格的宽度或高度,或者在某个位置插入一行或一列,或者删除某个位置的一行或一列,等等。这些操作都属于修改表格操作。

任何修改表格操作,也要遵循"先选定,后操作"的基本操作原则。

1. 选定表格

常见的选定表格操作及相应的操作方法见表 11-2。

表 11-2 表格中不同区域的选择方法

选择范围	操作方法
选定一个单元格	将指针移至单元格左边界与第一个字符之间,当指针变成箭头时单击
选定一行	单击该行左边的空白区域
选定一列	将指针移至该列顶端的边线上,当指针变为向下的箭头时单击
选定多个单元格、多行或多列	按住鼠标左键从第一个单元格拖动指针至最后一个单元格,然后松开
选定整个表格	单击表格左上角的表格移动控点⊞,或者按住 Alt 键,双击表格内任何位置

2. 合并与拆分单元格

Word 中可以把表格中的多个单元格合并成一个单元格，也可以将选中的一个或若干个单元格拆分成等宽的多个小单元格。通常采用这种方法将一个规范表格修改成一个较复杂的表格。

（1）合并单元格

先选定要合并的单元格，然后在该选定区域上右击，在快捷菜单中选择【合并单元格】命令。或者选择功能区【表格工具】的【布局】选项卡，单击【合并】组中的【合并单元格】按钮。

如果原单元格中有文本，则合并后的单元格中，将把原单元格的内容转换成段落。

（2）拆分单元格

选定要拆分的单元格，选择功能区【表格工具】的【布局】选项卡，单击【合并】组中的【拆分单元格】按钮，打开【拆分单元格】对话框，如图 11-24 所示。输入要拆分的列数和行数，单击【确定】按钮。

如果选定的是多个单元格，则：

- 若选中【拆分前合并单元格】复选框，则先将所有选中单元格合并成一个单元格，然后再按指定行数、指定列数拆分；
- 若不选中【拆分前合并单元格】复选框，则对选中的每一个单元格按指定的列数进行拆分。

【例 11-10】 创建一个如图 11-25 所示的表格。

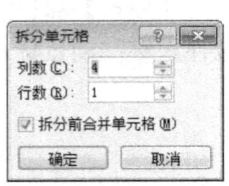
图 11-24 【拆分单元格】对话框

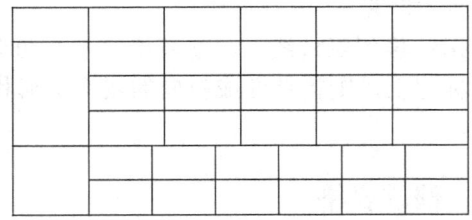
图 11-25 表格示例

操作步骤如下。

① 创建一个有 5 行 6 列的表格。

② 选定第 1 列的第 2、3、4 行单元格，选择【表格工具】的【布局】选项卡，单击【合并】组中的【合并单元格】按钮。

③ 选定第 5 行的第 2、3、4、5、6 列单元格，单击【合并】组中的【拆分单元格】按钮，在【拆分单元格】对话框中设置【列数】为 6，【行数】为 2，并选中【拆分前合并单元格】复选框。

④ 单击【确定】按钮。

3. 拆分表格

可以将一个大表格拆分成两个各自独立的表格，这样就可以在这两个独立表格之间插入文本内容。

操作方法是：首先将插入符置于要拆分处，然后选择【表格工具】的【布局】选项卡，单击【合并】组中的【拆分表格】按钮，即可将一个表格从插入符处拆分成两个表格。

4．在表格中插入单元格、行（列）或表格

在表格中可插入单元格、行、列或表格。

例如，在表格中插入一行的操作步骤如下。

① 在表格中单击要插入行的位置。

② 选择【表格工具】的【布局】选项卡，单击【行和列】组中的【在上方插入】按钮，随即在选中行的上方插入一个空白行。新插入行的列数将和插入位置处的列数相同。

在表格中插入列、单元格和表格的方法类似。

5．改变表格的行高和列宽

可以使用鼠标拖动方式改变表格的行高和列宽，也可以使用【表格属性】对话框指定表格的行高和列宽，以及改变个别单元格的高度和宽度。

（1）使用鼠标拖动方式改变行高和列宽

在页面视图下，在水平标尺和垂直标尺上会看到插入符所在表格的行标记和列标记，如图 11-26 所示。将鼠标指针移至该标记上时，会出现说明文字"调整表格行"和"移动表格列"，按下鼠标左键，当出现一条点画线时，在垂直标尺上向上或下拖动行标记可改变行高，在水平标尺上向左或右拖动列标记可改变列宽。

图 11-26　标尺上的行标记和列标记

（2）使用【表格属性】对话框改变行高和列宽

【例 11-11】　假设已经存在一个文件名为 test.docx 的文档，其中包含一个 4 行 4 列表格，要求调整表格的行高和列宽。该表格的样式如图 11-27 所示。

操作步骤如下。

① 选定表格中的第 2～4 行。

② 选择【表格工具】的【布局】选项卡，单击【单元格大小】组右下角的【对话框启动器】按钮，打开【表格属性】对话框。

③ 选择【行】选项卡，选中【指定高度】复选框，在后面的文本框中输入或选择行高为 0.8 厘米，如图 11-27 所示。

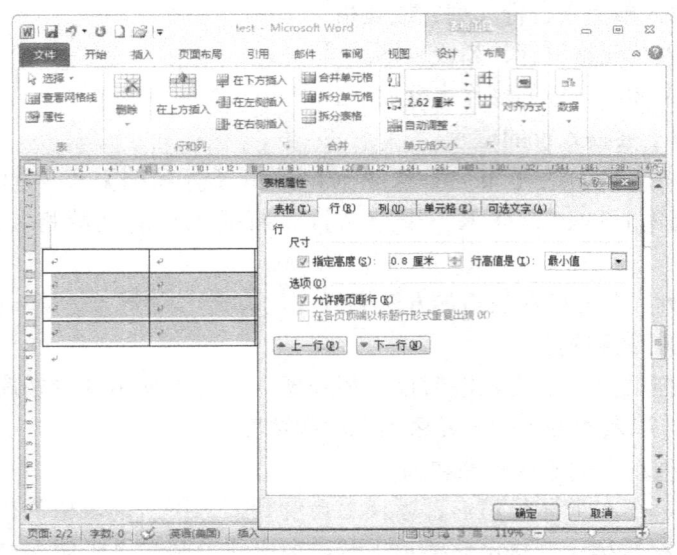

图 11-27　修改表格属性

④ 再选择【单元格】选项卡，在【垂直对齐方式】栏中有三个选项：顶端对齐、居中和底端对齐。这里选择【居中】项，输入的文本内容将被放置在单元格的中央。

⑤ 单击【确定】按钮。

11.7.3　在表格中输入和编辑文本

1．基本操作方法

在 Word 文档中插入一个空表格时，插入符位于第一个单元格，可以单击其他单元格改变插入符的位置，也可以使用键盘移动插入符的位置。表格操作常用快捷键见表 11-3。

表 11-3　表格操作常用快捷键

快　捷　键	移动插入符
↑	移到上一行
↓	移到下一行
Tab	移到同一行的下一个单元格中
Shift + Tab	移到同一行的前一个单元格中
Alt + Home	移到当前行的第一个单元格中
Alt + End	移到当前行的最后一个单元格中
Alt + PageUp	移到当前列的第一个单元格中
Alt + PageDown	移到当前列的最后一个单元格中

若在最后一个单元格中按 Tab 键，则会在表格的底部增加一个新的空行。

在创建表格时，如果在【插入表格】对话框中未选中【根据内容调整表格】单选钮，则当输入的文本到达单元格右边界时，Word 会自动换行并增加行高。

一个单元格的文本内容可以包含多个段落，按 Enter 键即可在单元格中另起一段。

2．移动和复制单元格、行或列

表格中每个单元格既有输入的文本信息，也有单元格的格式信息。此时，既可以移动或复制单元格的文本信息，也可以移动或复制单元格的文本信息和格式信息。

与前面讨论的文本的移动和复制方法类似，单元格既可以使用鼠标拖动方式进行移动或复制操作，也可以选择相应的菜单命令或者使用工具栏按钮进行移动或复制操作。

单元格移动和复制操作的要点是：如果仅仅选定了单元格内的文本，则只把该文本内容移动或复制到新的位置；但是，如果同时还选定了单元格的结束标记（结束标记中包含了单元格的格式信息），则在移动或复制单元格内文本内容的同时，也用新的单元格格式取代了原来的格式。

对于表格的行或列，在进行移动和复制操作时，既移动或复制了选中的所有文本内容，也用新的格式取代了原来的格式。

11.7.4　设置表格格式

在 Word 中，可以对整个表格、某个单元格及表格中的文字进行格式化，并且可以对选定的表格使用自动套用格式进行表格的快速格式化。

1．自动套用格式

Word 2010 提供了多种表格自动套用格式，用户可以根据需要进行选择。具体操作步骤如下。

① 将插入符移到表格的任意单元格中。

② 选择【表格工具】的【设计】选项卡，单击【表格样式】组中的【其他】按钮 ，弹出【表格样式】下拉面板，如图 11-28 所示。

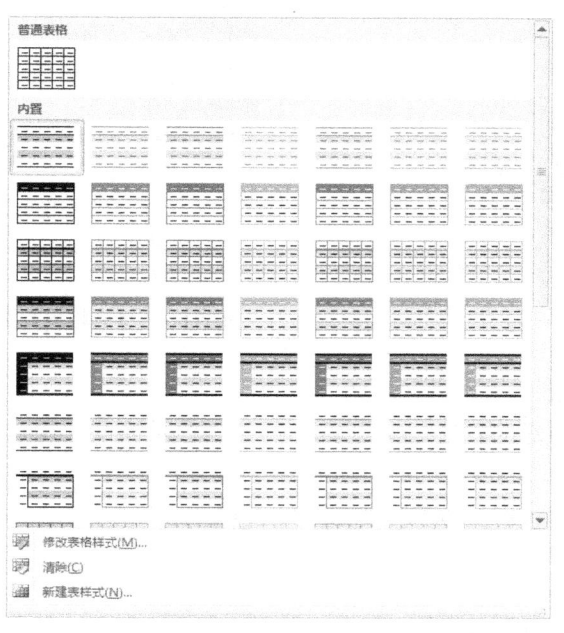

图 11-28　【表格样式】下拉面板

③ 在【表格样式】下拉面板中单击需要的格式。

2．设置单元格中文本的对齐方式

在默认情况下，单元格中输入的文本内容为顶端左对齐，即输入的文本在单元格中处于偏上的位置且左对齐。例 11-10 创建的表格其对齐方式就是顶端左对齐。

用户可以根据需要调整文本的对齐方式。当对一个或多个单元格中的文本设置对齐方式时，需要先选中这些单元格。若选中整个表格，则对整个表格设置对齐方式。

【例 11-12】 打开 test.docx 文档，设置表格中的文本对齐方式为居中。

操作步骤如下。

① 单击表格移动控点田选定整个表格。

② 选择【表格工具】的【布局】选项卡，单击【对齐方式】组中的【水平居中】按钮，如图 11-29 所示。

3．设置表格的对齐方式

一个表格也像一段文字一样，可以有居中、左对齐、右对齐等排放方式。

利用【表格移动控点】田可以自由地拖动表格，从而改变表格在文档中的位置。但是要对表格进行精确定位，就要使用【表格属性】对话框。

操作方法是：首先单击表格中的任意位置，选择【表格工具】的【布局】选项卡，单击【单元格大小】组右下角的【对话框启动器】按钮，打开【表格属性】对话框。如图 11-30 所示。设置需要的对齐方式，最后单击【确定】按钮。

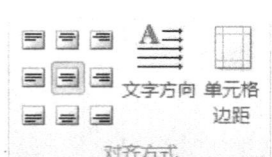

图 11-29 【对齐方式】组

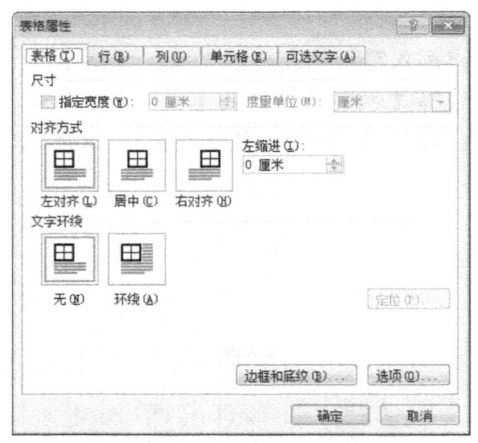

图 11-30 【表格属性】对话框

4．设置表格的边框

在默认情况下，创建的表格边框为 0.5 磅的黑色单实线。用户可以重新设置表格的边框，或者取消表格中的边框线。

【例 11-13】 设置 test.docx 文档中表格的边框：线型为双线，黑色，线宽为 0.75 磅，并取消左、右边框线。

操作步骤如下。

① 单击表格中的任意位置。

② 选择【表格工具】的【设计】选项卡，单击【绘图边框】组右下角的【对话框启动

器】按钮,打开【边框和底纹】对话框。

③ 在【样式】列表框中选择双线,在【宽度】下拉列表中选择 0.75 磅。

④ 在【预览】区中单击表格中的左、右边框按钮,使之变成未按下状态,取消表格的左、右边框线,如图 11-31 所示。

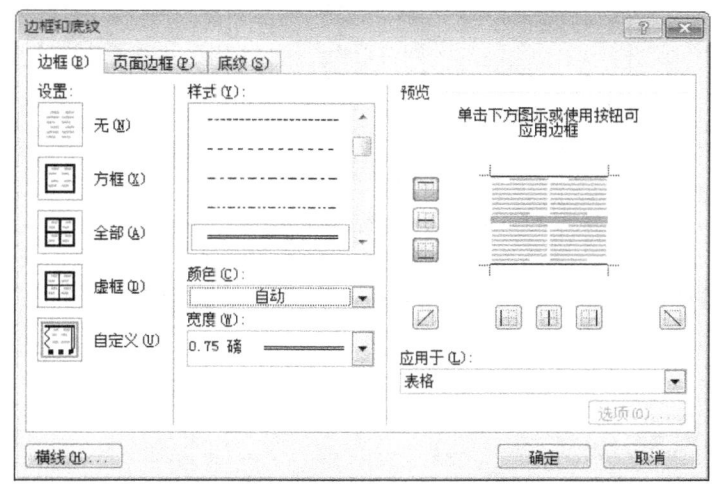

图 11-31 【边框和底纹】对话框的【边框】选项卡

⑤ 确认在【应用于】下拉列表中的选项为【表格】。

⑥ 单击【确定】按钮。

11.7.5 表格的排序与计算

可以对表格中的内容按照笔画、数字、日期及拼音的升序或降序进行排序,还可以对数字类型的若干个单元格中的数值进行计算。

1. 表格的排序

【例 11-14】 设 test.docx 中有一个工资表,表格的属性列有编号、姓名、性别、年龄、工资、级别 6 项。表格中有 5 行数值。要求对表格进行递增排序,排序条件是先按"性别"排序再按"工资"排序。

操作步骤如下。

① 单击表格中的任意位置。

② 选择【表格工具】的【布局】选项卡,单击【数据】组中的【排序】按钮,打开【排序】对话框。

③ 在【主要关键字】下拉列表中选择【列 3】,在【类型】下拉列表中选择【拼音】,选中【升序】单选钮。

④ 在【次要关键字】下拉列表中选择【列 5】,在【类型】下拉列表中选择【数字】,选中【升序】单选钮。

⑤ 在【列表】区中选中【无标题行】单选钮,即排序不包括表格的标题行,如图 11-32 所示。

⑥ 单击【确定】按钮。

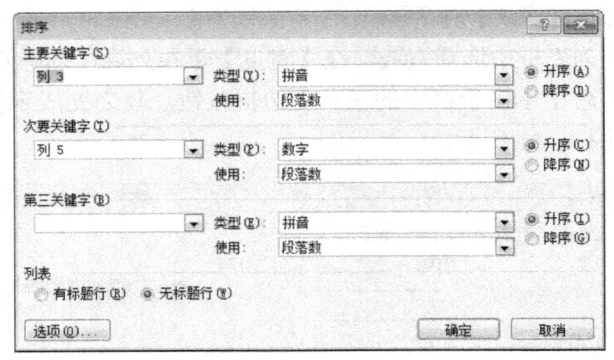

图 11-32 【排序】对话框

排序后的表格如图 11-33 所示。可以看出，表格中的各行先按"性别"再按"工资"递增排序。

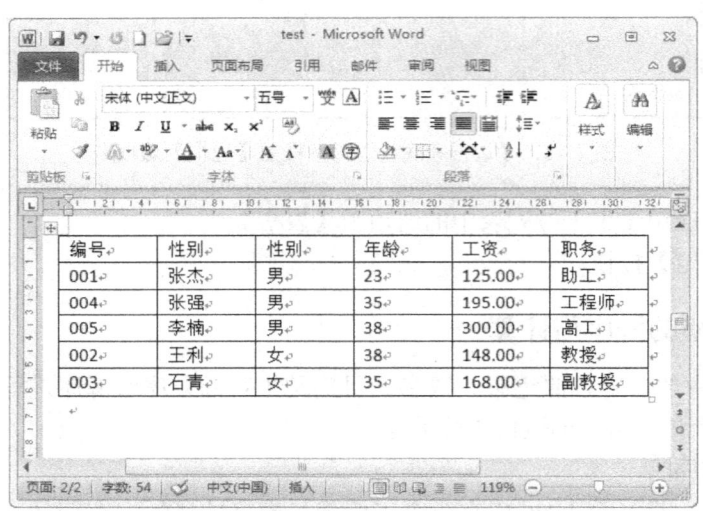

图 11-33 排序后的表格

2．在表格中进行计算

可以对 Word 中的表格进行一些简单的计算，如计算一行或一列中数值的总和等。

【例 11-15】 求例 11-14 工资表中的工资合计。

操作步骤如下。

① 在工资表的最后一行添加新的一行用来放置工资总计，在新行的第一列中输入"总计"。

② 在"工资"列的最后一个单元格中单击。

③ 选择【表格工具】的【布局】选项卡，单击【数据】组中的【公式】按钮 f_x，在打开的【公式】对话框中设置数字格式，以及使用【粘贴函数】下拉列表中的函数进行较复杂的计算。若【公式】对话框设置如图 11-34 所示，则表示对表格当前插入符以上各列进行累加求和计算。

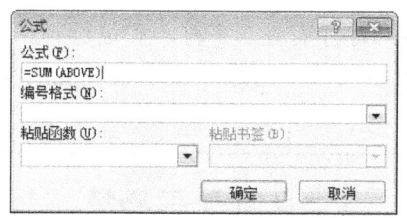

图 11-34 【公式】对话框

注意，要对一整行或一整列求和，则在该行或该列中不能存在空单元格。如果某单元格中的数值为 0，则应输入 0。

习题 11

11-1 选择题

（1）选定整个文档可以用快捷键（　　）。

　　A）Ctrl+A　　　　B）Shift+A　　　　C）Alt+A　　　　D）Ctrl+Shift+A

（2）利用（　　）功能可以对文档进行快速格式复制。

　　A）自动换行　　　B）格式刷　　　　C）自动更正　　　D）自动图文集

（3）在 Word 编辑状态下，连续进行了两次"插入"操作后，再单击【撤销】按钮，则（　　）。

　　A）将两次插入的内容全部取消　　　B）将第一次插入的内容全部取消
　　C）将第二次插入的内容全部取消　　　D）两次插入的内容都不被取消

（4）在 Word 编辑状态下，要在文档中添加符号"★"，应使用（　　）菜单中的命令。

　　A）文件　　　　　B）编辑　　　　　C）格式　　　　　D）插入

（5）在 Word 编辑状态下，按先后顺序依次打开了 d1.docx、d2.docx、d3.docx 和 d4.docx 这 4 个文档，当前的活动窗口是（　　）文档的窗口。

　　A）d1.docx　　　　B）d2.docx　　　　C）d3.docx　　　　D）d4.docx

11-2 使用"典雅型简历"模板创建 Word 文档，并以文件名 resume.docx 保存。

11-3 如何显示和隐藏工具栏和标尺？

11-4 简述【保存】命令与【另存为】命令的区别。如果在文件夹 new 未建立的情况下，将文档 D:\aa.docx 文件修改后，另存为 D:\new\bb.txt 文件，应如何操作？

11-5 简述在 Word 中利用鼠标移动和复制文本的操作步骤。

11-6 简述为段落和字符添加边框与底纹的方法，并说明两种操作有什么区别？

11-7 如何制作表格？如何利用表格工具修改或修饰表格？

11-8 Word 提供了多种查看文档内容的视图方式，简述这些视图方式的用途。

11-9 参见以下样文，进行综合练习：

（1）对文章进行页面设置，将纸张设成自定义大小，宽为 14.6 厘米、长为 22 厘米。

（2）在文章中插入页码，并置于页面底端的右边。设置文章的页脚为"一日赏尽三岛情"。

（3）设置标题文字格式为：隶书，四号，粗体，蓝色，居中。

（4）设置正文段落格式为：首行缩进 2 字符，单倍行距。

（5）将文章的第一、二自然段（澳门是一座小巧玲珑的城市……纪念品等）设成左、右各缩进 1.85 厘米。

一日赏尽三岛情

　　澳门是一座小巧玲珑的城市，总面积 20 多平方公里。走马澳门，一天的时间，便可以赏尽三岛风光。不过，澳门的美丽和韵味，却需要慢慢地去体会。

　　形似莲花的澳门半岛与珠海市相连。传说很久以前，澳门还是海中的一个小岛。后来，因为泥沙的冲击，年复一年，形成一道沙堤，把小岛与大陆连接起来。岛似莲花，堤如莲茎。于是人们把它称为莲岛，莲花也便成了澳门的标志。如今，漫步澳门街头，随处可见"莲花"盛开：区旗、区徽、浮雕、纪念品等。

　　路环岛是一个绿化保护区，漫山遍野长满各种花草树木，一派自然风光。世界上最高的妈祖像就屹立在路环岛上，这座汉白玉的妈祖像高 19.99 米，是澳门雕塑家梁晚年设计的，由 120 位石雕工匠历时 8 个月精雕细刻而成。

　　澳门虽小，但是诱人的景点还是颇多的，首推澳门政府极力介绍的澳门八景，它们可谓澳门景点的精粹，每一景均透出浓浓诗情画意。当然也少不了那沉淀着深厚历史的遗迹，人们从中似乎又看到澳门昔日沧桑的岁月。

　　小城自有小城的风韵。澳门的小，透着雅致、娴静。它没有大都市的繁华和喧嚣，却处处充满着温情与浪漫。整洁干净的街道，色彩明快的建筑，用蓝白两色碎石子铺成的海浪般的路面，连街头的汽车都像玩具一样，显得那么可爱。

11-10　在 D 盘中建立以你的学号命名的文件夹，按照下面的格式建立课程表，并以文件名 kibiao.docx 保存在新建的文件夹中。

课　程　表					
	星期一	星期二	星期三	星期四	星期五
1，2 节	语文	实验	音乐	语文	音乐
3，4 节	英语	体育	数学	计算机	历史
5，6 节	计算机	数学	舞蹈	体育	实验
7，8 节	哲学		英语		

11-11　新建一个 Word 文档，先按下面要求完成文本的输入、排版，然后以文件名 myself.docx 保存到自己创建的一个文件夹中。

　　文本内容要求：找一些自己喜爱的文章。

　　排版要求：排版纸张大小为 A4，最后排版格式可以仿照报纸、杂志或班上的板报，要求插入不同效果的图片、文本框、包含分栏、分页、页眉和页脚，以及不同的字符格式和段落格式等。

第 12 章　电子表格处理软件 Excel

Excel 是微软公司推出的受到普遍欢迎的办公软件之一，主要用于制作电子表格。用 Excel 制作的电子表格，可以完成排序、筛选、汇总等操作，可以进行数据分析和趋势预测，同时还能以图表方式显示数据。

12.1　Excel 概述

12.1.1　Excel 的功能

Excel 的主要功能如下。

（1）快速制作电子数据表格

在 Excel 中，数据以工作簿进行保存，每个工作簿可以包含多个工作表，而每个工作表中可以建立多个表格，工作表中存储数据的最小单位是单元格。通过向相应单元格中输入文字、数值，便可方便地建立一个基本的电子表格。另外，自动填充功能的配合使用，可以快速地完成大量规律性数据的输入。

（2）复杂的数据计算

在 Excel 工作表中，可使用公式进行数学运算、合并文本及比较工作表数据等操作。同时，Excel 还提供了九大类库函数供用户作为公式选择使用。通过对选定单元格或单元格区域中公式的使用，可以完成许多复杂的数据计算。

（3）个性化的表格设计

用户可自定义单元格格式，也可以使用 Excel 提供的自动套用格式对表格进行个性化设计，可以设置文字、数字的格式和外观，调整行高与列宽，还可以对单元格应用边框、背景色或彩色图案等，形成个性化的表格设计。

（4）数据的排序、筛选及分类汇总

Excel 提供了极强的数据管理功能。通过排序可以使用户从不同角度显示数据，提高查找效率；使用筛选功能可以显示满足特定条件的记录；分类汇总功能使用户可以按不同的数据项，甚至不同工作表的数据项汇总统计数据。

（5）强大的图表功能

数据的图表化可使用户直观地看清数据之间的关系，这有助于用户对数据进行分析、预测。Excel 既可以生成嵌入图表，也可以生成图表工作表。图表与源工作表数据相链接，当工作表数据发生变化时，图表也将自动更新。

（6）便捷的网络功能

用户能直接在 Excel 2010 中打开或保存 HTML 文档，并可向 Web 浏览器发布具有交互式功能的 HTML 文档。

此外，Excel 还可与 Office 中的其他软件进行数据交换，这可以方便用户的使用。

Excel 2007 和 Excel 2010 是目前使用较多的版本。本章以 Excel 2010 作为讲授的蓝本。

12.1.2 Excel 2010 的窗口组成

执行【开始】|【程序】|【Microsoft Excel 2010】命令或者双击桌面上的 Microsoft Excel 2010 图标，启动 Microsoft Excel 2010 后，可看到如图 12-1 所示的工作界面。

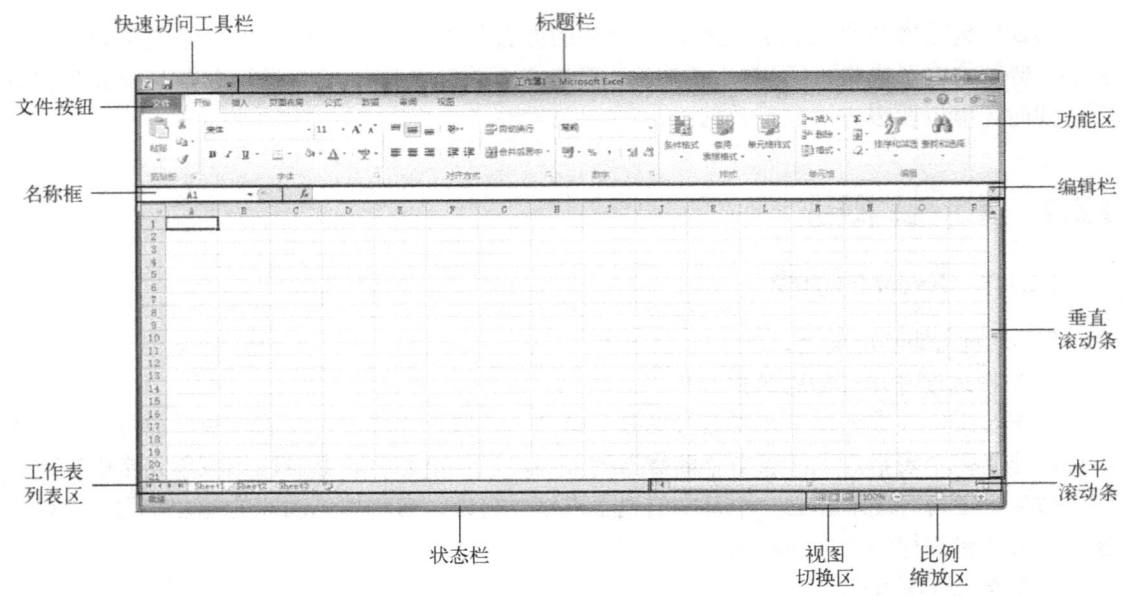

图 12-1 Microsoft Excel 2010 工作界面

每次启动 Excel 时，系统都会自动创建一个名为"工作簿 1"的工作簿，工作簿窗口包括：标题栏、快速访问工具栏、功能区、文件按钮、名称框、编辑栏、工作表列表区、状态栏、视图切换区、比例缩放区、垂直滚动条、水平滚动条等。

在默认状态下，工作簿窗口为最大化，其标题栏与 Excel 2010 窗口的标题栏重合。

12.1.3 工作簿、工作表和单元格

在 Excel 中，工作簿是用来处理和存储数据的文件，默认扩展名为.xlsx。Excel 2010 支持此前 Excel 版本的.xls 文件，可编辑并在保存时通过选择文件格式保存为.xls。由于每个工作簿可以包含多个工作表，因此可在一个文件中管理多个相互关联的以表格形式保存的数据。

启动 Excel 时，系统自动建立一个名为"工作簿 1"的空工作簿，并预置三个空工作表，分别命名为"Sheet1"、"Sheet2"、"Sheet3"，并将"Sheet1"工作表置为当前工作表。

工作表是由行和列组成的一个表格。其中一个格称为一个单元格。一个工作表最多可以包含 256 列和 65 536 行，列标用 A, B, …, Z, AA, AB, …, AZ, BA, …表示，行号用数字表示。

工作簿窗口底部的标签显示了当前工作表的名称。如果要在工作表间进行切换，单击相应的标签即可。如果看不到所需的标签，可单击标签滚动按钮进行查找。

每个单元格由其所在列的列标和所在行的行号组成的编号唯一确定。例如，A1 表示一

个工作表第 A 列（即第 1 列）第 1 行的一个单元格，又如，C3 表示一个工作表第 C 列第 3 行的一个单元格。

单击某个单元格，该单元格即成为当前单元格，或称为活动单元格。当前单元格被黑粗框框住，同时单元格地址名出现在"名称框"中。

在当前单元格粗边框的右下角有一个小黑方块，称为填充柄，当鼠标指针指向填充柄时，其形状由空心的十字形状变成黑色的十字形状，表示可以进行一些特殊操作。

12.2 工作表

工作表是 Excel 处理数据的主体或基本形式。在工作表中可以输入文字和数值，可以进行表格计算，可以自动填充数据，还可以使用函数。

12.2.1 输入文字和数值

在工作表中可以输入数值和文字。数值包括数字 0~9，小数点及+、-符号。当输入的数值为分数形式时，要先输入 0 和一个空格，例如，若单元格中要输入的数值为 1/4，则应输入 0 1/4，如果不加 0 和一个空格，系统就会将分数当成日期。在默认格式下，Excel 将输入的数值在单元格中右对齐。

文字为汉字、字母及各种符号组成的序列。如果要把数字作为字符形式输入，则输入时要在数字前面加上单引号（如：'001），或者先输入等号，再用双引号把数字括起来（如：="001"）。在默认格式下，Excel 将输入的文字在单元格中左对齐。

Excel 规定了日期和时间的输入格式。日期的输入格式为：月/日/年，三者之间用"/"分隔，如 5/22/2005。如果省略年份，则以当前年份作为默认值。时间的输入格式为：时:分:秒，三者之间用":"分隔，如 10:30:22。如果用户输入的日期或时间格式不对，Excel 将按文字形式的数据处理。

要在指定的单元格中输入数据，首先要选定该单元格。这时既可以直接向单元格中输入数据，也可以将插入符置于编辑栏，在编辑栏中编辑该单元格的内容。可以使用 Backspace 键和 Delete 键进行修改，输入完毕后单击编辑栏中的 ✓ 按钮确认，或者按 Enter 键表示确认，或者单击其他单元格表示确认。

如果要取消还没有确认的输入内容，可单击编辑栏中的 × 按钮，或按 Esc 键。

【例 12-1】 在工作簿 1 的工作表 Sheet1 中建立一个如图 12-2 所示的"二手硬件月销售统计表"工作表。

	A	B	C	D	E
1	二手硬件月销售统计表				
2					
3	产品名称	型号	单价(元)	数量	总计
4	主板	M2N-X	130	10	
5	CPU	AMD 4800	225	24	
6	内存	2G DDR2	155	14	
7	硬盘	320G	235	30	
8	显示器	17液晶	410	8	

图 12-2 二手硬件月销售统计表

操作步骤如下。
① 输入标题：单击 A1 单元格，输入"二手硬件月销售统计表"，按 Enter 键确认。
② 输入表头：
> 单击 A3 单元格，输入"产品名称"；
> 按"→"键，使 B3 单元格为活动单元格，输入"型号"；
> 按"→"键，使 C3 单元格为活动单元格，输入"单价（元）"；
> 用同样方法再依次输入"数量"和"总计"。
③ 输入记录：
> 单击 A4 单元格，输入"主板"；
> 这里按列输入内容，配合使用"↓"键，依次输入"CPU"、"内存"、"硬盘"、"彩显"；
> 单击 B4 单元格，输入"M2N-X"，配合使用"↓"键，输入其他数据；
> 其余数据输入方法类似。

这样就完成了工作表的创建及工作表数据的输入。
为方便下面的叙述，这里规定：在一个工作表中，标题指表名，如"二手硬件月销售统计表"；表头指列名，如"产品名称"、"型号"、"数量"；一个记录指包含所有列的一行数据。

12.2.2 表格计算

如果仅创建一个如图 12-2 所示的工作表，实际上无须使用 Excel，使用 Word 就行了。Excel 最主要的特点是表格计算，要使用 Excel，就要学会使用它的表格计算功能。
Excel 的表格计算是根据单元格和公式进行的一种单元格中数值的计算。

1．单元格

常用的单元格表示法称为 A1 样式。用此方法表示一个单元格，给出列字母和行数字即可，如 B3 表示处于 B 列 3 行的单元格。

2．单元格区域

如果要表示若干个单元格，也可以称为某个单元格区域，就要使用以下三个运算符：冒号（:）、逗号（,）和空格。这些运算符可以用来表示某个特定的单元格区域。
① 冒号（:）运算符：冒号运算符可以表示一个矩形区域中的若干个单元格。例如，A2:B3，冒号左边的 A2 指示了矩形区域左上角的单元格，冒号右边的 B3 指示了矩形区域右下角的单元格，因此 A2:B3 表示的就是 A2、A3、B2、B3 这 4 个单元格组成的区域。冒号运算符也称为区域运算符。
② 逗号（,）运算符：逗号运算符表示对其两边单元格区域的并集。例如，

    A1:A4, B1:C3

表示的单元格区域，就是 A1:A4 区域（即 A1、A2、A3、A4）和 B1:C3 区域（即 B1、B2、B3、C1、C2、C3）的并集（即 A1、A2、A3、A4、B1、B2、B3、C1、C2、C3）。逗号运算符也称为联合运算符。
③ 空格运算符：空格运算符表示对其两边单元格区域的交集。例如，

    B3:C5 C3:D5

空格左边的区域为 B3:C5，共 6 个单元格，空格右边的区域为 C3:D5，共 6 个单元格，其交

集是 C3、C4、C5。因此，

　　　　B3:C5 C3:D5

表示的就是这三个单元格组成的区域。空格运算符也称为交叉运算符。

上述三个运算符统称为引用运算符，也就是说，运算符两边的单元格编码（如 C3）都是引用类型。称单元格编码是引用类型，是指单元格编码（如 C3）表示的是一个单元格的地址（或称位置）。引用运算符主要用在公式中，用来表示公式作用的单元格区域。

3．公式

公式是对指定单元格或单元格区域中数值进行某种运算的方程式。公式包括算术运算公式、字符运算公式和关系运算公式三大类。在单元格中输入公式时，必须以等号（=）开头。

公式可以使用的运算符见表 12-1。其中，引用运算前面已经讨论过。

表 12-1　公式可以使用的运算符

优先顺序	类　别	运　算　符	运算结果
高 ↑ ↓ 低	引用运算	:（冒号）、,（逗号）、␣（空格）	单元格区域
	算术运算	%（百分比）、^（乘方）、*（乘）、/（除）、+（加）、-（减）	数值
	字符运算	&（连接）	字符串
	关系运算	=（等于）、<（小于）、<=（小于等于）、>（大于）、>=（大于等于）、<>（不等于）	TRUE 或者 FALSE

算术运算公式用来计算指定单元格中的数值运算结果。例如，若在 A3 单元格中输入"=A1+A2"，并且 A1 单元格中为数值 3，A2 单元格中为数值 5，则 A3 单元格中为数值 8。

字符运算公式用来合并指定单元格中的文字。例如，若在 A3 单元格中输入"=A1&A2"，并且 A1 单元格中为文字"型号"，A2 单元格中为文字"编号"，则 A3 单元格中为文字"型号编号"。

关系运算公式用来比较指定单元格中的数值大小。例如，在 A3 单元格中输入"=A1>A2"，并且 A1 单元格中为数值 8，A2 单元格中为数值 6，因为 8 大于 6，所以 A3 单元格中为 TRUE，表示该关系为真。

【例 12-2】　使用公式计算如图 12-2 所示工作表中"总计"列的值。

操作步骤如下。

① 单击 E4 单元格，输入"=C4*D4"，按 Enter 键确认。

② 按"↓"键，使 E5 单元格为活动单元格，输入"=C5*D5"，按 Enter 键确认。

③ 按"↓"键，使 E6 单元格为活动单元格，输入"=C6*D6"，按 Enter 键确认。

④ 其余单元格输入方法类似。

这样就完成了所有"总计"列单元格的数值计算。

下面要讲到，像这种有规律的数值计算问题，可以使用单元格填充柄快速完成。

4．公式的引用方式

输入的公式（如例 12-2 中输入的公式）可以复制。公式复制有三种不同情况：相对引用、绝对引用和混合引用。

（1）相对引用

在将公式复制到其他单元格中时，若为相对引用，则复制的公式会进行相应的修改。

例如，若单元格 E4 输入内容为“=C4*D4”，则将该内容复制到单元格 E5 后，单元格 E5 的内容就变为公式“=C5*D5”。

（2）绝对引用

绝对引用要在列标或行号前均加上“$”符号，例如，$C$4 表示单元格 C4 列标和行号的绝对引用。在公式复制时，若为绝对引用，则复制的内容不像相对引用那样发生变化，即公式内容将不随公式位置的移动而改变。例如，若单元格 E4 中输入内容为“=$C$4*$D$4”，则将该内容复制到单元格 E5 中后，单元格 E5 中的内容仍为“=$C$4*$D$4”，即单元格 E5 中的数值是 C4 单元格中的数值乘上 D4 单元格中的数值。

（3）混合引用

混合引用是指单元格的列标或行号中，一个采用相对引用，另一个采用绝对引用。此时，使用绝对引用的行号或列标将不随位置的改变而改变，而使用相对引用的行号或列标会随位置的改变而改变。例如，若在单元格 E4 中输入公式“=$C4*$D$4”，则将该公式复制到单元格 E5 中后，单元格 E5 中的内容就变为“=$C5*$D$4”。

12.2.3 自动填充数据

Excel 提供了数据的自动填充功能。此时，系统将根据输入的初始数据，在自动填充序列登记表中进行查询。如果有该序列，则按序列填充后继项；如果没有该序列，则用初始数据填充后继项，即后继项为初始数据的拷贝。

自动填充数据的常用方法有两种：一种方法是使用功能区【开始】|【编辑】组中的【填充】下拉列表，另一种方法是使用单元格填充柄。填充柄是位于选定单元格边框右下角的一个小黑块，将鼠标指针指向填充柄时，鼠标指针变为小黑十字形状。拖动填充柄可以将该单元格中的内容复制到鼠标拖动覆盖的若干个相邻单元格中。在某个相邻单元格区域内填写相同的或具有某种规律的数据序列时，使用自动填充数据功能可以实现数据的快速输入。

1．相同数据的输入

【例 12-3】 要求在例 12-2 的统计表右侧加入一列，表头为“销售员”，下面的数据均为“王丽”。

操作步骤如下。

① 单击 F3 单元格，输入表头“销售员”。

② 单击 F4 单元格，输入数据“王丽”。

③ 将鼠标指针指向 F4 单元格右下角的填充柄，然后按住鼠标左键拖动填充柄到 F8 单元格，如图 12-3 所示。

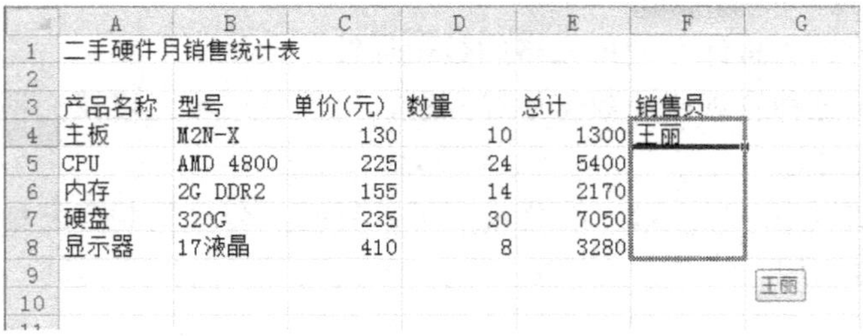

	A	B	C	D	E	F	G
1	二手硬件月销售统计表						
2							
3	产品名称	型号	单价(元)	数量	总计	销售员	
4	主板	M2N-X	130	10	1300	王丽	
5	CPU	AMD 4800	225	24	5400		
6	内存	2G DDR2	155	14	2170		
7	硬盘	320G	235	30	7050		
8	显示器	17液晶	410	8	3280		
9							王丽
10							

图 12-3　带销售员项的统计表

④ 松开鼠标左键，单击任意其他单元格取消反白显示。此时可看到单元格区域 F5:F8 中的数据均为"王丽"。

2．序列数据的输入

【例 12-4】 制作一个课程表的表头为"星期一"至"星期五"，使用填充柄进行输入。
操作步骤如下。

① 在一个单元格中（如 A10 单元格）输入"星期一"。

② 将鼠标指针指向该单元格右下角的填充柄，指针变为小黑十字形状，然后按住鼠标左键拖动填充柄到单元格 E10，如图 12-4 所示。

③ 松开鼠标左键，单击任意其他单元格取消反白显示，则自动填充的序列数据如图 12-5 所示。

图 12-4　拖动单元格填充柄　　　　　　　图 12-5　自动填充的序列数据

单元格填充柄还可以用来快速复制公式。

【例 12-5】 用单元格填充柄重新完成例 12-2 统计表"总计"列的计算。
操作步骤如下。

① 单击 E4 单元格，输入"=C4*D4"，按 Enter 键确认。

② 将鼠标指针指向 E4 单元格右下角的填充柄，指针变为小黑十字形状，按住鼠标左键，拖动填充柄到 E8 单元格。

③ 松开鼠标左键，此时可看到单元格区域 E5:E8 中均完成了相应的总计计算。

说明：由于 E4 单元格中输入的公式为"=C4*D4"，即公式中的单元格采用相对引用，因此用填充柄复制公式时，E5 单元格的公式即变为"=C5*D5"，E6 单元格的公式变为"=C6*D6"，也就是说，填充柄按增 1 序列复制了公式。

Excel 预先定义了许多常用的数据序列，用户可以单击功能区【文件】|【选项】，打开如图 12-6 所示的【选项】对话框，在【高级】页中单击【编辑自定义列表】按钮，查看这些常用的数据序列。拖动填充柄进行填充时，如果同时按住 Ctrl 键，也可实现递增或递减填充。

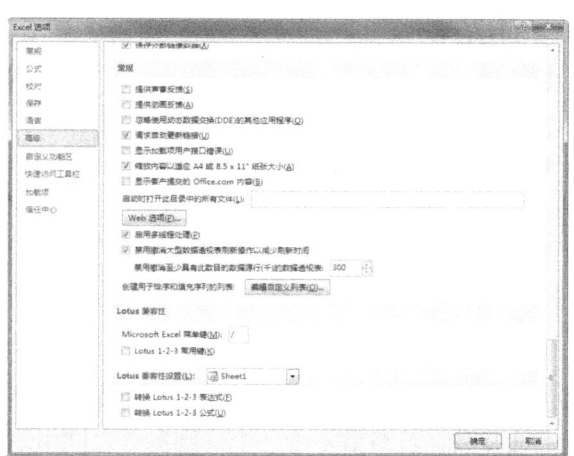

图 12-6　【选项】对话框

在如图 12-7 所示的【自定义序列】对话框中，还可以定义用户自己常用的自动填充数据序列。

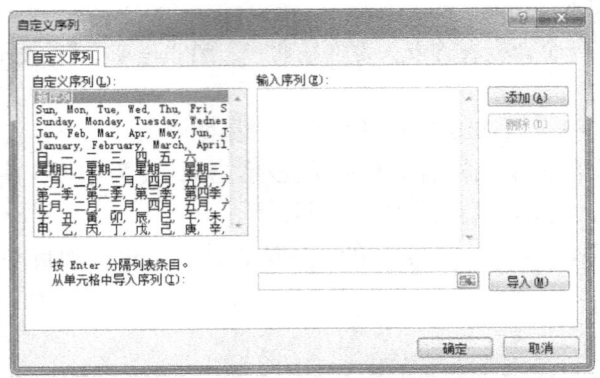

图 12-7 【自定义序列】对话框

12.2.4 使用函数

函数是 Excel 预定义好的一些公式。Excel 按功能将函数分为 12 大类：财务函数、日期与时间函数、数量与三角函数、统计函数、查找与引用函数、数据库函数、文字函数、逻辑函数、信息函数、工程函数、多维数据集函数和兼容性函数。另外，为方便用户使用，Excel 还把常用的函数组合成一大类。单击功能区【公式】|【插入函数】按钮，或按 Shift+F3 组合键，打开如图 12-8 所示的【插入函数】对话框。

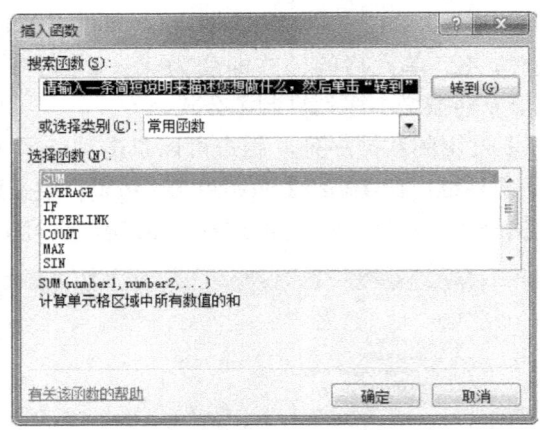

图 12-8 【插入函数】对话框

函数引用的格式为：

　　函数名（参数）

其中，不同的函数名表示了不同的公式，参数指出了公式的作用范围。有的公式只有一个参数，有的公式有一个以上的参数。若参数多于一个，则参数之间用逗号分隔。

输入函数有两种方法，一种是直接从键盘输入，即单击选定要输入函数的单元格，输入：

=函数名（实参列表）

再单击编辑栏中的✓按钮或按 Enter 键，此时单元格中将显示公式运算结果。

另一种是使用【插入函数】对话框输入函数，选择需要的函数时，系统会给出该函数的参数和功能说明，用户按照提示即可完成函数的输入。

【例 12-6】 在例 12-3 中增加计算“销售总额”项，并要求使用 SUM 函数。

操作步骤如下。

① 在单元格 A9 中输入表头“销售总额”。

② 单击选中单元格 E9。

③ 单击功能区【公式】|【插入函数】按钮（或按 Shift+F3 组合键），打开【插入函数】对话框。

④ 在【或选择类别】下拉列表中选择【常用函数】项，在【选择函数】列表框中选择【SUM】项，然后单击【确定】按钮，打开如图 12-9 所示的【函数参数】对话框。

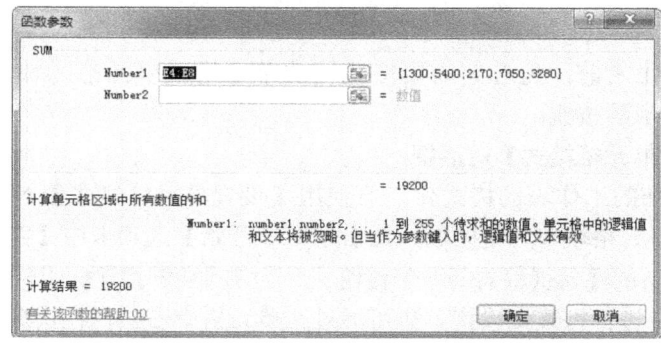

图 12-9 【函数参数】对话框

⑤ 此时可看到，第一个参数 Number1 已被系统预置为 E4:E8，用户可根据需要修改该参数。

⑥ 单击【确定】按钮，计算结果显示在单元格 E9 中，公式显示在编辑栏中，如图 12-10 所示。

	A	B	C	D	E	F
1	二手硬件月销售统计表					
2						
3	产品名称	型号	单价(元)	数量	总计	销售员
4	主板	M2N-X	130	10	1300	王丽
5	CPU	AMD 4800	225	24	5400	王丽
6	内存	2G DDR2	155	14	2170	王丽
7	硬盘	320G	235	30	7050	王丽
8	显示器	17液晶	410	8	3280	王丽
9	销售总额				19200	
10						

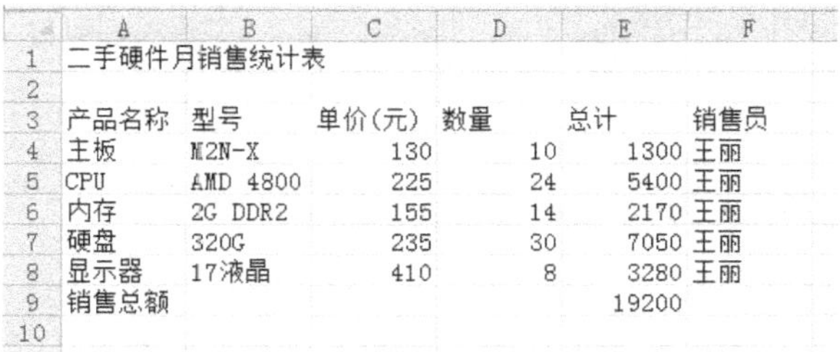

图 12-10 带销售总额的统计表

12.3 格式设置

为了突出显示文本，用户可以对不同单元格文本设置不同的格式，或者只对选定字符设置格式，以及使用数字格式来更改数字的外观等。为了区别工作表中不同类型的信息，还可以对单元格应用边框，用背景色或彩色图案修饰单元格。

用户可以使用 Excel 提供的预置格式，也可自定义单元格格式。

12.3.1 设置单元格格式

1. 使用功能区【开始】选项卡

在功能区【开始】选项卡中提供了【字体】、【对齐方式】、【数字】、【样式】等功能按钮，通过操作这些按钮可以快速方便地设置单元格格式，用户可以通过 Excel 提供的屏幕提示获得各按钮的含义。功能区【开始】选项卡中的相关按钮如图 12-11 所示。

图 12-11 功能区【开始】选项卡

进行数据格式化之前，先选定需要格式化的单元格或单元格区域，然后单击功能区【开始】选项卡中相应的按钮。

2. 使用【设置单元格格式】对话框

对于一些较复杂的工作表的格式化，可使用【设置单元格格式】对话。操作步骤是：先选定要格式化的单元格或单元格区域，然后单击【开始】选项卡中【字体】、【对齐方式】或【数字】组右下角的【对话框启动器】按钮，打开如图 12-12 所示的【设置单元格格式】对话框，在其中进行格式化设置。也可通过在单元格中右击，在快捷菜单中选择【设置单元格格式】命令，打开该对话框。

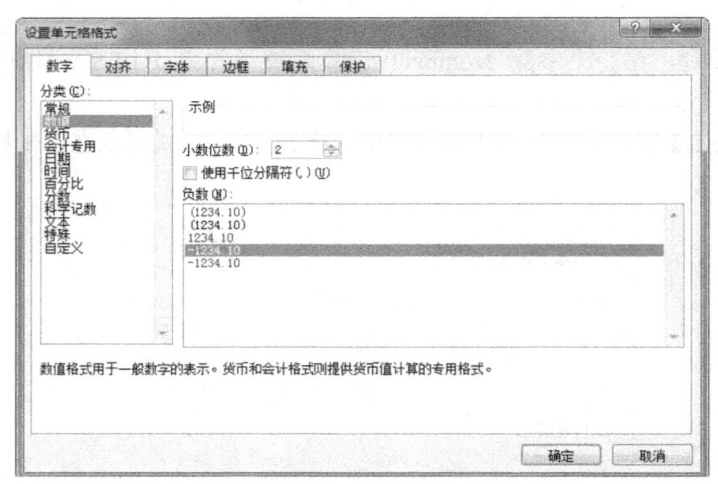

图 12-12 【设置单元格格式】对话框【数字】选项卡

（1）数字格式

在 Excel 中，可以使用数字格式更改数字（包括日期和时间）的外观，而不更改数字本身。所应用的数字格式并不会影响单元格中的实际数值。

在【设置单元格格式】对话框中，单击【数字】选项卡，如图 12-12 所示，选择某一分类，可进行该类格式的相关设置，并可看到系统说明信息。默认为【常规】格式。

（2）对齐格式

在默认情况下，Excel 的单元格对齐格式设置为：文本靠左对齐，数字靠右对齐，逻辑值居中对齐等。

在【设置单元格格式】对话框中，单击【对齐】选项卡，如图 12-13 所示，用户可以设置文本的水平对齐方式和垂直对齐方式。在右边【方向】框中，拖动示例文本的方向，或者在【度】框中输入角度，可以改变文本在单元格中的显示方向。

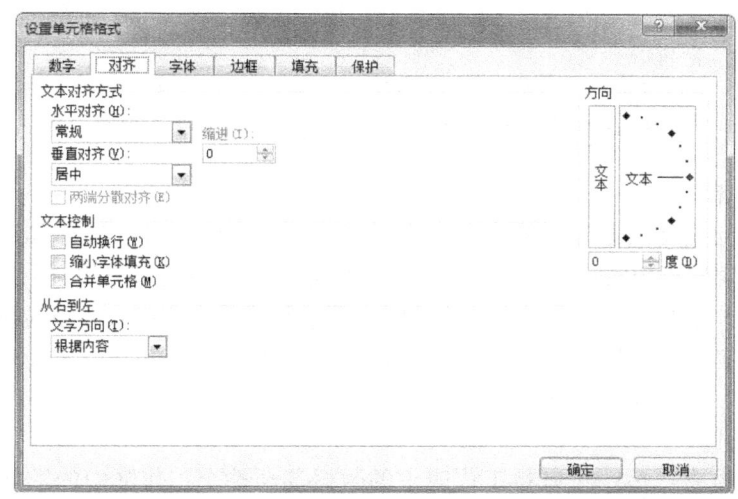

图 12-13 【设置单元格格式】对话框的【对齐】选项卡

在【文本控制】区中，【自动换行】选项和【缩小字体填充】选项不能同时选用。

- 自动换行：当单元格中数据的宽度超过列宽时，数据自动折行显示，行高自动增加。
- 缩小字体填充：缩减单元格中字符的大小，以使数据调整到与列宽一致。选中此项后，如果改变列宽，字符大小将自动调整，但所设置的字号不变，即字符不会比所设置的字号大。
- 合并单元格：将两个或两个以上的单元格合并成一个单元格。当要合并的单元格中有多个单元格包含数值时，系统给出警告信息，合并后只保留最左上角的一个数据。

（3）字体格式

在【设置单元格格式】对话框中，单击【字体】选项卡，可设置字符的外观，如字体、字号、字形、颜色、特殊效果等。

（4）边框格式

在【设置单元格格式】对话框中，单击【边框】选项卡，如图 12-14 所示。首先选择线条的样式和颜色，然后单击【预置】区和【边框】区中的相应按钮，即可为选定的单元格区域及整个表格设置表格线和边框。

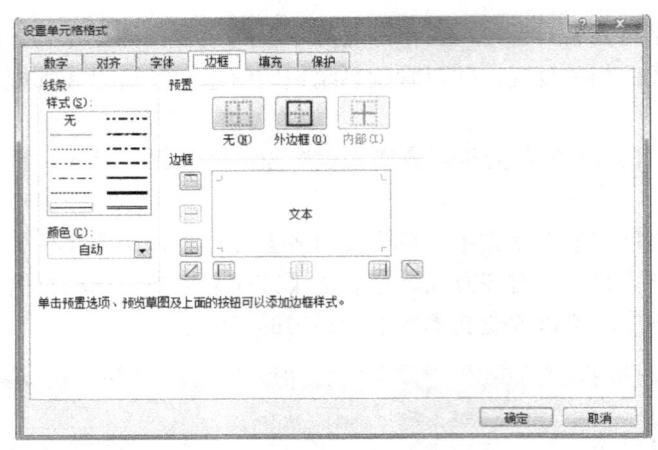

图 12-14 【设置单元格格式】对话框的【边框】选项卡

(5) 填充格式

在【设置单元格格式】对话框中，单击【填充】选项卡，可以设置单元格填充颜色。填充的颜色由背景色和图案构成。选项卡左部为背景色，单击【填充效果】按钮可设置双色填充效果。选项卡右部为图案选项，单击【图案颜色】或【图案样式】下拉按钮，可分别打开颜色面板或图案列表，单击相应的图案和颜色按钮，即可为选定单元格或单元格区域设置颜色和底纹图案。选项卡下部为【示例】区，可显示背景色和图案选择后的填充结果。

(6) 保护格式

当工作表编辑完毕后，可以将工作表中的数据甚至整个工作簿中的数据保护起来，以免被非法修改。这可以保护重要工作表或工作表中重要数据的安全，或者限制他人看到工作表中的重要数据。

在【设置单元格格式】对话框中，单击【保护】选项卡，选中【锁定】或【隐藏】复选框，即可设置对选定单元格或单元格区域的保护。关闭对话框之后，还需要单击功能区【审阅】|【更改】组中的【保护工作表】按钮，使工作表处于保护状态，锁定单元格或隐藏公式才有效。

【例 12-7】 创建一个如图 12-15 所示的学生成绩表。要求将成绩表的标题行文本设置为黑体、倾斜字体，并为标题行加上淡蓝色背景。学生成绩表中的数值带 2 位小数、居中对齐，带边框线。

	A	B	C	D	E	F	G
13							
14							
15							
16	编号	姓名	性别	高等数学	化学	英语	总成绩
17	0101	杨丽	女	80.00	94.00	87.00	261.00
18	0102	杨小伟	男	77.00	80.00	89.00	246.00
19	0103	杨青	男	95.00	69.00	93.00	257.00
20	0104	李表明	男	99.00	87.00	76.00	262.00
21	0105	李瑞	女	88.00	69.00	83.00	240.00
22							

图 12-15 学生成绩表

操作步骤如下。

① 按前面讨论的方法，输入成绩表要求的表头及不包括"总成绩"列在内的 5 个记录。

② 在 G17 单元格中输入相对引用形式的公式："=SUM(D17:F17)"，然后按住鼠标左键拖动单元格填充柄，将该公式复制到 G18:G21 区域中，从而完成总成绩列所有记录行的计算。

③ 选定单元格区域 A16:G16，在功能区【开始】|【字体】组中，单击【字体】下拉列表，在其中选择【黑体】项，单击 I 按钮，将标题行文本设置为黑体、倾斜字体。

④ 选定单元格区域 A16:G16，在功能区【开始】|【字体】组中，单击【填充颜色】按钮 右侧的下拉按钮，选择淡蓝色，为标题行加上淡蓝色背景。

⑤ 选定单元格区域 D17:G21，在功能区【开始】|【数字】组中，两次单击【增加小数位数】按钮 ，使成绩表中的数值带 2 位小数。

⑥ 选定单元格区域 A16:G21，右击，在快捷菜单中选择【设置单元格格式】命令，打开【设置单元格格式】对话框，单击【边框】选项卡，在【预置】区中单击【外边框】按钮和【内部】按钮，然后单击【边框】区中的 按钮和 按钮，最后单击【确定】按钮，取消表格两侧的边框线，但表格内带分割线。

⑦ 选定单元格区域 A16:G21，在功能区【开始】|【对齐方式】组中，单击【居中】按钮 ，使工作表中的数值居中对齐。

12.3.2 自动套用格式

Excel 提供了许多种预置的专业报表格式供用户选用。选择要格式化的单元格区域，单击【开始】|【样式】组中的【套用表格格式】按钮，弹出下拉面板，如图 12-16 所示。单击所需格式，打开【套用表格式】对话框，指定套用区域后，单击【确定】按钮，即可使所创建的工作表具有 Excel 提供的专业报表格式。

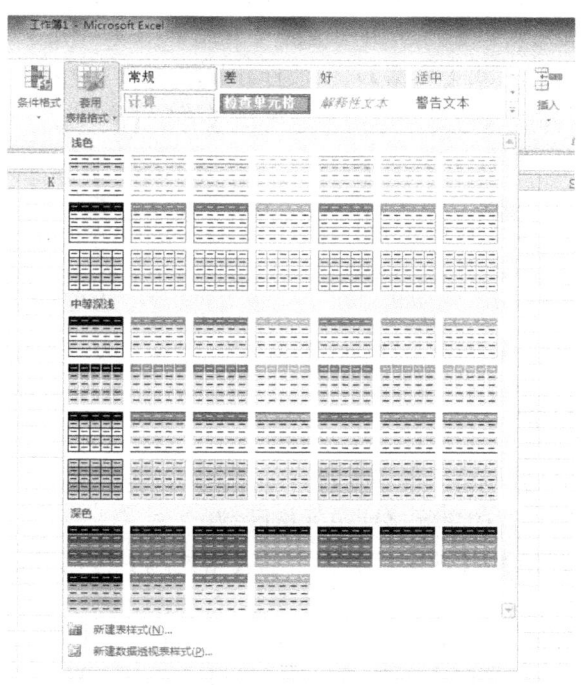

图 12-16 【套用表格格式】下拉列表

12.3.3 调整行高和列宽

Excel 默认工作表中任意一行的单元格高度都相等，因此对某个单元格高度的调整，实际上是调整该单元格所在行的行高。如果对单元格文本设置了自动换行格式，或者改变文本字体、字号，则其所在行的行高也会随之改变。Excel 默认单元格的列宽为固定值，不会根据数据的长度自动调整列宽。

在编辑工作表的过程中，有时向单元格输入一个较长的文本或字符串后，该单元格却只显示部分内容；有时输入一个较长的数值格式数据后，单元格却显示为"#####"，而在编辑栏中能看到对应单元格的完整内容。这是因为该单元格的列宽不够，需要增加该单元格的列宽。

调整行高与列宽的鼠标拖动方法如下：

- 将鼠标指针移至某行行号的下边界处，当鼠标指针变成✛时，向上（下）拖动鼠标，则行高减小（增大），拖动时出现的虚线表示新的行下边界的位置，拖动至需要行高时，松开鼠标左键。
- 将鼠标指针移至某列列标的右边界处，当鼠标指针变成✛时，向左（右）拖动鼠标，则列宽减小（增大），拖动时出现的虚线表示新的列右边界的位置，拖动至需要列宽时，松开鼠标左键。
- 当鼠标指针变成✛或者✛时，双击鼠标，将自动调整行高（列宽）为适合单元格中的内容。

要一次改变多行（或多列）的行高或列宽，先选定要改变的所有行（或所有列），然后用上述方法拖动任意一行行号的下边界（或任意一列列标的右边界），选定区域中的所有行（或列）的行高（或列宽）都将调整为同一高度（或宽度）。

菜单命令可以实现对行高（或列宽）的精确调整。操作方法是：首先选定需要调整行高（或列宽）的行（或列），然后单击功能区【开始】|【单元格】组中的【格式】按钮，在下拉列表中选择【行高】（或【列宽】）项，打开如图 12-17 所示的【行高】（或【列宽】）对话框，输入需要的行高（或列宽）值，最后单击【确定】按钮。

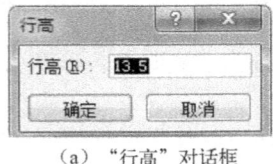
（a）"行高"对话框

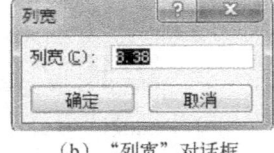
（b）"列宽"对话框

图 12-17 "行高"对话框和"列宽"对话框

12.3.4 格式的复制

复制单元格或单元格区域格式的操作步骤如下。

① 选择含有要复制格式的单元格或单元格区域。

② 单击功能区【开始】|【剪贴板】组中的【格式刷】按钮，此时鼠标指针变成✛形状。

③ 在要设置该格式的目标单元格或单元格区域上单击"刷"过。

提示：

- 连续复制：如果要将选定单元格或单元格区域中的格式复制到多个位置，则双击功

能区【开始】|【剪贴板】组中的【格式刷】按钮，使之呈按下状态。完成格式复制后，再次单击该按钮，使之呈未按下状态。
- 复制列宽：选定要复制其列宽的列标，并单击功能区【开始】|【剪贴板】组中的【格式刷】按钮，然后单击目标列的列标。

12.4 工作表的编辑

用户在创建工作表后，在数据处理过程中可以根据需要随时修改工作表，对工作表的某个单元格、某行、某列或某个区域进行插入或删除操作。

12.4.1 区域的选择

要对工作表进行编辑，首先要选定单元格或单元格区域。

1．单个区域的选择
- 单个单元格：单击要选择的单元格，该单元格被黑粗框框住，表示被选中。
- 整行（列）：单击工作表的某一行号（列标），整行（整列）被黑粗框框住，表示一行（列）被选中。

2．多个连续区域的选择
- 多个连续单元格区域：单击单元格区域左上角第一个单元格，按住 Shift 键，再单击单元格区域右下角最后一个单元格，最后松开 Shift 键即可；或者按住鼠标左键在单元格区域的两个对角单元格之间拖动，也可选中该区域。
- 多个连续行（列）：先单击工作表的某一行号（列标），按住 Shift 键，再单击另一行号（列标），最后松开 Shift 键，则这两个行号（列标）之间的区域被选中；也可以用鼠标拖动的方法选中该区域。

3．多个不连续区域的选择
- 多个不连续单元格或单元格区域：先单击第一个单元格或单元格区域，然后按住 Ctrl 键，再单击其他的单元格或单元格区域，最后松开 Ctrl 键。
- 多个不连续行（列）：先单击第一个行号（列标），然后按住 Ctrl 键，再单击其他的行号（列标），最后松开 Ctrl 键。

4．全部单元格的选择

单击工作表左上角的【全部选择】按钮，将选中工作表中的所有单元格。

12.4.2 编辑工作表

选定了单元格或单元格区域后，就可以进行插入、删除等编辑操作了。

1．插入单元格、行、列

在需要插入空单元格处选定相应的单元格区域，选定的单元格数目应与待插入的空单元格数目相同。单击功能区【开始】|【单元格】组中的【插入】下拉按钮，在下拉列表中选择【插入单元格】项，打开如图 12-18 所示的【插入】对话框，有

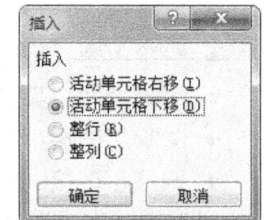

图 12-18 【插入】对话框

4个选项。

- ◆ 活动单元格右移：选定的单元格内容向右移。
- ◆ 活动单元格下移：选定的单元格内容向下移。
- ◆ 整行：插入空行，行数与选定的单元格行数相同，并且选定单元格所在行的全部内容下移。
- ◆ 整列：插入空列，列数与选定的单元格列数相同，并且选定单元格所在列的全部内容右移。

另外，插入行（或列）时，还可以先选定插入行（或列）的行号（或列标），单击功能区【开始】|【单元格】组中的【插入】下拉按钮，在下拉列表中选择【插入工作表行】（或【插入工作表列】）项。

2．删除单元格、行、列

删除单元格、行、列时，其内容也将一起被从工作表中删除，空出的位置由周围的单元格补充。而按 Delete 键仅仅清除单元格中的内容，留下的空白单元格不变。

选定待删除单元格区域，单击功能区【开始】|【单元格】组中的【删除】下拉按钮，在下拉列表中选择【删除单元格】项，打开【删除】对话框，有4个选项。

- ◆ 右侧单元格左移：选定的单元格区域右侧内容左移，补充删除位置。
- ◆ 下方单元格上移：选定的单元格区域下方内容上移，补充删除位置。
- ◆ 整行：选定的单元格区域所在行被删除，并且选定单元格区域下方的行内容上移。
- ◆ 整列：选定的单元格区域所在列被删除，并且选定单元格区域右侧的列内容左移。

若已选定待删除行（或列）的行号（或列标），单击功能区【开始】|【单元格】组中的【插入】下拉按钮，在下拉列表中选择【删除工作表行】（或【删除工作表列】）项，即可删除该行（列）。

3．清除单元格

在编辑工作表过程中，有时只需要删除单元格区域中的内容（公式和数据）或格式，而保留单元格区域的位置。选定单元格或单元格区域后，使用 Delete 键或 Backspace 键仅删除所选区域的内容；若要删除单元格的数据格式或批注等，则需使用 Excel 提供的【清除】功能。

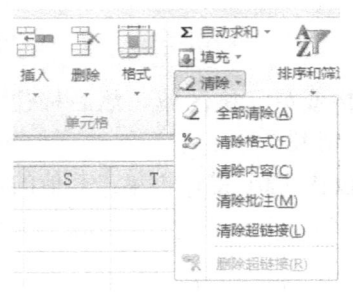

图 12-19 【清除】下拉列表

操作方法是：首先选定待清除单元格或单元格区域，然后单击功能区【开始】|【编辑】组中的【清除】按钮，弹出下拉列表，如图 12-19 所示。其中各项含义说明如下。

- ◆ 全部清除：清除与该区域数据有关的内容、格式及批注。
- ◆ 清除格式：只清除数据格式，而保留数据内容，如小数位数、边框线、颜色等。
- ◆ 清除内容：清除该区域为空白，但数据格式保留。
- ◆ 清除批注：只清除区域数据的批注信息。
- ◆ 清除超链接：只清除区域数据的超链接信息。
- ◆ 删除超链接：删除区域数据的超链接。

根据需要完成选择后，即完成了删除操作。

12.4.3 移动和复制单元格数据

移动单元格数据是指将某个单元格中的数据移至其他单元格中，复制单元格数据是指将某个单元格中的数据复制到其他单元格中。可以在同一个工作表中移动或复制单元格数据，也可以在不同的工作表之间进行移动或复制，甚至可以与其他软件交换数据。

如果原来的单元格中包含相对引用形式的公式，则复制到新位置时，公式会随单元格的位置自动变化。

移动和复制单元格数据主要使用鼠标拖动法和剪贴板法。

1．鼠标拖动法

① 选定包含需要移动或复制内容的单元格。

② 移动鼠标指针指向选定框，当鼠标指针由空心十字✥形状变为空心箭头↖形状时，按住左键拖动到新位置，拖动时可看到一个用于帮助定位的虚线框。

③ 选择下列操作之一：

◆ 移动时，拖动到新位置时松开左键。如果目标单元格中有数据，系统会弹出一个对话框，询问"是否替换目标单元格内容"。

◆ 复制时，拖动到新位置时再按住 Ctrl 键，此时空心箭头形状指针旁出现一个"+"号，然后松开鼠标左键，最后松开 Ctrl 键。

2．剪贴板法

① 选定包含需要移动或复制内容的单元格。

② 选择下列操作之一：

◆ 要移动，单击【开始】|【剪贴板】组中的【剪切】按钮 ✂ 剪切；

◆ 要复制，单击【开始】|【剪贴板】组中的【复制】按钮 📋 复制 ▼。

③ 选定目标单元格区域的左上角单元格。

④ 单击【开始】|【剪贴板】组中的【粘贴】按钮 📋。

⑤ 按 Esc 键，取消选定区域的活动选定框。

3．选择性粘贴

通过拖动鼠标或选择菜单命令复制单元格数据时，Excel 将复制整个单元格，包括其中的公式及其结果、批注、格式和边框等。用户还可以使用【选择性粘贴】功能，根据需要粘贴单元格中的特定内容。

【例 12-8】 复制例 12-7 中成绩表的表头和单元格中的数值。

操作步骤如下。

① 选定工作表中的 A16:G21 单元格区域。

② 单击【开始】|【剪贴板】组中的【复制】按钮，这时选定区域周围出现闪烁的虚线框。

③ 选择要粘贴区域的左上角单元格，如 A24。

④ 单击【开始】|【剪贴板】组中的【粘贴】下拉按钮，在下拉列表中选择【选择性粘贴】项，打开【选择性粘贴】对话框，如图 12-20 所示。

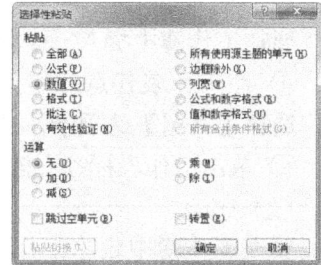

图 12-20 【选择性粘贴】对话框

⑤ 在【粘贴】区中，单击【数值】项，再单击【确定】按钮，完成粘贴。

⑥ 按 Esc 键，选定区域的闪烁边框消失。

在选择粘贴内容时，还可以在【选择性粘贴】对话框的【运算】区中选择某种运算，将复制的单元格或单元格区域中的数据与目标单元格或单元格区域中的数据进行加、减、乘、除运算。

12.5 工作簿管理

在 Excel 中，一个工作簿可以包含多个工作表，用户可以根据需要插入、删除、移动或复制工作表，以及重命名工作表。

1．工作表的选择和重命名

（1）选择单个工作表

在对工作表进行编辑之前，首先要选择工作表。单击工作表标签，可选择单个工作表。当所有工作表名不能完全显示时，可配合使用标签前面的 4 个标签滚动按钮。

（2）选择多个工作表

- 多个连续工作表的选择：单击第一个工作表标签，按住 Shift 键，再单击最后一个工作表标签。
- 多个不连续工作表的选择：单击第一个工作表标签，按住 Ctrl 键，再单击其他要选择的工作表标签。
- 选择全部工作表：在工作表标签任意处右击，在快捷菜单中选择【选定全部工作表】命令。

（3）工作表的重命名

Excel 工作表的默认名为 Sheet1，Sheet2…，为了便于记忆，可以重新命名工作表，例如，可把某个工作表命名为个人信息表、工资统计表等。

【例 12-9】 重命名存放学生成绩的工作表 Sheet1 为"学生成绩表"。

操作步骤如下。

① 执行下列操作之一：

- 双击工作表标签，工作表名处于反白选中状态；
- 在工作表标签处右击，在快捷菜单中选择【重命名】命令。

② 输入"学生成绩表"，按 Enter 键。

2．工作表的插入和删除

（1）插入

要在工作簿中插入一个新的工作表，有两种操作方式。

① 在工作表任意标签上右击，在快捷菜单中选择【插入】命令，弹出【插入】对话框，选择【常用】选项卡，选择【工作表】项，单击【确定】按钮。

② 单击工作表标签右侧的【插入工作表】按钮 。

（2）删除

要在工作簿中删除工作表，只需在选定工作表的标签上右击，在快捷菜单中选择【删除】命令，在弹出的提示框中单击【确定】按钮即可。

3．工作表的移动和复制

在 Excel 中，可以在当前工作簿中移动或复制工作表，也可以在两个工作簿之间移动或复制工作表。要将工作表移动或复制到某个已有的工作簿上,必须先打开用于接收工作表的工作簿,具体操作步骤如下。

① 在需要移动的工作表的标签上右击,在快捷菜单中选择【移动或复制】命令,弹出如图 12-21 所示的【移动或复制工作表】对话框。

② 在【工作簿】下拉列表中,选择用来接收工作表的工作簿。

③ 这里选择【(新工作簿)】项,将选定工作表移动或复制到新工作簿中。

④ 在【下列选定工作表之前】列表框中,设置工作表的新位置。

⑤ 如果要复制而非移动工作表,则选中【建立副本】复选框。

如果要在一个工作簿中移动或复制某个工作表,可使用鼠标拖动的方法,具体操作步骤如下。

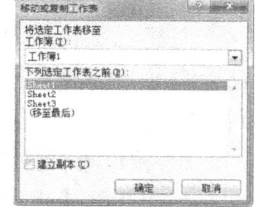

图 12-21 【移动或复制工作表】对话框

- 移动工作表:沿工作表标签行拖动选定的工作表标签。
- 复制工作表:按住 Ctrl 键,同时,按住鼠标左键拖动工作表,到达目的地后,释放鼠标左键,再放开 Ctrl 键。

4. 工作表窗口的拆分和冻结

(1)工作表窗口的拆分

使用窗格可以同时显示一个大工作表的不同区域。在水平方向或垂直方向上,可以将工作表窗口拆分成两个窗格。如果同时在水平方向和垂直方向上对工作表窗口进行拆分,则可以显示 4 个窗格,每个窗格都显示同一个工作表。使用每个窗格中的滚动条移动工作表,可以在不同的窗格中显示工作表中的不同内容,具体操作步骤如下。

① 将鼠标指针移至水平(或垂直)拆分框上,指针变成双箭头(或)形状。

② 按住鼠标左键在水平(或垂直)方向上拖动,出现用粗虚线显示的分割条,表示窗口的拆分位置,至需要大小时,松开鼠标左键。

如果要将一分为二的两个窗格还原成一个窗口,在窗格之间分割条上双击即可。

(2)工作表窗口的冻结

在滚动显示一个大工作表时,为了便于查看表中内容,可使表的标题行或某列内容固定不动,这时需要将工作表窗口的顶部或左侧冻结,具体操作步骤如下。

① 执行下列操作之一:

- 如果要在窗口顶部生成水平冻结窗格,则选定待冻结行下边一行。
- 如果要在窗口左侧生成垂直冻结窗格,则选定待冻结列右边一列。
- 如果要同时生成顶部和左侧冻结的窗格,则单击待冻结右下方的单元格。

② 单击功能区【视图】|【窗口】组中的【冻结窗格】按钮,在下拉列表中选择【冻结拆分窗格】项。在该下拉列表中还有【冻结首行】和【冻结首列】两个选项,方便用户使用。

要取消对窗格的冻结,单击功能区【视图】|【窗口】组中的【冻结窗格】按钮,在下拉列表中选择【取消窗口冻结】项。

12.6 数据管理

Excel 提供了极强的数据管理功能。例如,排序可以使用户从不同角度分析数据,筛选可以显示特定的数据，分类汇总可以分类统计数据，分类汇总还可以对不同的工作表进行分类数据统计。

12.6.1 数据排序

在建立工作表时，记录（或称数据）是按照输入顺序排列的，通常没有规律。如果要查看满足某些特定条件的记录不是很方便。为此，可以对工作表中的记录进行排序，从而提高查找效率。排序是对一个工作表中的全部记录进行的。

1. 根据单列数据排序

在功能区【数据】|【排序和筛选】组中，有【升序】按钮 和【降序】按钮 ，以及【排序】按钮 。如果只根据单列数据对数据进行排序，则操作步骤如下。

① 单击工作表中要排序的列中的任意单元格。

② 单击 按钮按升序排序，或者单击 按钮按降序排序。也可以单击【排序】按钮，打开【排序】对话框，如图 12-22 所示，在【主要关键字】行的各下拉列表中依次设置【列】、【排序依据】、【次序】对应的选项，确定后可按设置实现排序。

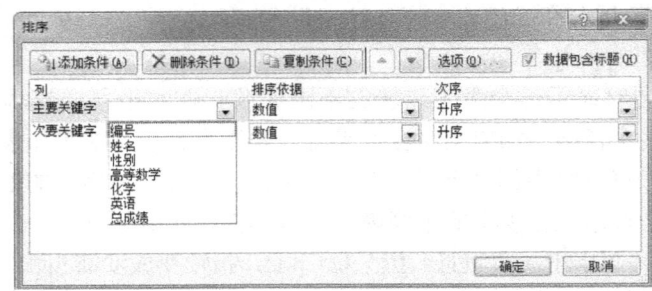

图 12-22 【排序】对话框

2. 根据多列数据排序

【例 12-10】 对学生成绩表按性别和英语成绩（从低到高）排序。

操作步骤如下。

① 单击工作表中任意单元格。

② 单击功能区【数据】|【排序和筛选】组中的【排序】按钮，打开【排序】对话框。首先单击【添加条件】按钮增加条件数量，如图 12-22 所示。在【主要关键字】行中，【列】选择"性别"项，【排序依据】选择"数值"项，【次序】选择"降序"项；在【次要关键字】行中，【列】选择"英语"项，【排序依据】选择"数值"项，【次序】选择"升序"项。

③ 单击【确定】按钮。

12.6.2 数据筛选

筛选是查找和处理记录工作表中满足特定条件的数据子集的一种方法。与排序不同，筛选并不重排记录的顺序，只是暂时隐藏不显示的记录。

与排序相同的是，筛选也只对工作表中的记录进行。但与排序不同的是，筛选可以选择一部分行和一部分列。

Excel 提供了两个筛选命令：自动筛选和高级筛选。

1. 自动筛选

自动筛选时，对一列数据最多可以应用两个筛选条件。

【例 12-11】 对如图 12-15 所示的学生成绩表，显示男生、英语成绩在 80 分以上（包括 80 分）的记录。

操作步骤如下。

① 选定学生成绩表中包含列名的所有记录。

② 单击功能区【数据】|【排序和筛选】组中的【筛选】按钮，此时每列的列名右端都会出现一个筛选按钮 。

③ 单击"性别"列筛选按钮 ，在筛选下拉列表中选择"男"项，此时工作表将只显示性别为男的记录。

④ 单击"英语"列筛选按钮 ，在筛选下拉列表中选择【数字筛选】下的【自定义筛选】项，弹出一个【自定义自动筛选方式】对话框，在对话框中输入如图 12-23 所示的筛选条件。在筛选下拉列表中提供了多种预设置类型条件的选项，单击后只需设置数值即可。

说明：在【自定义自动筛选方式】对话框中，【与】表示同时满足条件，【或】表示只需满足其中任意一个条件。这样，就可以对一列数据设置两个筛选条件，如"英语"成绩"大于或等于 80"并且"小于 90"。

⑤ 单击【确定】按钮。筛选结果如图 12-24 所示。

图 12-23 【自定义自动筛选方式】对话框　　　　图 12-24 筛选结果

如果一开始仅选择了学生成绩表中的一部分行和一部分列，则筛选只对这样的数据子集进行。

2. 高级筛选

如果要对一列数据应用三个或更多的筛选条件，或者要对多列数据应用多个筛选条件，就一定要使用高级筛选。

【例 12-12】 对如图 12-15 所示的学生成绩表，显示高等数学成绩等于 77、88、99 的记录。

操作步骤如下。

① 在工作表的空白单元格中输入字段名和条件值。例如，在 B32:B35 单元格区域输入列名"高等数学"和三个条件值：77、88、99，如图 12-25 左下角所示。

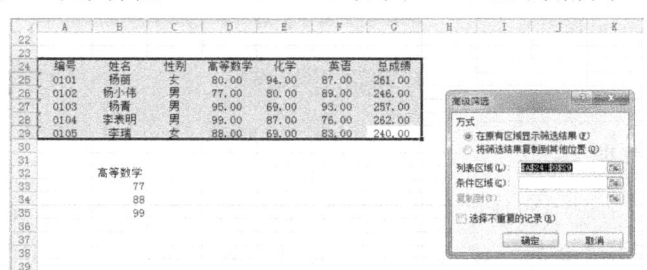

图 12-25 筛选条件及"高级筛选"对话框

② 单击工作表中任意单元格（表示选定工作表的所有记录），单击功能区【数据】|【排序和筛选】组中的【高级】按钮，打开【高级筛选】对话框，如图 12-25 右边所示。在【方式】区中选中【将筛选结果复制到其他位置】单选钮，表示原工作表中记录不改变，筛选结果将在其他位置显示。在【列表区域】框中显示的是工作表的表头和所有记录单元格区域的绝对引用地址，这里为：$A$24:$G$29。

③ 单击【条件区域】框右侧的折叠对话框按钮，折叠该对话框，然后用鼠标选择 4 个单元格 B32、B33、B34 和 B35，如图 12-26 所示，则在【条件区域】框中会出现这 4 个单元格的绝对引用地址：学生成绩表!$B$32:$B$35。

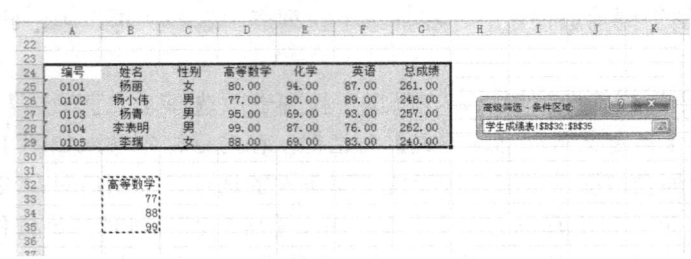

图 12-26　选择条件区域

④ 单击图 12-26 中输入框右侧的展开对话框按钮，展开【高级筛选】对话框。单击【复制到】框右端的按钮，再次折叠对话框，然后单击单元格 A36，作为筛选后数据存放区域的首单元格地址，如图 12-27 所示。

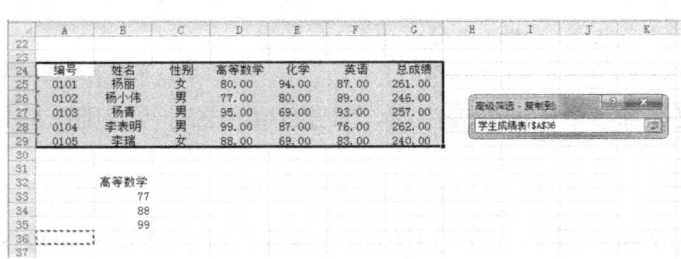

图 12-27　选择筛选结果的复制位置

⑤ 单击图 12-27 中输入框右侧的按钮，展开【高级筛选】对话框，单击【确定】按钮。筛选结果如图 12-28 所示。

36	编号	姓名	性别	高等数学	化学	英语	总成绩
37	0102	杨小伟	男	77.00	80.00	89.00	246.00
38	0104	李表明	男	99.00	87.00	76.00	262.00
39	0105	李瑞	女	88.00	69.00	83.00	240.00
40							

图 12-28　筛选结果

12.6.3　数据透视表

数据透视表是一种用于快速汇总大量数据，并可对每个数字进行多种比较的交互式表格。用户既可以旋转工作表的行或列来查看对源数据的不同汇总，也可以通过显示不同的页来筛选数据，甚至还可以显示所关心数据区域的明细数据。

图 12-29 左部是一个工作表，右部则是一个数据透视表，它是根据左部工作表的数据，按月份和不同产品名称建立的。数据透视表是原工作表按某种汇总方式统计出来的。例如，在数据透视表的单元格 G9 中，二月份"键盘"的销售数量是通过原工作表的"产品"和"月份"的销售数量［即"数量（个）"列］汇总统计出来的。

在 Excel 中，把一个工作表中的列名和参加汇总统计的记录总和称为一个数据清单。

【例 12-13】 创建一个如图 12-29 左部所示的工作表，然后创建一个如图 12-29 右部所示的数据透视表（放在新工作表中）。

操作步骤如下。

① 单击数据清单中任意单元格，单击功能区【插入】|【表格】组中的【数据透视表】下拉按钮，在下拉列表中选择【数据透视表】项，出现如图 12-30 所示的【创建数据透视表】对话框。

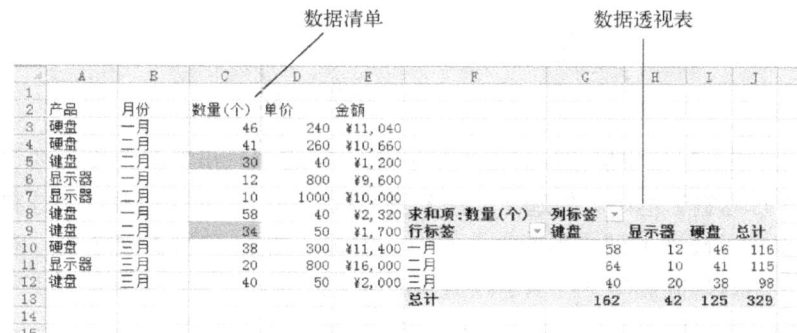

图 12-29 工作表及其数据透视表

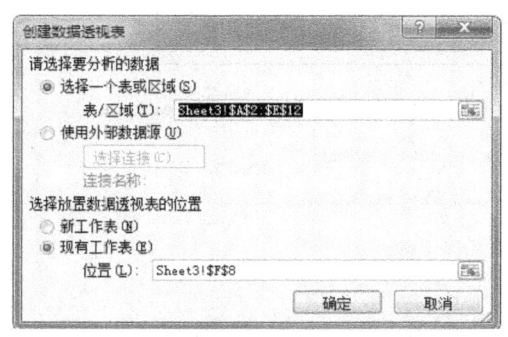

图 12-30 【创建数据透视表】对话框

② 在【创建数据透视表】对话框中，默认选择【选择一个表或区域】项，在【表/区域】框中显示的是 Excel 自动选定的数据源区域，用户可以重新选定。如果数据源在另一个工作簿中，可选择【使用外部数据源】项，再单击【选择连接】按钮进行查找。这里选定的数据源区域为：Sheet3!$A$2:$E$12。

③ 在【选择放置数据透视表的位置】区中，提供有【新工作表】和【现有工作表】两种数据透视表的保存位置，这里选择【新工作表】项，表示新建的数据透视表放在一个新的工作表中。

④ 单击【确定】按钮，系统会自动在新工作表中创建一个数据透视表的框架，并在右侧显示【数据透视表字段列表】面板，如图12-31所示。

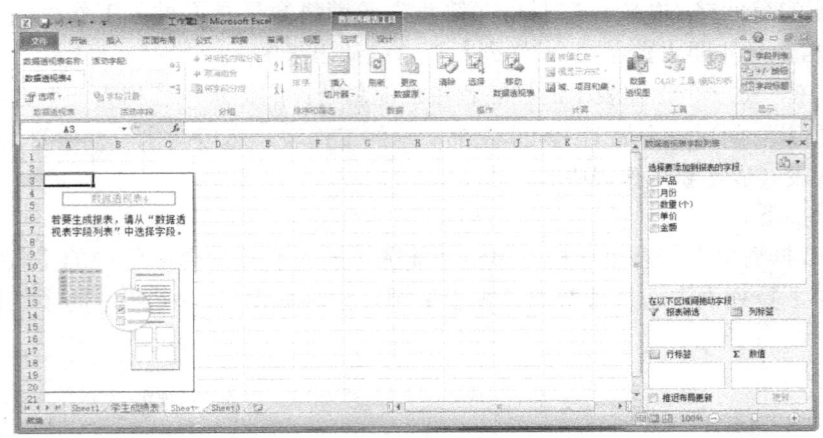

图12-31 数据透视表的框架

⑤ 在【选择要添加到报表的字段】列表框中，勾选【月份】复选框，该字段会被自动添加到下面的【行标签】框中。勾选【产品】复选框，右击，在快捷菜单中选择【添加到列标签】命令，该字段被添加到【列标签】框中。勾选【数量（个）】复选框，右击，在快捷菜单中选择【添加到数值】命令，该字段被添加到【数值】框中，结果如图12-32所示。

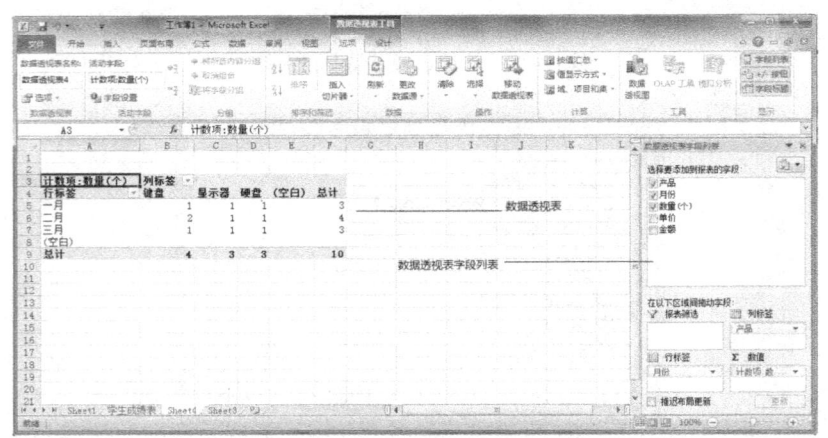

图12-32 数据透视表

说明：与图12-29不同的是，这里新创建的数据透视表并没有和原工作表放在一个工作表中，而是放在了一个新工作表中。如果在图12-30所示对话框中的【选择放置数据透视表的位置】区中选择【现有工作表】项，则新建的数据透视表将和原工作表放在一起。

12.7 数据的图表化

图表是工作表数据的一种图形化表示方法。图表使用几何图形来表示工作表中的数据及数据间的相互关系。与工作表相比，图表更加形象直观。用户通过查看图表更容易分析数据，预测变化趋势。

例如，如果制作了一个各季度销售额的图表，不必分析工作表中的多个数据列，就可以直观地看到各季度销售额的增减情况。

根据工作表创建的图表，既可以嵌入在原工作表中，也可以生成新的图表工作表。无论采取哪种方式，图表都与生成它的工作表数据相链接。因此，如果改变工作表中的数据，则图表也将随之自动更新。

【例 12-14】 为如图 12-15 所示的学生成绩表创建一个图表。要求横（X）轴显示姓名，纵（Y）轴显示分数，并要求图表中包含"高等数学"、"化学"和"英语"三项。

操作步骤如下：

① 打开学生成绩表，或重新创建如图 12-33 所示的学生成绩表。

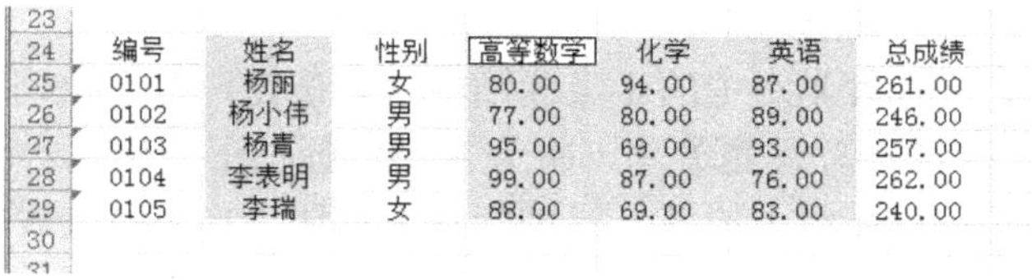

图 12-33 选择数据区域

② 选择创建图表的数据区域。数据区域可以是连续的，也可以是不连续的，但不相邻的区域应为与第一块区域所在行（或列）相同的矩形。图 12-33 中阴影区域为选择的区域，即选择的区域为 B24:B29,D24:F29，包括"姓名"、"高等数学"、"化学"和"英语"列。

③ 单击功能区【插入】|【图表】组中的【柱形图】按钮，弹出下拉面板，如图 12-34 所示，在【二维柱形图】区中选择【簇状柱形图】项，生成柱形图如图 12-35 示。

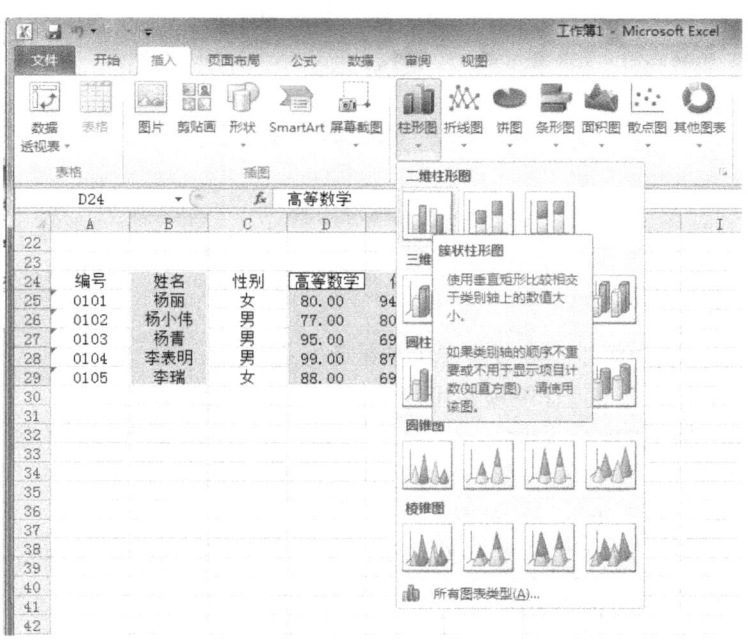

图 12-34 图表生成步骤

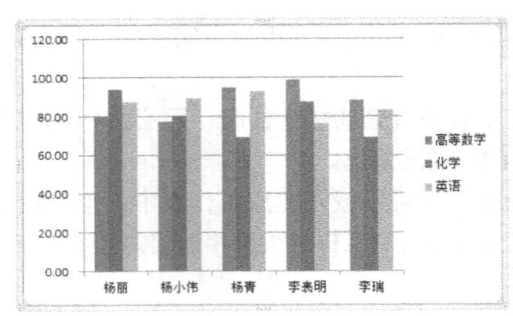

图 12-35 生成柱形图

④ 单击生成的图表，在 Excel 的功能区中会出现【图表工具】相关选项卡。单击【布局】|【标签】组中的【图表标题】按钮，在下拉列表中选择【图表上方】项，会在图表上方出现文字框，输入"学生成绩表"。

⑤ 单击【布局】|【标签】组中的【坐标轴标题】按钮，在下拉列表中选择【主要横坐标轴标题】下的【坐标轴下方标题】项，将会在横坐标轴下方出现一个文字框，输入"姓名"；单击【布局】|【标签】组中的【坐标轴标题】按钮，在下拉列表中选择【主要纵坐标轴标题】下的【旋转过的标题】，在纵坐标轴左方出现一个文字框，输入"分数"。所创建的图表如图 12-36 所示。

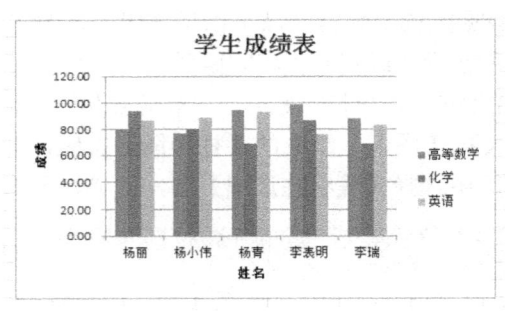

图 12-36 学生成绩表的图表

习题 12

12-1 填空题

（1）Excel 工作表中第 7 行第 4 列单元格的地址是（　　）。

（2）在 Excel 中，一个工作簿最多可包含（　　）个工作表。

（3）如果单元格中的输入内容以（　　）开始，则 Excel 认为输入的是公式。

（4）在默认情况下，Excel 的单元格对齐方式设置为：文本是（　　）对齐，数字是（　　）对齐，逻辑值是（　　）对齐。

（5）为了防止他人看到工作表中的重要数据，可设置对选定单元格或单元格区域的保护，此时可对单元格或单元格区域设置（　　）格式。

12-2 Excel 工作簿与工作表之间的关系是什么？

12-3　单元格的格式包括哪些内容？边框线和网格线有什么区别？

12-4　如何使用【选择性粘贴】功能？它与直接使用【粘贴】功能有何不同？

12-5　说明相对引用、绝对引用和混合引用三种不同引用的表示方法。解释三种不同引用方法在公式复制时的变化规则。

12-6　建立工作簿文件 D:\myfiles\test.xlsx，在工作表 Sheet1 中建立如图 12-37 的工龄工资表，并实现下面的要求：

	A	B	C	D	E	F	G
1	序号	姓名	性别	出生日期	籍贯	工龄	工龄工资
2	1	李剑荣	男	1978/5/11	南京	6	
3	2	翟奕峰	男	1980/6/10	北京	8	
4	3	刘颖仪	女	1979/12/28	南京	7	
5	4	黄艳妮	女	1980/12/25	广州	6	
6	5	苗苗	女	1980/5/3	广州	6	
7	6	陈耿	男	1978/5/2	上海	3	
8	7	吴梓波	男	1977/11/29	北京	7	
9	8	唐滔	男	1980/11/8	北京	2	
10	9	梁拓	男	1978/1/14	上海	3	
11							

图 12-37　工龄工资表

（1）各列按其内容设置最适合的列宽。

（2）将单元格区域 A1:G1 中的字段名居中显示并设成粗体字。

（3）将 C 列中的数据居中显示。

（4）将区域 D2:D10 中的内容以 dd-mm-yy 日期格式显示。

（5）将区域 G2:G10 中的内容以保留 2 位小数的人民币格式显示。

（6）在区域 G2:G10 中用 IF 函数计算每个职工的工龄工资，工龄在 5 年以下的（含 5 年）每年工龄工资为 5 元，5 年以上的每年工龄工资为 10 元。

（7）在 F12 单元格中计算职工的平均工龄。

（8）使用【高级筛选】功能筛选出所有籍贯为“北京”的男职工记录的姓名、性别、出生日期、籍贯 4 个字段的信息，并将筛选结果复制到首单元格为 A12 的区域中。

（9）命名该工作表为“工龄工资表”。

12-7　在工作簿文件 D:\myfiles\test.xlsx 的工作表 Sheet2 中建立如图 12-38 的销售量季表，并实现下面的要求：

	A	B	C	D	E	F	G
1	商品名称	一季度	二季度	三季度	四季度	单价	全年总计
2	电视机	69	78	65	100	2500	
3	微波炉	55	44	34	98	640	
4	电冰箱	45	54	22	33	3200	
5	洗衣机	33	33	23	43	2400	
6							

图 12-38　销售量季表

（1）把单元格区域 A1:G1 的背景设为绿色，字体颜色设为白色。

（2）用公式计算各列的全年总计。

（3）数据区域选择 A1:E5，单击功能区【插入】|【图表】组中的【柱形图】按钮，弹出下拉面板，在【二维柱形图】区中选择【簇状柱形图】。

单击功能区【图表工具】下的【设计】|【数据】组中的【切换行/列】按钮，使得系列产生在列。

（4）在功能区【图表工具】下的【布局】|【标签】组中，单击【图表标题】按钮，选择一种标题样式，添加标题为"家用电器销售图"；单击【坐标轴标题】按钮，设置【主要横坐标轴标题】为"商品名称"，【主要纵坐标轴标题】为"销量"。

（5）缩放图表至合适大小。双击任意一个柱子，弹出【设置数据点格式】对话框，单击【填充】选项卡，选择【渐变填充】效果以填充图表。

12-8 在工作簿文件 D:\myfiles\test.xls 的工作表 Sheet3 中建立如图 12-39 的学生成绩表，并实现下面的要求：

	A	B	C	D	E	F	G
1	班级	姓名	数学	英语	语文	总分	平均分
2	财会	李文东	63.5	56.5	92.5		
3	文秘	李丽红	75	93.2	86.8		
4	外贸	王新	92.5	79.5	83		
5	财会	杨东琴	78.4	66	72.4		
6	外贸	刘荣冰	88.1	90.5	91		
7	外贸	张力志	71.8	88.2	90.8		
8	文秘	赵光德	80.5	68.6	75		

图 12-39 学生成绩表

（1）计算每位学生的总分（数学+英语+语文）和平均分（总分/3），要求均带 1 位小数；

（2）将表头行设置成 12 号红色黑体字，并添加细右斜线底纹，底纹颜色为黄色，底纹图案颜色为浅蓝色；

（3）将"班级"栏的班级名称设置成蓝色、斜体字；

（4）将"姓名"栏的姓名设置成深绿色、粗斜体字；

（5）在最后一行后插入 3 行，对其第一、二栏合并后居中，分别输入"最高分"、"最低分"和"平均成绩"，并使用函数实现各栏的最高分、最低分和平均成绩的计算；

（6）先按"班级"对表中数据进行排序，然后进行分类汇总：按"班级"分类，对"平均分"项按"平均值"方式进行汇总。

参 考 文 献

[1] 清华大学出版社.计算机科学技术百科全书（选编本）.北京：清华大学出版社，2002.
[2] 董荣胜，吉天龙. 计算机科学与技术方法论.北京：人民邮电出版社，2002.
[3] Timothy JO'Lery, Linda IO'Lery. 计算机科学引论（影印版）. 北京：高等教育出版社，2000.
[4] J Glenn Brookshear. 计算机科学概论（第六版）（英文版）. 北京：人民邮电出版社，2002.
[5] Roberta Baber, Marilyn Meyer. 计算机导论. 汪嘉敏译. 北京：清华大学出版社，2000.
[6] June Jamrich Parsons, Dan Oja.计算机文化. 朱海宾，范金鹏，宋辉，等译. 北京：机械工业出版社，2000.
[7] 钱培德. 计算机中文信息处理技术. 成都：电子科技大学出版社，1993.
[8] 裘雪红，顾新等. 微型计算机原理及接口技术. 西安：西安电子科技大学出版社，2001.
[9] 汤子瀛，哲凤屏等. 计算机操作系统.西安：西安电子科技大学出版社，1996.
[10] 何炎祥等. 操作系统原理. 上海：上海科学技术文献出版社，1999.
[11] 陆松年. 操作系统教程. 北京：电子工业出版社，2000.
[12] 朱战立. 数据结构——使用 C 语言（第 5 版）. 北京：电子工业出版社，2014.
[13] Terrence W Pratt, Marvin V Zelkowitz. 程序设计语言：设计与实现（第四版）. 傅育熙译. 北京：电子工业出版社，2001.
[14] 蒋立源，康募宁. 编译原理（第 2 版）. 西安：西北工业大学出版社，2001.
[15] Andrew S Tanenbaum. 计算机网络. 熊桂喜，王小虎，译. 北京：清华大学出版社，1998.
[16] Douglas E Comer. 用 TCP/IP 进行网际互联第一卷原理、协议和体系结构. 林瑶，等译. 北京：电子工业出版社，1998.
[17] http://www.dzpc.com，大众电脑.
[18] http://www.cj888.com，新时代资讯网.
[19] 神龙工作室. Office 2010 从入门到精通.北京：人民邮电出版社，2012.
[20] 吴华，兰星等.清华电脑学堂：Office 2010 办公软件应用标准教程.北京：清华大学出版社，2012.

反侵权盗版声明

电子工业出版社依法对本作品享有专有出版权。任何未经权利人书面许可，复制、销售或通过信息网络传播本作品的行为；歪曲、篡改、剽窃本作品的行为，均违反《中华人民共和国著作权法》，其行为人应承担相应的民事责任和行政责任，构成犯罪的，将被依法追究刑事责任。

为了维护市场秩序，保护权利人的合法权益，本社将依法查处和打击侵权盗版的单位和个人。欢迎社会各界人士积极举报侵权盗版行为，本社将奖励举报有功人员，并保证举报人的信息不被泄露。

举报电话：（010）88254396；（010）88258888
传　　真：（010）88254397
E-mail：dbqq@phei.com.cn
通信地址：北京市海淀区万寿路173信箱
　　　　　电子工业出版社总编办公室
邮　　编：100036